人口与健康蓝皮书

BLUE BOOK OF
POPULATION AND HEALTH

深圳人口与健康发展报告
（2013）

ANNUAL REPORT ON POPULATION AND HEALTH
DEVELOPMENT OF SHENZHEN (2013)

主　编／陆杰华　苏　杨　曾序春
副主编／王广州　王金营　傅崇辉

社会科学文献出版社
SOCIAL SCIENCES ACADEMIC PRESS (CHINA)

图书在版编目(CIP)数据

深圳人口与健康发展报告.2013/陆杰华,苏杨,曾序春主编.—北京:社会科学文献出版社,2013.12
(人口与健康蓝皮书)
ISBN 978-7-5097-5288-3

Ⅰ.①深… Ⅱ.①陆…②苏…③曾… Ⅲ.①人口-研究报告-深圳市-2013 ②健康-研究报告-深圳市-2013 Ⅳ.①C924.24 ②R195.2

中国版本图书馆CIP数据核字(2013)第272586号

人口与健康蓝皮书
深圳人口与健康发展报告(2013)

主　　编／陆杰华　苏　杨　曾序春
副 主 编／王广州　王金营　傅崇辉

出 版 人／谢寿光
出 版 者／社会科学文献出版社
地　　址／北京市西城区北三环中路甲29号院3号楼华龙大厦
邮政编码／100029

责任编辑／许　力　张倩郢　　　　　　责任校对／李有江
责任印制／岳　阳
经　　销／社会科学文献出版社市场营销中心 (010) 59367081　59367089
读者服务／读者服务中心 (010) 59367028

印　　装／北京季蜂印刷有限公司
开　　本／787mm×1092mm　1/16　　　　印　　张／23.75
版　　次／2013年12月第1版　　　　　　字　　数／384千字
印　　次／2013年12月第1次印刷
书　　号／ISBN 978-7-5097-5288-3
定　　价／89.00元

本书如有破损、缺页、装订错误,请与本社读者服务中心联系更换
▲ 版权所有　翻印必究

广视角·全方位·多品种

权威·前沿·原创

皮书系列为
"十二五"国家重点图书出版规划项目

人口与健康蓝皮书编委会

主　　　编　陆杰华　苏　杨　曾序春
副 主 编　王广州　王金营　傅崇辉
编委会成员（按姓名拼音的字母顺序排列）
　　　　　　　傅崇辉　李一明　林德南　陆杰华　苏　杨
　　　　　　　田　丰　王广州　王金营　夏挺松　谢立春
　　　　　　　杨　翌　尹德挺　张玲华　张英姬　张　瑛
　　　　　　　曾序春

摘 要

《深圳人口与健康发展报告（2013）》的**主题是"综合改革、深圳率先"**。"综合改革"是指医疗卫生、人口和计划生育领域内具有统筹意义的相关体制改革与机制创新。"深圳率先"有双重含义，一是指深圳的两个全国率先改革，包括领先国家近四年的卫生和计划生育行政管理部门合并改革（2013年初，国家在"大部制"改革中组建国家卫生和计划生育委员会）和率先成立了完全"管办分开"的深圳市公立医院管理中心；二是指本书按照全国率先的标准来评价深圳的卫生和计划生育工作及相关制度改革成效。也因此，本书立足深圳、放眼全国，意图管中窥豹、前瞻全貌。

围绕这个年度主题，本书以总报告统筹，从"深圳市常住人口就医意愿特点及其影响因素"这个摸清需求情况的分报告开始，在"深圳市职业阶层间健康不平等的影响机制及制度调整方案""深圳区域间经济与卫生计生服务协调性评价及成因分析""深圳市人口健康状况与医疗保障制度对劳动供给影响研究"这三个分报告中专门剖析卫生计生系统在服务提供上的问题和影响因素，在"深圳市卫计合并的实践及其对全国相关改革的借鉴""公立医院改革的进展及未来发展重点研究""与人口健康状况相应的全科医生服务需求及相关制度建设""深圳市基本公共卫生服务均等化水平优化研究""深圳市妇幼保健工作状况及制度层面的优化方案"中评价既往改革绩效，前瞻性地了解改革需求，并提出相关制度优化方案。

根据本书的研究，可以用以下三方面结论来大体评价深圳的卫生计生工作状况及相关问题的制度成因：①**静态欠佳动态好**：相对于全国尤其是一线城市，从需求而言是大同小异、更加不利；从供给而言，在一线城市中**绝对水平不高，且历史欠账较多**。但有些方面发展很快且制度建设有优势，如妇幼保健工作和社康中心制度建设等。②**总量不足与效率不高并存**：深圳是新兴城市，在卫生方面还有一些欠账要补；同时，深圳又是发达城市，对卫生计生事业投入力度较大。如果提高相关服务供给的准确性，深圳的发展"动态"将会更好。③**改革率先，未尽全力**：多项改革在全国率先但制度改革不配套，利益各方难协力。例如，卫生计生资源整合有总体制度、改革基础，但基层仍有整合效果不好、进展不快等不足。根据这些方面的不足，可以对应进行制度调整，使改革更加全面、深化，使改革不配套带来的深层次问题能得到统筹解决。例如，通过整合职能、完善综合改革、强化公立医院体制机制改革，可以增强总体服务能力，并促进卫生计生服务关键控制点间的有效衔接。而在大改革的同时完善配套机制改革（如调整医护人员的激励机制），不仅可以在资源供给总量不变的情况下提高效率，而且可以达成"人民群众得实惠，医务人员受鼓舞，医疗机构增活力"的愿景。

本书还用九个分报告，更详细地评价和前瞻性地分析了深圳卫生计生事业的综合改革。深圳市"**常住人口就医意愿特点及其影响因素**"分析显示，需厘清民众多元化就医需求，建立以主观需求为重要依据的医疗供给制度，实行多部门联动，稳步消除户籍制度壁垒，鼓励社会资本参与，培育动力机制，方可真正实现医疗服务的供需平衡。而深圳目前的状况是：仍然存在若干方面的不平等、不均衡和资源配置上的供需不相称。具体而言，"**职业阶层间健康不平等的影响机制及制度调整方案**"说明不同职业阶层人群间健康水平存在显著差异，其原因不仅涉及职业分化自身特点，也存在职业之外制度因素，以公共服务均等化为目标的综合改革必须注重从社会福利的视角，改善较低职业阶层群体的人口健康状况；"**区域间经济与卫生计生服务协调性评价及成因分析**"显示，深圳市各区经济发展水平趋于协调，但并未相应地带来公共服务资源在空间上的分布均衡，从"深圳率先"目标出发，尚需在明确薄弱区域和薄弱环节的基础上，继续深化医疗卫生综合改革，完善民主决策机制，落实区域卫生规划，调整财政支出结构，建立民生为先、过程导向的绩效考核指标体系；而"**人口健康状况与医疗保障制度对劳动供给影响研究**"发现，深圳市率先建立的"全民医保"相关制度，尤其是劳务工医疗保障制度，明显有利于深圳市的劳动供给，但仍然存在户籍差别的内容，为此尚需在扩大覆盖范围的同时，加强地域和人群的公平性建设，并注意过度医疗保障对带动劳动供给力不从心。为了解决这些问题，深圳市进行了若干方面的改革。"**卫计合并的实践及其对全国相关改革的借鉴**"研究发现深圳市卫计合并改革程度较高、成效初显，但仍存在基层合并推进不力、配套机制建设滞后等问题，应尽快出台有关卫生和计生服务机构整合的指导意见，深化内部组织形式的改革和完善，探索管理服务政策的改革和创新，探索多样化卫计服务资源融合的途径。"**公立医院改革的进展及未来发展重点**"的研究认为，应加大"六大动力机制"的建立，核心在于建立补偿机制和改革支付方式。"**与人口健康状况相应的全科医生服务需求及相关制度建设**"研究认为，可仿效英国的全科医师培养体系，并建立成龙配套的全科医生激励机制及符合基础医疗和市场经济规律的全科医生服务方式。"**基本公共卫生服务均等化水平优化研究**"提出，应重点抓薄弱地区，重点搞队伍建设，并将其体现到资金机制和人员激励机制上。"**妇幼保健工作状况及制度层面的优化方案**"认为，需探索卫计联动的长效工作机制，合理布局卫生资源，加强流动人口妇幼保健服务，强化人才队伍建设，才能促进妇幼保健服务的均等化和可及性。

Abstract

The theme of Annual Report on Population and Health Development of Shenzhen (2013) is "Comprehensive Reform, Shenzhen Takes Lead". "Comprehensive Reform" refers to institutional reform and mechanism innovation on the overall level in the fields of healthcare, population and family planning. While "Shenzhen Takes the Lead" has double meaning. One refers to two pioneering reforms, including the merge between health department and family planning department four years ahead of those in national department (the government has established National Health and Family Planning Commission based on the two previously separate departments in the context of "Big Ministry System" reform in 2013). Shenzhen is a leader in setting up Public Hospital Administration, which has fully put the idea of "Separation between Management and Supervision" into practice. "Shenzhen Takes the Lead" also means that in this report, we evaluated the performance of Shenzhen's health and family planning work and related system reforms as per the highest standard in the nation. Therefore, this report could serve nationwide need in some ways.

Around the annual theme, this report includes general report and nine sub-reports. Beginning with "*The Characteristics and Influencing Factors that Influence Shenzhen Permanent Population's Will to Seek Medical Treatment*" to understand the demand, it further analyzed the problems and factors influencing service provision in health and family planning system according to "*Coordination between Regional Economy and Health and Family Planning Service Assessment and Influencing Factors Analysis in Shenzhen*", "*Research on Impact of Health Status and Medical Security System on Labor Supply*" and "*The Influencing Mechanism of Health Inequalities among Different Professional Classes and Their Adjustment Plans in Shenzhen*". In addition, this report also evaluated the previous reform achievements, and put forward requirements of future reform and optimization methods of related system in "*Practices of Merge between Health and Family Planning Department in Shenzhen and Their lessons for National Reform*", "*Assessment on*

Abstract

Reform of Public Hospitals and Focus of Future Reform", "*Demand for general practitioner service corresponds to the population and health status and establishment for related system* ", "*Research on optimization of equalization of basic public health service level in Shenzhen*", and "*Maternal and Child Health Care Work State in Shenzhen and Their Institutional Prioritizations*".

According to this report, the following three findings could help evaluate the status quo of Shenzhen health and family planning work but also locate institutional causes of relevant problems. Firstly, poor in static while good in dynamic. On the demand side for health services, Shenzhen is slightly less than the other cities in the country especially the first-tier cities; on the supply side, the absolute level in Shenzhen has also been lower than those first-tier cities for a few years, yet Shenzhen has exceeded other cities in some aspects and have advantages in institutional establishment, such as providing maternal and child health services and constructing community health center systems. Secondly, capacity shortage and inefficiency coexist. Shenzhen is a burgeoning city insufficient of health services as well as a developed city requiring much investment in health and family planning. Shenzhen would achieve greater development if the accuracy of health provision is improved. Thirdly, Shenzhen played first in reform but lacked effort. Shenzhen has pioneered many reforms but complementary system reform has trailed. It is difficult to balance interest of various parties during the reform. For instance, there is an overall policy for integration of health and family planning resource at the national level. However in the grassroots, the effect of integration is not very good and the time frame is a bit too extended. Regarding these issues, we could try to adjust the system so that reforms could be deeper and more comprehensive and the consequent problems can be solved. For one thing, the overall service provision capability can be improved and the bridging between health and family planning can be done more smoothly by integrating functions, improving comprehensive reform and enhancing public hospital institutional mechanism reform. In addition, under the circumstance of Big Reform, improving complementary reforms such as adjusting incentive mechanism of health staff can increase efficiency though remaining stable health resource supply, and realize the vision of "The ordinary people benefited, the medical staff encouraged and the health institutions become vital".

Furthermore, the nine sub-reports were utilized to evaluate and look-forward comprehensive reform of health and family planning care and its core domain in more detailed. "*The Characteristics and Influencing Factors of Shenzhen Permanent Population's Will to Seek Medical Treatment*" showed that only to grasp population's diversified medical needs, to establish medical supply system oriented by people's subjective demand, to practise linkage of sectors to steadily eliminate barriers of household registration system, to encourage social capital to participate in medical service and cultivate motivation mechanism can really achieve the balance between supply and demand. However, the current situation of Shenzhen is that there also exist inequalities in several aspects, as well as the incongruities between demand and supply of medical resource allocation. Specifically, "*The Influencing Mechanism of Health Inequalities among Different Professional Classes and Their Adjustment Plans in Shenzhen*" indicated that significant differences in health conditions existed among different professional classes in Shenzhen, which are caused by both vocational differentiation characteristics and institutional factors. So the comprehensive reform targeted at implementation of public health service equalization must improve population health of lower professional classes from social welfare perspective. "*Coordination between Regional Economy and Health and Family Planning Services and Influencing Factors Analysis*" found that regional economic development level of each jurisdiction in Shenzhen tends to be coordinated, but the economic gap reduction in each administrative region did not bring balanced spatial distribution of public service resources. In response, many measures are needed in future reform from the objective of "Shenzhen Takes the Lead", including making clear the weak area and weak links of health and family planning service, continuing to deepen the medical and healthcare system reform and the reform of public hospitals, perfecting the democratic decision-making mechanism in the field of health and family planning, actively implementing the regional health planning, adjusting the structure of fiscal expenditure so as to tilt towards the demand side and public health and establishing the democracy-first and process-oriented performance evaluation index system.

While "*Research on Impact of Health Status and Medical Security System on Labor Supply*" found that Shenzhen's firstly established full-covered medical security system, especially the medical Security system for migrant workers is obviously beneficial to labor supply. However, this system still has difference in household registration, they still need to strengthen fairness of region and people and take care of the excessive medical care have limited impact on labor supply while expanding coverage of medical insurance system in the future health care system construction .

To address these issues, Shenzhen has conducted comprehensive reform in several aspects: First, "*Practices of Merge between Health and Family Planning Department in Shenzhen and Their lessons for National Reform*" revealed that the degree of reform in Shenzhen is relative high and its reform achievements start to show, but there are still some problems such as the merge at the grassroots level and agencies is still hard, supporting mechanism construction lags behind and so on. Given that, Shenzhen should put forward a guidance for health and family planning services integration as soon as possible, and further deepen the reform and perfection of the internal organization form, and explore the reform and innovation of management service policy, and explore diversified approaches to integrate health and family planning service resources. Next, "*Assessment on Reform of Public Hospitals and Focus of Future Reform*" held that Shenzhen needs to strengthen the efforts to establish "six dynamic systems" on public hospital reform and the key is to establish compensation mechanism and to reform payment methods.

"*Research on optimization of equalization of basic public health service level in Shenzhen*" proposed that it is crucial to focus on weak areas and pay attention to team construction, and reflect these focuses in the funding mechanism and incentive mechanism. "*Demand for general practitioner service corresponds to the population and health status and establishment for related system*" suggested that Shenzhen can learn lessons from British general practitioner training system, and establish a series of supporting mechanisms to give incentives to GPs, and set up a new service way accord with the rule of basic medical and market economy. At last but not least, "*Maternal and Child Health Care Work State in Shenzhen and Their Institutional Prioritizations*" thought that Shenzhen needs to explore the long-term mechanism coordinating between health and family planning sectors, and promote the reasonable allocation of health resources, and strengthen the maternal and child health care service for the floating population, and enhance the talent team construction, and realize equalization and accessibility.

前　言

三十三年前，深圳经济特区在改革方面成为全国的领头羊；今天，在卫生计生领域，深圳仍然是改革先行者，仍具有国家级试验田的功能。之所以这样说，是因为站在全国的高度，分析深圳的卫生和计划生育（为了行文方便，本书简称卫生计生，亦简称卫计）工作，必须看到深圳的两个率先改革①：①2013年初，国家在"大部制"改革中组建国家卫生和计划生育委员会②（以下简称国家卫计委），作为以这种模式进行机构改革的先行先试者，深圳三年多的改革经验能给全国什么启示？②2013年初，深圳率先成立了完全"管办分开"的深圳市公立医院管理中心，这种方式的改革在实施过程中遇到了哪些问题？这些问题对全国的公立医院改革有哪些启示？

考虑到深圳这样的率先改革背景和通过深圳改革经验回答全国改革问题的必要性，在2012年以"**提质增效，率先实现质量型发展**"为年度主题总结分析深圳卫生计生事业进展的基础上，2013年《深圳人口与健康发展报告》（以下简称蓝皮书）围绕"**综合改革，深圳率先**"年度主题，分析深圳市卫生计生工作的进展、改革经验和未来改革重点并据此前瞻性地分析全国改革。全书的总报告和九个分报告以制度分析为主要研究方法，旨在总结和分析在国家大改革背景和卫生计生领域需求变化的情况下深圳卫生计生系统相关公共服务（以下简称卫计服务）的供给状况和相关改革进展，并以卫生计生系统在"医

---

① 除了这两个大的改革外，深圳在卫生计生领域还有一些改革也是全国率先的，如医药分开改革：2012年7月1日起，深圳市公立医院全面正式启动医药分开改革，取消该市所有公立医院2962种医保目录药品15%至25%的加成，成为全国首个全面启动医药分开改革的城市。当然，有些方面，务实的深圳官方却从未提过，如全民免费医疗等，尽管国内有些地方声称已经在实施了。我们认为，医疗卫生是民生的底座，且如过河卒一样通常只能前进不能后退，因此改革率先的风险是很大的，必须量力而行。深圳迄今这两个大的率先改革，是一步一个脚印地推进的。

② 2013年，国家卫生部和国家人口计划生育委员会合并组成国家卫生和计划生育委员会。

疗、公卫、保障、医药和监管"五方面工作的制度是否完善、公立医院管理在"四分开"上是否有进展为标准来评价深圳卫生计生系统的改革绩效，尤其是在"人民群众得实惠，医务人员受鼓舞，医疗机构增活力"① 方面（以下简称"医改三方面"）的绩效。

基于这样的思路，本书的内容安排如下②。总报告从服务者——卫生计生系统——自身存在的问题入手统筹分析卫生计生系统的改革成效和深化改革方案；九个分报告则聚焦基础情况和分领域详情：从"深圳市常住人口就医意愿特点及其影响因素"这个摸清需求情况的分报告开始，在"深圳市职业阶层间健康不平等的影响机制及制度调整方案""深圳区域间经济与卫生计生服务协调性评价及成因分析""深圳市人口健康状况与医疗保障制度对劳动供给影响研究"这三个分报告中剖析卫生计生系统在服务提供上的问题和影响因素，在"深圳市卫计合并的实践及其对全国相关改革的借鉴""公立医院改革的进展及未来发展重点研究""与人口健康状况相应的全科医生服务需求及相关制度建设""深圳市基本公共卫生服务均等化水平优化研究""深圳市妇幼保健工作状况及制度层面的优化方案"中评价既往改革绩效，前瞻性地了解改革需求，并提出相关制度优化方案。其基本框架如图0-1所示。

由图0-1可见，总报告是在问题导向体例下对以年度主题为线索的一系列问题的回答：从总结深圳卫生计生队伍自身问题入手，紧扣"综合改革"四字，从行政管理体制、资金机制、队伍绩效激励机制等方面分析卫生计生工作不足和队伍问题的成因，并评价相关领域制度改革在"五完善、四分开"等方面的绩效。而从全国来看，由于国家卫计委的成立和深圳的先行先试，我们的研究工作还特别关注了两部委合并后相关工作内容和工作开展方式两方面的变化：①卫生计生工作，尤其是其中的公共服务部分，如何整合资源、改善服务？②人口信息，尤其是原计生系统提供的流动人口信息，可以指导卫生系

---

① 摘自时任副总理李克强在2013年全国卫生工作会议开幕式上的讲话。
② 有的分报告中包括了需求情况、问题、成因分析和对策等多个部分，我们在叙述时将其拆分，以使全书的逻辑线索更为清晰。

统的资源配置,使整个卫生计生系统的工作更高效[1],这种指导如何实现?总报告正是以各分报告的成果为基础,紧扣这样的线索并关注这两方面变化进行分析。通过这样的分析,与2011年、2012年《深圳人口与健康发展报告》一起形成了对深圳卫生计生工作的完整评价及对相关问题的成因分析。在"大部制"等综合改革背景下,这些研究成果对指导深圳乃至全国卫生计生系统未来的体制改革和机制创新都有参考价值。

根据本书的研究,可以用以下三方面结论来大体评价深圳的卫生计生工作状况及相关问题的制度成因:

①**静态欠佳动态好**:相对于全国尤其是一线城市,从需求而言是大同小异、更加不利;从供给而言,在一线城市中绝对水平不高,历史欠账较多。但有些方面发展很快且制度建设有优势,如妇幼保健工作和社康中心制度建设等。②**总量不足与效率不高并存**:深圳是新兴城市,在卫生方面需要补欠账;同时,深圳又是发达城市,对卫生计生事业投入力度较大。如果提高相关服务供给的准确性,深圳的发展"动态"将会更好。③**改革率先,未尽全力**:多项改革在全国率先,但制度改革不配套,利益各方难协力。例如卫生计生资源整合有总体制度、改革基础,但基层仍有整合效果不好、进展不快等不足[2]。

根据这些方面的不足,可以对应进行制度调整,使改革更加全面、深化,使改革不配套带来的深层次问题能得到统筹解决。例如,通过整合职能、完善综合改革、强化公立医院体制机制改革,可以增强总体服务能力,并促进卫生计生服务关键控制点间的有效衔接。而在大改革的同时完善配套机制改革(如调整医护人员的激励机制),不仅可以在资源供给总量不变的情况下提高效率,而且可以达成"医改三方面"愿景。又如,深圳市卫生计生服务系统

---

[1] 在国家卫生和人口计生行政部门合并后,原国家人口计生委的流动人口服务管理司(合并后的国家卫计委流动人口计划生育服务管理司)利用全国流动人口动态监测网提供的人口信息,可以对优化卫生和计生公共服务起到"指导"作用,使卫生和计生资源的配置能更好地切合人群需要(正如我们在2012年《深圳人口与健康发展报告》分报告"深圳的卫生服务供给效率高吗"中分析的那样,如果根据人群需求特点配置卫生资源,就能较好地做到供需相称,在总体行政资源供应不足的情况下实现公共服务的改善)。

[2] 深圳综合改革才刚刚起步,先行先试显然没有尽善尽美,配套机制改革没有跟上,以致一些统筹和整合在基层仍然没有实质性的进展。例如,妇幼保健机构和计划生育相关服务部门,就有一墙之隔却无法共用办公场所且难以协调的尴尬。

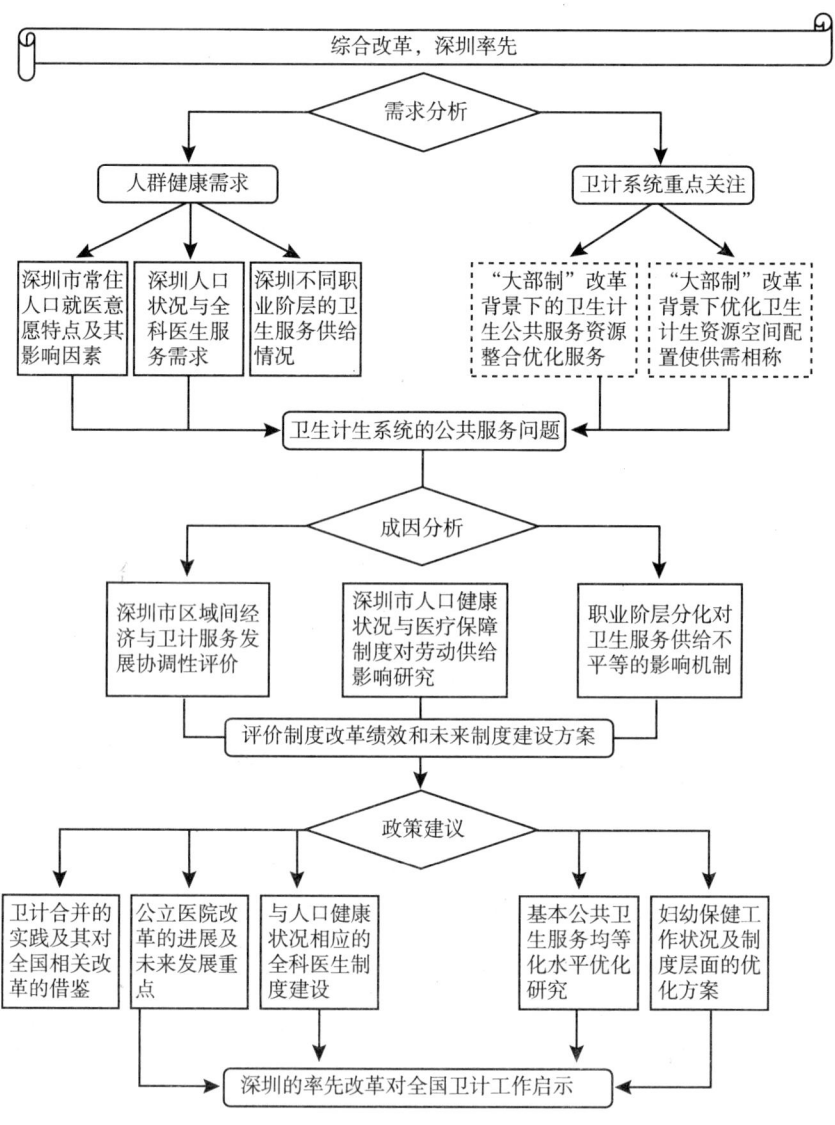

图 0-1 《深圳人口与健康发展报告（2013）》框架结构图

内部重要问题——"供需不相称"的直接原因在于系统内的利益相关三方——人民群众、服务机构和业务人员均未有完善的配套利益机制，其制度成因在于卫生计生系统内各相关子系统制度衔接不够紧密，以及作为卫生计生公共服务主体的公立医院的制度改革依然存在漏洞。总结起来，作为国家改革试验田的深圳应该也必须在全国起到引领、表率、示范作用。但若要继续保持率先，需按照十八届三中全会精神，全面深化综合改革，尤其是搞好综合改革的配套机制建设，使改革在基层也具有操作性。

因为卫生计生事业涉及面广泛，本书还用九个分报告来评价和前瞻性地分析了深圳卫生计生事业的综合改革。

"深圳市常住人口就医意愿特点及其影响因素"的重要结论是：以人为本，把握民众就医意愿和特点，才可能真正厘清民众多元化就医需求；以需求为导向，建立以主观需求为重要依据的医疗供给制度，才可能真正实现医疗服务的供需平衡；实行多部门联动，稳步消除户籍制度壁垒，鼓励社会资本参与，培育动力机制，才可能真正从供需两端同步改善医疗服务。

"深圳市职业阶层间健康不平等的影响机制及制度调整方案"的重要结论是：深圳的人口与健康关系已呈现动态特征的变化，在人口增长趋势由急变缓、人口总量日趋稳定的情况下，人口健康需求和卫生服务供给之间的主要矛盾将很快由总量不足向存量不均转变，其中职业阶层是衡量人群不平等状况的重要分类维度；深圳市不同职业阶层人群之间健康水平差异较显著，其原因不仅涉及职业分化自身特点，即不同职业阶层群体购买卫生服务的支付能力不同、健康理念和职业环境差异显著，也存在职业之外的制度因素，尤其是医疗保障制度对不同职业阶层的保障程度存在差别；以公共服务均等化为目标的综合改革必须注重从社会福利的视角，改善较低职业阶层群体的人口健康状况。

"深圳区域间经济与卫生计生服务协调性评价及成因分析"的重要结论是：深圳各区的经济发展水平趋于协调，原关外两区与关内四区的差距逐步缩小，但各个行政区经济差距的缩小并未相应带来公共服务资源在空间上的分布均衡，原关外地区仍然明显落后于关内地区，优质卫生资源与经济发展水平严重不协调，而基本公共卫生服务和计划生育公共服务的不协调程度相对较小；市域内空间分布角度的经济发展水平与卫生计生服务水平不协调是一系列制度安排的综合后果。未来要实现卫生计生服务领域的"深圳率先"，需要从以下方面着手突破：明确卫生计生服务的薄弱区域和薄弱环节；继续深化医疗卫生体制改革和公立医院改革；完善卫生计生领域的民主决策机制；积极贯彻落实区域卫生规划；调整财政支出结构，向需求方和公共卫生领域倾斜；建立民生为先、过程导向的绩效考核指标体系。

"深圳市人口健康状况与医疗保障制度对劳动供给影响研究"的重要结论是：一方面，作为流动人口占比倒挂型的特大城市，深圳市率先建立的"全民医保"相关制度明显有利于深圳市的劳动供给——深圳市特有的劳务工医疗保障制度给予外来劳务工基本的生活保障，消除了劳务工看病的后顾之忧，确保了人们在卫生资源利用方面的公平性，使劳务工享有基本的健康权和社会归属感，进而可以吸引更多、更持续的外来务工人员，但这个制度仍然有户籍差别的内容，仍然需要加强公平性建设；另一方面，未来的医保制度建设，仍以扩大覆盖范围、加强地域和人群的公平性为主，要注意过度医疗保障对带动劳动供给力不从心，并协调劳动供给与医疗保障的平衡。

"深圳市卫计合并的实践及其对全国相关改革的借鉴"的重要结论是：深圳的卫计合并改革较早，且原关内"改"和原关外"不改"并存，因此积累了许多经验。目前来看，其合并情况可以总结为三方面：改革程度较高但有人员拖累、改革成效初显但基层合并推进不力、机构设置更趋合理但配套机制建设滞后。深圳应从以下五个方面深化卫计合并改革：尽快出台有关卫生和计生服务机构整合的指导意见；进一步深化内部组织形式的改革和完善；进一步探索管理服务政策的改革和创新；进一步整合卫生和计生服务资源；探索多样化卫计服务资源融合的途径。全国"大部制"背景下的卫计合并应注意以下五个方面：重构新机构的认知系统，优先实现部门文化融合；理顺合并后中央与地方的垂直关系；机构合并与制度合并同时推进；以优势资源主导合并；以多种手段调整和优化人员结构。

"公立医院改革的进展及未来发展重点研究"的重要结论是：我国医改的障碍主要表现在政府和医管机构对医疗机构的激励约束机制不足、公立医院运营创新机制不顺、医生薪酬管理机制不活、社会办医扶持机制不畅、医疗保险机构付费机制不规范、患者"以脚投票"就医选择机制不彻底等六方面，深圳市在这六方面的改革均有涉及，但并不彻底，还远未达到"医改三方面"愿景。从改革实践来看，深圳应加大公立医院改革"六大动力机制"的建立，"六大动力机制"即改革战略动力、管理制度动力、筹资模式动力、服务结构动力、外部监督动力和技术创新动力。改革的核心是建立补偿机制和改革支付方式：五年内应努力推进医院法人治理结构、医生薪酬管理、医保支付方式的改革；之后，再进一步完善社会办医、信息技术体系建立、服务体系建设等若干领域的改革创新。

"与人口健康状况相应的全科医生服务需求及相关制度建设"的重要结论是：从空间分布和就医机构选择来看，深圳呈现明显的流动人口高度聚集特征，在社康中心就医人口以外来务工人员和当地社区居民为主，主要接受全科医生的诊断和治疗，但收入较高人群接受全科医生首诊的比例较低；深圳在全科医生制度建设上也基本实现了"全国率先"，全科医生队伍规模较大，全科医生与医院双向转诊制度建设较完善，基本实现了社区首诊，但随着常住人口尤其是老年人口持续快速增长，全科医生供需缺口越来越大。目前存在全科医生培养体系不完善、全科医生激励政策不合理、全科医生门诊尚未全面普及等不足，这些不足使供需脱节增大，亟待加强相关制度综合改革。英国等国家是较早实行全科医生制度的国家，深圳可仿效其全科医师培养体系，并建立成龙配套的全科医生激励机制及符合基础医疗和市场经济规律的全科医生服务方式。

"深圳市基本公共卫生服务均等化水平优化研究"的重要结论是：深圳的公共卫生服务均等化水平较高，但仍存在卫生资源配置不合理、卫生资源投入分配不均等、使用效率不高等问题；深圳市的公共卫生服务基本做到了全国率先，但百尺竿头需要更进一步，应在空间和手段上突出两个重点，重点抓薄弱地区，重点搞队伍建设，并体现到资金机制和人员激励机制上，这样才可能真正做到"综合改革、深圳率先"。

"深圳市妇幼保健工作状况及制度层面的优化方案"的重要结论是：在医疗卫生体制改革实践中，深圳市率先实行大部制，卫生与计生合并，构建了"卫计联手"开展妇幼保健工作的新模式，取得了自2011年起孕产妇死亡率和婴儿死亡率双指标位于国内先进队列、达到发达国家水平的骄人成绩；但深圳市妇幼保健服务仍然存在供需不平衡、流动人口妇幼保健水平较低、卫计公共服务资源融合不足等突出问题；未来应探索卫计联动的长效工作机制，合理布局卫生资源，加强流动人口妇幼保健服务，强化人才队伍建设，实现妇幼保健服务的均等化和可及性，深圳才可能保持在这个领域的继续率先。

这些内容，几乎包括了深圳市卫生计生事业的方方面面，使得自2011年起的这连续三本《深圳人口与健康发展报告》完全可以视为管理学角度的深圳市人口与健康工作大全。这个以"人口与健康"为主题、以某个地方为案例的系列在社会科学文献出版社数以百计的蓝皮书里也是独一无二的,兼具了对微观、宏观的考虑和对一个具有"先进性"区域发展的长期跟踪。考虑到深圳的综合改革在顶层刚刚开始统筹、在基层仍然有许多未尽如人意之处,本系列蓝皮书未来仍然要继续关注改革,尤其是资源配置机制、队伍激励机制等配套机制的改革,并争取通过将深圳的情况与全国其他城市多做对比来使深圳经验能诠释全国。我们希望对国家的卫生计生事业、对行政管理改革和对社会学有兴趣的人,都能从这个系列的研究成果中开卷有益、不虚此读。

当然,小果初成之际,必须看到这本书作者队伍以外许多单位的大力支持。对这三本书的工作,深圳市相关领导和卫生计生系统的许多单位给予了大力支持:深圳市卫生和人口计划生育委员会在立项、审稿和资金上给予了全面支持,蔡立主任、孙美华副主任等领导对研究和写作工作进行了指导,深圳市人口和计划生育科研所为本书的编写进行了全面的统筹协调和专业把关;深圳市公立医院管理中心也为本课题组开展相关调研给予了配合,原卫生和人口计划生育委员会副主任、现公立医院管理中心主任罗乐宣博士还对相关部分的研究和写作给予了专业指导;深圳市医学信息中心主任林德南,深圳市人口和计划生育科学研究所王鹤云、张玲华、谢立春,深圳市宝安区卫生局夏挺松博士,深圳市第二人民医院中西医结合分院副院长李一明等,在本书的研究和写作中,不仅在数据提供、调研安排和案例分析中提供了全面支持,还在本书的写作中给予了多处专业评价;北京大学、国务院发展研究中心、中国社会科学院、河北大学、北京行政学院、广东医学院、广东药学院等单位的相关专家给予了大力支持,在此一并表示感谢。众人拾柴火焰高、率先改革指路遥,这些支持进一步说明"深圳的发展和经验证明,我们建立经济特区的政策是正确的"[1]。

需要说明的是,本书是联合执笔,各部分的主要作者已分别在文中标注,包括北京大学社会学系陆杰华教授、国务院发展研究中心社会发展部苏杨研究

---

[1] 这是1984年邓小平同志在视察深圳后为深圳经济特区题的词,本书借用,旨在说明深圳的相关率先改革仍然对全国大有裨益。

员、深圳市人口和计划生育科学研究所所长曾序春、中国社会科学院人口与劳动经济研究所王广州研究员、河北大学经济学院王金营教授、广东医学院傅崇辉副教授、北京行政学院社会学教研部尹德挺副教授、中国社会科学院人口与劳动经济研究所田丰副研究员、广东药学院公共卫生学院杨翌教授和张瑛教授、河北大学经济学院胡耀岭副教授,参与写作的还有北京大学黄文香、陈丹、胡峄辰、缪巧霞、冯文童,北京师范大学崔祥芬,国务院发展研究中心东方文化与城市发展研究所卓杰,河北大学工商学院董美媛和经济学院李竞博、石贝贝、程琰,广东药学院公共卫生学院张弛、莫淳琪。全书由陆杰华、苏杨、曾序春统稿。

还需要说明的是,为便于读者阅读和理解,在本书的写作中,我们运用了不同的方式以使研究成果深入浅出、形象生动,还对一些较宏观或易被误读误用的概念进行了界定或说明,以使描述准确。在对问题进行描述的过程中,我们尽量多举实例和打比方,希望读者能够对深圳人口与健康领域仍然存在的问题有更为直观和感性的认识;为使读者能够充分理解各部分报告的逻辑关系和把握每个报告的重点内容,让读者朋友在匆匆浏览中就能了解其大意,我们在每个报告的开头都总结了本部分要点,在多数报告的结尾设计了本部分小结;对于一些有利于读者阅读和理解,但又不便于放入正文中的内容,我们通过脚注进行了阐释;为使读者查找方便,我们将进行了直接引用的相关参考文献在每章末尾或在脚注中标出,不再在全书末单列参考文献;为使内容形象直观,我们做了大量图表,图表序号标示方法为:图(表)1-1表示总报告(从前言开始顺序计数,前言的章号为0)的1号图(表)。

《深圳人口与健康发展报告(2013)》编委会
2013年10月

目 录

BⅠ 总报告

B.1 综合改革，深圳率先 …………………………………………… 001
    一 深圳市卫生计生公共服务的需求特点及其变化趋势 ……… 003
    二 从内部看深圳卫生计生公共服务存在的问题 ……………… 012
    三 卫生计生系统自身问题的制度成因分析及对策 …………… 024
    四 对公立医院改革的制度建设情况总结和未来改革
       调整建议 ………………………………………………………… 040
    五 结论和政策建议 ……………………………………………… 048

BⅡ 分报告

B.2 深圳市常住人口就医意愿特点及其影响因素 ………………… 051
    一 研究背景 ……………………………………………………… 052
    二 深圳常住人口就医状况与就医意愿特点分析 ……………… 061
    三 深圳常住人口就医意愿的影响因素分析 …………………… 075
    四 以需求为本位的综合改革相关制度设计 …………………… 090

B.3 深圳市职业阶层间健康不平等的影响机制及制度调整方案 ………… 099
    一 研究背景 ……………………………………………………… 100
    二 深圳市职业分化与人口健康的关系 ………………………… 102
    三 公共卫生和医疗服务的分化对不同职业阶层的影响 ……… 110

四　不同职业群体之间卫生服务公平性的影响机制…………… 116
　　五　关于改善职业群体间健康不平等状况的制度调整建议……… 126

B.4 深圳区域间经济与卫生计生服务协调性评价及成因分析………… 131
　　一　协调性分析的基本思路和框架……………………………… 133
　　二　协调性指标的构建…………………………………………… 134
　　三　深圳市各区经济发展及卫生计生服务描述分析…………… 142
　　四　深圳各区经济发展与卫生计生服务协调性分析…………… 157
　　五　经济发展与卫生计生服务不协调的制度成因及政策建议 …… 167

B.5 深圳市人口健康状况与医疗保障制度对劳动供给影响研究……… 173
　　一　引言…………………………………………………………… 173
　　二　人口健康、医疗保障与劳动供给之间关系的理论分析……… 176
　　三　深圳市人口健康和医疗保障与劳动供给的
　　　　微观调查研究……………………………………………… 184
　　四　健康状况、医疗保障制度对微观劳动供给
　　　　影响的定量分析…………………………………………… 193
　　五　人口健康和医疗保障发展趋势下分人口类型的
　　　　劳动供给研究……………………………………………… 200
　　六　结论与总结…………………………………………………… 208

B.6 深圳市卫计合并的实践及其对全国相关改革的借鉴……………… 213
　　一　研究背景……………………………………………………… 214
　　二　合并前深圳计生和卫生系统的特点比较分析……………… 217
　　三　深圳卫计合并的实践模式…………………………………… 225
　　四　深化深圳卫计合并改革的主要手段………………………… 232
　　五　深圳的实践对全国大部委制下卫计合并的借鉴…………… 236

B.7 公立医院改革的进展及未来发展重点研究………………………… 240
　　一　研究背景和研究目的………………………………………… 241
　　二　国内外公立医院改革相关研究现状………………………… 242

三　全国公立医院改革的进展情况及其理论探讨 245
　　四　深圳公立医院改革的最新进展及评价 251
　　五　深圳公立医院深化改革的制度设计 256

B.8　与人口健康状况相应的全科医生服务需求及相关制度建设 263
　　一　深圳人口与发展状况 264
　　二　深圳就医人口特征结构 266
　　三　深圳全科医生发展现状 270
　　四　深圳全科医生需求预测分析 272
　　五　深圳全科医生制度建设现状与评价 275
　　六　国外全科医生制度借鉴 277
　　七　综合改革背景下完善全科医生队伍建设和服务
　　　　方式的制度设计 281

B.9　深圳市基本公共卫生服务均等化水平优化研究 284
　　一　引言 284
　　二　深圳人口发展的主要特点 287
　　三　深圳基本公共卫生服务现状评价与分析 291
　　四　基本公共卫生服务现状城市间比较分析 304
　　五　深圳基本公共卫生服务均等化的成就和不足 312
　　六　基本公共卫生服务均等化水平的优化方案 314

B.10　深圳市妇幼保健工作状况及制度层面的优化方案 321
　　一　深圳市妇幼保健服务体系及需求特点 322
　　二　深圳市妇幼保健工作成效及其制度成因 328
　　三　深圳市妇幼保健服务存在的问题 343
　　四　深圳市妇幼保健制度改革建议 344

CONTENTS

B I General Report

B.1 Comprehensive Reform, Shenzhen Takes the Lead / 001
    1. Characteristics and Trends in Demand for Health and
       Family Planning Public Services in Shenzhen / 003
    2. The Problems Within Shenzhen's Health and Family Planning
       Public Services System / 012
    3. Analysis of the Institutional Causes and Their Countermeasures to
       the Questions Health and Family Planning System Itself / 024
    4. The Summary of System Construction in Public Hospitals Reform
       and Suggestions for How to Adjust it in Future Reform / 040
    5. Conclusions and Countermeasures / 048

B II Sub-Reports

B.2 The Characteristics and Influencing Factors of Shenzhen
     Permanent Population's Will to Seek Medical Treatment / 051
    1. Research Background / 052
    2. The Situation and Characteristics of Will to Seek Medical
       Treatment among Shenzhen's Permanent Population / 061

CONTENTS

    3. Factors Influencing Shenzhen Permanent Population's Will to Seek Medical Treatment / 075

    4. Comprehensive Reform Relevant System Design Oriented by Demand / 090

B.3 **The Influencing Mechanism of Health Inequalities among Different Professional Classes and Their Adjustment Plans in Shenzhen** / 099

    1. Research Background / 100

    2. Relationship between Professional Differentiation and Population Health / 102

    3. The Impact of Differentiation between Public Health and Medical Service on Different Professional Classes / 110

    4. The Influencing Mechanism on Fairness of Public Health Services among Different Professional Groups / 116

    5. Suggestions on How to Improve the Health Inequalities among Different Professional Groups / 126

B.4 **Assessment of Coordination between Regional Economy and Health and Family Planning Services and Determining Factors Analysis** / 131

    1. The Basic Ideas and Framework of Coordination Analysis / 133

    2. Establishment of Coordination Index / 134

    3. Descriptive Analysis on Shenzhen's Regional Economic Development and Health and Family Planning Services / 142

    4. Analysis of Coordination between Regional Economy and Health and Family Planning Services / 157

    5. The Institutional Factors for the Discordance between Economic Development and Health and Family Planning Services / 167

人口与健康蓝皮书

B.5 Research on Impact of Health Status and Medical Security System on Labor Supply / 173
 1. Introduction / 173
 2. Theoretical Analysis between Population Health, Medical Security between Labor Supply / 176
 3. Microscopic Quantitative Analysis on Population Health Conditions, Medical Security System and Labor Supply / 184
 4. Quantitative Analysis on the Impact of Population Health Conditions, Medical Security System on Microscopic Labor Supply / 193
 5. Research on the Labor Supply of Different Population Groups Under the Development Trend of Population Health and Health Care / 200
 6. Conclusions and Summary / 208

B.6 Practices of Merge between Health and Family Planning Departments in Shenzhen and Their lessons for National Reform / 213
 1. Background / 214
 2. Comparative Analysis of the Characteristics of Health System and Family Planning System before the Merge / 217
 3. Practice Model of the Merge between Health and Family Planning System in Shenzhen / 225
 4. Main Approaches to Deepen the Reform of the Merge between Health and Family Planning System / 232
 5. Entightment what National Mergence Reform Under the Large Ministries System Can Learn from Shenzhen's Practices / 236

B.7 Assessment of the Reform of Public Hospitals and Focus of Future Reform / 240
 1. Research Background and Objectives / 241

2. Research Status of Overseas and Domestic Public
   Hospitals Reform / 242
3. The Progress of Public Hospitals Reform and Its Related Theories / 245
4. Analysis and Assessment on the Latest Development in Public
   Hospitals Reform in Shenzhen / 251
5. The System Design on Public Hospitals Reform in Shenzhen / 256

B.8 **Demand for General Practitioner Service Corresponds to the Population and Health Status and Establishment for Related System** / 263
1. Present Situation and Development Trend of Shenzhen's
   Population / 264
2. Characteristic Structure of Shenzhen Residents Who Seek
   Medical Treatment / 266
3. Present Situation of Shenzhen's General Practitioner
   Development / 270
4. Forecasting Analysis of Future Demand for General Practitioners / 272
5. Present Situation of System Construction of General
   Practitioner and Its Assessment / 275
6. International Experience of General Practitioner System / 277
7. The System Design to Improve General Practitioner Team
   Construction and Service Ways Under the Background of
   Comprehensive Reform / 281

B.9 **Research on Optimization of Equalization of Basic Public Health Service Level in Shenzhen** / 284
1. Research Introduction / 284
2. Main Characteristics of Shenzhen's Population Development / 287
3. Assessment and Analysis on the Present Situation of Shenzhen's
   Basic Public Health Service / 291

  4. Quantitative Comparison of the Present Situation of Shenzhen's
    Basic Public Health Service with other Cities / 304

  5. The Achievement and Shortcomings of Shenzhen's Efforts to
    Equalize Basic Public Health Service / 312

  6. The Optimizations of Equalization of Basic Public Health Service / 314

B.10 **Maternal and Child Healthcare Work State in Shenzhen and Their Improving Plan of Related Mechanism** / 321

  1. System of Shenzhen's Maternal and Child Healthcare and
    the Characteristic of Demand in Shenzhen / 322

  2. Achievements of Shenzhen's Maternal and Child Healthcare
    and Its Institutional Factors / 328

  3. Problems in Shenzhen's Maternal and Child Healthcare
    System / 343

  4. Countermeasures on Shenzhen's Maternal and Child
    Healthcare System / 344

总 报 告

General Report

B.1
综合改革,深圳率先

崔祥芬 苏杨 陆杰华 曾序春

深圳,这座在经济改革方面领跑全国30余年的明星城市,卫生计生领域多个方面的改革上也"先行先试"①。然而,长期以来,这座经济快速发展的明星城市,依旧没有摆脱"看病贵、看病难"的窘境,依旧存在较大的卫生计生公共服务的人群差别和地域差别②,这些不足已经成为提高深圳全员人口生活质量的制约因素。2012年《深圳人口与健康发展报告》对深圳在卫生计生公共服务上的不足有所涉及,但从管理者角度系统地看,如何加强自身建设以扬长避短,这是深圳卫生计生系统率先合并和深圳被列为全国公立医院改革试点城市后必须深入研究的问题。

为此,不同于2012年《深圳人口与健康发展报告》总报告从服务对象"看病难、看病贵"等问题作为切入点,2013年《深圳人口与健康发展报告》

---

① 深圳在这些方面的率先改革,可参看前言中的说明。
② 具体可参见《深圳人口与健康发展报告(2012)》中的总报告,其中明确了这两方面差别是深圳医疗卫生服务水平实现全国率先的主要短板。

的总报告，主要依据近期数据①，从服务者——卫生计生系统——自身存在的问题入手来展开研究。这些问题不仅包括基本医疗、医保、医药、公卫、监管制度的衔接不够紧密，显著影响了卫生服务的公平性、可及性；还包括公立医院管办、政事、医药、营利与非营利等分开的制度有漏洞，导致公立医院利益相关三方（人民群众、医务人员、医疗机构）获益不大等。因此，在深圳人口结构、分布和就医意愿等不断变化的背景下，医疗服务、公共卫生服务和计生服务都必须加强制度建设，这样才能保证慢性病防治、妇幼保健等重要公共卫生服务和公立医院改革都取得实质性进步，确保服务者的能力得到提高、行为得到规范，这才能使服务者自身的问题从制度层面得到统筹解决。

必须说明的是，在研究深圳卫生计生的率先改革时，我们注意到深圳的"率先"也是有"空白"的，有些领域深圳从未尝试甚至从未提过——比如这几年被炒得沸沸扬扬的全面免费医疗。这是因为，卫生计生领域关系千家万户，尤其是医疗服务，在发达国家也是政府难题，这个领域是民生所系，不改革就会积弊难除，但这个领域的改革，"率先"往往意味着"风险"。我国有些号称"率先实现全民免费医疗"的行政区，在经济发展遇到困难后，卫生方面的率先立即成为政府的沉重包袱。因此，国家的政策也只是指出"前途是光明的、道路是曲折的"。例如，2013年发布的《国务院印发关于促进健康服务业发展的若干意见》，提出释放建立覆盖全生命周期、内涵丰富、结构合理的健康服务业体系以及放开市场准入等一系列政策利好信号的同时，也为全民免费医疗的发展方向进行了铺垫。但多数专家认为，医疗和教育等属于典型的易上难下公共服务，公众只能接受单向改进，加之我国受国情、医疗体制、人口规模、财力等众多限制因素影响，在短期内的确难以实现全民免费医疗。应该说，深圳市在卫生计生领域的率先改革，没有冒进、没有浮夸，基本属于稳扎稳打。就深圳这样稳扎稳打的改革进行总结、分析和评判，才可能对全国形成面上的改革借鉴。

---

① 由于数据来源有限，加之有些统计口径发生过变化，因此本报告中的相关分析数字来源年份不一：如果有2012年数据且与相关城市比较时也可用的，则采用2012年数据；如果没有最新数据的，多数采用2011年数据；如果与多个城市进行某方面比较，多数采用2010年数据。具体的分析中以何年数据为准，在相关图表中都有具体标注。因为这是社会发展领域的分析，相关数据不可能在两三年内发生较大变化，因此我们认为这样的数据分析误差是可以接受的。

综合改革,深圳率先

一 深圳市卫生计生公共服务的需求特点及其变化趋势

1. 卫生计生公共服务的内涵

卫生工作的主体属于公共服务,少数属于社会管理(如卫生监督);而人口计生工作则是社会管理和公共服务并重:在20世纪80年代、90年代计划生育工作繁重时,社会管理的属性强一些;国家进入低生育率水平时期后,公共服务方面的工作量日益显得重要(如生殖健康服务和宣传教育等)。这两个系统的工作重点存在区别,但却有一个交集:都围绕人群开展工作,都需要提供与基本医疗和公共卫生相关的服务。这样,计生系统开展的与生育相关的业务活动(生殖健康服务)有许多发生在医疗机构,且由规模大、专业化程度高的医疗机构承担计生系统的公共服务工作更能体现专业优势和规模效益。

正是基于这一点,在大部制改革的浪潮中,为提高管理和服务效率,降低管理成本,计生和卫生相似职能的融合是必然选择。2013年3月,国家在中央层面上推动了卫生与计生部门的合并。而深圳市早在2009年就已经在这方面先行先试,将原深圳市人口计生局职能与原深圳市卫生局的职能进行重新归口合并,实现了决策、执行和监督权力"三分",对通过机构改革改善卫生、人口和计划生育这两个相关事业的工作进行了探索①。

总体而言,计生工作,尤其是生殖健康服务相关技术服务的开展,最好依托于医疗服务机构,因为计生工作不仅涉及基本医疗服务(如婚检、孕检、避孕节育技术服务等)、公共卫生服务(包括健康教育等),还涉及相关药品提供等。如表1-1所示。

---

① 2009年8月,深圳市合并卫生局和人口计划生育局,成立了卫生和人口计划生育委员会(以下根据深圳的工作习惯简称为卫人委,这与国家的机构习惯简称卫计委存在区别)。在2009年合并之前,深圳市卫生局和深圳市人口计划生育局各搞了一套社区卫生服务机构,一个以生育服务及生育文化宣传教育为主,一个以基本医疗和公共卫生服务为主,但服务内容有多项重叠(社区健康服务中心有600多个,生育文化中心也遍布各社区)。将两者合并,理论上而言,不仅可以提高服务质量,还可节约场地和人员成本。原深圳市卫生局妇社处与原深圳市人口计生局的业务也有很多重合之处,如人口出生率等信息统计和妇女儿童保健等。大部制改革后,重合的业务被合并,使人口计生工作统一归口管理。

表1-1 计生服务工作主要内容

计生服务项目	服务属性
妇科门诊 计划生育门诊 生殖健康门诊 不孕不育治疗 病残儿及其并发症鉴定 计划生育手术 优生检测 流动人口孕、环情况检测	基本医疗服务
男女性咨询 避孕节育咨询 优生优育咨询 生殖健康普查 "三优"指导 避孕药具提供	公共卫生服务

卫生领域的公共服务工作大致由基本医疗和公共卫生服务两部分组成,其中公共卫生服务体系由八大公共卫生服务包组成,在服务人群上以常住居民为主,重点关注儿童、妇女和老年人,以及精神病、慢性病患者,在服务内容上涵盖了"三级预防"保健的各个环节,充分体现了"预防为主、防治结合"的理念。深圳市公共卫生服务体系详见表1-2。

表1-2 深圳市公共卫生服务体系

基本内容	服务对象
社区诊断服务包	常住居民
社区健康教育与健康促进服务包	辖区居民,重点为常住居民和外来务工人群
社区预防接种与传染病防治服务包	预防接种:辖区居民,重点为适龄儿童(社区预防接种) 传染病防治:辖区居民,重点为法定传染病病人及易感人群
社区妇女保健服务包	辖区内12岁以上、60岁以下常住女性,重点为新婚夫妇、孕妇及产妇
社区慢性病综合防治服务包	常住居民,重点为慢性病高危人群和慢性病患者
社区老年保健服务包	60岁及以上常住居民
社区康复服务包	辖区内户籍残疾人及其监护人,有康复需求的居民
社区心理卫生服务包	辖区内常住居民,重点为户籍重性精神疾病患者和重点人群、高危人群

据此,本书中的卫生计生公共服务需求是指市民对表1-2中相关服务的需求(以下简称卫计服务需求)。

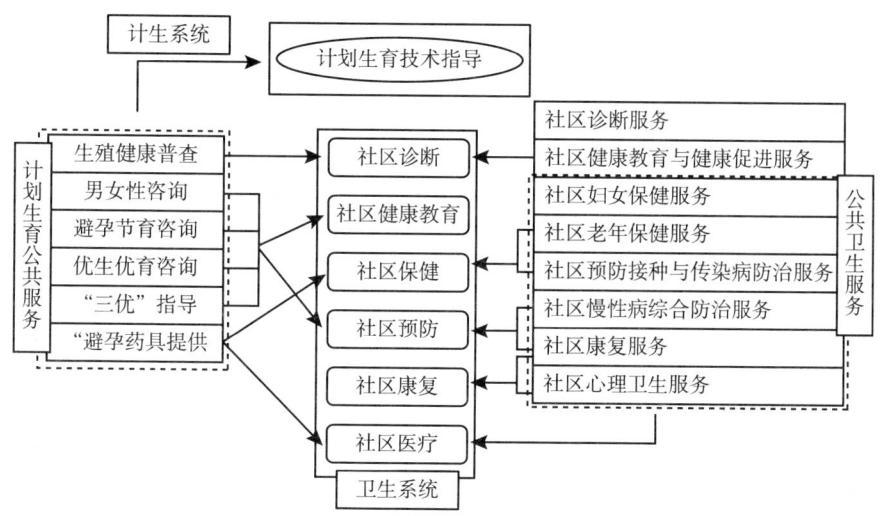

图1-1 深圳市卫生计生公共服务内容及二者关系

2. 深圳市卫生计生公共服务需求特点

卫生计生公共服务的基本目的是通过疾病预防、健康保护、健康促进来提高居民的健康水平。公共服务需求变化的根本原因是疾病谱的改变。人口结构的变化和不利健康因素的改变则是造成"疾病谱"改变的直接成因[1]。据此,分析深圳市卫计服务需求的特点,需分析上述各影响因素的特征。

(1)深圳市人口结构

深圳是一个典型的移民城市,市民由户籍人口、暂住人口和流动人口三部分组成,其中在统计资料中的常住人口大致包括前两类[2]。理论上,长期居住但无暂住证的人口亦属于常住人口,但由于未在人口管理机构进行登记,因此在实际

---

[1] 更具体的特点可参看本书的"深圳市常住人口就医意愿特点及其影响因素""与人口健康状况相应的全科医生服务需求及相关制度建设"两个分报告。
[2] 户籍人口指拥有深圳市户籍的人口;暂住人口指在深圳市办理暂住证,且居住半年以上的人口;流动人口指到深圳不到半年的流动人口或在深圳长期逗留但没有办理暂住证的人口。需要注意的是,深圳市的这一统计口径与国家的常住人口统计存在区别,深圳的户籍人口数加暂住人口数小于常住人口数。

人口管理中这一群体的数量很难准确掌握。需要特别说明的是，深圳市许多政府部门在进行管理时，常常按其习惯的"实有人口"进行统计，但这个"实有人口"缺乏国家层面的规范定义，且其数字明显大于户籍人口与暂住人口总和，不具有与其他城市的可比性，故我们在本书中均不考虑这种"实有人口"的数量。

另外，2012年《深圳人口与健康发展报告》的研究成果显示，在职劳务工人员、妇女儿童和中老年群体（尤其是老年人）[1]是深圳卫计服务需关注的重点人群[2]，且这些人群分布存在明显的地域差别。对这样的人群特点，也是本书在总报告和各分报告研究中重点关注的。

①在职劳务工

深圳市建市30余载，经济高速发展，人均GDP赶超北京、上海、广州，领跑四大一线城市。在深圳，既有现代化都市气息下工作的高端白领人群，也有停留在以体力劳动为主的蓝领阶层，其各自职业都充斥着不利于人口健康的副产品。总体而言，蓝领工人的工作环境带来的不利健康因素更易被发觉与识别。活跃于城市各地的劳务工是城市经济社会发展的中坚力量，但他们从事的往往是职业危害比较突出的行业，如加工制造业和建筑行业，其工作环境存在着机器设备落后、通风不足和使用有毒化学品等职业危险因素，加之相当一部分人健康意识薄弱、卫生保健和职业卫生知识贫乏、自我保护意识和能力较差，且很多工厂为了节约成本，职业防范措施缺乏，监督管理机构对厂方监管不到位，致使劳务工职业损伤和中毒事件成为深圳市的重大社会问题。

市内劳务工人员不论从总量上还是结构上，均存在明显的地域差别。从量而言，在岗职工数最多区域为福田、南山和罗湖三个中心城区，而原关外四区在岗职工数相对较少。但从结构看，从事高风险职业（包括采矿业、制造业、电力、燃气、水的生产与供应业和建筑业）的职工比例与之相反，在原关外

---

[1] 按照中华医学会老年人分会的概念，老年人是指60岁以上的人。伴随着身体的各个系统和器官功能的衰减，各种疾病，尤其是需要长时间治疗的慢性病接踵而来，其医疗卫生服务需求远高于一般人群。

[2] 在深圳新二元人口结构中，外来务工人员的比重较大，其中相当一部分人健康意识淡薄、卫生保健和职业卫生知识贫乏、自我保健意识和能力较差，加之很多工厂为了节约成本，职业防范措施缺乏，监督管理机构对厂方监管不到位，致使劳务工职业损伤和中毒事件成为深圳市的重大社会问题。

四区从事第二产业的在岗职工比例均超过60%，而福田和罗湖在岗职工以服务业居多，详见图1-2①。

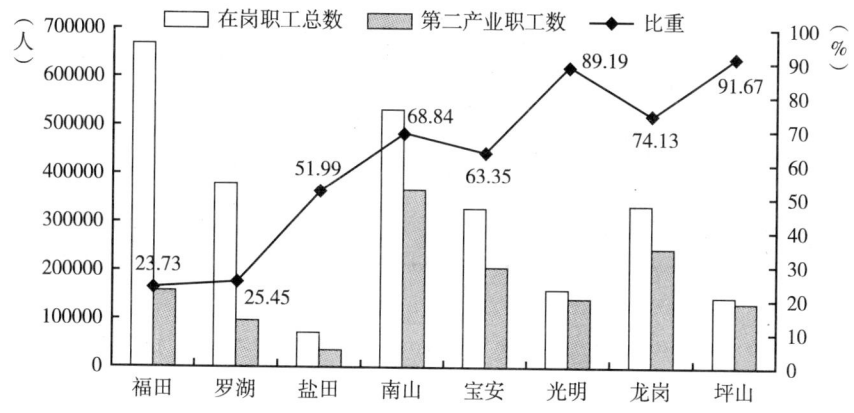

图1-2 2011年深圳市各区在岗职工数及第二产业职工所占的比重

②育龄妇女和儿童

深圳市人口中育龄妇女所占的比例在国内城市中名列前茅，年活产数居于全国前三位，但妇幼保健医疗卫生资源异常紧张，因而妇幼儿童的卫生保健问题是深圳市最具特殊性的健康问题。且深圳市外来流动人口具有流动性大、就医主动性和积极性差的特点，因而妇女和儿童健康问题相对严重，尤应引起重视。

从服务规模看，在宝安和龙岗两区，7岁以下儿童数和孕产妇总数均居于全市前列（见图1-3），故从"供需"相称的角度出发，应增加这些区域"儿童保健"和"孕产妇保健"相关的公共卫生服务供给。

③中老年群体

随着生活环境条件、生活方式的改变，职业危险因素、体力劳动等也随之减少，导致高血压、糖尿病和心脏病等慢性退行性疾病逐渐成为影响中老年群体健康水平和生活质量的不利因素，但既往相关医疗服务对这些常见的慢性病关注不够，因此应在开展慢性病筛查、建立居民健康档案、举办健康知识宣教等公共服务的基础上，加强基本医疗服务，满足这一群体的基本用药需求。

---

① 深圳市在岗职工数据资料来源于《深圳统计年鉴（2012）》。

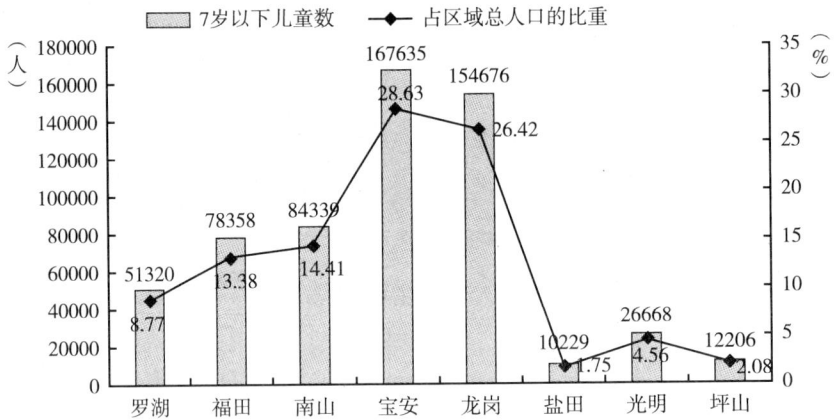

图1-3 2011年深圳市各区7岁以下儿童数及其占区域总人口的比重

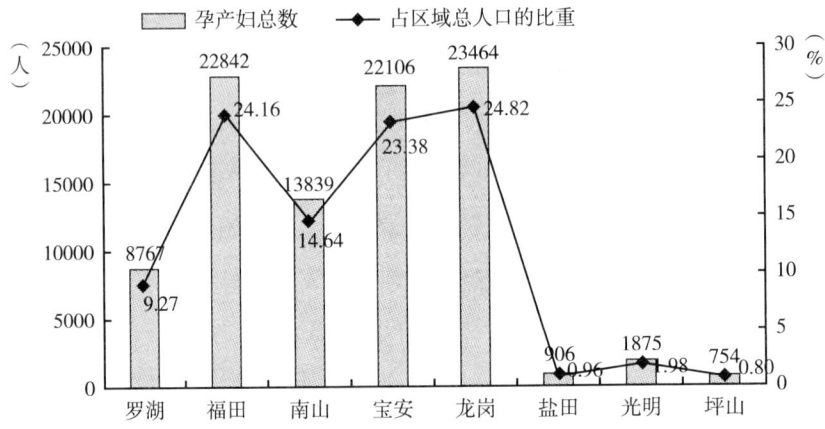

图1-4 2011年深圳市各区孕产妇总数及其占区域总人口的比重

深圳市老年人口规模具有一定程度的地区差别,宝安和龙岗两区中老年人口的基数最大,但从其结构——老年系数和中老年系数①来看,原关内地区普

---

① 本研究老年人口系数和中老年人口系数分别指60岁及以上老年人口以及40岁及以上中老年人口占区域常住人口总数的比例。深圳市户籍人口60岁以上的比例为6.22%,远远高于常住人口对应比例的2.95%,40岁以上户籍人口比例高达25.53%(常住人口对应比例为18.78%),据此根据深圳市2011年《国民经济与社会发展统计公报》中,全市人口情况计算出非户籍人口老年人口/中老年人口比例 =【(常住人口总数×60岁以上人口比例) - (户籍人口总数×60以上户籍人口比例)】/非户籍人口比例,并分别利用这一户籍人口和非户籍人口的连年人口比例计算各区域老年人口比例,进而计算各区域老年人口系数。中老年人口系数的计算方法与之相同。

遍高于原关外地区,尤其是原关内福田、罗湖和南山这三个中心城区老年人口系数均大于4%,而原关外地区这一系数均低于3%。与老龄化社会10%的标准相比,深圳尚属于"年轻型"城市,但深圳市各区中老年人口系数均大于17%,尤其是福田、罗湖和南山三区中老年人口系数均已超过20%(见图1-5),因此高发于中老年群体的慢性退行性疾病应作为深圳市卫生计生公共服务的重点领域。

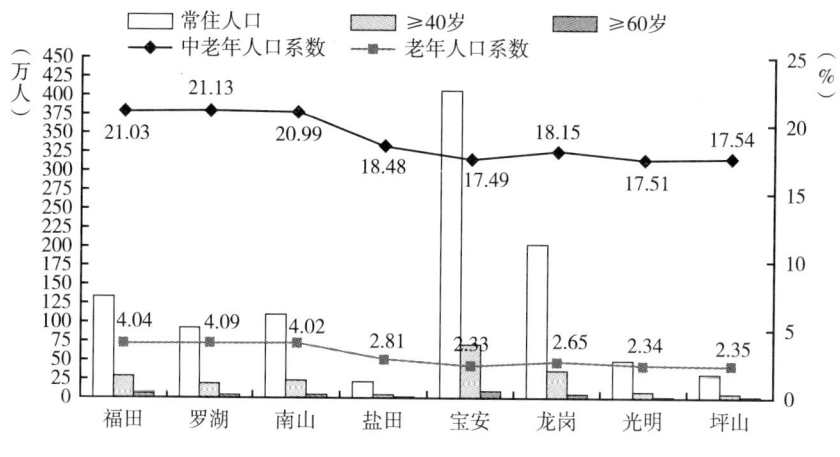

图1-5　2011年深圳市中老年人人口分布

(2) 深圳市人群健康服务需求

人群健康是卫生计生公共服务的终极目标,从"防患于未然"的角度出发,致死率高的传染病和治疗成本高的慢性退行性疾病是健康服务需求的重点领域。

①慢性病发病情况

虽然仅从深圳常住人口的老龄化比率看,老龄化问题似乎是一个遥远的话题。但是,2012年蓝皮书分析中已提及深圳市慢性病患病率呈增长的趋势(自1997年到2009年,高血压和糖尿病的患病率分别增长了22%和20%),且存在明显的地区差别,福田区居于全市首位。总体而言,高血压的患病率呈现原关内外二元分化特征,原关内地区普遍高于原关外地区;而糖尿病的患病率则不具备上述特征,盐田区患病率最低,不足1%。见图1-6。

②传染病发病情况

2006年深圳市甲、乙类传染病发病率307.10/10万,低于北、上、

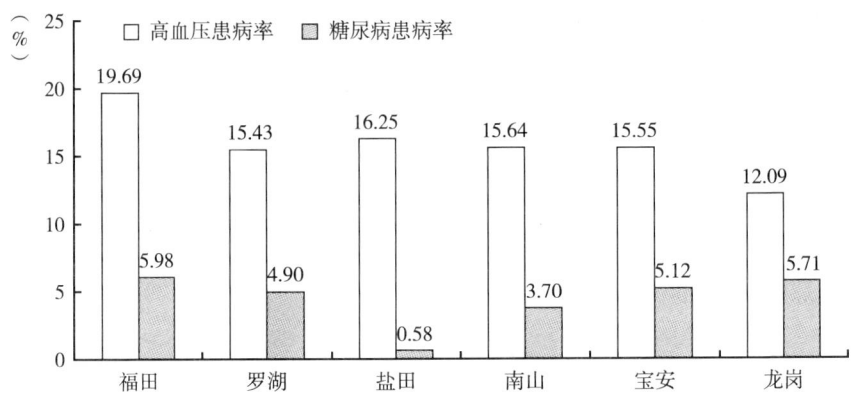

图1-6 2009年深圳市常见慢性病的患病情况

广三城市,自此之后,此四个国内一线城市甲、乙类传染病发病率总体呈下降趋势,但至2011年,深圳市超过其他三个城市,居于首位,见图1-7。

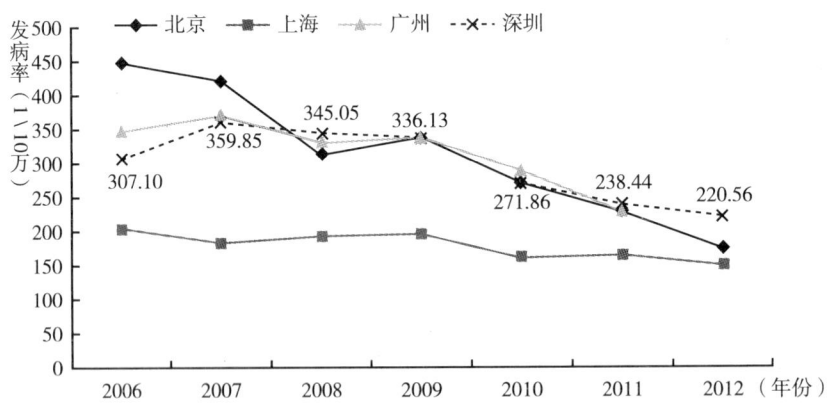

图1-7 全国四个一线城市2012年甲、乙类传染病发病率情况

市内各行政区间传染病的发病率各异,总体而言,原关内地区的发病率高于原关外地区,罗湖、福田和南山三区的发病率均高于深圳市平均水平,而盐田区则相对较低,低于宝安、龙岗和光明新区。不仅传染病的发病率存在区域差别,病死率和死亡率也存在与之相反的区域差别,盐田区可能因为病死率较高,致使其死亡率远高于其他各区,详见图1-8。

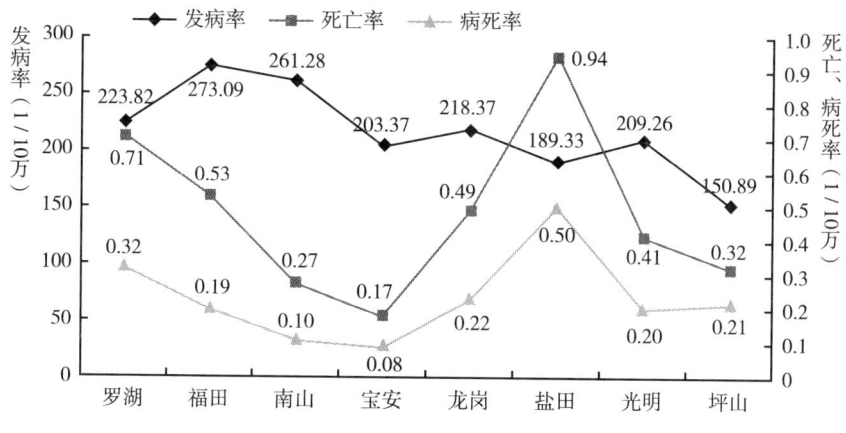

图1-8 2011年深圳市各区传染病发病和死亡情况

3. 深圳市卫计服务需求特点相对全国而言是"大同小异、更加不利"

深圳市人口结构特征、健康状况的地区和人群差别,使深圳市卫计服务需求呈现下列特点。

第一,外来流动人口具有流动性大、受教育水平低、行业分布偏向非公有制经济等特点。一方面城市外来流动人口大多来自农村,并在深圳从事高劳动强度、低收入的工作,相较于城市居民,其饮食卫生和居住条件通常较差,导致不良健康问题的产生;另一方面,因其缺少基本卫生知识,健康意识相对薄弱,深圳免费的公共卫生服务也不愿享受,因而造成公共卫生服务收效不高。再加上相当比例的人口流动性大,公共卫生管理和服务机构难以准确掌握人口与健康方面的信息,导致公共卫生服务难以连续高效地提供,尤其是针对流动人口的传染病预防与管理、孕产妇管理、儿童管理、慢性病管理和精神疾病管理等。

第二,人群结构存在明显地域差别,导致需求的地区差异较明显。例如从服务人口规模看,罗湖和福田两区尽管在职劳务工人员人数远高于其他各区,但职业病高危人群规模相对较小,且高危人群所占比例全市最低;从妇幼保健服务相关的孕产妇人数以及0~7岁以下儿童数看,原关外的龙岗和宝安两区服务人口规模最大;中老年人口从总体规模而言,龙岗和宝安两区虽然稍高于原关内中心城区,但从构成情况看,远低于原关内地区。因此,人群分布的差

异致使相关公共服务需求也存在地域差别。

第三,慢性病防治相关公共服务需求增长很快。尽管深圳市人口老龄化程度明显低于其他相似规模的城市,处于"人口红利期",但老年人口的比例和规模均呈快速增长趋势,尤其是原关内地区。而目前这方面的公共服务发展较慢,跟不上实际需要。

第四,对高端医疗卫生服务的需求快速增加①,但城市的卫生资源配置,尤其是公立医院配置,仍与全国的城市一样,由行政力量主导,主要配置在中心城区。而深圳这方面的底子与全国其他一线城市相比又较薄弱。这样,从高端卫生服务资源供给来看,深圳与"全国率先"的标准差距较大。

总结起来,深圳市卫计服务需求特点相对全国而言是"大同小异、更加不利"。

二 从内部看深圳卫生计生公共服务存在的问题

卫生计生公共服务属于公共服务范畴,其服务目的是实现"人人享有健康",通过提供基本医疗服务或开展卫生计生公共服务业务活动来防治疾病,惠及人民群众,让群众实现"平时少得病、病后有保障、看病更方便、治病少花钱"。但相关服务的提供必须依赖于高效的服务机构和高素质的服务人员,只有充分调动相关卫生计生公共服务提供主力军——医务人员的积极性,方可使人民群众的就医服务需求得以保质保量地提供;与此同时,卫生计生服务机构,尤其是公立医院是相关公共服务提供的载体,是医务人员开展相关医务活动的场所,服务机构属性、定位以及运行机制等均会影响相关公共服务的供给水平和效率,并直接影响医务人员的行为,如图1-9所示。

1. 公众视角中卫生计生公共服务面临的问题

在2012年《深圳人口与健康发展报告》中,从"需方"——公众——的

---

① 例如,作为全球第二大通信设备供应商的华为技术有限公司总部落户于深圳市龙岗区布吉镇,大量的高素质人才生活和工作于此,但周边却无一家级别较高、功能较全的独立医院;而在位于美国北卡罗来纳州的罗利的联想总部,其所在区域周边有完善的医疗服务机构和良好的公共卫生服务设施,医院并不逊色于中心城区。

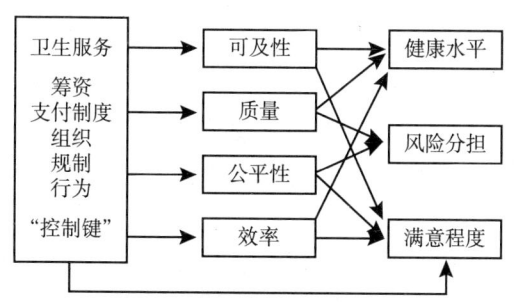

图 1-9 卫生计生公共服务系统利益相关方构成

视角分析发现,"看病贵、看病难"和"公共卫生服务公平性欠佳"是当前深圳人口与卫生事业发展面临的主要难题。究其原因,不仅存在医疗卫生和公共卫生资源配置不足的窘境,更重要的是有限的卫生资源配置未考虑人民群众的实际健康需求。以公共卫生服务为例,近年来,深圳市因人口疾病谱和健康影响因素在转变:一方面主要因生活条件和生活方式的改变以及生活环境中诸多不利健康的因素导致退行性疾病和精神疾病等成为危害健康的主要疾病;另一方面,因相当比例的外来农村流动人口涌入,以及众多存在职业安全隐患的企业在经济发展的浪潮中应运而生,导致传染病、职业病与慢性退行性疾病同时威胁着深圳市居民的健康。面对由于人口转型带来的公共卫生服务需求的特殊性[①],深圳市虽然专门成立了慢性病防治中心、职业病防治院等专业公共卫生机构,在一定程度上弥补了单设立疾病预防控制中心时在慢性病和职业病防控方面的公共卫生资源的不足,然而这些资源均主要配置于中心城区,并未考虑相关公共服务需求的地域和人群差别。此外,作为"一级防线"的社康中心资源短缺,尤其是在人力资源方面,每万人的社区公共卫生医师不到 2 名,即便加上公共卫生护士,也与北京市每 2000 人配备 1 名预防保健人员相比缺口较大。

2. 从卫生计生公共服务系统内部看其自身存在的问题

在"以人为本"的服务体系中,服务对象的需求是相关公共服务供给的风向标。从这个角度看,"供不应求、供需不相称"是当前卫生计生公共服务

---

① 许多大城市以慢性退行性疾病为主,而传染病和职业病并不是涉及人群较多的公共卫生问题。而深圳市的人群结构特点明显,这三种病的患者数量都不少,因此深圳市的疾病防控工作压力较大。

系统面临的主要问题，不仅表现为公共服务资源总量不足与分布失衡并存，而且还存在公平性差的问题。

首先，卫生计生公共服务具有公共产品性质和外部性，其筹资应以政府筹资为主，因而政府投入水平是实现公共卫生服务政策目标、保障人民健康的基本保证。深圳市人均GDP水平在全国大城市中位列首位，但政府财政对医疗卫生事业投入相对不足，2011年财政拨款医疗卫生支出费用为389521.99万元，占财政支出的比重的2.45%，人均事业经费为372.13元，远低于北京（925.52元）和上海（1667.71元）的水平[①]。有限的财政经费主要用于公立医院和公共卫生的投入，各占医疗卫生支出的58.25%和25.86%，呈现"重医疗、轻公卫"的特征。此外，财政投入公共卫生经费配置存在明显的地区差别。从投入总额看，原关内中心城区明显高于其他地区，虽然原关外龙岗和坪山两区的经费总额也相对较高，然而宝安区作为深圳市人口第一大区，人均公共卫生经费仅为46.22元，不足全市平均水平（96.47元）的一半。即便中心城区人均公共卫生经费的优势不甚明显，但由于市属公共卫生服务机构主要分布于罗湖和福田两个中心城区，根据属地服务原则，这些区域的人均水平明显增加。见图1-10。

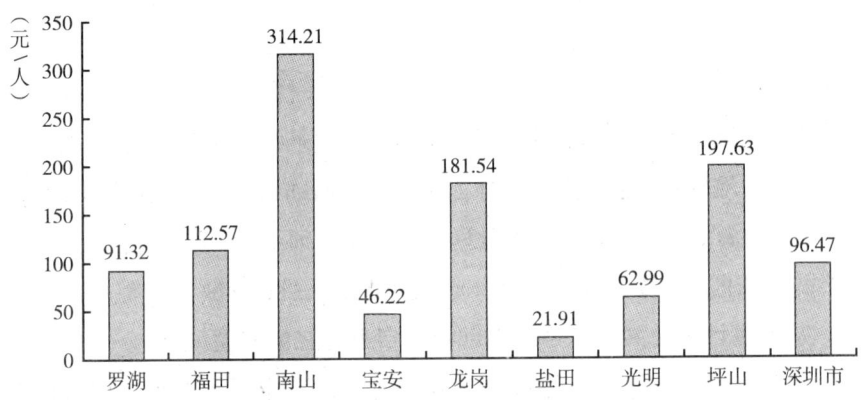

图1-10 2011年深圳市卫生计生公共服务财政投入水平

---

① 深圳市数据来源于《深圳卫生统计年鉴（2011）》，而北京、上海数据分别来源于北京、上海统计局，人均水平为财政支出中医疗卫生支出水平与当年常住人口之比。

其次，卫生计生公共服务硬件资源相对薄弱，地域差别明显。公共服务具有外部公益性特征，卫生计生公共服务主要由国家举办的公立医院或专门的公共卫生服务机构提供。深圳市卫生计生公共服务体系由市、区公共卫生服务提供机构以及社康中心组成。从政府办医疗机构看，深圳市卫生计生公共服务机构共有109家，全市每万人仅拥有政府办卫生服务机构0.10家，不到北京市（0.21个/万人）的1/2，每千人拥有床位数仅为1.80张，同样不足北京市（3.92张/千人）的一半。从机构的地区分布看，宝安（23家）和龙岗（27家）两区的机构数量超过福田（18家）和罗湖（21家）等中心城区，但从服务与人群的角度看，盐田区每万人拥有卫生服务机构数最多（0.24个/万人），其次为罗湖和福田。此外，从每千人拥有的床位数看，原关内地区的资源配置水平远高于原关外地区，但在原关外地区中，龙岗区的卫生资源配置水平最佳。见图1－11。

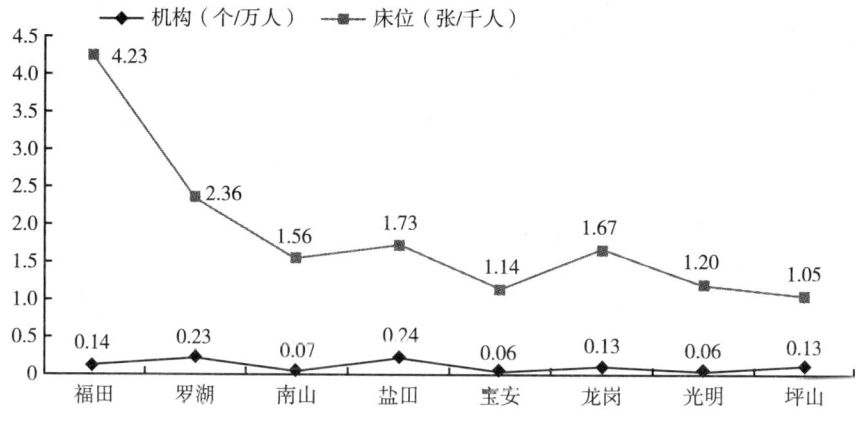

图1－11　2011年深圳市卫生计生公共卫生服务潜在资源配置水平

再次，社区健康服务中心是公共服务的"守门员"，在高血压和糖尿病等慢退行性疾病的管理方面发挥着举足轻重的作用，在一定程度上弥补了卫生计生公共服务在地区上的差别，且为弥补深圳与其他一线城市在万人公共卫生服务机构数上的差距做出了突出贡献，但总体差距依然明显。卫生计生服务人员是探求人民群众健康需求，提供所需公共服务的核心力量。2012年深圳市每千人最多可拥有的卫生计生服务人员明显低于北京地区（见图1－12），且在地区上存在较大差别，原关内地区明显高于原关外地区（见图1－13），这显然与流动人口比例较大的原关外地区，职业病、妇幼保健等公共服务需求的分布存在差别。

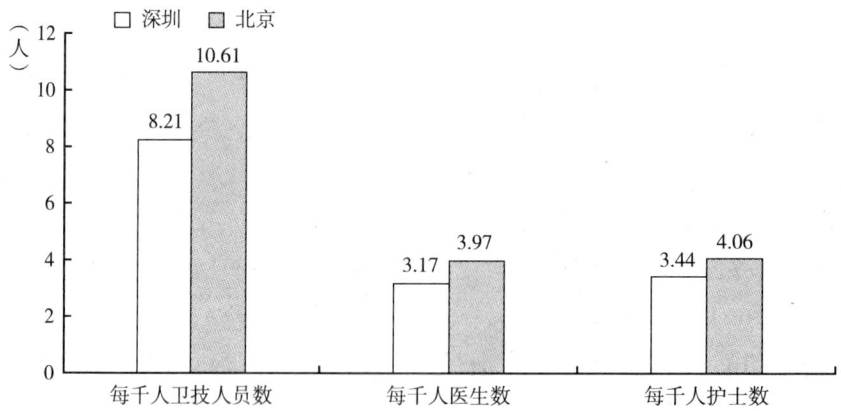

图1-12 2012年深圳与北京卫生计生公共服务人员极值分析

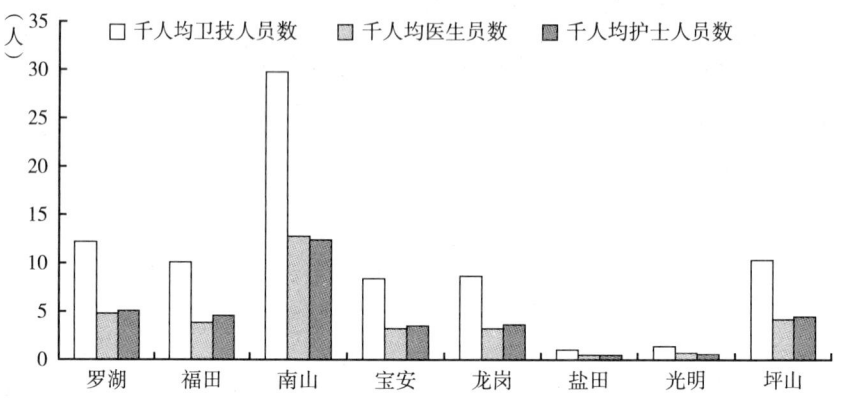

图1-13 2012年深圳市公共卫生服务人员地区分布情况

最后,妇幼儿童保健是深圳市卫生计生公共服务的重点领域。妇幼保健工作是公共卫生的重要服务内容之一,其基本使命是保护和促进妇女、儿童健康。妇幼保健机构的特殊职能和特殊使命决定了妇幼保健机构是不可缺少的,也是其他任何卫生服务机构无法替代的。深圳市妇保健工作动态喜人[①],但静

---

① 深圳市孕产妇死亡、婴儿死亡率均持续下降,并控制在相对较低的水平,婚检率持续增加,并超过北京和上海两个一线城市,服务能力和服务质量均取得了一定的提升。有调查者随机对各区妇幼保健院、区人民医院、民营医院及社康中心就诊的271名0~6岁孩子的母亲进行了满意度调查,总体对本地区提供的妇幼保健服务较为满意,平均满意度达87.3%。

态欠佳。深圳市妇幼保健工作以深化医改为动力,以推动妇幼卫生事业发展为主线,以提高妇女儿童健康水平为目标,促进妇幼卫生服务均等化,深入实施"提质增效"战略,不断完善妇幼卫生服务体系,扎实推进妇幼安康工程和妇幼公共卫生服务项目,妇幼保健服务能力得到了明显提升,各项工作取得了显著的成效。然而,如果用最高标准来看,即相对深圳在经济方面全国数一数二的地位来看,深圳市的妇幼保健工作仍然没有获得相应的地位,服务能力和范围仍与民众需求存在一定的差距。例如,2010年,深圳市3岁以下儿童系统管理率(87.6%)远低于北京(97.8%)和上海(96.4%)两个一线城市,而其孕产妇死亡率为15.41/10万,高于北京(12.14/10万)和上海(9.61/10万)①。

综上可见,虽然深圳市卫生计生公共服务存在供给相对不足的问题,但由于卫生计生公共服务未充分考虑人口健康转型后健康需求的特殊性而导致的"供需不相称"也是主要矛盾。只有解决这类主要矛盾,才能在有限的卫生资源条件下,以"需求"为导向,在保证公平性的基础上,提高服务效率和人民群众的满意度。

3. 卫生计生公共服务系统"供需不相称"的成因分析

深圳市卫生计生服务系统内部"供需不相称"问题,从表象上看是由于系统内服务机构和医务人员提供的医疗卫生服务在数量、内容或质量等方面不能满足人民群众的实际需求,致使群众满意度不高,医患矛盾突出,但其直接原因在于系统内的利益相关三方——人民群众、服务机构和业务人员均未有完善的配套利益机制(可用图1-14来表达),从而难以实现"人民群众得实惠,医务人员受鼓舞,医疗机构增活力"。

从需方——人民群众的利益目标——"得实惠"而言,表现为"平时少得病、病后有保障、看病更方便、治病少花钱";然而,从资源供方——卫生计生服务机构(主要包括公立医院和社区健康卫生服务中心)而言,其经营发展的目标是实现"收益"最大化。然而对于政府举办的公立医院和社康中心而言,虽然其公益属性要求其不能单纯地追求经济利益的最大化,但其

---

① 当然,需要注意统计口径的差别。上海市孕产妇死亡率远低于北京,可能是因为上海市卫生局统计数据中,孕产妇死亡率以户籍人口为统计口径,而北京和深圳均以常住人口为统计口径。但也正因为这样,深圳与北京之间的差距是显然的。

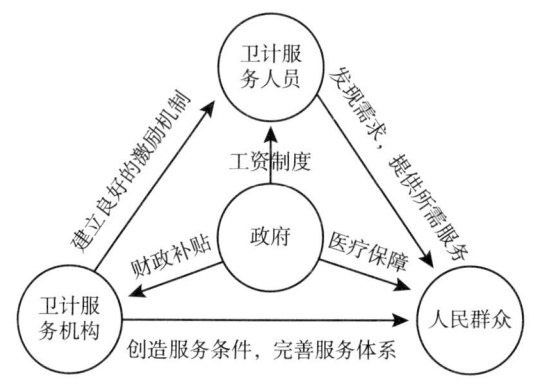

图 1-14　卫生计生服务系统利益相关三方及内在联系

"收益"是改进医疗条件、引进技术、开展新的医疗服务项目以提高服务效率和质量的驱动因子，因此医疗服务机构的发展必须在保证外部公益性的基础上不断增强其改革、创新的活力，不断引进优质医疗公共服务，并针对新时期人群健康需求特征提供与之相符的公共服务；而对于卫生计生服务人员而言，其利益目标是实现自身价值的最大化，故有效的激励（物质和精神激励）是其积极性的保证。

在卫生计生服务系统中，医疗服务机构和医务人员的收益除了来自政府财政投入外，还有相当比例与服务机构的效益密切相关。当前，深圳市卫生计生服务系统中，利益相关三方"收效不高"是导致"供需不相称"的直接原因。

（1）"人民群众得实惠"任重而道远

卫生计生公共服务的基本属性是外部效益，在人民群众得实惠方面主要体现在"治未病"方面。所谓"治未病"，是指预防疾病的发生和发展，防患于未然，强调"未病先防，既病防变"。

①未病先防，使群众少得病

"疾病预防"是公共卫生服务的基本职能之一。虽然深圳市经济指标在全国 15 个副省级城市中居于榜首，但其部分健康指标并不容乐观，如 2010 年法定甲、乙类传染报告发病率为 271.9/10 万，仅居于第五位，如图 1-15 所示。此外，上文也提及深圳市近两年传染病的发病率高于其他三个国内一线城市。

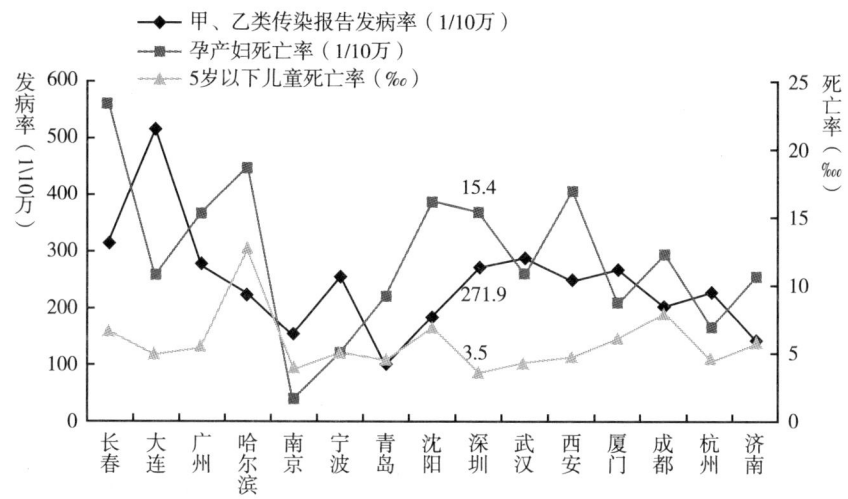

图1-15　2010年全国15个副省级城市部分健康指标状况

②既病防变,使群众病有所"医"

"看病贵、看病难"是深圳市长期以来存在的通病,也是当前改善民生水平的短板领域。

"看病贵"方面,虽然深圳市医疗保障网络日益健全,自2007年,社保部门将全部社康中心纳入基本医疗保险定点机构,并出台了"社康就诊七折优惠"政策,综合医疗保险参保人在定点社康中心就医产生的诊疗和药品费用,30%由医保统筹基金支付,个人账户支付70%,795种基本药物在社康中心面向全市参保人员实施"零加成"销售,使个人账户支付下降至60%,而农民工医保门诊统筹基金从每人每月6元提高到8元,报销比例达78%。但作为卫生计生公共服务主要承担者社区健康服务中心,次均诊疗费用未见显著降低(见图1-16),与此同时公立医院的"两费"呈持续增长的态势,平均每出院者住院费用和平均每诊疗人次费分别比2011年上涨了340.22元和17.26元。

"看病难"方面,主要表现为"可及性"欠佳。卫生服务"可及性"包括距离、时间两方面的可及性。深圳市医疗卫生服务资源,尤其是优质卫生资源相对短缺且存在明显的地域分布失衡问题,就医不便捷、排长队等现象屡见不鲜。虽然健全的社区健康服务中心在一定程度上弥补了"供需"之间的差

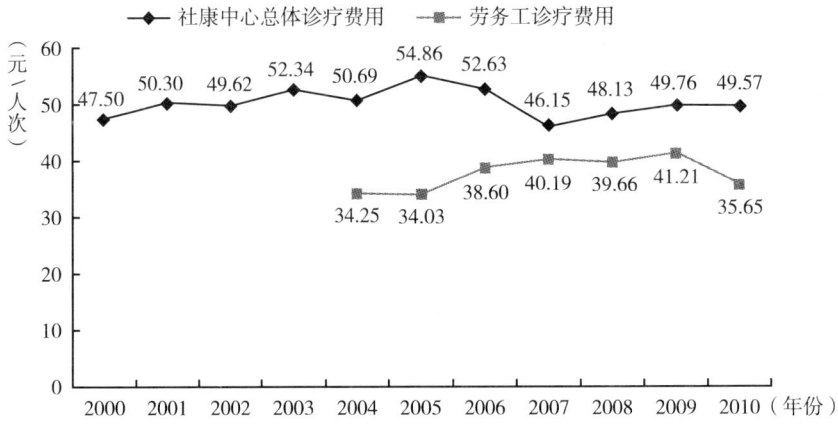

图1-16　2000～2010年深圳市社康中心诊疗费用水平

距,在一般常见病及多发疾病的初级诊疗服务、慢性病治疗和康复管理等方面,日渐成为社区公共服务的主要承担者,但由于社康中心在硬、软件资源均相对较弱,无法充分调动医务人员的积极性,致使这些机构不能发挥其应有的分流作用。例如,从原关内外社康中心平均服务半径看,中心城区服务半径远低于原关外地区(见图1-17)。

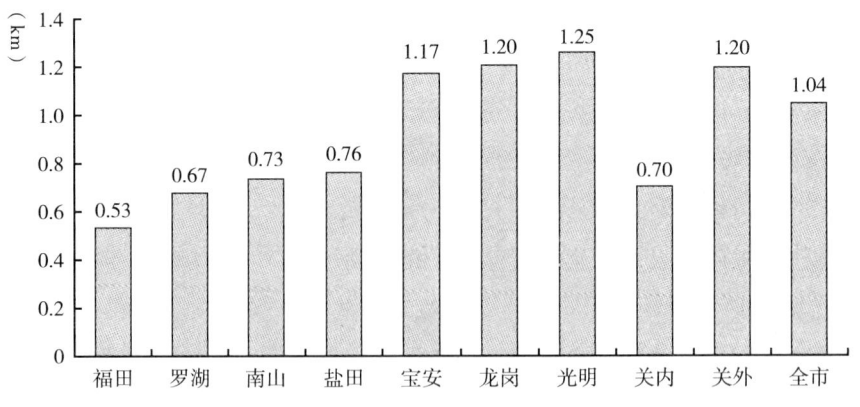

图1-17　深圳市社康中心服务半径的地区差别

(2) 激励低效,医务人员自身价值未得到充分体现

相较一般消费需求而言,医疗服务有其自身的特殊性,相关服务的"消费"过程和结果都关系到人最宝贵的身体的健康。在这个高度专业化、知识

化和技术化的行业,医务人员的积极性是实现医疗卫生服务"提质增效"的关键要素,是缓解深圳市医疗服务供需矛盾、提高群众满意度的基本要求。

在现行的医疗服务系统中,诊疗检查费用水平是医务人员技术服务价值的体现。但从市级医疗机构看,出院者检查费用呈现下降趋势。深圳市医改中,67家公立医院针对就医人群全面实行"药品零加成",各公立医院为了体现医务人员劳务技术的价值,提高诊金收费标准。但从2011年深圳市市级医院的收费情况看,虽然次均门诊检查费用呈增长趋势,但人均住院检查费用水平呈下降趋势,如图1-18所示。

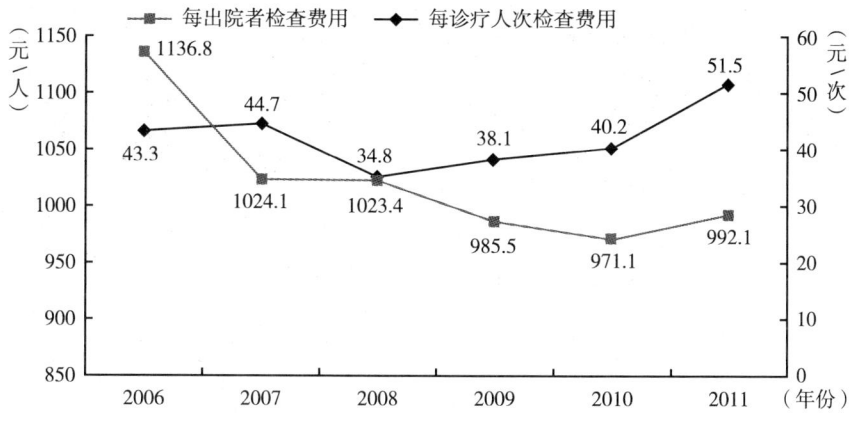

图1-18 2006~2011年市级医院的门诊和住院检查费用

此外,医务人员本身是一个社会人,经济基础决定上层建筑,只有基本的物质需求得以满足,才能充分发挥其应有的积极性。国际经验表明,医务人员平均收入水平应为当地社会平均工资水平的3倍以上。然而,事实并非如此,我国这方面做得不好,深圳这方面稍好却无本质性变化,激励不相容[①]的情况仍然普遍存在,医务人员在物质需求压力下很难全体全面恪守职业道德。

(3) 服务机构筹资社会化程度低,竞争活力不足

2012年深圳市共有卫生机构2008家,其中医院115家,妇幼保健院7家,

---

① Imcompatible incentive,指医务人员的个人经济利益诉求与其职业诉求存在矛盾。例如,如果医务人员的收入与患者的缴费挂钩,则可能延长患者的诊治时间或提高其就诊费用,以利自身收入的提高而很难尽全力救死扶伤。

专科防治院 7 家，门诊部 363 家，私人诊所及企业内部医务室 1460 家，其他卫生机构 56 家，其构成如图 1-19 所示。深圳市公有国有全资卫生机构所拥有的床位数和在编人员数分别占全市总数的 84.38% 和 75.41%。

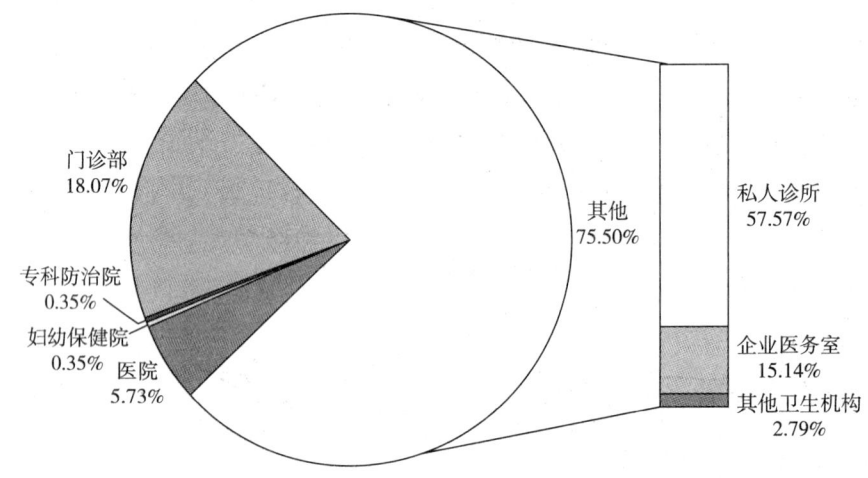

图 1-19 深圳市 2011 年卫生机构构成图

由此可见，深圳市的卫生机构仍以政府和集体举办为主，尤其妇幼保健院和职业病、精神病等专科防治院多由政府出资举办。政府办医疗卫生机构是医疗服务的主要提供者，2012 年政府办综合医院提供的门诊和住院服务分别占门诊和住院服务总量的 34.97% 和 51.21%。虽然深圳鼓励多元办医，但 2006 年至今，私人开业和企业办所承担的服务量并未有明显增加，见图 1-20。而且，深圳于 2007 年 7 月 1 日开始在各级非营利性医疗机构实施收支两条线管理，结余不能由医疗服务机构支配使用，影响医疗服务机构"收益"，进而降低了服务积极性。

（4）服务资源整合力度低，利用效率不高

妇幼健康服务不仅涉及卫生部门，也涉及计生部门，不少工作内容存在重叠。在大部制改革的背景下，二者合并有其必然性，且福田区先试先行，已于 2011 年开始在实施卫生和计生工作联手，基本做法是将基层计生服务机构和妇幼保健机构、社康中心整合。社康中心是深圳市基层卫生服务的主导力量之一，其门诊量占深圳市服务总量的 1/3 左右，甚至高于北京 1/4，且其"六位一体"的服务中包含了计划生育和妇幼保健，然而社康中心院办院管的管理

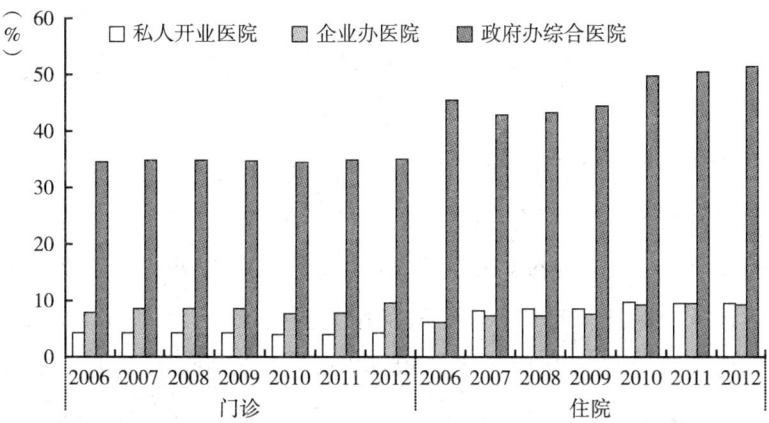

图1-20 2006~2012年深圳市门诊和住院服务提供者的构成情况

运行机制,使存量卫生资源由举办医院进行统一调配,导致优质卫生资源难以进社康中心。相对落后的卫生资源配置使其对人才的吸引力大打折扣,人员流动性大,全科医生配置不足。此外,大多数妇幼保健工作的收益很低,甚至是免费服务,长此以往入不敷出,促使社康中心很难加强妇幼保健工作。从目前看,只有盐田区是妇幼保健和计生技术服务机构合一的。而罗湖区的合并很麻烦:罗湖的妇幼保健人满为患,而计生服务机构门可罗雀,两者是隔壁关系,却连办公用房资源都不能共享。

综上所述,卫生计生公共服务利益相关三方(服务机构、服务人员和人民群众)未获得预期的收益,未在真正意义上实现"人民群众得实惠、医务人员受鼓舞、医疗机构增活力"的目标。缓解卫生计生公共服务系统供需双方的矛盾,不仅需要增加资源的总量配置,整合系统内可利用资源,而且要改变服务理念——按"需"定"供",充分考虑区域人群卫生计生公共服务需求的特殊性,提高资源的配置效率,改革绩效考核机制,调动业务人员的积极性,增强医务人员的服务效率,改革资金机制,完善服务机构的组织和运行机制,激发卫生计生服务机构的活力。医疗机构是为卫生计生服务的组织者和举办者,医务人员是相关卫生计生服务的技术掌握者和提供者,其行为取决于卫生计生服务系统的组织制度和运行机制,与系统内五大控制键——"医疗、医保、医药、公卫、监管"密切相关。

三 卫生计生系统自身问题的制度成因分析及对策

在"政府主导"的卫生计生公共服务系统中,政府政策导向以及系统的监管运行机制是服务机构和服务人员行为的导向和规范。系统内基本医疗、医保、医药、公卫、监管制度各相关子系统制度衔接的紧密程度以及执行力度是系统良性运行的保证。此外,公立医院作为卫生计生公共服务问题的"应急终结者"和社区公共卫生服务主体承担者——社康中心的资源和技术后盾,其运行监管制度的科学性和完备性是保证群众需求得以落实的基础。因此,深圳市卫生计生服务系统出现"供需不相符"的矛盾,还受这两方面制度成因的影响。

1. 卫生计生系统内各相关子系统制度衔接不够紧密

(1) 卫生计生服务系统的五个"控制键"

卫生计生服务系统的良性运行,涉及"基本医疗服务体系""公共卫生服务体系""基本药物制度""医疗保险制度""医疗服务监管制度"五个关键控制点,如图1-21。人民群众健康需求的满足有赖于基本医疗服务体系和基本公共卫生服务体系的完备性和有效性。俗话说"缺乏有效的监管,是在犯罪嫌疑人和受害者同时出现的情境下,发生犯罪的必要条件",因此强有力的监管机制是健全的医疗卫生服务系统良性运转、服务大众的保证,否则在监管无力或监管缺位的情况下,就可能导致服务机构过度追求利益最大化而导致医疗服务和药物供给的结构不合理,适宜技术、适宜药物供给不足,过度用药、不合理用药,促使"看病贵、看病难"的问题进一步恶化,激化"医患纠纷",甚至威胁社会和谐。与此同时,基本药物目录制度保障了群众的基本用药需求,而基本医疗保险制度为分担人民群众因致病产生的经济风险发挥了不可忽视的作用。

(2) 深圳市卫生计生服务系统改革的重点内容

①健全基本医疗服务体系

在市场经济条件下,深圳市逐步形成了突出医疗急救网络和区域医疗中心、社区健康服务网络的整体功能的二级医疗服务功能体系,其基本医疗服务

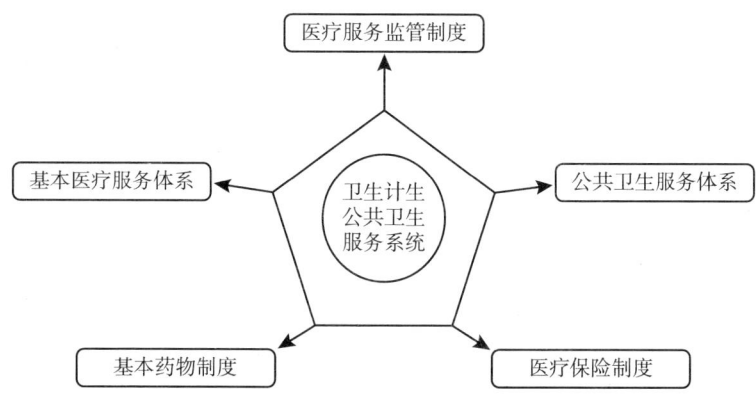

图 1-21　卫生计生服务系统五个关键控制点

功能主要由社区诊所、医务室、社康计生服务站、社康中心、门诊部和街道医院等基本医疗服务机构承担，遵循"就近服务居民"的原则，在诊治社区居民的常见病、多发病、诊断明确的慢性病，社区保健与康复服务等方面发挥着巨大的作用。

当前，社康中心作为深圳市基本医疗服务的主力军，不仅承担基本医疗服务，还要完成部分公共卫生任务。然而，2012年蓝皮书对深圳社康中心15年的回顾研究显示，深圳市社康中心的发展面临着队伍规模整体不足与人员流失严重并存，人员超负荷劳动，人力资源素质相对不高，机构标准化和规范化不高，服务质量改善任务艰巨，整体功能定位偏离（重医疗轻预防），管理水平难以提高等诸多问题。

据此，深圳市"新医改"提出：以全面加强社康中心建设为抓手，进一步完善全市基层医疗卫生服务体系。从医疗收费政策、医保偿付政策等方面进一步完善社区首诊引导机制，促进市民"小病在社区解决"[1]。

②完善公共卫生服务体系

深圳市公共卫生服务体系由市、区公共卫生服务提供机构以及社区健康服务中心三级机构组成，其中公共卫生机构分为专业公共卫生服务机构和其他公共卫生服务机构两大类，前者包括疾病预防控制机构、卫生监督机构、慢性病防治中心、职业病防治中心、健康教育所和精神卫生中心等，后者包括妇幼保健机构、公立医院等，形成了各种功能覆盖的全民三级公共卫生服务网络。而在大部制改革卫生和计生合并的背景下，卫生计生公共服务网络中还包括计生服务指导站（原关外地区）。

深圳市公共卫生服务体系与其他城市的不同之处在于，其按照疾病性质和公共卫生工作的不同点（如防控手段不同）再将市区级的专业公共卫生服务机构细分，除了常规的CDC、卫生监督机构、健康教育机构、妇幼保健机构外，还独立出慢性病防治中心、职业病防治中心、精神卫生中心等机构。此外，在部分地区还有街道层面的预防保健所。在社区层面则与其他城市相同，为社区健康服务机构。虽然这种公共卫生服务体系有利于资金投入、资源配置和队伍建设，对于强化慢性病、职业病和传染病防控起到了积极的作用，然而，这样的体系也面临一系列的问题。

首先是机构间的协调配合问题。基本公共服务项目主要包括建立居民健康档案、健康教育、预防接种、传染病防治、高血压和糖尿病等慢性病防治、重性精神病管理、儿童保健、孕产妇保健以及老年人保健、卫生监督服务等。从服务内容上看，基本公共服务间相互衔接，并非独立开展，例如健康档案的建立，需要健康检查、慢性病管理、孕产妇保健、儿童保健等项目信息，同时也需要健康档案为各项服务提供基本信息；而从服务机构看，不仅涉及专业公共卫生服务机构，还涉及基层卫生机构。由此可见，公共卫生服务在供给和管理上都是"上面千线条，下面一根针"，因此，一旦机构间"各自为政"，缺乏有效的协调配合，就会出现多次为服务对象提供服务，多次为基层卫生机构提供指导和进行考核、监督等，导致服务对象或社区卫生机构不得不浪费大量的时间接受服务或接受指导。

其次是管理成本增加问题。由于设立了多个机构，且均需要管理部门，因此会导致管理成本的增加；与此同时，在服务提供和对基层卫生机构的指导和管理上，需要机构间协调配合，交易成本增加，进而导致间接管理成本增加。

此外，虽然完善公共卫生服务体系、促进基本公共卫生服务均等化是深圳市综合医疗改革的重点内容之一，然而在推进基本公共服务均等化的进程中，并未考虑区域间疾病谱和人群特征的差异，在各区实施同样的方案，虽然保证了服务提供标准和规定的统一，但并未考虑区域人群的"真实需求"。例如，按常住人口配置公共卫生资源,在流动人口比重高的地区会出现公共卫生人力资源和资金难以满足开展工作需要的问题。与此同时,因不同区域基层卫生机构针对基本公共服务提供的动力和承受的压力不同,导致卫生人员工作的积极性和工作的到位程度存在差异,进而影响了不同地区或社区以及人群基本公共服务的提供均等。

基于此,深圳市将完善公共卫生服务体系、促进基本公共卫生服务均等化作为重点改革内容,旨在强化政府保障公共卫生服务的职能,尽快彻底消除专业公共卫生机构"创收"的利益导向机制,大力推进基本公共卫生服务项目和重大公共卫生服务项目建设,促进基本公共卫生服务均等化。

③完善基本药物制度

在中国现行的行政管理体制下,虽然对计生机构实行全额拨款,但对于这一系统的服务主体——卫生服务机构则是差额拨款。在这样的财政补贴机制下,医疗卫生服务机构在自身生存与发展动机的驱使下,可能会逐渐淘汰一些利润空间低的药物(如氯霉素眼药水、去痛片等)。因此,实施基本药物目录制度,能保证群众的基本用药需求得以满足,是一项真正意义上的惠民政策。

深圳市福田、罗湖、南山、盐田、宝安和龙岗六区为广东省国家基本药物目录试点区域,在全市600余家社康中心实施药品零差价,旨在建立比较完善的基本药物制度,以促进医疗机构和市民合理用药。截至2011年,深圳市全市医疗机构必须按照规定配齐和优先使用国家基本药物,其中社区卫生服务机构必须按"采购价"实行零差率销售。

④完善基本医疗保障体系

深圳市基本医疗保障服务体系(如图1-22所示),从人群上看,基本覆盖了深圳市全部户籍人口和外来务工人员,并针对不同群体的风险分担水平有所差别,例如综合医疗保险、住院医疗保险参保人床位费最高不超过50元/日,农民工医疗保险参保人床位费最高不超过35元/日[2]。此外,作为典型移民城市的深圳,尚有相当比例的外来流动人口未被纳入医保体系中。鉴于此,在以减轻居民医疗费用负担、提高参保人员就医的便捷性为目的的基本医疗保障体制度改革中,不但需要逐步提高基本医疗保险最高支付限额,还要提高医疗保险偿付标准,以实现减轻市民大病费用负担的目标。考虑到医疗保障水平的平等性,在今后的改革中要重点逐步缩小不同参保群体的医疗保障水平差距,推进与落实医疗保障的均等化。

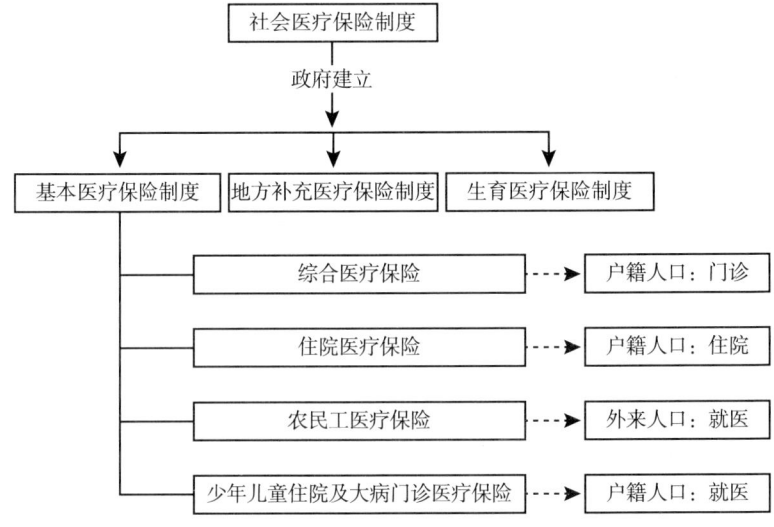

图1-22 卫生计生服务系统五个关键控制点

⑤完善卫生计生服务系统监管制度

社区健康服务中心是基本医疗服务体系中最基层且重要的组成部分,同时也是执行公共卫生服务项目的中坚力量。然而,社康中心自创立以来都是参照"院办院管"的模式运营,截至2011年的数据显示,全市611家社康中心中,92%左右实行院办院管政策。虽然,"院办院管"的社康管理体制通过宏观上的资源调配进行"盈亏共济",在社康中心的发展初期发挥了积极的作用,但随着发展的深入,其弊端日益显现。首先,"院办院管"模式容易导致社康中心的定位发生偏离,过于偏重医疗服务而轻视公共预防,偏重经济效应而忽略公益性,偏向专科而忽视全科。其次,随着社康服务网络的全覆盖,各主管医院下辖的社康中心数量急剧增多,导致举办医院的管理幅度不断膨胀,管理力量明显不足,导致管理水平难以提高,集中表现为部分市民对社康中心的服务水平满意度不高,一些社康中心受到市民的冷遇,难以发挥其应有的"六位一体"功能。此外,社康中心的发展还面临着队伍规模整体不足、人才流失严重、人员超负荷劳动的问题,原因是社康中心医务人员与其举办医院医务人员在激励水平、发展潜力等方面存在差距。因此,若要在现行管理体制下,使社康中心得到长效发展,需要对机构的人才激励机制、职称晋升等配套机制进行综合改革。

与此同时,政府出资举办的公立医院,公益属性是其基本性质之一。对于公立医院管理,深圳市探索性地成立了市政府直属的公立医院管理中心,代表市政府统一履行举办公立医院的职责,监管公立医院人、财、物等运行。在这样的管理体系下,公立医院理事会作为决策机构,其人员组成的代表性至关重要。倘若依然由卫生行政部门管理人员主导话语权,那改革仅仅只是换汤不换药,依然无法摆脱"老子与儿子"的关系,进而影响监管的力度和效率。

综上可知,按全国统一标准,深圳市综合改革率先在各方面的改革内容中都有所作为,例如针对移民城市的特点设立了农民工医疗保险,针对公立医院监管无力和监管低效的问题,成立了专门的公立医院管理中心,在完善公共卫生服务体系方面,于2009年便已率先于全国进行了卫生计生部门服务职能的整合。但迄今改革中依然存在不同类型、不同程度的问题,如卫生计生服务职能整合带来的协调配合问题和管理成本增加问题等。

(3) 改善措施

①整合计生卫生服务职能,增强系统综合服务能力

计生服务与卫生服务类似,不仅涉及基本健康医疗服务,也包括公共卫生服务。在大部制改革的背景下,计生与卫生的合并有其必然性,计生服务中很大一部分技术服务和临床医学检查服务需要依托医疗服务机构完成。然而,从整体服务水平上看,原计生服务系统内相关服务主要由计生服务指导站提供,与卫生系统庞大的医疗服务队伍存在一定的差距。此外,计生和卫生服务有不少职能相似的领域,例如生殖健康门诊、妊娠并发症的治疗等。因此,在大部制改革的浪潮中,合并计生和卫生部门势在必行。合并,是否意味着完全的同类项合并?其实不尽然。计生服务,尤其是生殖健康服务,需要强有力的医疗服务资源作为服务质量的保障,因此计生和卫生的合并,有利于扩大资源的供给总量,实现全领域的宏观调控,进而促使服务的供给更具针对性。例如,将避孕和节孕的医学检查、优生检测等计生服务纳入居民健康档案,并对其施以健康教育,可在一定程度上减少不良出生结局或生育并发症的发生。由此可

见,计生服务领域中的基本医疗服务内容可以整合到卫生领域,而公共服务则结合基本公共卫生服务项目,依托基层公共卫生服务网络开展健康教育,以期受惠大众。

从卫生计生公共服务内涵的分析可见,卫生和计生公共服务,尤其是计划生育技术指导服务,有很大的重叠。在卫生领域的社区妇女保健服务包中,要求对辖区内12岁以上、60岁以下常住女性,尤其是新婚夫妇、孕妇及产妇提供计划生育宣教、围孕产期保健咨询指导、孕产妇保健等相关服务,这与计生服务领域的诸多避孕节育、优生优育咨询等服务不谋而合。因此,计生卫生服务可以在基于社区诊断的居民健康档案管理的基础上,对市民,尤其是妇女、儿童和老年人的健康进行系统管理与保健。在"预防为主"理念的指导下,开展社区卫生、计生方面的健康教育与健康促进服务,并强化预防接种和卫生监督,以减少相关疾病的发生,建立完善的疾病监测网络,对区域常见疾病、多疾病提供治疗转诊服务。

卫生计生服务功能的整合需要自上而下进行一体化管理,在顶层实现职能整合之后在基层得以有效落实。基层社区卫生服务是居民健康的初级保护层,承担着重要的卫生计生公共服务,但若上级指导机构无法实现职能整合,各自为政,基层机构面对相互关联的服务内容,可能因信息不能共享而进行重复劳动,造成资源浪费,也可能导致服务盲区的出现。由此可见,在一体化的服务系统中,还可借鉴全科医学模式,基于健康档案实施计生和卫生一条龙服务,可减少卫生资源的重复使用;或以街道或社区实施片区包干制度,每个服务人员承担责任片区内卫生和计生综合服务。其基本做法为:以社区诊断作为基础,以完善的健康档案作为疾病预防、追踪和管理的依据,与此同时,可以通过卫生信息和计生信息的网络互连,在健康档案中增加计生信息条目。

正如前文所述,"供需不相称"是卫生计生服务系统面临的主要难题,因此在卫生计生服务提供的过程中有必要遵循以"需"定"供"的原则,这就有必要全面掌握深圳市人口和健康信息。就目前而言,大多数卫生计生公共服务均是按常住人口配比供给,外来流动人口是相关公共服务的盲区。然而,作为典型移民城市的深圳,外来流动人口群体的比重较大,致使服务供给的不确定性增加。因此,在卫生计生服务资源整合的过程,要充分考虑区域人群对卫

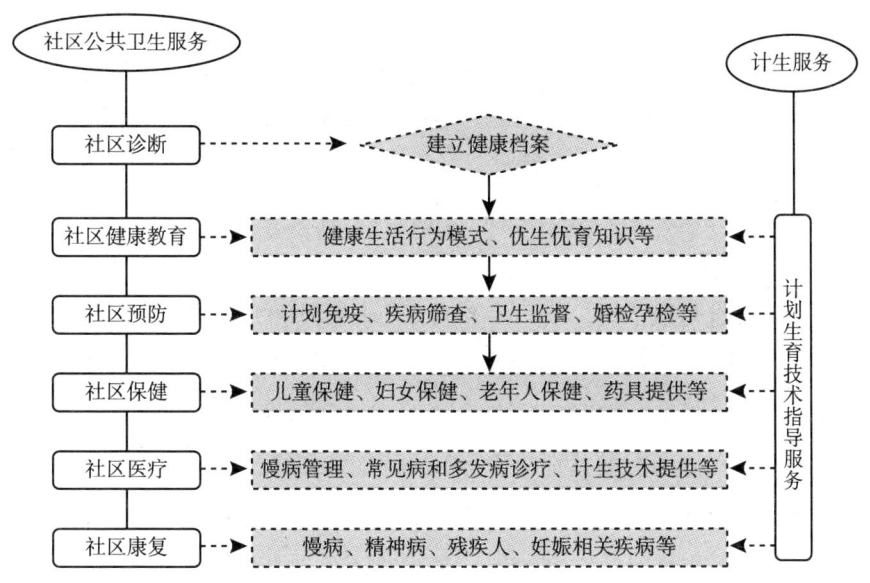

图1-23 卫生计生服务网络和内容

生计生公共卫生服务的真实需求,按流动人口管理信息和常住人口信息设定服务规模,并根据完善的健康档案有针对性地提供卫生计生公共服务,从而真正意义上实现服务理念的转变,提高服务效率和市民的满意度。例如,妇幼保健机构和计生服务机构的整合,有利于增加资源的供给总量和合理配置,有助于减少重复服务导致的资源浪费和信息不共享带来的服务盲区。二者通过建立高效的合作机制,可实现同步宣传,以提高服务效率。同时,与生育文化中心和社康中心合作,形成建立健康档案、优生优育指导、宫颈癌和乳腺癌防治、孕前检查数据共享等一站式的服务,并在各自擅长的领域有所发挥。如大的妇幼保健院只做面上工作,不做技术工作,主要负责妇幼保健的人员培训、科学研究、计生技术研发、临床治疗等,而基层社康中心或生育文化中心则主要负责相关知识的宣传指导、一般适宜技术的推广等。

②完善基本医疗服务和公共服务体系,并加快配套机制的改革

健全的公共卫生和基本医疗服务体系是防病、治病的技术保障,然而配套机制的滞后会导致这两大服务体系的运行低效。社区卫生服务是城市卫生事业的重要组成部分,不仅承担基本医疗服务,还承担了部分公共卫生服务,具有公益

性质，是解决"看病贵、看病难"问题的有效途径。然而，由于配套机制的不足，导致当前社康中心难以发挥"六位一体"的功能，其根本原因在于社康中心现行的相关配套机制无法调动医务人员，尤其是优质卫生人力资源的积极性。因此要解决当前"看病贵、看病难"的弊端，需在完善基本医疗服务和公共服务体系的同时，加快医务人员薪酬制度的改革，使其自身利益与绩效挂钩。

有调查显示，社康服务医务人员最不满意的是职业风险和报酬，因此医院在对医护人员进行激励时，要两手齐抓，经济激励和非经济激励并用。在经济激励方面，加快薪酬制改革，为此出台了《深圳市人民政府关于发展社区健康服务的实施意见》，提出逐步实现社康中心医护人员同工同酬，取消在编与临聘医护人员在待遇上的差别，实行以岗位工资和绩效工资为主要内容的收入分配办法，加强和改善工资总额管理，按照工作人员完成服务数量和质量以及居民的满意度等因素搞活内部分配；在非经济激励方面，关注人员职业发展，为职工提供培训和提高技能的机会、晋升的机会以及实行弹性工作时间等。职称晋升不仅可以强化卫生工作者以病人为中心的医疗服务质量意识，还可以促进卫生工作者的工作热情和工作责任感，鞭答医护人员不断进步。且这种人员能进能出、职务能上能下、待遇能高能低、人才结构合理的运行机制充满生机和活力，有利于优秀人才脱颖而出。

与此同时，在社区卫生服务从业人员业务素质普遍较低的现实背景下，全员聘用制、公开招聘、竞争上岗有利于促进社区卫生服务从业人员的自我完善和提高机构的运行效率，从而使社区卫生服务机构的人力资源配置合理、运行状况进入良性循环。

③完善基本药物制度，改革医疗机构收费制度

"以药补医"是造成患者医疗费用上涨，引发"看病贵"问题的关键。据此，深圳市医药分开改革方案提出了"1+6"综合改革措施，从体制和机制上入手，采用"刮骨疗伤"的方法，彻底砍断公立医院"以药补医"的利益链条，遏制医院的过度医疗。

首先，在实施取消药品加成政策的同时，推进了医疗服务付费制度改革：在社康中心实施一般诊疗费的"打包"收费方式，不仅转化了基层医疗卫生机构的医疗服务补偿机制，消除其多开药、多检查、开高价药、开高价检查单

的动力,而且简化收费项目,统一收费标准,也方便了群众就医,便于监管,真正实现了使民众受惠;其次,公立医院门诊取消药品加成后,为平衡不同等级医院取消药品加成政策后的收入差距,深圳通过分级提高诊疗服务收费标准的方式对医院进行补偿①,这有利于增加医疗机构的竞争活力和服务的积极性。此外,诊查服务费用是医务人员技术价值的体现,通过完善公立医院补偿机制,可以调动医务人员的积极性。

据此,通过改革公立医院收费制度和完善补偿机制,不仅可以降低民众的就医费用负担,还能调动医务人员的积极性,进而辅以医务人员薪酬制度改革,通过绩效工资增加员工福利,实现真正意义上的"三方得益"。

④提高医疗保障水平,缩小医疗保障差距

深圳市多层次的社会医疗保险制度中,不仅包括政府建立的基本医疗保险制度,还包括地方补充医疗保险和生育医疗保险制度(如图1-22所示)。其中,基本医疗保险覆盖了全部户籍人口和外来务工人员,并针对不同群体风险分担的水平有所差别②。此外,在偿付方面亦有差距,例如按照《深圳市社会医疗保险办法》,综合医疗保险、住院医疗保险参保人住院发生的列入基本医疗保险记账范围的医疗费用,在住院起付线以上、统筹基金最高支付限额以下的部分,**由基本医疗保险大病统筹基金全额支付**;而农民工医疗保险参保人住院发生的列入基本医疗保险记账范围的医疗费用,在住院起付线以上、统筹基金最高支付限额以下的部分,由基本医疗保险大病统筹基金**按住院医院级别支付不同的比例,市内一级医院、二级医院、三级医院、市外医院的支付比例分别为95%、90%、80%、70%,其余部分由参保人支付**[2]。

虽然,数以万计的农民工被纳入农民工医疗保险体系,但是农民工医疗保险保障范围相对较窄,保证能力也不及综合医保和住院医保。此外,当前深圳市生育医疗保险适用于参加综合医疗保险未达法定退休年龄的人员,因此这一

---

① 即在原来的基础上平均每门诊人次提高门诊诊金12元,其中三级医院的门诊诊金每人次提高14元,二级医院和一级医院的门诊诊金每人次提高11元;平均每住院床日提高住院诊查费37元,其中三级医院住院诊查费每人次提高43元,二级医院住院诊查费每人次提高33元,一级医院住院诊查费每人次提高24元。

② 例如综合医疗保险、住院医疗保险参保人床位费最高不超过50元/日,农民工医疗保险参保人床位费最高不超过35元/日。

制度并没有真正惠及大部分外来人口。由此可见，不同险种对风险的分担能力不同，进而导致社会医疗保险对不同人群的保障能力不等。据此，为了保障市民的健康权利和享受公共卫生服务及基本医疗服务的公平性，首先必须降低医疗保险的人群差别，确保医疗保险的资金保障程度均等化。

2. 公立医院"四分开"改革依旧存在漏洞

深圳市作为新医改的试点城市之一，自2010年开始，在新医改中先试先行，走出了一条"投入产出比高、绩效上乘"的独具特色的发展道路，现今已基本完成国家医改的"规定动作"，在体制和机制改革方面已初具成效，但与"全国率先"的标准衡量，尚存在一定的差距。

（1）公立医院"四分开"改革的基本内涵和政策内容

公立医院改革政策内容包括公立医院管理机制改革、运行机制改革以及补偿机制的改革，其基本框架如图1-24所示。

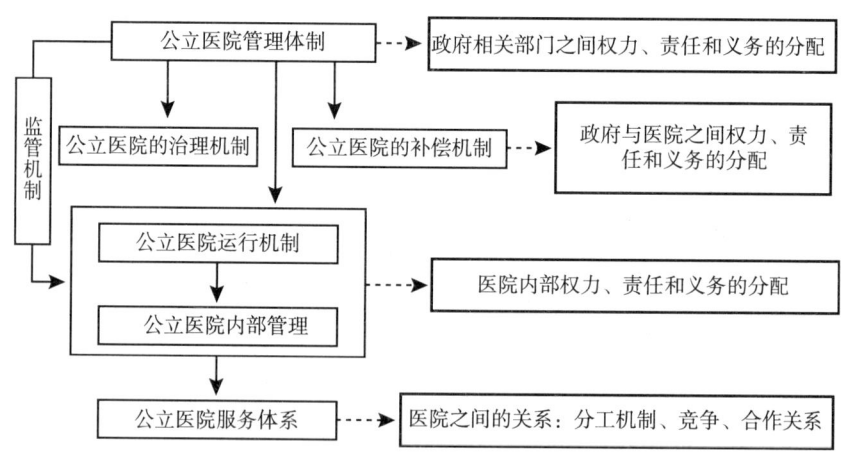

图1-24 公立医院改革的基本框架

在新医改中，公立医院改革主要包括四方面的改革：一为"政事分开"；二为"管办分开"；三为"医药分开"；四为"营利性与非营利性分开"。

①"政事分开"和"管办分开"

在医疗体制改革中，"政事分开"和"管办分离"是推进公立医院管理体制改革的基本途径。"政事分开"的是指改变传统"行政事业一体化"的管理体制，转变既往政府行政干预为主的管理职能为宏观管理和政策指导为主的服务职能。"管办分开"的基本目的是实现公立医院所有权和经营权的分离。

"政事分开"和"管办分开"主要表现为卫生行政部门权力下放，促使公立医院有更多的自主权和灵活性。这一改革在深圳的基本做法为：将举办公立医院的职责交给理事会和医管中心，运营的自主权交给公立医院。自此，切断了卫生行政部门与公立医院之间的"父子"关系，卫生行政部门通过制订兼顾各方的行业发展规划，实行全方位的资源统筹，制定统一的资格准入监督、管理规范和运行标准，为各类、各级医院创造公平的行业环境。

在新型的公立医院管理体系中，决策机构不再是相关卫生行政部门，而是公立医院管理委员会，而美国早于1980年就成立了国家公立医院协会（NAPH）。与此同时，成立了深圳市医管中心，作为理事会的日常办事机构，执行理事会决议，监管公立医院人、财、物。理事会和医管中心的职责如图1-25所示。深圳市医管中心主任罗乐宣把市医管中心的角色定位为"后勤部"，"医管中心将作为一个统一的平台协调公立医院与各政府职能部门的关系，落实好医院发展规划、财政补助、人事编制、收入分配等政策措施，解决医院对政府的期盼"。

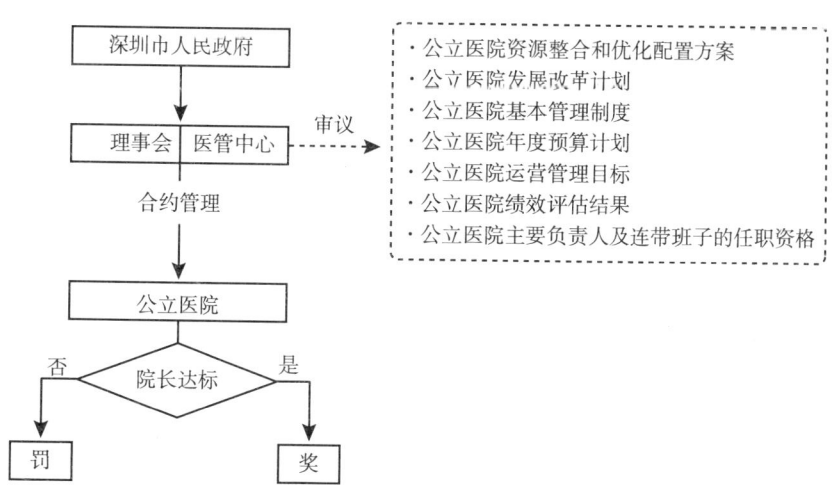

图1-25　深圳市公立医院管理体系

②医药分开

在医疗服务体系中,医务人员、医疗机构与药品销售商是"医药"供给的利益共同体,既往药品加成政策的实施,助长了药品流通领域的价格虚高,并引发了医疗服务领域"看病贵"的问题。因此,不处理好医院与药品销售商之间的利益关系,就很难解决人们"看病贵"的问题,故"医药分开"是公立医院改革的关键环节。"医药分开"改革属于公立医院补偿机制改革的范畴,是根治"以药养医"诟病的基本途径。在这一领域的改革中,深圳市制定了专门的公立医院医药分开改革方案,旨在通过切断利益链的末端来破解此不正常的利益格局。自2012年7月1日伊始,深圳市作为全国首个全面启动医药分开改革的城市,取消了全市所有公立医院2962种医保目录药品15%~25%的加成。其基本改革措施如图1-26所示。

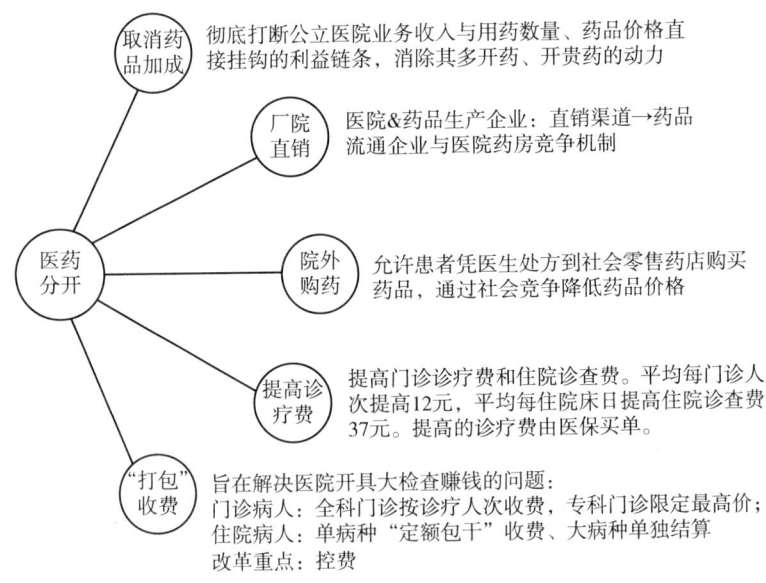

图1-26 深圳市医药分开综合改革

③营利与非营利分开

根据经营目的、服务任务,执行的不同财政制度、税收政策、价格政策、会计制度等,可将医疗机构分为非营利性医疗机构和营利性医疗机构。深圳市非营利性医疗机构的举办者除了市政府外,还包括国有企业、集体企业和事业单位,约占全市医疗机构总数的21%。非营利性医疗机构的公益性质，为实现人人享有基本医疗保健目标发挥了重要作用，但在行政资源优先的情况下，非营利医疗服务的发展仅能满足基本需求，在面对日益多元化的公众健康需求时，还需要广泛的社会参与。深圳市社会办医（一般为营利性医疗机构）约占全市医疗机构总数的79%。

营利性与非营利性分开是国家公立医院改革的重点内容之一。为提高深圳市医疗服务水平和增强医疗服务市场的活力，政府鼓励社会办医，为了解决民营医院土地使用、人才引进、税收减免以及投资回报等方面的政策瓶颈问题，即将出台《深圳市鼓励和引导社会资本举办医疗机构的实施意见》。政府部门对两类医疗机构一视同仁，施以相同的待遇：对执行政府指导价的非营利性民营医疗机构安排财政补贴；支持社会力量举办社区健康服务中心和承接公共卫生服务，通过购买服务给予补贴[3]。据悉，深圳市"十二五"期间，新规划的6家三级甲等医院，都将优先考虑由社会资本举办，以期至2015年，社会办医医疗服务量有较大的提升，门诊和住院分别占全市总量的30%和25%左右。

（2）公立医院"四分开"改革——深圳市率先内容

与北京相比，深圳在部分领域的改革力度更胜一筹，例如：在"管办分开、政事分开"方面深圳改革得更为深入和彻底；深圳最优质的医疗资源基本已与市卫人委脱离了行政隶属关系；在基层社区诊疗——社康中心的开发利用上深圳也走在了全国前列。与全国整体水平相比，深圳市在"四分开"改革上有如下方面走在了全国前列，堪称"深圳率先"。

①转变政府职能

深圳市探索性地率先成立了公立医院管理中心，承担了原属于深圳市卫生和人口计生委的公立医院举办职责，对公立医院的人、财、物进行全面监管，而市卫人委的职能则转变为对公立医院的行业监管，将工作重点转移到强化发展规划、资格准入、规范标准、服务监管、绩效评估等全行业管理职能的落实。这一举措落实了强化决策和监管、弱化事务管理的定位，标志着深圳市公立医院改革正式走向政事分开和管办分开。

②取消药品加成

深圳市作为首个全面取消药品加成的城市，统一取消了全市所有公立医院的药品加成费用，为减轻民众的经济负担发挥了重要作用。据统计，2012年

下半年,全市公立医院门诊次均药费比上半年下降8.8%,住院次均药费比上半年下降15.5%,每百门诊人次静脉输液比例、抗菌药物处方比例也大幅下降,群众药费负担明显减轻。

③创新"法人治理"

深圳市以香港大学深圳医院为试点,探索现代公立医院法人治理制度。医院成立董事会和监事会行使重大决策权,并设立顾问委员会、国际专家咨询委员会提高决策科学性。人事制度和薪酬制度上有所创新,实行"岗位管理"和"岗位薪酬"。推行全科门诊服务和"打包"收费制度,打断医院、医生收入与药品、检查直接挂钩的利益链条。

④推行分类改革

在市政府印发的《事业单位分类改革实施方案》中,将公立医院定位为独立于政府和企业之外的非营利性组织,主要从事公共服务。而在整个医疗服务体系中,仅凭非营利医疗机构尚无法满足群众的多元化健康需求,且缺少有效的竞争机制,因此为了提高医疗机构的竞争活力,鼓励多元办医,引导社会资本发展非营利性医疗机构,以期缓解"看病难"的难题。但由于两类机构的经营目的、性质等不甚相同,因此需要推行分类改革。

(3) 深圳市公立医院"四分开"改革存在的漏洞及改善措施

我国"医改"面临的主要障碍可以总结为以下六个方面:政府和医管机构对医疗机构的激励约束机制不足;公立医院运营创新机制不顺;医生薪酬管理机制不活;社会办医扶持机制不畅;医疗保险机构付费机制不规范;患者"以脚投票"就医选择机制不彻底。深圳市这六方面的改革均有涉及,但不彻底,还未达到"医改三方面"的愿景。深圳在医改重头戏——公立医院"四分开"改革中面临的不足,不仅包括经营目标的不明确的问题,还涉及经营风险控制制度不完善的问题。

①公立医院改革成效不显著——利益相关三方满意度不高

深圳市公立医院"四分开"改革的不彻底,致使部门间利益目标不协调,行业内监管部门未能有效发挥其应有的监管职能,公立医院经营目标不明确,公益性淡漠。因此,在公立医院管理体制改革方面,首先必须打破部门界限——尤其卫生部门和计生部门之间,以增强政府办医政策的协调性,提高行业综合监管效能。与此同时,明确医院经营管理目标十分重要,基于完善的事业单位法人治理结构方式,对医院管理者的经营管理行为实行有效制约,可促进其实现经营管理目标,降低经营管理风险,维护医院、职工和患者的合法权益[4]。

②公立医院改革不彻底——管理体制机制不健全

深圳市公立医院的财政投入、医保补偿、医疗收费等政策以及内部分配制度都还或多或少地存在"大锅饭"模式的弊端①[4]。针对此,深圳市政府出台的《推进医疗卫生体制改革意见》以及相关配套方案,已提供了政策空间和指导意见。

此外,在公立医院改革中,深圳市多元化办医格局的形成仍旧任重而道远。深圳市卫生行政资源供给存在的区域性差异,将直接影响区域服务卫生保健服务水平的差别,一些区域只能依靠民营医院来弥补区域卫生资源供给与民众健康服务需求的差距,然而民营医院管理尚存在一系列的弊端。民营医院作为营利性组织,追求自身利益最大化是其经营发展的宗旨,公益性淡漠。其趋利的经营发展模式难以使其着眼于公益性高、经济效应相对较低的公共卫生服务。据此,还应改进民营医院的管理机制,政策上诱导民营医院参与承担妇幼保健公共卫生服务,以增强民营医院的竞争力,同时刺激公立医院增强其自身的活力。

③优质医疗卫生资源均等化欠佳——医疗卫生服务供需不相称

优质卫生资源配置存在明显的地区和人群差别,空间上,聚集分布于罗湖、福田等原关内中心城区;人群上,广大外来务工人员,由于医疗保险范围和内容的限制,加之自身经济支付能力的限制,其卫生服务需求并不能得到较好的满足。其原因在于,医疗卫生服务的财政投入,医疗卫生机构医院人员、装备配置以及运营模式等方面,都偏向"同一化",并未按照民众的实际需求进行政策性调整。因此,在未来的改革中,不仅要冲破既有人事制度中人员编制和固定用人制度的限制,还要打破医疗服务体系中财政投入、医疗收费、医保偿付以及工资分配制度等方面的"大锅饭"限制,并引导群众合理利用卫生资源,从而真正意义上实现公共卫生资源的共用共享。

---

① 例如,公立医院对医务人员实施多重身份的管理方式,同工不同酬,影响人才队伍建设,尤其是基层卫生计生服务机构。

四 对公立医院改革的制度建设情况总结和未来改革调整建议

虽然公共卫生服务非常重要，但仅就公众直观感受而言，救死扶伤的医院才是卫生计生系统的窗口，因此公立医院改革直接关乎公众对医改的评价。仅就公立医院改革的程序而言，深圳市实现了全国率先：深圳市作为广东省唯一的国家公立医院试点改革城市，秉承"上下联动、内增活力、外加推力"的原则，早在2011年就全面启动公立医院改革，并于2012年出台了《深圳市公立医院管理体制改革方案》和《深圳市公立医院医药分开改革实施方案》，这标志着深圳市公立医院体制机制改革迈入全面推进的阶段，最终在2013年率先成立真正与卫生行政管理部门分开的公立医院管理中心。目前，深圳市通过推进四项重大体制机制改革——公立医院管理体制改革、医院运行机制改革、医疗分开综合改革、营利性与非营利性分开，基本实现了"四分开"，并在人民群众得实惠得方便、缓解"看病难、看病贵"和让医务人员受鼓舞等方面取得了一定的进展。但如果用较为全面的改革目标来对照、用比较严格的标准来评判改革情况，也肯定有诸多不足。为此，我们试图在2013年这个时间点上全面分析深圳市公立医院改革的制度建设情况，以使深圳未来的改革能"温故知新"。也因为深圳在全国改革的率先地位，这种分析对指导全国卫生计生系统未来的体制改革和机制创新都有参考价值。

1. 深圳市公立医院改革的制度建设情况

迄今为止，深圳市在公立医院改革方面做出了如下探索，并取得了一定成效。

（1）深圳市公立医院管理体制改革

深圳市为进一步改革政府办医体制，推行管办分开，其核心是"放权"。为此，深圳市成立了专门的公立医院监管机构——公立医院理事会和公立医院管理中心，并于2013年5月9日正式挂牌运作，代表市政府履行"办医"职责。市卫生行政部门从过去的"建机构"到现今的"变职能"，将重点实施全行业统一规划、统一标准、统一准入、统一监管，主要履行行业监管的职责，而将办医院的职责交给理事会和医管中心，运营的自主权交给医院。医管中心向医院"放权"，通过合约管理的方式开展医院的绩效评估与考核，而不再是既往与公立医院之间的"隶属关系"，且对公立医院内部的具体运营管理实务不再进行行政干预。

与此同时，市政府组建了由市政府副市长任理事长，市相关职能部门和社会知名人士组成的医管中心理事会，其目的是充分调动各部门力量，加强对公立医院资源投入，并通过引入社会专业人士实现民主管理和科学管理。政府有关部门向理事会放权，理事会主要负责宏观管理，作为一个决策机构发挥行业监管和政策导向的作用。

上述管理体制改革打破了卫生行政部门与公立医院之间"父"与"子"的关系，并通过制定统一的行业政策，可为不同类别（公立、民营医院）、不同级别（市级、区级医疗机构）医疗机构的发展创造公平的行业环境，以激发系统的内在竞争力，有利于医疗服务机构积极控费。

（2）深圳市公立医院运行机制改革

深圳市公立医院运行机制改革的关键在于"去行政化"。深圳市公立医院运行机制的改革，涉及五方面：①实行理事会领导下的院长负责制，建立去行政化的现代医院管理制度；②工资福利制度改革：建立特聘岗位制度，并实行以职业年金制度和社会基本养老保险为主要内容的社会养老保障制度；③人事制度改革：建立员额管理制度、全员聘用、自主招聘制度；④补偿机制改革：实施绩效财政拨款补助制度，鼓励发展多层次医疗服务以实现收支平衡；⑤医疗保障制度改革：建立综合医疗保险参保人基层首诊制度等。

在公立医院运行机制改革方面，以香港大学深圳医院为试点，探索现代公立医院法人治理制度。医院成立董事会和监事会行使重大决策权，并设立顾问委员会、国际专家咨询委员会提高决策科学性。例如，根据《深圳市人民政府香港大学关于合作举办香港大学深圳医院的协议书》，香港大学深圳医院实行董事会领导下的院长负责制，设有董事会、医院管理团队和监事会。医院创新人事制度和薪酬制度，实行"岗位管理"和"岗位薪酬"。推行全科门诊服务和"打包"收费制度，掐断医院、医生收入与药品、检查直接挂钩的利益链条。

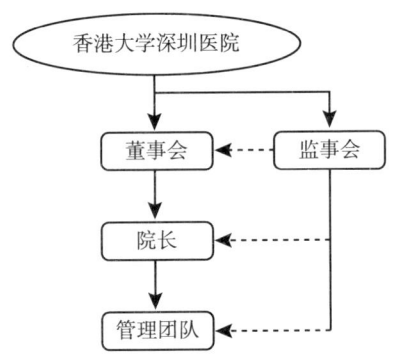

图1-27 香港大学深圳医院的治理结构

与此同时,在人员编制和工资薪酬制度等方面也进行了探索性的改革。在人员编制方面,打破了编制管理的限制,实行全员招聘,医院在政府核定的人员范围内,自主确定医院岗位设置标准,对在岗人员进行合同管理,工资分配实施岗位绩效工资制度,自主确定岗位工资和绩效工资所占的比例。这样的改革有利于鼓舞医务人员,使其服务价值得以体现,进而不断地提升自己的专业素养。

(3) 深圳市公立医院医药分开综合改革

"看病贵"是深圳市乃至全国范围内的老问题,亟待通过新改革破解。但分析所谓"看病贵",主要的"贵"不在看病而在拿药。既往长期实施的药品加成政策,使药品流通利益链条上的相关方——医疗机构、医生以及药品销售商,形成了利益共同体,多方不正当活动,造成就医成本异常升高。由此可见,"以药补医"为"多开药""开贵药"提供了直接动力,是造成"看病贵"的重要因素。因此,打破药房垄断、切断利益链条是缓解这一难题的关键,从2012年7月起,深圳市统一取消了全市所有公立医疗机构的药品加成费用,成为全国第一个全面取消药品加成的城市,得到了国家卫生部门的高度肯定。据统计,2012年下半年,全市公立医院门诊次均药费比上半年下降8.8%,住院次均药费比上半年下降15.5%,每百门诊人次静脉输液比例、抗菌药物处方比例也大幅下降,群众药费负担明显减轻。

此外,深圳市为了切断药品流通中不正常的利益格局,提出了《深圳市公立医院医药分开改革实施方案》以及相关配套措施,详述如下:

①全市所有公立医院取消药品加成:缓解公立医院"以药养医"的诟病,

切断公立医院业务收入与用药数量、药品价格挂钩的利益链条，遏制医务人员多开药、开贵药的动力。

②实行厂院直销：在部分医院（如香港大学深圳医院）建立医院与药品生产企业间的直销渠道，借助药品流通企业与医院药房间的有效竞争来压缩流通的水分。

③允许患者使用外购药品：通过合理的规划布局，在公立医院周边地区建立达到公立医院药房规模和安全标准的大药店，允许患者凭处方自行购药，进而通过有效的市场竞争，实现控费的目的。

④提高检查费：不同于国内其他城市，深圳市取消药品加成后，通过提高门诊诊疗费和住院诊查费的做法代替增加药事服务费，且提高的诊疗费均有医保买单，真正意义上实现人民群众得实惠。

⑤收受回扣一票否决制：凡收取回扣、提成或其他商业贿赂的医务人员，一律解聘并吊销执业资格。

⑥实行打包收费模式：住院病人实行单病种"定额包干"，大病种单独结算，专科门诊限定最高价，全科门诊按人次收费。此种"一费制"的收费模式目的在于遏制大处方、大检查谋取利润的问题。

（4）深圳市公立医院营利性和非营利性改革

深圳市出台了《深圳市鼓励和引导社会资本举办医疗机构的实施意见》，其改革重点在于着力解决当前营利性医疗机构发展的政策瓶颈问题，例如投资回报、人才引进、土地使用以及税收减免等。为了鼓励和引导社会资本参与办医，政府将给予二者同等的待遇；对实行政府指导价的民营医疗机构给予财政补贴；通过购买服务的形式支持社会资本举办社康中心和承接改革卫生服务。"十二五"新规划的6家三级甲等医院均优先考虑用社会资本举办。

2. 深圳市公立医院改革取得的成效

（1）公立医院服务质量有所提升

2005年至2011年，公立医院CD型病人治愈好转率从89.2%增至93.1%，公立医院收治急危重症病例的比重自32.4%提高到42.6%，社会医疗保险参保人异地就医比例从3.2‰下降到1.28‰，基本实现"大病不出深圳"。全市医疗机构院内感染率、术后感染率、入院三日确诊率、入出院诊断符合率、危重病人抢救成功率、治愈率基本与北京、上海、广州持平。

(2) 公立医院服务效率大幅提高

与2008年相比，2011年深圳市公立医院出院者平均住院日下降了0.4天。与此同时，2011年病床使用率为89.2%，高于全国平均水平（82.61%），医生日均负担为17.29诊疗人次，为全国平均水平的2.5倍。

(3) 市民对公立医院的满意度逐年提高

有调查显示，2011年深圳市群众对公立医院的满意度较2008年增加了3.4%，为79.8%。2010年广东省三甲医院医疗服务满意度综合排名，深圳市位列第一。（见图1-28）

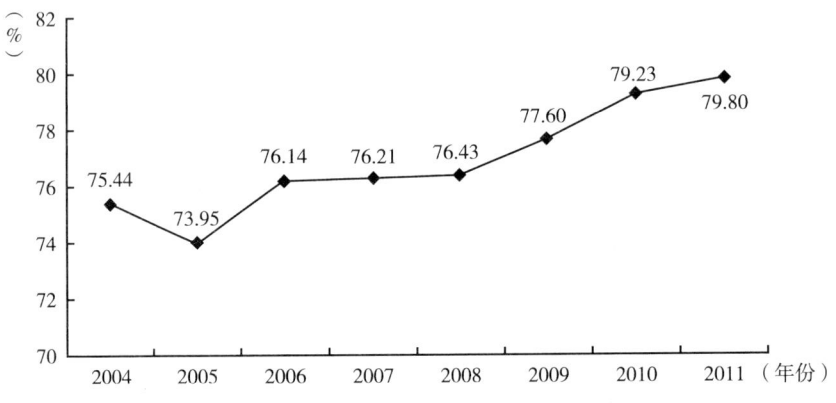

图1-28　2004~2011年深圳市医院患者满意度水平

数据来源：深圳市卫人委网站：http://www.szhpfpc.gov.cn:8080/wsj/news/23570.htm，《深圳医改100问——公立医院改革》。

3. 深圳市公立医院改革"四分开"制度建设面临的挑战

(1) "管办分开"和"政事分开"管理体制已基本成形，但管理效率尚待考证

深圳市已成立由市政府直属的公立医院管理中心，对深圳市公立医院进行统一管理。然而，由于在现行体制下，政府"办医"职能分散在政府各个部门，如发改、人事、财政、社保、物价、政府采购等，项目投资、财政补贴、社保经费、机构编制、人员聘用、物价收费、设备采购等问题明显制约医院发展，有可能导致政府部门之间的协调难、执行难，或导致机构重复设置、职能

重叠，增加政府行政成本，降低政府公共服务效率。也可以说，政府部门从"建机构"到"转职能"还任重道远。

（2）"医药分开"初见成效，但"两费"水平不断上涨

为破除以药补医的机制，2012年7月1日，深圳市启动公立医院医药分开改革，自此深圳市2962种医保目录内药品开始零差率销售，成为全国第一个全面启动医药分开改革的大城市。至今，医药分开初见成效，即随着医药分开的实施，深圳公立医疗机构次均诊疗费用、次均药品费用下降。67家公立医疗机构7月份的每门诊人次费用较6月份下降4元，其中医药费用下降10.8元；569家政府办社区健康服务中心7月份的每门诊人次费用较6月份下降了3.5元。然而，深圳市门诊和住院的总费用——两费呈上升趋势，见图1-29。但2011年深圳市公立医院门诊次均费用和住院次均费用分别为128.4元和6797.7元，低于广东省县级以上综合医院平均水平（158.3元、8018.6元）。

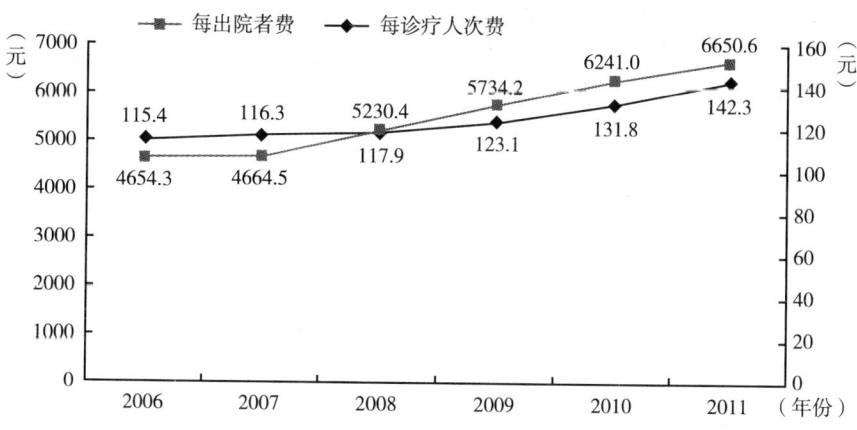

图1-29　2006~2011年深圳市医疗卫生服务"两费"变化情况

（3）"营利性与非营利性分开"政策导向明确，但实施效果未知

为了推进"营利性和非营利性分开"，深圳市出台了《鼓励和引导社会资本举办医疗机构的实施意见》，为解决民营医院投资回报、税收减免、土地使用以及人才引进方面的政策瓶颈营造了良好的政策环境，全面放开了医疗服务市场，鼓励社会资本举办卫生事业，并为其预留了发展空间。在"十二五"期间新增的6家三级甲等医院规划，均优先考虑由社会资本举办，预计至2015年，社会

医疗机构门诊服务量和住院服务量分别提高至全市服务总量的30%和25%左右。

4. 深圳市公立医院改革重点

从公立医院"四分开"改革的内容看,其实质在于破解了既得利益结构。据此,其改革重点在于改变现行的管理体制,并辅以相关配套运行机制的改革。首先,只有通过去行政化的"放权"做法,打破卫生行政部门与公立医院之间"父"与"子"的关系,方可公正公平地开展绩效评估。其次,进行管理体制改革,例如成立医管中心,卫生行政部门将办医院的职责交给理事会和医管中心,运营的自主权交给医院,卫生行政部门只负责行业管理职责;通过制定行业政策,为不同类别、不同级别的医疗机构创造公平的行业环境,有利于形成多元化的办医格局,激发医疗机构的内在竞争活力。再次,医管中心通过全面统筹、综合调配,可根据公立医院的资源优势和区域人群需求进行差异化发展,并进行有针对性的投入。最后,让医院有更大的办医自主权,比如对人财物的使用上有较大自主权,使医院与政府谈判能力和政策诉求能力更强,这有助于公立医院更关心如何办医、办好医,学科发展有明确的定位方向。

然而,没有相关运行机制的辅佐,就像没有臣子的君主,公立医院改革举步维艰。在相关运行机制的改革中,香港大学深圳医院实行积累了一定的经验,可以总结为五方面:①实行理事会领导下的院长负责制,建立去行政化的现代医院管理制度;②工资福利制度改革:建立特聘岗位制度,并实行以职业年金制度和社会基本养老保险为主要内容的社会养老保障制度;③人事制度改革:建立员额管理制度、全员聘用、自主招聘制度;④补偿机制改革:实施绩效财政拨款补助制度,鼓励发展多层次医疗服务以实现收支平衡;⑤医疗保障制度改革:建立综合医疗保险参保人基层首诊制度等。

上述各项内容改革,可能对卫生计生服务系统内"利益"相关三方产生不同程度的影响,因此需要加快推进公立医院运行机制改革。

5. 深圳市公立医院改革路径

深圳市公立医院管理体制改革已基本成形,但尚需在未来的发展中建立反馈机制(对其管理效率进行评价),并据此不断微调改革路径,使"四分开"

表1-3 深圳公立医院运行机制改革的目标和形式

机制改革	改革目标	具体形式
完善公立医院的补偿机制	调动医疗机构和医务人员提供服务的积极性	财政投入以事定费,提高检查费,改革社保基金制度
改革人事管理制度	调动医务人员提供服务的积极性	取消同工统筹的薪酬制度,变为以事定费,确定人力资源核定标准,根据岗位实际需要设置聘用条件,淡化职称与岗位的关系。

做到位、做出客观效果（三方满意），这样才可能在全国的综合改革中真正实现"深圳率先"。

在"政事分开、管办分离"的公立医院管理体制下，首先要破除"以药补医"的利益链条，才能在系统内部实现"控费"，从而真正使市民受惠。然而"控费"可能降低医疗服务机构的积极性和活力，因此需要引导社会资本办医，鼓励民营医疗机构提供公共服务，以使医疗机构增加活力。目前来看，深圳的公立医院"四分开"改革中，仍然没有全面触及卫生计生服务体系最核心要素——医务人员的利益，尚需要推动公立医院内的人事制度和薪酬制度改革，以调动员工的积极性和挖掘员工的创新能力。

因此，深圳市公立医院改革可在市卫人委的领导下遵循如下原则开展：首先，理顺公立医院管理体制，转变卫生行政管理职能，强化其对医疗卫生的全行业管理，进一步贯彻落实政事分开和管办分离；其次，坚持卫生事业的公益性质，把维护广大人民群众的健康权益作为工作的出发点和落脚点，按政府主导、社会参与的战略方针，调动医疗机构和医务人员等各方面的积极性，提高卫生服务的质量和效率；再次，要统筹兼顾、积极稳妥地处理改革过程中的职能划分、人员安排、资产划转等问题，高度重视医疗安全问题，确保思想不散、秩序不乱、人员妥善安排、国有资产不流失、日常工作正常运转。

基于上述思路和原则，深圳市未来公立医院改革路径，应因地制宜，以点带面，稳步推进，但其根本在于改革六大改革动力：①积极推动政府职能转变，打造公立医院改革的战略动力；②建立并完善法人治理结构，打造公立医院改革的管理制度动力；③完善科学合理的补偿机制，打造公立医院改革的筹资模式动力；④建立分工明确的医疗服务体系，打造公立医院改革的服务结构动力；⑤建立社会各界广泛参与的第三方评价机制，打造公立医院改革的外在监督动力;⑥加快医药卫生信息化建设,打造公立医院改革的技术创新动力。

从改革进度安排来讲,近期应积极推动政府职能转变以及补偿机制的建立;五年内应努力推进医院法人治理结构、医生薪酬管理、医保支付方式的改革;之后,再进一步完成社会办医、信息技术创新、服务体系建设等若干领域的改革创新,最终实现"人民群众得实惠、医务人员受鼓舞、医疗机构增活力"的改革目标。具体的改革路径如下图所示。

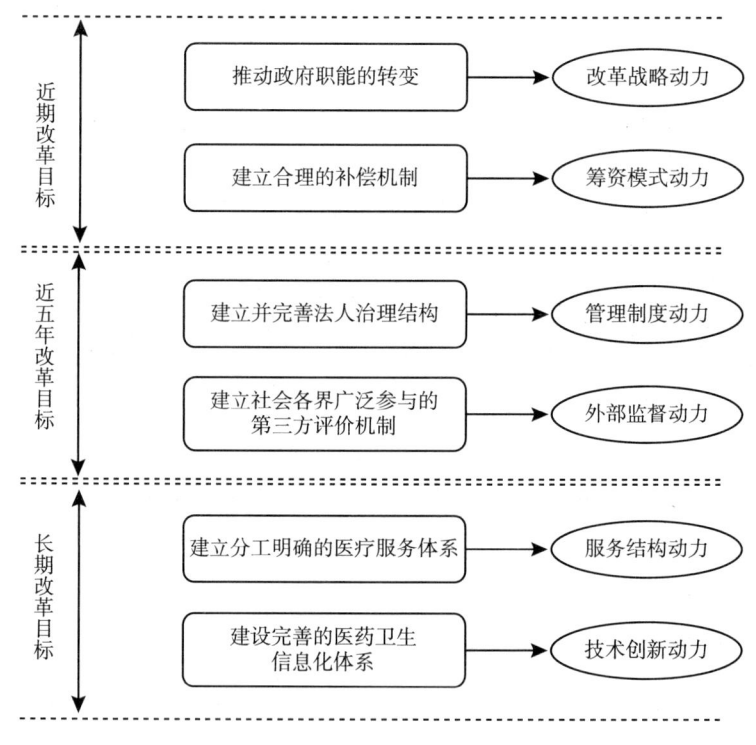

图1-30 深圳公立医院改革路线图

五 结论和政策建议

1. 研究结论

(1) 深圳市卫生计生服务静态欠佳动态好

深圳市人口结构特征、健康状况的地区和人群差别,使深圳市卫生计生服务公共需求特点相对全国而言是"大同小异、更加不利"。虽然深圳市经济高速发展，但在卫生计生服务供给，尤其是公共服务方面，在全国一线城市中绝对水平不高，并未获得与经济发展相应的地位，按全国率先的标准欠账较多。然而，服务系统内，某些方面的发展相对较快，例如妇幼保健工作取得了明显的成效，相关健康指标向好的方向发展，服务能力和服务质量均得到了一定的提升，但仍滞后于民众的实际需求。

（2）深圳市多项医疗卫生服务改革先试先行，但未尽全力

按全国统一标准，深圳市综合改革率先在各方面的改革内容中都有所作为，例如针对移民城市的特点设立了农民工医疗保险，针对公立医院监管无力和监管低效的问题，成立了专门的公立医院管理中心；在完善公共卫生服务体系方面，于2009年便已率先于全国进行了卫生计生部门服务职能的整合。但迄今改革中依然存在不同类型、不同程度的问题，如卫生计生服务职能整合带来的协调配合问题和管理成本增加问题等。此外，在综合改革中，卫生计生服务系统利益相关三方——"群众""医务人员""医疗机构"的满意度并未随着改革的推进得到大幅提高。

2. 政策建议

从改革的历史、基础和进展来说，深圳应该也可以在全国起到引领和示范作用。从改革要解决的问题和改革"未尽全力"来看，深圳市卫生计生服务系统内部关键问题——"供需不相称"的直接原因在于系统内的利益相关三方（人民群众、服务机构和业务人员）均未有完善的配套利益机制，其制度成因在于卫生计生系统内各相关子系统制度衔接不够紧密，以及作为卫生计生公共服务主体的公立医院及社康中心等的制度改革依然存在漏洞或不配套。据此，深圳市要在"提质增效"的基础上实现率先发展，需按照十八届三中全会精神，全面深化综合改革，尤其是搞好综合改革的配套机制建设，使改革在基层上也具有操作性。

（1）在人、财、物等方面全面整合计生卫生服务职能，增强系统综合服务能力

卫生和计生服务的相似功能和重叠内容为卫生及计生服务职能、资源的整合奠定了基础，但深圳的现实是资源整合力度低，利用效率不高，还会衍生出

管理成本增加等现实难题。据此,在进一步整合卫生计生服务职能的实践中,应该建立高效的合作机制,实行自上而下一体化管理,在顶层实现职能的整合之后在基层得以有效落实,并借鉴全科医学模式,基于健康档案实施计生和卫生一条龙服务,将计生服务领域中的基本医疗服务内容整合到卫生领域,而公共服务则结合基本公共卫生服务项目,依托基层公共卫生服务网络开展健康教育,这不仅可减少卫生资源的重复使用,也可规避服务盲区。

(2) 进一步完善卫生计生服务系统五个关键点的改革

卫生计生服务系统内的五个关键控制键相生相伴,互为前提和良性运行的保障。当前深圳市在各方面均已开展可探索性改革,但各系统的衔接上不够紧密。据此,在进一步今后综合改革中,除了需加强关键点及配套机制的改革,还需要强化五个关键点的联系,进而保证整个巨系统的良性运行。

(3) 注重公立医院管理中激励机制等配套机制改革

公立医院"四分开"改革的关键在于破解既得利益结构。据此,其改革重点在于改变现行的管理体制,并辅以相关配套运行机制的改革。因此,深圳市公立医院改革可在市卫人委和医管局领导下,按政府主导、社会参与的战略方针,调动医疗机构和医务人员等各方面的积极性,提高卫生服务质量和效率;同时,要统筹兼顾、积极稳妥地处理改革过程中的职能划分、人员安排、资产划转等问题。

参考文献

[1] 深圳市卫生与人口计划生育委员会:《深圳市医药卫生体制改革近期重点实施方案(2009~2011年)》。
[2] 深圳市社会保险基金管理局:《深圳市社会医疗保险办法》。
[3] http://www.szhpfpc.gov.cn:8080/wsj/news/23570.htm。
[4] 曹政:《深圳:给医管中心放权》,健康报网:http://www.jkb.com.cn/htmlpage/17/178231.htm?docid=178231&cat=0B&sKeyWord=null。

分报告

Sub-Reports

B.2 深圳市常住人口就医意愿特点及其影响因素

陆杰华　黄文香　陈丹　胡峰辰　缪巧霞　冯文童

本章要点：

1. 以人为本，把握民众就医意愿和特点，才可能真正厘清民众多元化就医需求；

2. 需求导向，建立以主观需求为重要依据的医疗供给制度，才可能真正实现医疗服务的供需平衡；

3. 部门联动，稳步消除户籍制度壁垒，鼓励社会资本参与，培育动力机制，才可能真正从供需两端同步改善医疗服务。

本研究以综合改革为背景，抓住群众就医需求这一主线，重点了解影响深圳常住人口就医意愿的因素，深入分析不同影响因素对就医意愿的影响机理。唯有根据不同人群的医疗卫生需求，合理配置医疗卫生资源，才能真正实现

"人民群众得实惠，医务人员受鼓舞，医疗机构增活力"的发展目标。让人民群众"病有所医"是医改的初衷，也是立足点。以人为本，研究常住人口就医意愿特点，从个体和社会特征层面分析常住人口就医意愿的影响因素，提高服务的针对性，满足群众需求，真正做到让人民群众得实惠。以往的医疗服务政策多从服务提供者角度出发，依托客观数据和经验，而缺乏对民众就医意愿的考察，虽取得了一定的成效，却最终遭遇到改革的瓶颈。转变服务提供的理念，建立以民众就医需求为导向的医疗资源配置机制，能够真正促进供需平衡，最大化社会效益。改革非一日之功，刚步入改革深水期的深圳医改正面临着极大的挑战。坚持多部门联动，从制度层面保障卫生服务供给的公平性，弱化户籍制度效应，让户籍与非户籍人口就医保险制度趋同；同时，积极引入社会资本参与，变革公立医院一支独大的现状，建构多元化办医格局，培育动力机制，实现"医务人员受鼓舞，医疗机构增活力"。

一 研究背景

（一）宏观背景

1. 面向全国：综合改革需要从就医需求寻找新的突破口

2009年新医疗改革实施以来，我国的卫生事业稳步发展，人口健康素质有所提高，医疗卫生事业取得了显著的成就。为了进一步深化体制改革，2013年3月，国务院组建国家卫生与计划生育委员会，对原卫生部和国家计划生育委员会的相关职责进行整合，原来由国家发展和改革委员会承担的深化医药卫生体制改革的职能也被划入国家卫生与计划生育委员会，避免了机构设置和资源的重复浪费，为综合改革的规划和发展提供了更为高效便捷的服务平台。①顶层设计与关注基层是相辅相成的，在大部制改革背景下，综合改革要实现"人人享有基本医疗卫生服务"，就要时刻关注基层群体看病就医的多元化需

---

① 《国家卫生和计划生育委员会主要职责内设机构和人员编制规定》（国办发〔2013〕50号），国务院办公厅，2013年6月9日。

求。在不断健全全民医保体系,巩固完善基本药物制度和基层医疗卫生机构运行新机制的同时,积极稳妥地推进公立医院改革,根据民众需求,有针对性地引进社会资本,弥补医疗资源分布不均的现状,形成多元办医的新格局。关注民众的就医需求既是时代所趋、当前所急,也是创新公共卫生服务模式、进一步优化医疗资源配置的有效途径。

(1) 作为民生工程重点之一的医疗卫生事业要求"以人为本","让人民满意"

医疗卫生事业的发展与人口健康素质的提高息息相关,它是关系到百姓基本生活的重点民生工程。以人为本、民生为重是医疗卫生事业发展的灵魂,人民满不满意是医疗改革过程中重要的衡量标准。当前,各级政府正努力将自身建设成"职能科学、结构优化、廉洁高效、人民满意的服务型政府"①。政府职能逐步向服务型政府转变的过程中,"以人为本"的理念得到了进一步的强调。中共十八大关于医疗卫生的报告指出:"健康是促进人的全面发展的必然要求",要不断"坚持为人民健康服务的方向,重点推进医疗保障、医疗服务、公共卫生、药品供应、监管体制综合改革,完善国民健康政策,为群众提供安全有效方便价廉的公共卫生和基本医疗服务"。健康事业要做到"以人为本",全面促进人的发展就要求医疗改革不仅仅要关注医疗保障制度和机构层面的建设和完善,更要从民众的基本意愿和需求上填补医疗卫生服务的空缺。

医疗改革不是单向式的工作,虽然自上而下的机构设置和制度安排有利于

---

① 胡锦涛同志在《坚定不移沿着中国特色社会主义道路前进,为全面建成小康社会而奋斗——在中国共产党第十八次全国代表大会上的报告》中关于医疗卫生事业的内容包括:提高人民健康水平。健康是促进人的全面发展的必然要求。要坚持为人民健康服务的方向,坚持预防为主、以农村为重点、中西医并重,按照保基本、强基层、建机制要求,重点推进医疗保障、医疗服务、公共卫生、药品供应、监管体制综合改革,完善国民健康政策,为群众提供安全有效、方便价廉的公共卫生和基本医疗服务。健全全民医保体系,建立重特大疾病保障和救助机制,完善突发公共卫生事件应急和重大疾病防控机制。巩固基本药物制度。健全农村三级医疗卫生服务网络和城市社区卫生服务体系,深化公立医院改革,鼓励社会办医。扶持中医药和民族医药事业发展。提高医疗卫生队伍服务能力,加强医德医风建设。改革和完善食品药品安全监管体制机制。开展爱国卫生运动,促进人民身心健康。坚持计划生育的基本国策,提高出生人口素质,逐步完善政策,促进人口长期均衡发展。2012 年 11 月 8 日。

统筹兼顾，从整体上把握大局，但不了解人民群众就医意愿和基本需求的医疗资源配置往往容易造成公共卫生服务供给不均衡，导致严重的资源浪费，同时也不利于医疗卫生服务队伍的建设。目前，我国的医疗改革已经进入深水区，要实现"人人享有基本医疗卫生服务"的改革目标就必须时刻牢记"让人民满意"的衡量标准，高度重视民众多样化的就医需求，并以此作为医疗资源配置的导向和基础，实现医疗卫生资源经济效益和社会效益的最大化，让"好钢"用在"刀刃上"，使有限的医疗资源在最大程度上为民所用、为民服务。

(2) 进一步深化医疗改革的需求：重点关注群众多样化、多层次的就医需求

医疗改革是一项长期且艰巨的任务，每一次改革的突破都是在以往经验的基础上进一步深入和细化的成果。2012年蓝皮书以"提质增效、率先实现质量型发展"为主题，时至2013年，虽然我国的医疗卫生服务在质量、价格等方面取得了一定的突破，但要在根本上解决"看病难、看病贵"问题仍然有很长的一段路要走，要使医疗卫生资源供需相称需要从民众看病就医的真实意愿上寻找新的突破口，并在此基础上实施相应的改革措施。对"就医需求"的关注既是对"提质增效"问题的进一步细化和深入，也在一定程度上弥补了以往改革所忽视的问题，即它从对客观就医现状的研究转向对民众就医需求的关注，这是医疗改革向人性化转变的进一步突破。

群众的就医需求具有多样化、多层次的特点，因此多元办医是一个重要的突破口。虽然多元办医有利于缓解医疗资源紧张的局面，但社会资本的引入并非盲目无序。众所周知，不同的人在遇到健康问题时可能会就医也可能不就医，选择就医的群体也会在不同的时间段选择不同的医疗机构就医。根据卫生部2008年进行的第四次全国卫生服务调查显示，我国有38.2%的群众有病不去就诊，21%的患者应当住院而未住院。[1] 此外，以往的研究表明，居民的就医行为受到个体因素、生物因素和社会因素等多重因素的影响，性别、年龄、

---

[1] 《卫生部公布第四次国家卫生服务调查主要结果》，卫生部办公厅，http://www.moh.gov.cn/publicfiles/business/htmlfiles/mohbgt/s3582/200902/39201.htm。

收入、医保现状、个人健康等都对个体的就医行为有着影响（姚兆余、张娜，2007；谢作楷，2005；周曾同，1994；沈启莹，2008）。公立医院的改革以及社会资本的引入需要与民众的就医需求相吻合，随着改革的进一步深化，当前的许多研究对医疗改革的指导作用逐渐产生了一些缺陷和不足。当前许多研究较多注重就医医院机构的选择，而没有考察民众的就医意愿，也忽视了对于不就医群体的系统分析。因此，进一步深入和与时俱进的研究成果对改革有着一定的理论和实际指导作用。

2. 立足深圳：深圳多样化人口结构亟须研究就医意愿变化特点

（1）深圳市人口结构的特点和变化

深圳建市33年来常住人口一直处在不断的变动之中，根据《深圳卫生统计年鉴》数据显示，1979～2012年（如图2-1所示），深圳市人口结构呈现如下几个特点。

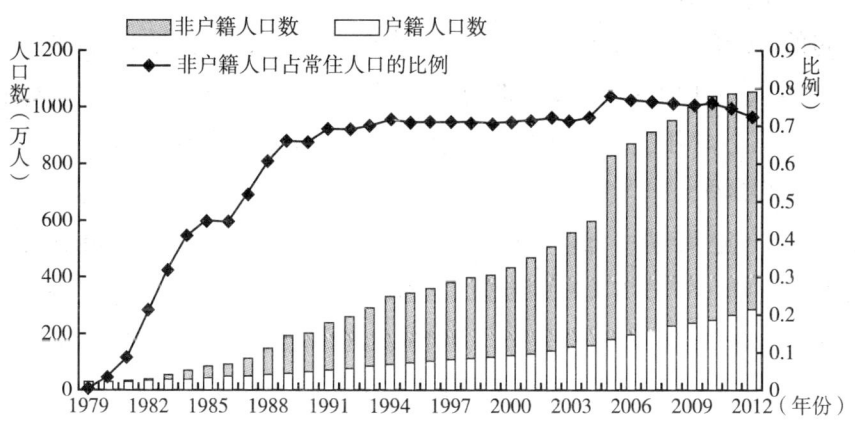

图2-1　1979～2012年深圳市不同属性人口变化趋势

数据来源：《深圳市卫生统计年鉴（2012）》。

一是无论是户籍人口还是非户籍人口都处于增长状态，人口总量的不断增加对医疗卫生资源的需求量越来越大，从而造成医疗资源的相对短缺。

二是自1987年始，深圳市非户籍人口开始超过户籍人口占总常住人口的51.84%，随着时间推移人口倒挂的现象越来越严重，至2005年深圳市非户籍人口占总常住人口的比重达到顶峰（占总常住人口的78.02%），此后深圳市采取一些有力措施将非户籍人口转为户籍人口，非户籍人口占总人口的比例有所降低，但人口倒挂的现象仍然十分严重，非户籍人口医疗卫生服务体系的完善成为改革关注的重点。截至2012年末，深圳全市总人口达1054.74万人，其中户籍人口287.61万人，比上年增加7.36%，非户籍人口767.13万人，占总常住人口的72.73%，人口具有多元化、不稳定性与年轻化的特点。人口多元化和人口倒挂是深圳人口结构突出的特点，不同的群体就医需求的特点和规律成为深圳市医疗卫生事业必须关注的问题。

三是不同区域的人口结构呈现不同的特点。要实现"多元办医"就需要对不同区划人口结构的特点及变化规律有一个全面的了解。目前，深圳市共设6个市辖行政区即福田区、罗湖区、南山区、盐田区、宝安区、龙岗区，以及4个功能区即光明新区、龙华新区、坪山新区、大鹏新区。截至2012年，宝安区常住人口最多，共有268.45万人，占本市常住人口的25.45%；龙岗区192.68万人，占全市常住人口的18.27%；龙华新区140.87万人，占全市常住人口的13.36%；罗湖区93.64万人，占全市常住人口的8.88%；光明新区（49.18万人）、坪山新区（31.68万人）、盐田区（21.26万人）和大鹏新区（13.09万人）常住人口相对较少，分别占全市常住人口的4.66%、3.00%、2.02%和1.24%。

表2-1显示，从户籍的角度来看，福田区的户籍人口最多达73.02万人；其次为南山区（61.6万人）和罗湖区（50.62万人）；按照非户籍人口所占的比例来看，除了南山区（44.43%）、福田区（45.12%）和罗湖区（45.94%）的非户籍人口较户籍人口少外，其余几个区均以非户籍人口为主，其中龙华新区的非户籍人口所占比例最高，占本区常住人口数的90.72%；宝安区的非户籍人数最多达233.49万人，占本区常住人口总数的86.98%；光明新区、坪山新区、龙岗区和盐田区的非户籍人口比例也偏高，分别占本区常住人口的88.35%、87.72%、81.52%和76.25%。因此，非户籍人口成为这些区域医疗资源规划中应该加以关注的重点人群。此外，不同区域的职业群体、老年人、育龄妇女、儿童等在数量和结构上也存在差异，各年龄群体以及职业分布对看病就医也有不同的要求。因此，根据不同人群的分布状况及其就医需求对医疗资源进行合理配置不仅必要，也十分迫切。

表2-1 2012年末深圳市分区不同属性人口现状

	常住人口（万人）	户籍人口	非户籍人口	比上年末增长(%)		
				常住人口	户籍人口	非户籍人口
全　　市	1054.74	287.61	767.13	0.8	7.4	-1.5
福田区	133.05	73.02	60.03	0.4	9.5	-8.8
罗湖区	93.64	50.62	43.02	0.6	5.6	-4.7
南山区	110.85	61.6	49.25	0.8	12.2	-10.6
盐田区	21.26	5.05	16.21	0.8	7.5	-1.2
宝安区	268.45	34.96	233.49	0.6	1.9	0.4
龙岗区	192.68	35.61	157.07	0.8	4.2	0.1
光明新区	49.18	5.73	43.45	1	1.3	0.9
坪山新区	31.68	3.89	27.79	1.3	4.3	0.9
龙华新区	140.87	13.08	127.79	1.1	9.2	0.9
大鹏新区	13.09	4.05	9.04	2.3	7.1	0.3

注：宝安区不含光明、龙华新区；龙岗区不含坪山、大鹏新区。
数据来源：深圳市统计局《深圳市2012年国民经济和社会发展统计公报》。

（2）回顾过去辉煌成就，进一步探索综合改革的新路径

深圳市是我国十七个公立医院改革试点城市之一。作为一个改革的前沿重地，深圳在社会经济上取得了重大成就的同时，在医疗卫生领域的发展也是令人瞩目的。深圳通过改革之路在短短30多年内实现了卫生事业发展从薄弱到日益强大的过程。第一，深圳人口平均健康水平总体上跃居全国前列：全人口孕产妇死亡率、婴儿死亡率下降，平均预期寿命提高。第二，深圳市医疗卫生系统自身建设也在不断完善，卫生资源增加，医疗卫生服务水平增强，公共卫生服务能力显著提高。2012年末全市有卫生医疗机构2008间，比上年增加154间；卫生机构拥有床位27984张，比上年增长16.2%；全市有卫生工作人员76684人，其中技术人员61961人、中医2773人、西医21169人、注册护士25931人。全年各级各类医疗机构完成诊疗量8638.03万人次，入院人数105.42万人，比上年增长9.6%。病床使用率达85.8%，其中每千人口拥有病床数2.65张，拥有卫生工作人员7.27人，卫生技术人员5.87人，医生2.27人，护士2.46人。[1] 此外，卫

---

[1] 《深圳市2012年国民经济和社会发展统计公报》，深圳市统计局http：//www.sztj.gov.cn/xxgk/tjsj/tjgb/201304/t20130412_2127275.htm，2013年4月10日。

生相关体制机制改革不断加深和逐步完善。在大部制改革的推进下，早在2009年，深圳市实现了计生和卫生部门的合并，整合优质资源。公立医院改革也取得突破性发展，在国内率先建立以公益性为核心的公立医院综合目标管理责任制。

深圳是改革的先行者，在医疗卫生改革方面已经取得了巨大的突破。目前，深圳的医疗改革已进入最为关键的时期，为了进一步深化改革，实现医疗卫生事业在新时期的跨越，同时为我国其他省市积累宝贵经验，深圳医疗卫生事业有必要在总结以往成功经验的基础上重新审视改革上存在的漏洞和不足。总体来说，深圳医疗事业处于良好的发展态势，这对于社会经济发展以及居民健康都具有促进意义。同时也需要关注医疗卫生工作的不足：看病就医困难仍是深圳通病；医疗卫生服务供给公平性欠佳，市民健康状况存在较为明显的人群差异和地域差异。① 医疗资源的总量、服务能力和水平与全市经济发展水平不相符，也与市民的期望有一定的差距。随着人口的进一步膨胀，深圳市就医压力增大。"病有所医"不仅是医疗改革的目的，也是社会健全发展的判断标准之一，要实现"病有所医"不仅需要在宏观层面对整个医疗体系进行调整，完成医疗保障网络，实现医疗资源在区域和群体之间的平衡，同时也需要对个体的就医需求、就医行为进行探索，分析居民的就医意愿特点以及规律，了解和认识人们就医的态度，这对于帮助人们树立正确的就医观念具有重要的意义。

（二）研究的意义、内容和目的

1. 研究意义

（1）理论意义

本研究报告以深圳为例，以围绕民众就医意愿的特点为切入口，结合2012年抽样调查数据，将影响就医需求的个体因素和社会因素结合起来分析，拓展了以往的研究思路，增强了结论的说服力度。同时将研究对象从农村居

---

① 崔祥芬、苏杨、陆杰华：《率先建立质量型发展理念下的医疗卫生服务体系的思路与顶层设计》，《深圳人口与健康发展报告（2012）》，社会科学文献出版社，2012。

民、贫困人群、流动人口等单一群体，拓展至城市常住人口，包括流动人口与户籍人口，有利于进一步推进对不同群体的就医意愿的系统研究。

（2）现实意义

医疗问题一直以来都是人们关注的一个焦点，尤其是"看病贵、看病难"现象引起了广泛的讨论。医疗改革各项措施的推进，正在逐步改善这种现状。然而依然存在一系列的问题，就医资源不平等、有病不医的现象较多。了解常住人口的就医状况、就医意愿特点以及规律，有利于找出其背后的真正原因，为医疗改革决策过程提供重要依据。这使得医疗改革的政策得以有效地实施，提高人们的参与度，全面保障人们的身体健康，切实改善民生民计。此外，本研究对于深圳医改措施的实施有一定现实意义，可以为制定卫生资源配置和利用的政策提供现实依据。本研究通过了解是否参加医疗保险、是否是深圳户籍、处于何种医疗条件等因素，分析其对常住人口就医意愿的影响，这有利于政府制定和完善卫生政策，合理引导居民就医流向；也对缓解大医院的就医压力，改善医患关系，解决"看病难、看病贵"问题具有一定的促进作用。

2. 研究目的

本研究试图通过对深圳市人口和计划生育科学研究所于2012年4月开展的"深圳常住人口就医状况调查"进行分析，对影响常住人口就医意愿的个体因素和社会因素进行 Binary Logistic 回归分析。通过探讨不同特征人群在就医意愿上面的差异，全面探索和分析影响常住人口就医意愿的关键因素，希望能够从个体层面和社会层面为进一步的医疗改革提供政策性建议。

（三）核心概念的界定和测量

1. 核心概念

（1）常住人口

常住人口是人口统计中的一个名词，它指实际经常居住在某地区一定时间（半年以上，含半年）的人口，按人口普查和抽样调查规定，主要包括：除离开本地半年以上（不包括在国外工作或学习的人）的全部常住本地的户籍人口；户口在外地，但在本地居住半年以上者，或离开户口地半年以上而调查时在本地居住的人口；调查时居住在本地，但在任何地方都没有登记常住户口，如手持户口迁移证、出生证、退伍证、劳改劳教释放证等尚未办理常住户口的人，即所谓"口袋户口"的人①。

（2）就医意愿

就医意愿是测量就医需求的一个维度。所谓就医意愿，是指人们在遇到健康问题时，是选择就医还是选择不就医，何时就医以及对于医疗卫生机构的级别、环境、服务质量、便捷程度以及疗程、疗效和费用等的选择倾向。本研究中的"就医意愿"主要关注的是人们患病时是否会选择去医院就医的主观意愿。

2. 核心概念的测量方法

（1）常住人口的测量

根据概念定义，计算常住人口时，要将户籍人口扣除流出去该地区达某特定时间以上（例如半年）的流动人口，再加上流入当地已经过特定时间（例如半年以上）的流动人口。第六次全国人口普查使用的常住人口＝户口在本辖区人也在本辖区居住的人＋户口在本辖区之外但在户口登记地半年以上的人＋户口待定（无户口和口袋户口）的人＋户口在本辖区但离开本辖区半年以下的人②。

为了便于调查居民的就医意愿，本次调查将对象范围限定为15岁以上的常住人口。

（2）就医意愿的测量

为了便于数据分析，本研究将问卷中的 C1 作为对就医意愿的考察，按照如下方式进行测量。如果遇到健康问题，你通常会选择：①患病立刻去就医；②先拖一段时间，如果病情无好转才去看病；③由于工作或学习等原因，不会立刻就医，但只要有时间就会就医；④不去就医，自己去药店买药解决；⑤其他。选择前三项的调查对象具有比较积极的就医意愿，积极程度逐渐递减，选择第四项的人就医意愿不强烈。在进行数据分析时，将前面三项合并为去医院就医（以下简称为就医），第四项为不去医院就医（以下简称为不就医），由于第五项存在不确定性，且样本数较少，所以暂时不纳入考虑，将之删除。

---

① http：//baike.so.com/doc/2029439.html，2013年7月15日。
② http：//baike.so.com/doc/2029439.html，2013年7月15日。

二 深圳常住人口就医状况与就医意愿特点分析

深圳作为卫生计生系统机构改革的国家级试验田之一，发挥着先试先行的作用。能否较好满足深圳人口的就医需求是检验机构改革是否有成效的重要指标之一，因而分析深圳常住人口就医状况和就医意愿对于决策者统筹深圳人口就医需求和医疗资源供给具有重要的意义。本研究重点从就医流向、就医满意度、医疗机构信任度、医疗资源配置与就医意愿的关系等视角，对深圳常住人口客观就医现状进行分析，在此基础上对深圳常住人口就医趋势进行预判，同时对深圳常住人口就医意愿的特点进行描述性分析。深入细致地分析深圳常住人口的就医状况和就医意愿，可以从总体上把握深圳常住人口就医需求的主要特点，进而更好地促进深圳医疗资源供给与需求相匹配，为深圳卫生计生系统的综合改革提供系统而翔实的基本数据和现实出发点，不仅为进一步解释影响深圳居民就医意愿的主要因素奠定基础，也为深圳医疗卫生机构更好地满足深圳居民就医需求提供更多有价值的政策性建议。

（一）深圳常住人口就医现状分析

1. 深圳常住人口就医流向现状分析

不同类别、不同层级医疗机构所吸纳诊疗量在一定程度上反映出深圳常住人口就医流向。医疗资源配置的优劣可以从患者就医流向及流量中得到反映（周海滨等，2011）。2012年深圳市各卫生机构诊疗量为8638.03万人次，比上年降低2.70%，其中各级医院为7026.32万人次，妇幼保健院为586.07万人次，专科防治院为162.27万人次，三者总量比上年降低2.51%；此外，门诊部完成326.54万人次，个体诊所完成368.30万人次。全年收治住院病人105.42万人次，比上年增加9.62%，其中县及县以上医院收治住院病人65.88万人次，增加10.91%。①

深圳常住人口的就医流向反映了不同医疗机构满足基本就医需求的能力。

---

① 资料来源：《深圳卫生统计年鉴（2012）》。

根据《深圳市卫生统计年鉴（2012）》，医疗机构分为医院（综合医院、中医院、专科医院）、疗养院、护理院、门诊部、妇幼保健院、专科疾病防治医院、卫生院、私人诊所、卫生室等。图2-2反映出2012年深圳市各类卫生机构在总诊疗人次中所占份额，从整体来讲，综合医院在总诊疗量中占据绝大部分份额，专科医院、妇幼保健院和中医院各自占据较少份额，但这三者共占据了20.31%的份额，其他医疗机构占据相对较小的份额。这体现出大部分深圳市居民倾向于去综合医院就诊，部分居民选择去专科医院、妇幼保健院和中医院就诊，其他的医疗机构吸纳的患者则较少。相比于专科医院、中医院等其他医疗机构，综合医院在2012年总诊疗量中所占比例为67.81%，这足以说明综合医院在满足深圳常住人口的就医需求上发挥着巨大的作用，但是这也反映出综合医院面临较大的业务压力，地方决策者应当进一步提升社康中心等基层医疗机构的分流作用，不断提升各类医疗资源的使用效率。

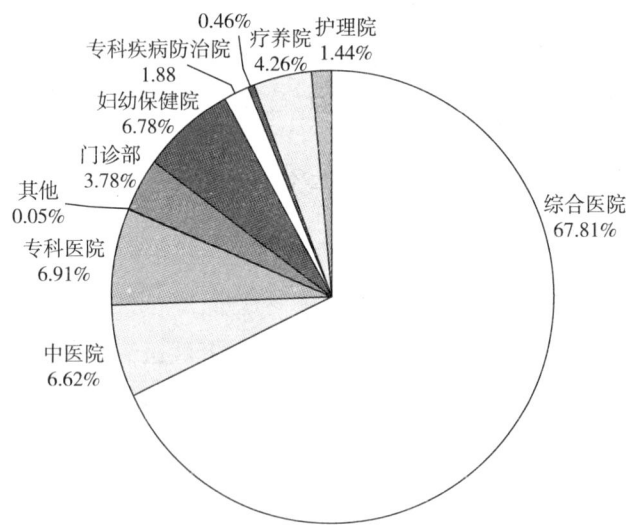

图2-2　2012年深圳常住人口在不同类别医疗机构就诊分布

按照层级划分，深圳市医疗机构分为市级医院、区级医院、街道医院、私人医院和个体诊所、社康中心以及其他的医疗机构。从整体来讲，居民还是倾向于在公立医疗机构就诊，选择私人医院和个体诊所的人群较少。这也体现出医院的知名度是居民就医选择的一个重要因素（吴婷，2010），公立医院在居民中的知名度往往是高于私立医院的。2012 年,在深圳公立医院中,选择区级医院的占比为 25.7%,市级占比为 24.7%,社康中心为 20.1%。由此不难看出,社康中心在患者分流方面起到了一定的作用,缓解了大医院的就医压力,对医疗资源的合理配置起到了一定的作用。

近年来,社康中心也在不断加强内涵建设,强化健康"守门人"作用。2011 年,社康中心为居民建立健康档案 1350 万份,不仅提供日常治疗服务,同时参与管理孕产、预防接种、儿童保健、老年人体检等多项服务①。这与国内一些大城市有所不同,如上海以建设"健康城市"为目标,医院发展较快,而社区服务站在医务人员配备和技术水平上发展较慢。2011 年末,上海社区卫生服务中心卫生高级职称人员仅占全市卫生高级职称人员的 5%,农村基层卫生人力资源更加薄弱。②

2. 深圳常住人口对医疗机构满意度现状分析

医生、设备、费用、服务等因素都会影响居民对医疗机构的满意度评价,这种评价对就医行为具有一定的影响,认为医院服务差的人群有病不及时就医的比例远远大于认为服务好的人群(周曾同,1994)。另外,满意度对医院形象和声誉都有着重要的影响。在信息不对称的医疗领域中,医院的声誉对患者的就医选择行为有重要的影响(潘常刚,2006)。图 2-3 是调查对象对各类医疗机构的满意度评价,由于私人医院和个体诊所利用率较低,所以并未纳入比较当中。可以看出,药店的满意度最高,24.7% 的人给予药店基本满意以上的评价;其次为市级医院,基本满意人群占比为 23.9%;对社康中心表示满意的人群占比为 22.9%,高于区级医院和街道医院;街道医院的满意度最低,仅为 8.9%;同时社康中心不满意率也是最低的,可以说深圳市常住人口对社康中心的满意度较高,这可以认为社康中心在居民日常生活中发挥初步治疗以及预防性治疗的作用,对构建合理就医行为有着重要的影响。从整体来讲,深圳市居民对深圳地区的医疗机构是基本满意的,但各级医疗机构仍须不断提高医疗水平和服务质量,以更好地提升深圳居民对于本地医疗机构的满意度。

---

① 深圳年鉴编辑委员会:《深圳年鉴(2012)》,深圳市史志办公室出版,2012。
② 上海卫生信息网,http://wsj.sh.gov.cn/website/b/81117.shtml。

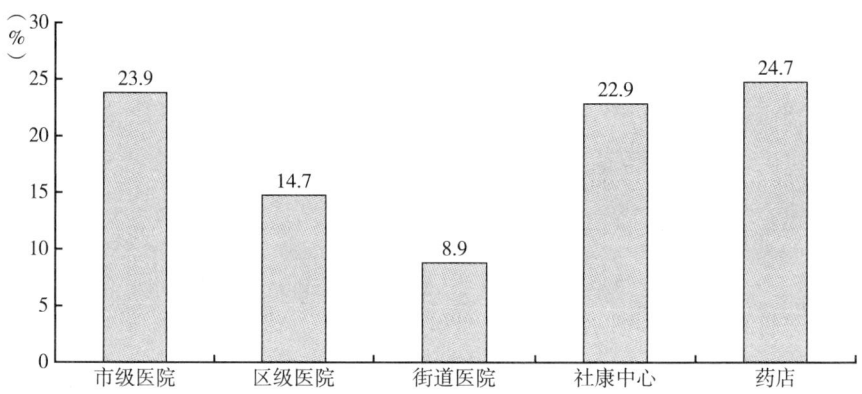

图2-3 深圳市常住人口对各类医疗机构满意度评价

3. 深圳常住人口对医疗机构的信任度分析

信任度是衡量医疗机构好坏的重要标准之一，李海涛等（2009）分析了农村居民的就医过程中的信任机制，结果表明居民对于不同等级的医疗机构的信任度存在很大的差别，而这种信任会对居民的就医选择产生很大的影响。目前，深圳市居民对医疗机构的信任度与等级成正比（详见图2-4）。对市级医院表示信任的人群最多，占比为77.8%，其次是区级医院，信任人群为69.4%，街道医院为46.1%，社康中心为37.8%。可以看出居民对社康中心的信任度远远低于市级和区级医院，要真正地实现患者分流，还需要进一步推进社康中心的建设，提高居民对社康中心的信任度。此外，居民对于药店表示信任的人群占比仅为23.2%，与医院相比，信任度偏低。所以尽管居民对药店的满意度高于医院，但是并不信任药店。这也显示出居民在就医过程中对于专业治疗和服务的迫切需求。

4. 深圳医疗机构存在问题的历史原因剖析

"看病贵，看病难"是居民在就医过程中遇到的重大问题之一，它严重地阻碍了居民获得适时恰当的医疗服务。图2-5显示深圳市居民认为医疗机构存在的主要问题，其中87.6%的人认为目前医疗机构收费太高，77.5%的人认为看病的手续烦琐。由此可见，深圳的"看病难、看病贵"是相对的。夏挺松等（2011）在深圳做了一项居民就医期望的研究，结果表明医疗机构等级越高，"看病难、看病贵"的比例越高。86.4%的居民认为在市级医院看病

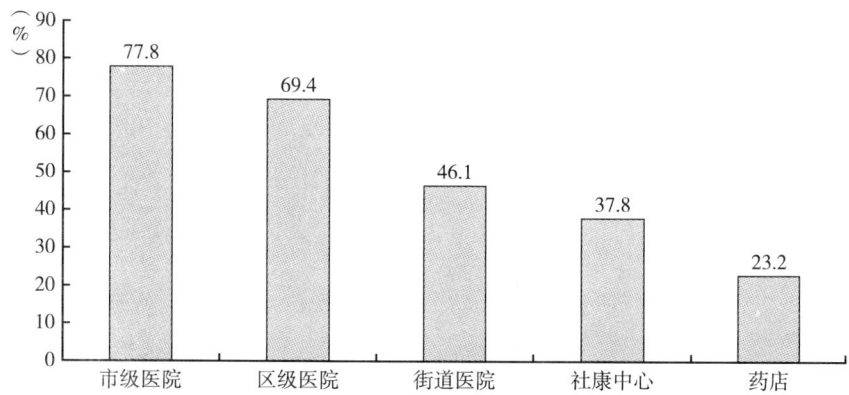

图2-4 深圳市常住人口对各类机构信任度评价

难,94.7%的居民认为在市级医院看病贵。这种状况与医疗资源分配有关,市级医院的医疗资源优于其他级别的医院,造成居民拥挤到市级医院就诊,导致市级医院看病难,同时市级医院收费高于其他等级医院,提高了居民的就医成本。这种就医拥挤也与居民的就医心理有关,有48.5%的居民期望接诊医生是专家,寻求好的医疗资源和服务,必然带来价格的上升。因此帮助居民树立正确的就医和保健观念十分重要,小病大治将浪费许多资源;同时要采取措施合理引导患者的就医流向,减轻市、区级医院的就诊负担。

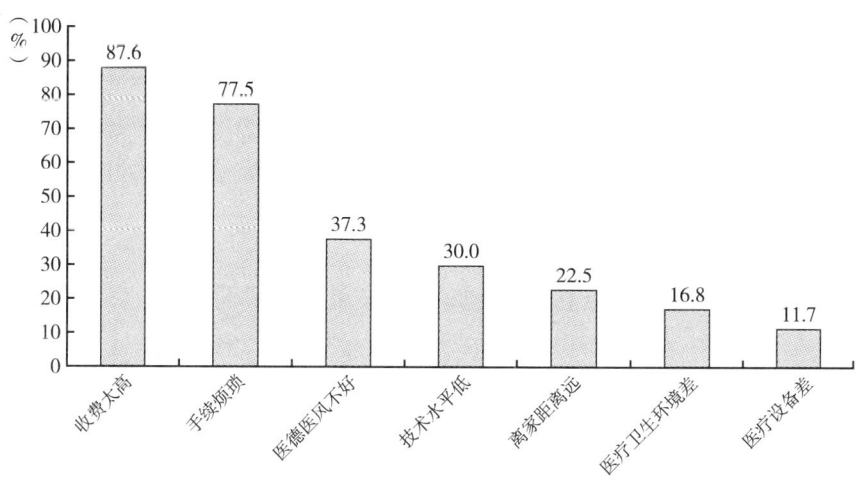

图2-5 深圳市医疗机构存在的问题

5. 深圳医疗资源区域配置与就医意愿分析

深圳各个区社会经济发展明显不平衡，医疗资源分布也不平衡，导致了不同区域居民的就医行为也存在一定差异。表2-2显示，南山和罗湖等区的居民就医行为发生比例较高，光明新区和龙岗区居民的就医意愿较低。盐田区由于样本量较少，无法对总体进行概括，总体来讲关内居民的就医比例高于关外地区。在新建的功能区，居民的就医意愿较低，这与新区建设以及医疗资源分布有密切的关系。

表2-2 深圳分区常住人口就医选择分布情况

单位：%

区域	不就医	就医	区域	不就医	就医
宝安	18.89	81.11	盐田	7.69	92.31
福田	36.54	63.46	光明	47.44	52.56
龙岗	43.74	56.26	龙华	32.54	67.46
罗湖	22.12	77.88	坪山	36.54	63.46
南山	9.89	90.11			

Pearson chi2 (8) = 120.2004　Pr = 0.000

医疗卫生服务供给不公平是我国医疗卫生领域的一个突出问题，深圳医疗资源主要集中在原关内而人流主要集中于关外，服务供给和人群需求存在空间分布的不协调。[①] 南山区是深圳高新技术产业基地和文化中心，聚集了受教育程度高、收入高的人群，户籍人口比例较高，而龙岗区尤其是在其管辖的坪山新区，外来人口多，人口受教育程度低，人均享受的医疗资源偏低，这从客观上导致了居民就医意愿偏低。

（二）深圳常住人口就医趋势分析

1. 深圳常住人口就医变化分析

图2-6显示，自1990年以来，深圳市门诊量呈现不断增加的态势。

---

① 崔祥芬、苏杨、陆杰华：《率先建立质量型发展理念下的医疗卫生服务体系的思路与顶层设计》，《深圳人口与健康发展报告（2012）》，社会科学文献出版社，2012。

1990~2012年，全市医疗机构诊疗量从1215.21万人次增至8638.03万人次，年均增长322.73万人，速度明显快于同期常住人口增长速度。深圳市常住人口规模不断扩大是深圳市门诊诊疗量增加的重要影响因素，但是疾病发病率和患者就医医院也对门诊诊疗量的增加产生直接的影响。

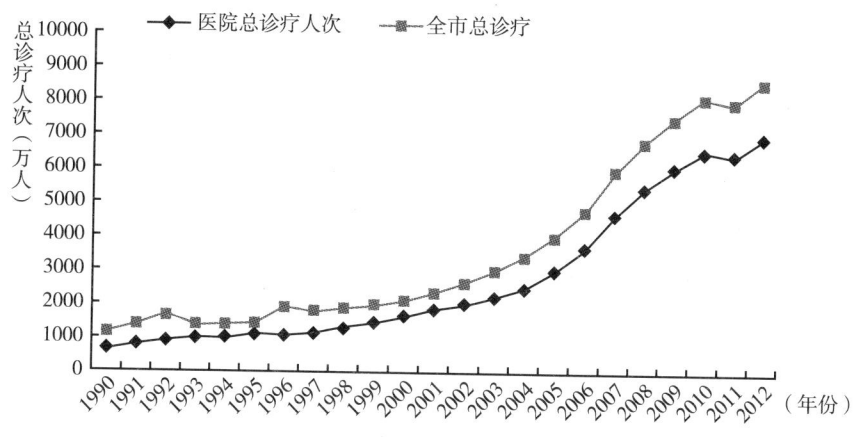

图2-6 1990~2012年深圳市门诊诊疗人次

2. 未来深圳人口变化背景下人口就医趋势预测

2012年年末深圳全市总人口1054.74万人，其中户籍人口287.61万人，相比于2011年年末增加7.36%，非户籍人口767.13万人。自1979年以来，深圳市户籍人口稳步增加，非户籍人口所占比例不断提升，常住人口总量呈现稳步增加的态势。根据过去30多年深圳人口增长的态势，我们对未来深圳人口进行了预测。预测结果表明，至2030年深圳市常住人口均值将增至1691.29万人，年均增长31.94万人，年均增长率为2.33%，2030年的常住人口数量上限为1969.16万人（王广州、胡耀玲、傅崇辉，2012）。深圳的人口年龄结构呈现人口老龄化趋势明显，第五次人口普查深圳男性人口平均年龄估计为23.95岁，女性为21.71岁，第六次人口普查深圳男性人口平均估计为30.46岁，女性为30.37岁，预计深圳人口平均年龄将从2012年的31.05岁上升至2030年的41.22岁，平均每年升高0.57岁。[①]

---

① 王广州、胡耀玲、傅崇辉：《深圳常住人口就医需求及其变动趋势研究》，《深圳人口与健康发展报告（2012）》，社会科学文献出版社，2012。

深圳市常住人口不断增加,将会带动深圳市就医人口规模的扩大。统计上,就诊人口规模＝常住人口数量×两周患病率×患病就医率。如表2－3所示,深圳市2012年就医人口规模均值为8908.41万人次,以后将逐年增加,到2030年增长至14410.22万人次,增长61.76%。这势必将给深圳医疗卫生机构带来巨大的压力,按照现有的深圳居民就医取向,如此快速的增长将会给市级综合性医疗机构带来严峻的挑战。这就要求规划者要充分调动社康中心的积极性,充分协调各方资源,使社康中心等其他医疗机构发挥分流作用,确保已有医疗资源合理分布,弥补关外医疗资源的缺口。另外,在确保已有医疗资源高效发挥作用的同时,要与经济社会发展相协调,积极构建新型医疗资源,以满足巨大的医疗服务需求。

表2－3 深圳市未来就医人口规模变动情况（2012～2030年）

单位：万人次

年份	均值	下限	上限	年份	均值	下限	上限
2012	8908.41	7563.01	10342.23	2022	12703.83	9685.54	16069.56
2013	9310.85	7797.68	10947.82	2023	12967.96	9987.50	16613.23
2014	9712.24	8009.40	11548.65	2024	13255.93	10222.22	16908.22
2015	10118.37	8231.11	12075.48	2025	13454.63	10326.77	17381.98
2016	10531.00	8544.35	12633.85	2026	13676.06	10528.09	17542.98
2017	10942.26	8773.15	13311.96	2027	13887.42	10652.31	17590.79
2018	11344.24	8976.34	13956.22	2028	14073.77	10748.40	17961.76
2019	11746.29	9226.94	14488.74	2029	14248.47	10823.08	18528.57
2020	12141.17	9376.42	15082.57	2030	14410.22	10912.49	18641.93
2021	12427.18	9587.41	15501.41				

资料来源：《深圳人口与健康发展报告（2012）》。

（三）深圳常住人口就医意愿特点分析

就人口学因素而言,教育和在深时间对居民的就医意愿有显著的影响,受教育程度高的人群就医比例高于受教育程度低的人群,在深时间长短以六年为分界点。另外,就医行为在不同性别、不同婚姻、不同年龄段的人群中表现出了一定的差异,但并没有统计上的显著意义。

1. 人口学因素与常住人口就医意愿

（1）性别与常住人口就医意愿

常住人口的就医意愿在性别上表现出了一定的差异，男性的就医意愿低于女性，女性就医比例为70.82%，而男性就医比例为68.81%。这与以往的研究结果大体一致，女性利用医疗服务的概率更高（周曾同，1994；李士雪，2008）。因为不同性别对于疾病的感知度和忍耐度不一样，一般而言，女性对于疾病的感知度较高，忍耐度较低，所以在遇到健康问题时，更可能去就医。

（2）年龄与常住人口就医意愿

以往的研究表明，不同年龄的人群在就医行为上面有差异。随着年龄的增长，老年人的身体机能在下降，出现疾病的概率比年轻人高，因而利用医疗服务的概率更高（邱亭林，2004；李向红，2004）。

表2-4描述了各年龄组人群在就医与不就医选择的频数分布情况。中年组人群的就医意愿最弱，不就医行为发生比例为31.76%，中老年人就医意愿最强，就医行为发生比例为71.97%，青年组的就医比例为70.57%。总体来讲，就医行为差别并不大，其主要原因是样本中老年人的比例占少数，无法反映老年人群体的就医意愿状况。在青年时期，大部分人的身体处于较好的状况，年龄不会对就医意愿产生较大影响。

表2-4 年龄与常住人口就医意愿之间分布

单位：%

年龄段	不就医	就医
15~34岁	29.43	70.57
35~54岁	31.76	68.24
55岁以上	28.03	71.97

Pearson chi2（2）=1.2091 Pr=0.546

而从人口结构上看，人口老龄化与就医行为具有一定的联系。人口老龄化是全球面临的一大挑战，我国也步入了老龄型国家行列。但是我国的经济发展还远远落后于西方发达国家，社会养老制度不健全，养老成为全社会关注的一个热点问题。而老年人，尤其是享受不到退休金的老年人，没有固定收入来源，治病就医已成为他们最担心的问题。与其他年龄阶段的人相比，老年人有病不就医的现象比较严重（刘萍等，2010）。因此需要为老年人提供就医保障，同时需要帮助老年人培养正确的就医行为，优化老年人口就医行为。引导就医人群在医疗服务系统内有序流动，这样不仅可以提高卫生资源的利用率，也是实现健康老龄化的重要途径。

（3）受教育程度与常住人口就医意愿

居民的受教育程度越高，就医意愿越强烈（见表2-5）。受教育程度为大学以上的人群就医比例为75%，高中及中专人群就医比例为69.06%，初中以下人群就医比例为67.08%，大学人群就医比例高出初中以下人群8个百分点。卡方检验得出 $P_r = 0.025$，受教育程度对常住人口就医意愿有显著的影响。

表2-5 受教育程度与常住人口就医意愿之间分布

单位：%

受教育程度	不就医	就医
初中以下	32.92	67.08
高中及中专	30.94	69.06
大学及以上	25	75

Pearson chi2 (2) = 7.3617   Pr = 0.025

这与以往的一项研究结果并不一致。杨哲等（2000）利用广东省1998年卫生服务调查资料做的相关研究表明，文化程度越高，自我医疗所占比例越高。通过对数据进一步分析，发现户籍人口中53%的人受教育水平在大学专科以上，流动人口中这一比例仅占18%，因此可能是户籍因素或者是其他因素作用大过受教育水平的作用。同时收入与受教育程度也有一定的关联性。此次数据中，在高于平均收入群体中，受过大学专科以上教育的比例为60.6%，而在低于平均收入群体中仅为16.7%，因此也可能是收入水平的作用，但这需要进一步的分析才能验证。

（4）婚姻状况与常住人口就医意愿

未婚群体和已婚群体在就医意愿上表现出了一定的差异。未婚群体在遇到健康问题不就医的比例为32.78%,已婚人群不就医比例为29.2%。已婚人群就医意愿高出未婚群体4个百分点。在重庆地区的一项调研也得到了类似的结果,已婚人群就医比例为70.09%,而单身人群的就医比例仅为53.37%,而且不就医人群中,已婚人群自己服药的比例较高,有将近10%的单身人士未对疾病做任何处理(刘秀娜等,2010)。由此可以看出婚姻会提高人们对于自身健康的关注,也是一种社会支持的手段(印爱平等,2007)。

(5)在深时间与常住人口就医意愿

在深时间的长短会影响到常住人口的就医意愿。我们从表2-6不难看出,在深圳居住时间越长,就医意愿越强烈。在深时间11年以上的人群,就医频数最高,为73.26%,在深时间为6~10年的就医比例为70.64%,二者之间差别不大。但是在深时间5年以下的,就医比例仅为66.29%,远低于在深时间长的人群。通过卡方检验$P_r = 0.032$,说明在深时间长短对于常住人口的就医意愿存在显著差异。这与居民的城市融入程度和对医疗环境的熟悉程度有关,在深圳的时间越长,常住人口尤其是流动人口对深圳的融入程度越深,同时对于周边医疗环境更为熟悉,了解各项医疗政策,从而提高了居民的医疗服务利用率。

表2-6 在深时间与常住人口就医意愿之间分布

单位:%

在深时间	不就医	就医
0~5年	33.71	66.29
6~10年	29.36	70.64
11年以上	26.74	73.26

Pearson chi2(2) = 6.8752 Pr = 0.032

(6)户籍属性与常住人口就医意愿

中国特有的户籍制度,表现为人口居住权的城乡分割,最初这种制度将农民禁锢在土地之上。随后几十年的发展,户籍制度在其本身具有的法律确认功能以外还不知不觉地衍生出诸如社会保障等诸多附属功能,我国城乡迥异的社会保障制度实践及制度安排就是基于户籍制度而进行的。而社会保障等附属功能又喧宾夺主，反过来使二元户籍制度更加固化和强化，城乡两个社会及两大群体之间的差别更加加剧。当人口流动起来，户口身份成为影响公民社会保障待遇和福利的主要因素。

这种保障待遇的差别，使流动人口往往缺乏基本医疗保障，就医意愿较低，就医行为受到多方面的限制。在非深户人群中，有32.48%的人在遇到健康问题时，不会去就医，而这一比例在深户人群中，只有20.26%（见表2-7）。统计显著性显示，户籍因素对就医意愿有显著的影响。

表2-7 户籍制度与常住人口就医意愿之间分布

单位：%

户口	不就医	就医
深户	20.26	79.74
非深户	32.48	67.52

Pearson chi2 (1) = 17.5621 Pr = 0.000

曾智等（2012）对广州市户籍人口与流动人口就医行为进行调研，以最近一次患病未就诊为分析变量，得出的结果是：广州市总体未就诊的比例为49.14%，其中户籍人口未就诊比例为46.66%，流动人口未就诊比例为55.04%。由于本次研究与曾智的研究在分析变量上存在一定的差异，无法进行深圳与广州的比较，但是可以看出，流动人口的就医意愿远远低于户籍人口，这既与流动人口自身因素有关，同时也与户籍制度的隔阂作用有关。

2. 健康状况与常住人口就医意愿

自评健康与就医意愿有着显著的相关关系。自评健康状况好的人就医意愿更强烈，就医比例为72.31%，而自评健康一般的人群就医比例仅为62.53%。沈启莹等（2008）在深圳地区做的不同健康水平居民就医行为的研究结果显示，健康状况好的居民不就医比例高于健康状况较差的居民，健康状况好的居民更注重从休息中得到身体的恢复。但总体来讲，居民选择医疗机构就医的比例较高，且在医院选择上面有一定的集中效应，大部分选择综合型医院。本次研究中健康状况越好的居民就医意愿越强烈，这会造成医疗资源的挤压效应，降低医疗资源的利用率；在大医院看小病、常见病也是导致"看病难、看病贵"的一个因素。

3. 社会经济地位与常住人口就医意愿

在收入上主要表现为，低于平均收入的人群就医意愿远远低于高于平均收入水平的人群（见表2-8），低于平均收入水平的就医比例为67.65%，而高于平均收入水平的就医比例为78.68%，二者相差11个百分点。卡方检验得出 $P_r = 0.000$，可以看出收入对就医意愿有显著影响。

表2-8 社会经济因素与常住人口就医意愿之间分布

单位：%

社会经济因素	不就医	就医
个人月收入		
低于平均水平	32.35	67.65
高于平均水平	21.32	78.68

Pearson chi2（1）= 14.7574 Pr = 0.000

根据以往的研究，就业人群和未就业人群在就医行为上是不同的，未就业人群选择就医的比例较低（谢作楷，2005；张蔚湜，2005）。但此次调研数据显示，就医意愿在两个群体上没有表现出明显的差异，就业人群的就医比例为69.88%，未就业人群就医比例为69.76%。经过对数据进一步分析，发现不就业人群多为60岁以上老年人和18岁以下的未成年人，这部分人群有自己的退休金和父母的抚养费，不会因为不就业而造成经济上的困难。所以在就医行为上，就业群体和不就业群体并未表现出差异。

4. 医疗制度与常住人口就医意愿关系

（1）医疗条件与常住人口就医意愿

居住地附近的医疗条件好坏对居民的就医意愿有着一定的影响。从表2-9可以看出，认为医疗条件好的人，遇到健康问题时更可能采取就医的行为，占比为77.15%，认为条件一般的就医比例为66.01%，而认为条件较差和简陋的人采取就医行为的仅占59.31%，三个群体在就医意愿上表现出很大的差别。通过卡方检验 $P_r = 0.000$，可见医疗条件的好坏对就医意愿有着很大影响。这对社康中心建设有一定的启示，如何加强社康中心建设，对构建居民合理就医行为具有明显的现实作用。

表2-9 医疗条件与常住人口就医意愿之间分布

单位：%

医疗条件	不就医	就医
较好及非常好	22.85	77.15
一般	33.99	66.01
较差及简陋	40.69	59.31

Pearson chi2 (2) = 29.5393　Pr = 0.0000

（2）医疗机构信任度与常住人口就医意愿

在处理医疗机构信任度这个变量时，由于所得数据是样本对各等级医疗机构的单独信任度评分，而且有些医疗机构的利用率低，所以很多样本给出了不清楚、不适用的评价，将其拟合成一个变量会造成数据失效。因此选取市级医院和社康中心的信任度评价作为医疗机构信任度测量指标。其原因有两个：一是市级医院的权威性较高，其是常住人口就医的重要流向；在大病治疗机构选择中，65.49%的人选择市级医院；住院治疗中，68.16%的人选择市级医院，因此选择市级医院信任度作为测量指标。二是社康中心是居民身边便捷的医疗机构，社康中心的业务量也在增加，其在居民日常生活保健和小病治疗中占有重要的地位。因为样本年龄构成较轻，身体较健康，所以在遇到日常健康问题时，选择社康中心寻求医疗服务的概率较大。

市级医院信任度与常住人口就医意愿的交互分析，对市级医院不信任群体中，不就医行为比例为45.57%，而信任群体比例为29.03%，但是77.84%的人对市级医院都给出了信任的评价，不信任人群占比较少，所以可能存在一定的偏差。但信任程度为信任的群体与一般的群体在就医意愿上差异不大。通过进一步数据分析显示，居民在患有大病时，最愿意去市级医院。市级医院在医生、设备、技术水平上高于其他级别的医院，居民的选择范围较少，所以这两类群体的就医行为差异不明显。

对社康中心信任的人群，选择就医的比例为75.04%，信任度为一般的人群，就医比例为67.24%，不信任群体为64.2%。对社康中心的信任程度越高，就医意愿越强烈。卡方检验得出 $P_r = 0.001$，所以社康中心信任度对就医意愿有显著影响。社康中心在居民日常治疗和预防性治疗中起到很大的作用。在年轻且身体健康状况较好的群体中,对社康中心的信任程度对居民就医意愿的影响大于其他医疗机构。因此利用社康中心帮助居民树立正确的就医观念,普及各类健康知识,提高预防性资源的使用率,是下一步促进居民健康的重要途径。

(3) 医疗保险与常住人口就医意愿

是否参加了医疗保险对就医意愿有重要的影响,参加了保险群体的就医比例为73.38%,而未参加保险群体的就医比例为61.09%,远远低于参保群体。与以往深圳相关的研究结果类似,79.83%的参保人在患病后,会选择"去医疗机构看病",而且首先到社康中心看病的比例为52.16%(单蕾,2009)。在实施新医保政策之前,72.01%的人选择有病去就诊,但仅有15.86%的人选择到社康中心就诊(沈启莹,2008)。这说明医保的报销政策以及社康中心部分药物零差价对居民就医流向具有影响。通过卡方检验P=0.000,可见参加医疗保险对常住人口的就医意愿有显著的影响。参加保险能够在一定程度上减少经济负担,从而促进居民采取就医的行为。

总之,在个体因素中,受教育水平、收入和自身健康状况对就医意愿有显著的影响。受教育水平越高,就医意愿越强烈;低于平均收入的人群就医意愿低;自身健康状况越好,就医行为越积极。社会因素对常住人口就医意愿影响较大,有深圳户口的人群就医意愿高,有医疗保险的群体更多地选择就医;医疗条件越好,对医疗机构信任度越高,就医意愿越强烈。

三 深圳常住人口就医意愿的影响因素分析

(一)研究路径、数据来源与分析方法

1. 研究路径

1968年Andersen提出了医疗服务利用的行为模型,该模型旨在寻找影响家庭或个人使用医疗服务的因素,此模型主要包括:环境因素、人群特征、健康行为和健康结果。Andersen模型指出,人们对医疗服务的利用受到他们的倾向特征、能力因素、对医疗服务的需求以及环境因素的影响。该模型通过倾向特征、能力因素和对医疗服务需要的三个层次的变量,来预测和解释人们对医

疗服务的利用。倾向特征主要包括人口学特征、社会结构特征和健康信念；能力因素主要是保证人们得到医疗服务的必要因素，例如个人、家庭和社区资源；对医疗服务的需要是一种生理健康状况上的需要，说明了人们寻求和消费卫生资源的原因。

在已有相关研究的基础上，本研究以综合改革为背景，抓住群众就医需求这一主线，将常住人口就医意愿作为研究的因变量，采用 logistic 回归模型分析影响深圳常住人口就医意愿的因素，深入分析不同影响因素对群众就医意愿的影响机理。在此基础上，发现深圳市卫生和计生工作综合改革过程中面临的困境，以此根据不同人群的医疗卫生需求，合理配置医疗卫生资源，真正实现"人民群众得实惠，医务人员受鼓舞，医疗机构增活力"的发展目标。根据以上研究宗旨，我们选取个人和社会双重因素作为影响群众就医意愿的两个因子，并将人口学特征（性别、年龄、受教育程度等）、个人社会经济收入（通过收入和就业情况来测量）和自身健康状况作为个体层面的测量指标，将医疗制度、户籍状况作为社会层面的测量指标。据此，本研究的研究路径如下：

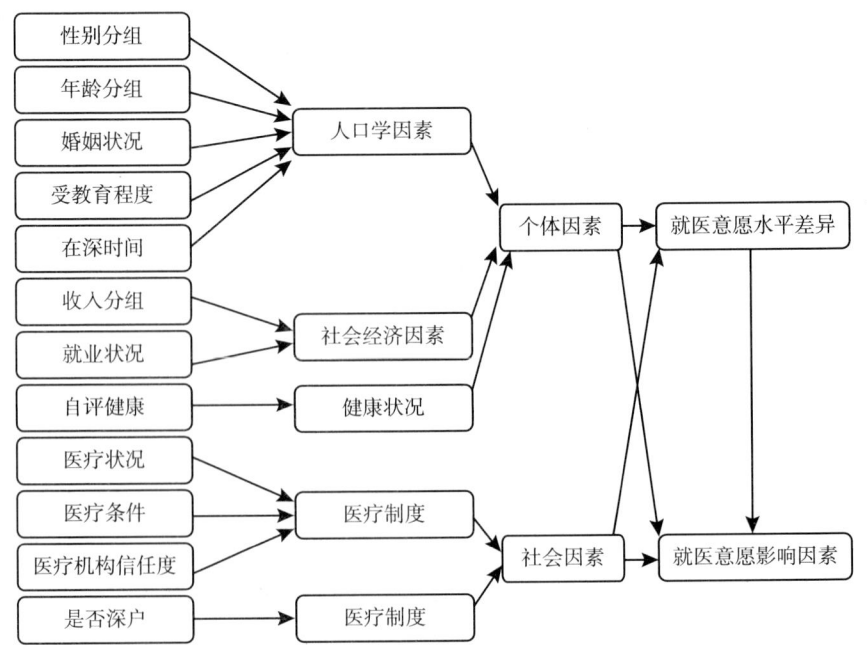

图 2-7 深圳常住人口就医需求的研究框架

2. 数据来源

本研究数据来源于深圳市人口和计划生育科学研究所主持的"深圳常住人口就医状况调查"2012年的数据。调查主要采取的是入户填答问卷的形式，收集个人和家庭层面的相关信息，问卷分为八个部分，包括个人基本信息、健康状况、就医意愿、满意度评价、医疗费用报销、保险、工作与收入情况、家庭成员情况。这些调查项目为本研究分析常住人口就医意愿的影响因素提供了数据支持。

同时为了保证数据来源的权威性和统一性，本研究还适当引用了官方公布的相关统计资料，包括年度统计年鉴、人口普查数据等。

该调查对深圳9个城区进行常住人口的抽样调查，样本量为1613人，最终有效样本量为1602。年龄从16~85岁不等（见图2-8）。其中，15~34岁、35~54岁、55岁以上有效样本占样本总量的比例分别为55.99%、35.77%、8.24%。男性各年龄段有效样本的比例分别为56.06%、34.92%、9.02%；女性各年龄段有效样本的比例分别为55.93%、36.56%、7.51%。本研究针对调查中"就医意愿及满意度评价"中的"如果遇到健康问题，你通常会选择"这个问题作为研究的因变量，前三项为选择就医，样本占比为69.85%，第四项为不选择就医，占比为30.15%。（见图2-9）

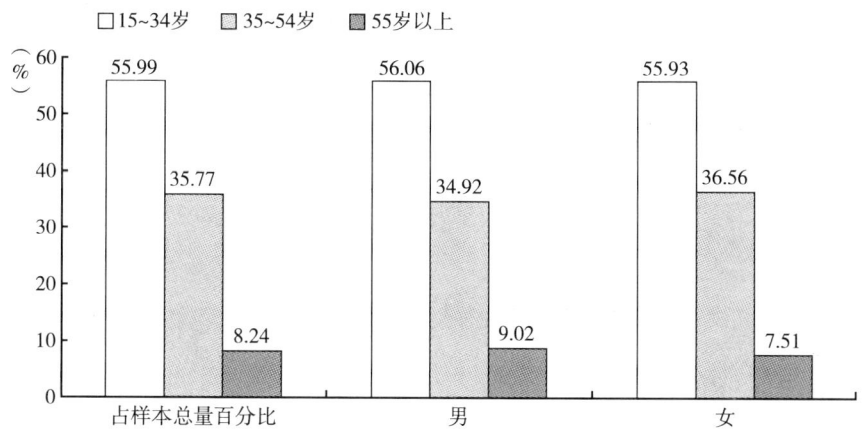

图2-8　研究所用数据有效样本容量分布

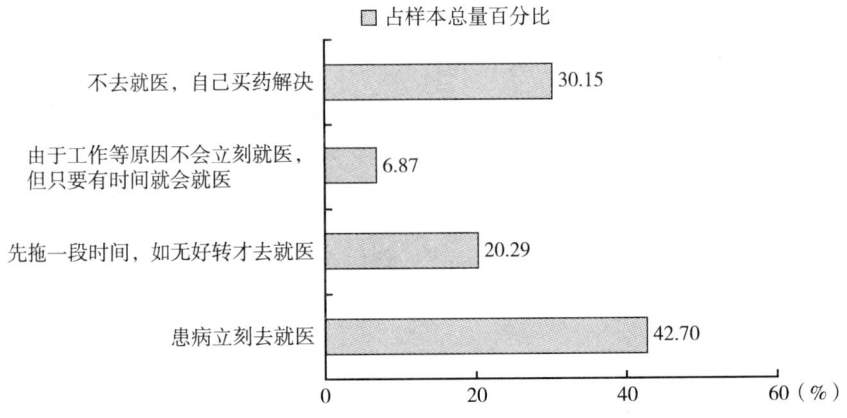

图 2-9 深圳常住人口就医意愿比例情况

3. 分析方法

在分析方法上,首先通过交叉分析显示出在没有控制其他相关因素的情况下,人口学因素、健康因素、社会经济因素、社会制度因素中的各个变量分别对于常住人口的就医意愿的影响情况。但是就医意愿受到个体的心理、生理以及社会等多方面因素的影响,传统交互表进行的描述性分析具有较大的局限性,无论是简单交互表还是复杂的交互表,其中分布的所有频数之间的关联都可以分解为两种不同性质的效应。一种反映了变量本身的频数分布的影响,称之为主效应;另一种反映变量之间关联所产生的效应,称之为交互效应。其次,使用交互表进行分析失去了对多个变量之间的交互联系的分析,并且在进行两个变量之间的关联分析时缺乏必要的统计控制,也不能准确描述一个变量对另一个变量的作用幅度。

因此,为了避免交互表的这些局限性,本研究利用深圳实地调查数据,运用规范的社会统计学分析方法——Logistic 统计分析方法,对就医意愿进行更加深入的分析,并阐释了就医意愿与各影响因素间的关系。

Logistic 函数又称"增长函数"。Logistic 回归模型与一般的多元回归方程在形式上相同:

$$\ln\left(\frac{p}{1-p}\right) = \beta_0 + \sum_{i=1}^{N}\beta_i^* \chi_i$$

其中 p 表示常住人口就医意愿为就医的概率，β_0 为常数项，β_i 为第 i 个变量 χ_i 的偏回归系数。

本研究的因变量是常住人口的就医意愿，可以将其作为一个非连续变量进行研究，因此采用 Logistic 回归方法，然后加入自变量，通过控制其他相关因素的影响，讨论各种因素对常住人口就医意愿的影响情况。如前面所述，因变量是常住人口就医意愿。根据问卷回答的情况，将回答"不去就医，自己去药店买药解决"和"其他"分为第一类"不就医"，占样本量的 30.41%，编码为 0；将回答"患病立刻去就医""先拖一段时间，如无好转才去就医""由于工作或学习等原因，不会立刻就医，但只要有时间就会就医"分为第二类"就医"，占样本量的 69.59%，编码为 1，重新编码后作为 Logistic 回归的因变量。对于自变量，把在前面描述分析中讨论的人口学因素、健康状况因素、社会经济因素、医疗制度因素和户籍制度因素作为回归分析的自变量。

在人口学因素中，男性作为参照组，女性作为对照组；把年龄变量中的 15~34 岁组作为参照组，其他年龄组为对照组；受教育程度，把大学及以上作为参照组，把高中及中专、初中以下作为对照组；对于婚姻状况，把未婚的作为参照组，已婚的作为对照组；对在深时间这个变量，把在深时间 5 年以下的作为参照组，居住在 6~10 年以及 11 年以上的作为对照组。对于健康状况因素，自评健康为一般的是参照组，好的为对照组。对于社会经济因素，低于平均收入组作为参照组，高于平均收入组作为对照组；由于在描述性分析中，两类就业状态在就医意愿上没有明显差异，所以在回归分析中不纳入其中。在社会因素中，户籍变量把深圳户口作为参照组，把非深户作为对照组。医疗条件变量把医疗条件好作为参照组，把医疗条件一般和医疗条件较差作为对照组；对医疗机构信任度，由于对市级医疗机构的信任度差异不大，且存在极大偏向性，所以不纳入模型之中。将对社康中心信任度纳入模型之中，以信任组为参照组，一般组和不信任组为对照组。社会保险变量，把未参加任何保险作为参照组，参加社会保险作为对照组。

根据以上自变量和因变量的测量，本研究构建了基于实证调查数据的 Logistic 统计分析模型。

对于解释变量，采用的是逐步回归进入模型的方法，模型 1 将社会人口因素（年龄、性别、受教育程度、婚姻状况、在深时间）纳入模型；模型 2 加入了个体自身健康状况因素（自评健康）和社会经济因素（个人月收入）；最后的模型 3 加入了社会因素（户籍因素、医疗条件好坏、对社康中心信任度、是否参加社会保险）。

（二）影响深圳常住人口就医意愿因素的 Logistic 分析

1. 人口学特征对常住人口就医意愿的影响机制

从回归结果来看（见表 2-10），模型 1 中纳入年龄、性别、受教育程度、婚姻状况、在深时间这些社会人口学变量。结果显示年龄、性别、婚姻状况对就医意愿没有显著影响，但是受教育程度和在深时间长短对就医意愿有显著影响。

表 2-10 影响常住人口就医意愿因素的 Binary Logistic 回归分析结果

变量	类别	模型 1	模型 2	模型 3
性别	男（参照组）			
	女	0.112 (1.01)	0.212 (1.77)	0.199 (1.63)
年龄	15~34 岁（参照组）			
	35~54 岁	-0.272* (-2.01)	-0.245 (-1.79)	-0.380** (-2.7)
	55 岁以上	-0.0469 (-0.21)	0.147 (0.61)	-0.0287 (-0.12)
受教育程度	大学及以上（参照组）			
	初中及以下	-0.378* (-2.53)	-0.219 (-1.36)	0.0817 (0.46)
	高中/中专	-0.308* (-2.13)	-0.156 (-1.01)	-0.0097 (0.06)
婚姻状况	未婚（参照组）			
	已婚	0.202 (1.44)	0.167 (1.17)	0.122 (0.83)
在深时间	0~5 年（参照组）			
	6~10 年	0.185 (1.32)	0.178 (1.25)	0.161 (1.11)
	11 年以上	0.358** (2.61)	0.324* (2.26)	0.174 (1.20)

续表

变量	类别	模型1	模型2	模型3
自评健康	一般(参照组)			
	好		0.489*** (3.86)	0.392** (2.6)
就业状态	未就业(参照组)			
	就业		-0.045 (-0.3)	-0.071 (-0.49)
收入水平	低于平均水平(参照组)			
	高于平均水平		0.499** (2.92)	0.452** (2.81)
户口	深户(参照组)			
	非深户			-0.477* (-2.56)
医疗条件	好及非常好(参照组)			
	一般			-0.402** (-3.20)
	较差及简陋			-0.746*** (-3.64)
医疗保险	未参加(参照组)			
	参加			0.418** (3.16)
社康信任度	信任(参照组)			
	一般			-0.250* (-1.99)
	不信任			-0.476* (-2.48)
Cons		0.827*** (5.40)	0.749** (3.29)	1.737*** (5.85)

(1) 性别和婚姻状况对就医意愿无显著影响

以往的研究表明,女性通常比男性更多使用医疗服务,女性就诊概率和住院概率较高,就医更及时(周曾同,1994;Rosenberg M.,Hanlon N.,1996;李士雪,2008)。也有研究结果表明,女性在医疗服务使用率上低于男性,其解释是女性需要更多的时间来做工作和家务。同时在医疗机构的选择上也存在性别差异,宫晓等(2011)在对农村居民去乡镇卫生院就医意愿的研究发现,与女性相比,男性更倾向于选择在乡镇卫生院就医。

在婚姻状况对就医行为的研究上,王敏(2010)分析了就医选择影响因素排序,婚姻状况为第三重要影响因素。婚姻状况对生病之后是否就医有着正向影响,即已婚人群就医意愿更强烈,相反单身人群更可能采用自我医疗的方式(刘秀娜,2010)。也有学者将婚姻关系作为社会支持的一种,对就医行为具有促进作用,能够作为改善病人就医行为的一种手段(印爱平等,2007)。

前面的描述性分析结果表明,不同性别、不同婚姻状况的人群在就医行为上有一定的差异。但是,在回归分析中模型1显示,两个变量对就医意愿无显著影响,统计结果不显著,但这并不能否认以往的研究结果。我们认为,深圳人口年龄结构比较年轻,在此次抽样中,55岁以上的人群占比为8.21%,大部分人群是55岁以下的。处于这个年龄阶段的人群,身体状况较好,就医意愿没有那么强烈,因此不同性别、年龄段和婚姻状况就医行为没有显著差异。另外,由于户籍制度的限制,很多外地人口并不能享受到本地居民的优惠政策,医疗保险无法跨区域使用,因此户籍因素对就医意愿的影响作用更大。

(2)年龄对常住人口的就医意愿有一定的影响

以往的研究表明,在年龄上,老年人与少年人医疗服务利用量高于其他年龄组(邱亭林,2004;李向红,2004)。邢海燕(2002)的研究发现年龄较大的居民更倾向于找医生看病,大于等于65岁组的老年人一般是找医生看病治疗,25岁组的居民一般采取自我治疗,其他年龄组均介于"找医生看病"和"自我医疗"之间。

本研究在描述性分析中表明,尽管就医意愿在不同年龄段上表现出了一定差异,但是卡方检验结果并不显著。在回归分析中,如模型1所示,在控制了其他自变量的情况下,年龄对就医意愿有一定的影响。35~54岁人群的就医发生比是15~34岁组的0.76($e^{-0.272}$)倍,并且有统计上的显著意义。而且在模型2中,加入了社会经济因素和健康因素,年龄的作用不再显著,说明健康因素和经济因素的作用在一定程度上抵消了年龄的作用。在模型3中加入了医保、医疗条件等,35~54岁人群的就医发生比是参照组的0.68($e^{-0.38}$)倍。

我们认为,这与深圳的人口结构有关,在样本中流动人口居多,35~54

岁刚好是第一批进城务工人员,与新生代务工人员相比,这部分人在教育和收入等因素上有很大的差异,所以导致了两个年龄段人群就医意愿的差异。

(3)受教育程度对常住人口的就医意愿有明显影响

一般而言,受教育水平越高,就医意愿越强烈,越倾向于选择去更好的医院,就医比较及时(姚兆余,2007)。有研究表明,不同受教育群体在就医行为上存在相似性,文盲和本科以上的患者找医生比例较低,但是两者的就医行为存在一些差别,即前者倾向买药,后者倾向自我护理(张蔚湜,2005)。可见教育水平的提高会增进人们对健康以及医疗知识的了解,增强个人对自身健康状况的关心,采取积极的预防措施(吴晶,2005)。

前面的描述性分析中可以直观反映出常住人口就医意愿在不同受教育群体之间的差别,受教育程度为大学以上的就医的比例为75%,高中及中专组就医比例为69.06%,而初中组就医比例为67.08%。这一结论可以在表2-10的Logistic回归分析中得到验证,受教育程度越高,就医行为越可能发生。以大学组为参照组,相比而言,初中组采取就医发生比是大学组的0.68($e^{-0.378}$)倍,高中及中专组就医发生比为大学组的0.73($e^{-0.308}$)倍。这一结论与以上国内学者的研究结果一致。受教育水平的提高,有助于提高居民对健康和疾病的认知,从而对疾病做出准确的判断,及时采取就医措施。

(4)在深时间长短对常住人口就医意愿具有一定影响

以往的研究表明,居住时间对城市新移民的总体社会融合程度有着显著的积极影响(任远,2008;张文宏、雷开春,2008;朱力,2010)。但是,具体到就医意愿方面,上述学者并没有进行深入探讨。

通过描述性统计分析可以看出,在深时间的长短对于就医意愿有着一定的影响,在深时间越长,就医意愿越强烈。从表2-10回归分析结果中可以得到统计验证,以在深时间5年以下人群为参照组,在深时间6~10年的人群与5年以下人群的就医意愿无显著差别,但是在深时间11年以上的人群,就医行为发生比为5年以下人群的1.45($e^{-0.358}$)倍。

我们认为,这与居民在城市的融入度有着密切的关系,居住时间越长,接触城市的机会越多,对于城市环境、设施、政策等都有更深入的了解,对周边的医疗机构更熟悉,因此在遇到健康问题时,更可能采取就医的措施。

2. 健康状况对常住人口就医意愿的影响机制

之前的研究表明，不同健康状况患者在身体出现不适的首选行为中存在差异，健康状况很好和较好的居民选择休息及自服药的比例高于健康状况差和较差的居民（沈启莹，2008）。

根据描述性分析结果，自评健康与就医意愿之间有着显著的相关关系，身体健康状况越好，就医行为越积极。这一结论在回归分析中得到了验证，如表10模型2，加入了自评健康的影响因素，结果显示自评健康为好的人群就医发生比是一般人群的1.63（$e^{0.489}$）倍。这与之前的研究结果存在不一致的地方。我们认为，健康状况好的人，更加注重对自身健康的关注，从而在遇到健康问题时，会采取积极的就医措施。而身体健康状况一般的人，在遇到健康问题时，会拖延，或者是习惯于疾病而未能积极地采取就医行为。

由于本身健康状况较好的居民对医疗资源的利用率高，也会在一定程度上导致卫生资源的浪费，而真正有需求的人群得不到医疗卫生服务，造成一定的挤出效应。健康公平严重缺失是导致"看病难、看病贵"的重要原因（陆铭、冷明祥，2010）。

3. 社会经济因素对就医意愿的影响机制

社会经济因素对就医行为的影响，以往的很多研究表明，收入对于居民就医意愿有积极的影响，高收入群体利用医疗服务的比例会高于低收入群体（王左敏、吴明，1999）。在农村居民群体中，经济因素对就医行为的影响更大，甚至是最大的影响因素（张春汉，2005）。国外研究也得出过类似的结论，在那些缺少全民医疗保险和主要依赖私人医疗保险的国家，收入被认为是使用医疗的重要影响因素（Schoen C.，2004；Sisira K.，Sarma，2003；Canaviri，2007）。

本研究在个人收入与常住人口就医意愿描述性统计分析中表明，两者的关系是显著的，在回归分析中这一结果得到了进一步的验证。表2-10中模型2显示，收入水平高于平均收入的人群的就医发生比低于平均收入人群的1.64（$e^{0.499}$）倍。这与之前的许多研究结果一致（谢作楷，2005；张汉春，2005；Schoen C.，2004），收入越高，常住人口的就诊率越高。同时也需要注意收入对于就医意愿的影响不是绝对的。由此我们认为，在收入达到一定程度时，其他因素对于就医意愿具有更大的影响。在深圳，高于平均收入的人群的就医意愿更多受到其他因素，例如就医便利性、医疗条件等因素的影响。

此外，加入收入因素之后，受教育程度对就医意愿影响不再显著。由此可见，收入对就医意愿的影响作用较大。当收入达到一定程度时，居民的就医行为不再受限于经济因素，不管是受教育程度如何，采取就医行为的比例都会提高。相反，在低收入群体中，受教育程度越高，就医意愿越强烈。

4. 户籍属性对常住人口就医意愿的影响机制

以往的研究表明，与户籍人口相比，流动人口在患病时更可能选择不去就医（曾智，2012）。据吴明（2004）对北京市的调查，外来流动人口两周就诊率为4.43%，年住院率为1.18%，明显低于当地人口。凌莉等（2005）在广州地区的调查显示，外来人口两周就诊率为5.45%，年住院率为1.51%，明显低于当地居民的17.8%和4.62%。之后许多学者得出了类似的结论（张璐莹，2006；张建军，2008）。在这种户籍制度的隔阂下，经济情况及医疗保障不完善成为影响农民工主动到正规医疗机构就诊的主要原因（张炎，2008）。

在 Logistic 回归分析模型中，模型3是在模型2的基础上加入了户籍属性以及医疗制度因素，在深时间的影响变得不再显著。同时，个人健康和社会经济因素的作用有所下降，这是社会制度因素和医疗环境因素对于常住人口就医意愿有显著影响的有力证明。

表2-10模型3中加入了户籍因素，验证了户籍因素对就医行为具有显著的影响。非深户就医行为发生比为深户人群的0.62（$e^{-0.477}$）倍，深圳户口人群就医行为发生比高于非深户人群。这与以往的研究结果相一致（曾智，2012；吴明，2004；凌莉，2005），城市外来人口医疗服务利用率比当地人低。户籍制度的隔阂，不仅导致了流动人口就诊率低，也切实影响到了流动人口的身体健康。深圳是一个人口比例倒挂的城市，医疗资源在流动人口和户籍人口之间的分布存在巨大的分层现象，这会对深圳的发展和稳定产生负面影响。

户籍制度是一个人口管理办法，但与之相联系的是城乡居民福利差异。依附于户籍制度建立的社会保障制度也存在着严重的城乡分割，目前我国已经为城市户籍人口基本建立起以社会保险为主要内容的社会保障体系框架，而在农村地区社会保障制度发展仍然严重滞后。当人口流动起来，尤其农民工群体流入到城市之中，由于户籍制度的隔阂，在同一个城市并不能享有与当地居民同等的待遇。新农合的推行，将农村居民纳入到了最基本的医疗保障中来，但是新农合只有在户籍地才能享受到更大的优惠，在户籍地之外的城市看病享受的优惠很低，而且新农合是只针对大病和住院治疗才能报销，所以在一定程度上并不能为外来务工的农民工提供实质性的保障。

5. 医疗制度对常住人口就医意愿的影响机制

（1）医疗条件和对社康信任度对常住人口就医意愿有显著影响

以往的研究表明，医疗条件和医疗技术水平对就医行为具有一定的影响，农村医院医疗技术水平对农村居民就医行为的影响最大，其次是农村就医方便性、农村医院医疗设备等因素（贾清萍，2010）。

在描述性统计分析中表明，医疗条件对居民的就医行为有显著影响。就医条件好，能够提高居民医疗服务的利用率。通过 Logistic 回归分析，模型3中加入了医疗条件因素，以医疗条件好的为参照组，医疗条件一般和较差的就医行为发生比远远低于参照组。医疗条件一般的人群就医发生比为医疗条件好的0.67（$e^{-0.402}$）倍，医疗条件较差人群的就医发生比为医疗条件好的0.47（$e^{-0.746}$）。这与以往的研究结果一致（曾智，2012；宫晓，2011；贾清萍，2010）。距离医疗机构近、医疗技术水平高、医疗设备齐全等会促进居民采取就医行为。

在深圳，社康中心实现了640多个社区的全覆盖，初步形成一刻钟就医服务圈，为居民就医提供了便利。但是在医生、设备以及费用上居民的满意度较低，仅35.57%的人对社康中心医生感到满意，25.81%的人对费用感到满意，11.38%的人对社康中心设备感到满意，可见居民对社康中心的满意度是较低的。这种医疗条件的差异，导致了处于不同社康中心周围的居民就医意愿的不同。从模型3中也可以看出对社康中心不信任的人群，其就医行为发生比为信任人群的0.62（$e^{-0.476}$）倍，信任度为一般的人群就医发生比是信任人群的0.78（$e^{-0.25}$）倍，社康中心的信任度对就医行为有显著的影响。如何建立人们对社康中心的信任，提高居民对整个医疗机构的信任度，这对于构建科学合理的医疗服务制度具有重要意义。

（2）参加医疗保险对常住人口就医意愿有显著影响

国外从社会保障制度角度分析就医行为的研究较多，参加医疗保险对就医行为有积极的影响,因为医疗保险的实施提高了患者的支付能力,能够刺激卫生服务利用(Brown,1988)。同时有保险的病人更容易利用门诊服务和选择公立卫生机构,而不是私立医疗机构,这一特点在低收入人群中特别明显(Jowett,2004),由此可见是否参加医疗保险对低收入群体的影响更大。

本研究在前面描述性分析中表明,参加医疗保险的人群,就医意愿更积极,采取就医的人群比例为73.19%。表10的Logistic回归结果表明,医疗保险对就医意愿有显著影响,表现为参加医疗保险的人群,其就医行为发生比是未参加保险人群的1.5($e^{0.418}$)倍。这一结果与已有的研究一致(Brown,1988;袁兆康,2009;朱冬梅,2007)。参加医疗保险,不仅可以减轻患者的经济负担,而且带来一种心理上的鼓励作用,与没有保险的人群相比,参加保险的人多了一重保障。由于流动人口较多,还需要进一步完善医疗保险异地就医服务管理,这样才能真正发挥社会基本医疗保障制度的作用,改善患病不就医的现状。

(三)主要结论

本文基于《深圳常住人口就医调查》2012年的数据,对深圳地区常住人口的就医意愿影响因素进行了深入的分析和讨论,用三个模型考察了人口学因素、自身健康因素、社会经济因素、户籍因素、医疗制度因素等五个方面对深圳常住人口就医意愿的影响作用,模型结果不仅较好地验证了研究假设,而且对以往的相关研究进行了检验。所以,针对本研究的分析结果,我们可以对城市常住人口就医意愿进行一些规律性的探索与讨论,以实现把握群众就医意愿的客观规律,达到综合改革事半功倍的效果。

1. 个体因素对就医意愿的规律分析

个体因素主要包括人口学因素、自身健康和社会经济因素。描述性分析可以看出在不控制其他变量的情况下,各个自变量对就医意愿的影响,但是无法概括整体的作用机制。通过Logistic回归分析可以看出各个因素对就医意愿的作用大小以及作用方向,这有利于从个体因素讨论常住人口就医意愿的规律。

以往的研究表明,年龄对就医行为的影响呈现"U"型状态,即少年人群和老年人群利用医疗服务的比例更高(邱亭林,2004;李向红,2004)。我们的分析结果显示，年龄对就医意愿的影响也呈现"U"型状态，这与人口的受教育结构、在深时间以及身体健康状况有关系。从表2-11可以看出，15~34岁人群的大学文化比例最高为29.32%，总体来说青年组的受教育水平高于其他两组。年龄与受教育程度之间的关系呈现显著差异。受教育水平高增加了居民对健康知识、疾病认知的了解（吴晶，2005），促使人们在遇到健康问题时采用较积极的就医行为。从这个角度来讲，15~34岁人群的就医意愿应该是高于其他两个群体的。

表2-11 年龄与受教育程度之间分布

单位：%

年龄段	初中及以下	高中及中专	大学及以上
15~34岁	29.99	40.69	29.32
35~54岁	40.84	37.52	21.64
55岁以上	51.52	35.61	12.88

Pearson Chi2（2）= 39.9318 Pr = 0.000

但是，在深时间的差异导致了15~34岁人群的就医行为只是与35~54岁人群具有显著差异。55岁以上人群在深时间超过11年的有13%，在深6~10年比例为55.49%，而且这两项比例远高于其他两个年龄段组。因此55岁以上人群由于在深时间长，对城市融入程度更深从而提高了他们利用医疗服务的几率。因此，尽管在受教育程度上青年组与中老年组有一定的差异，但是55岁以上人群在深的时间长，抵消了部分受教育水平的影响，提高了该人群的就医意愿，从而使青年组和中老年组在就医意愿上并没有显著的差异，35~54岁组在就医意愿上由于在深时间较短，从而降低了就医意愿。

在模型2中加入了健康因素和社会经济因素，年龄和受教育程度的作用不再显著。从表2-12中可以看出，年龄与健康是显著相关的。随着年龄的增大，常住人口的自评健康越一般，在55岁以上人群中，健康的一般占比为50.76%，而15~34岁组这一比例仅为19.62%，中年人群为27.92%。由于自评健康对就医意愿具有促进作用，加入健康变量之后，在模型2中年龄对就医意愿不再显著。

表 2-12 年龄与常住人口健康状况之间分布

单位：%

年龄段	一般	好
15~34 岁	19.62	80.38
35~54 岁	27.92	72.08
55 岁以上	50.76	49.24

Pearson Chi2（2）=62.8789 Pr=0.000

受教育程度对个人的社会经济地位有一定的影响，大学以上人群的月收入高于其他两个组。受教育程度与个人月收入之间是显著相关的。而收入对于就医意愿具有积极的影响，加入收入变量之后，受教育程度对就医意愿的影响作用被抵消，所以受教育程度对就医意愿的影响不再显著。

总体来说，个体因素对常住人口就医意愿具有一定的影响，人口学因素中，年龄、受教育程度和在深时间对就医意愿有一定的影响，但是在加入自身健康和社会经济因素之后，人口学因素的作用逐步减弱。

2. 社会因素对就医意愿的规律分析

社会因素对于就医意愿具有显著影响。户口因素、医疗条件、医疗保险状况及对社康中心信任度都对常住人口就医意愿具有显著影响，并且加入这些变量之后，个体因素的作用也有所变化。

一是在深时间的作用变得不显著了。这与户口属性有关，在此次调研数据中，在深时间 11 年以上的人群中，有 41.94% 的人有深圳户口，而在深时间为 5 年以下的人群有深圳户口的仅为 5%。所以在加入了户口因素之后，由于户口本身以及其自身所带来的保障待遇的差别，导致了在深时间变得不显著了。

二是年龄作用又再次显著了，主要体现在 35~54 岁人群的就医发生比有所下降。将年龄与社会因素各指标进行交互分析，发现 35~54 岁人群在户口和医疗保险上面都比其他两个群体好。数据显示，35~54 岁人群的参保率最高，且 35~54 岁人群中 28.45% 的人有深圳户口，在 15~34 岁组中仅有 11.59% 的人群有深圳户口。有深圳户口和医疗保险都能促进常住人口使用医疗服务，但是 35~54 岁人群的就医意愿却低于其他两个群体。我们认为，这可能是由于这部分人群处于事业发展阶段，同时家庭负担较重，从而影响到了他们的就医意愿。

在模型3中，自身健康和社会经济因素对就医意愿的作用有所下降，这也反映出了社会层面的因素对就医意愿的影响。户籍制度对就医行为有显著影响。户籍因素将常住人口一分为二，随之而来的是在各项社会福利上面的群体差异，非深户群体就医意愿较弱。医疗条件越好，居民的就医意愿越强烈。参加医疗保险能促进居民利用医疗服务。居民对医疗机构的信任程度能够在一定程度上影响居民的就医意愿。比如市级医院，居民的信任度较高，在患有大病时是人们的首选。但是社康中心作为基层服务机构，为居民提供日常身体治疗和保健，对社康中心的信任也是非常重要的。

本研究调查数据的分析结果，既证实了一些影响深圳常住人口就医意愿的重要因素，同时也提出了一些值得思考的问题。人口学特征对于就医意愿的作用在降低，社会因素的作用在增大。此外，当社会保障体制不健全，制度建设滞后时，个人的就医意愿会受到社会环境因素的较大制约。

因此，卫生与计生综合改革需要在了解影响常住人口就医意愿的个体和社会因素之后才能稳步推进，才能在处理深圳市医疗卫生资源存量与增量之间的关系时把握人民群众就医意愿的规律性，变"供给导向"为"需求导向"，真正实现"人民群众得实惠，医务人员受鼓舞，医疗机构增活力"，增强深圳户籍人口与非户籍人口享有医疗卫生资源的公平性与均等性，减少卫生与计生综合改革进程中遇到的阻力和问题，使下一步的综合改革真正收到实效。

四 以需求为本位的综合改革相关制度设计

让人民群众"病有所医"，享有基本公共服务，共享改革发展成果是政府义不容辞的责任。当前，深圳市医疗卫生综合改革进入了"深水期"，各级政府要牢固树立"病有所医是人民群众合法权益"的基本理念，始终明确以人民群众切身利益和诉求为医改的目标任务，以"十二五"规划为指导，从深圳市市情出发，总结医改经验和教训，充分借鉴国际和国内有益经验，寻求总体统筹、各区域均衡、全面、跨越式发展的发展路径，努力提升社会的公平和效率，促进深圳市人口与经济、社会的全面协调发展。

从当下情形看，深圳市医疗卫生综合改革紧急而迫切，既面临第一次与第二次卫生革命双重任务，又需应对感染性疾病、慢性退行性疾病和职业病防控等三重挑战。政府作为公共卫生服务的主要提供者，其以往的医疗政策从资源提供者的角度出发，着眼于资源供给量，而忽略被服务人群的需求，导致医疗资源供给与需求结构的错位。稳步推进医疗卫生事业改革，须回归到需求本位的供给策略，转变政府职能，优化资源配置，使医疗卫生服务事业社会效益最大化。

（一）基本原则

在公共卫生服务均等化目标指引下，公共卫生服务制度设计应该遵循一定的原则，逐步构建需求导向、主体多元、健康有序、充满活力的医疗卫生体制。为此，下一步以需求为本位的医疗卫生综合改革主要原则包括：

一是公平优先。公共卫生服务均等化首在公平。弱化公共卫生服务政策的制度门槛，扭转医疗卫生事业发展的过度市场化趋向，使公共卫生服务回归公益性，营造和谐、温暖、人性化的就医环境，逐步提高就医意愿，让全体民众共享社会经济发展成果。

二是供需并重。现代公共服务事业的发展旨在满足民众需求，公共卫生服务政策回归需求本位的益处在于：一方面，增强了服务的针对性，能更有效的提高资源利用率；另一方面，有利于调整资源空间结构布局，促进供需平衡，实现社会效益最大化。

三是兼容并蓄。政府作为公共产品提供者，承担着公共卫生服务事业发展的主要责任。但政府的"一支独大"却不利于资源利用效率和服务水平的提高。通过建立政府引导、社会资本参与的办医格局，形成多层次、多主体的竞争机制，构建健康、充满活力的秩序。

四是防治结合。预防是公共卫生服务工作的起点。通过建立疾病预防、预警和应急机制，预测医疗资源的结构性需求，既可以在第一时间满足医疗服务需求，也能有效降低公共卫生服务成本。

（二）相关政策措施

1. 公平优先，最大限度实现卫生服务均等化

一方面，逐步促进户籍人口和流动人口基本公共卫生服务均等化。户籍制度作为社会管理制度的组成部分，不仅决定着各项社会保障权利差异，也对公共卫生资源的配置有重要影响。如何消除户籍制度差异是促进流动人口采取恰当就医行为的重要因素，深圳市政府不断推进流动人口基本公共卫生服务均等化，但是流动人口的不稳定性、管理不便、在各类信息和政策上存在许多的盲区，导致很多福利性的服务并没有被真正利用起来。因此不仅需要制定符合流动人口特性的医疗政策，同时也需要加大相关政策的宣传力度，在宣传形式上要创新，能让居民快速了解政策以及如何便利获取这种服务。推进医疗体制改革，应该逐渐消弭户籍制度对公共服务享有的限制，弱化依附于户籍制度的制度差异。针对常住流动人口问题，不论户籍，一视同仁，构建完善、广覆盖的基本医疗保障体系，对于最大限度实现基本公共卫生服务均等化具有重要意义。

另一方面，确定统一标准，促进地区医疗卫生资源配置合理化。包括对医疗服务设施和医护人员在内的医疗卫生资源是提供卫生服务的基础。贯彻公共卫生服务均等化政策，需要保障医疗卫生服务资源配置的平等与公平，做到标准统一，分配均衡。而针对因历史以及社会经济条件造成的地区资源占有问题，医疗卫生服务政策的制定应根据居民需求特征适当向重点人群和地区倾斜。

2. 供需并重、整体平衡，破解供需错位格局

一方面，深圳市医疗资源供给呈现倒三角结构，以福田、罗湖区资源集中程度最高；而医疗需求则呈现正三角结构，以宝安、龙岗等区对医疗资源的需求最为迫切。为改善地区间资源供需倒挂格局，未来深圳市医疗卫生服务政策的制定应遵循"就近就医"的原则，参照人群就医需求的地区分布特征，均衡布局医疗卫生资源，调整未来医疗卫生资源的配置方向，提高医疗资源和服务的可及性。考虑到原关外地区社会经济条件、医疗服务水平的差异，医改政策应对原特区关外地区在卫生装备建设、人才引进、培养等方面予以适当倾斜；同时，按照实用、先进、经济原则支持城市卫生规划需要确立医疗卫生资源的分区配置原则。

另一方面，医疗卫生资源有其结构性特征，可分为满足高层次医疗卫生需求的"优质卫生资源"和满足基本卫生需求的"基本公共卫生服务"两个目标层面。研究表明，"看病难"有其结构性因素存在，福田、罗湖等原关内地区，社会经济发展水平较高，对优质卫生服务资源的需求量较大；而宝安、龙岗等原关外地区，第二工业较为集中，其居民对基层公共卫生服务资源需求量较大。以此，根据区域内人口公共服务需求结构的差异，合理调整不同层级资源的分布，促进资源的合理有效配置。

3. 兼容并蓄，主体多元，构建多元办医格局

（1）坚持政府主导、鼓励社会资本参与。政府办医仍然是主导。从医疗资源的实际利用情况看，公立医疗服务在总体医疗服务市场中仍处于绝对的领导地位。深圳市虽然在推动社会办医方面做出了不懈努力，但力度还不够，措施还不到位，需要进一步加大政策引导和扶持力度。在坚持政府主导、全市卫生整体规划的前提下，引入社会组织和社会力量参与卫生计生服务供给体系，适量增加民营营利性医院，以弥补体制内资源的不足，建立良性竞争机制，优化多元化办医格局。

（2）逐步取消公立医院编制，促进资源自由流通。以香港大学深圳医院的试点改革为契机，进行岗位管理制度、工资和社会保障制度改革，取消体制内、外二元编制，变"单位人"为"社会人"，搞活公立医疗机构资源，提高私立医疗机构工作人员积极性，让医疗资源在公、私医院间自由流动，提高民众对优质卫生服务资源的可及性，增强就医意愿，满足民众多样化需求。

（3）培育民众对社康中心的信任，合理引导就医流向。利用社康中心的可及性高、网点覆盖广的特点，将其作为预防性资源投放点，充分发挥"健康守门人"作用。而针对居民对于社康中心不信任的问题，政府应加强监管，改善社康中心人员和设施配置，提高医疗服务水平。深入推进专家坐诊，完善"双向转诊"通道。此外，还需精简看病手续，利用报销比例差异引导患者分流，从而促使居民养成"小病到社区、大病进医院、康复回社区"的就医理念。

(4) 改革街道医院，提高资源利用率。街道医院需要进一步改革，提高基层医院资源利用率。从前文分析来看，街道医院的利用率较低，且在居民中信任度和满意度也较低。这无形中导致了部分医疗资源的浪费。随着保险覆盖面的扩大，居民对其需求也在下降，因此可以考虑这类型医院向区级或者是基础医疗机构方向发展。

(5) 引入竞争机制，深化医疗体制改革。深化医疗卫生体制改革，引入市场竞争机制，降低就医成本，可有效提高民众就医意愿。具体体制改革措施包括：推进医疗服务付费制度改革；允许患者凭医生处方到社会零售药店购买药物，使药店与公立医院药房形成竞争之势，倒逼公立医院加强管理、降低成本、改善服务；控制医疗机构的药费所占总费用的比例；坚决查处医药购销领域的违法违纪行为；等等。

4. 防治结合、综合治理，建立预警防治机制

(1) 积极做好疾病谱变迁的预测。疾病谱的变化和人口健康转型是以需求为导向的公共卫生服务政策制定的决定性因素之一。在综合考虑人口分布特点和需求变化基础上，加强慢性病发病率，重大疾病如结核病、艾滋病等发病率的分布状况预测，了解居民计划免疫等公共卫生服务需求的规模及其分布变化，在病情图基础上，编制应急预案，合理调配资源，规范卫生服务综合预警防治体系。针对重大疾病和重点人群，疾病预测工作主要集中在以下几个方面：其一，预测重大疾病，尤其需要针对肺结核、艾滋病等传染性疾病的发病率及分布，编制基层社区的应急预案。其二，预测职业病的行业分布状况，重点监察职业病高危领域，加强职业病防护工作。其三，为了应对人口老龄化，需要预测老年人口规模、发展趋势及区域分布状况。其四，预测人口计划生育服务需求的规模和变化，确保居民计划生育及生殖健康需求的有效满足。其五，预测"十二五"期间居民计划免疫等公共服务需求的规模及其变化分布。

(2) 完善居民健康档案，跟踪居民健康信息。社康中心等基层公共卫生服务机构在为居民提供基本医疗和基本公共卫生服务的基础上，还应当全面掌握居民的健康状况，并据此制订健康方案，指导居民进行相应的预防保健。其一，以居民需求为导向，以居民健康档案为基础，以65岁以上老年人、0～6

岁儿童、孕产妇、慢性病患者等为重点服务对象。其二,对有需求的重点人群,要提供上门健康咨询和指导服务。

(3) 普及保健知识,推动公众参与。加强健康知识普及,提高公共服务知晓度,推进公共卫生服务的社会参与。考虑到民众的就医意识受文化程度和对公共服务资源的认知度的影响,加大公共卫生服务宣传力度,普及各类健康知识,帮助居民树立正确的就医和保健观念,提高预防性资源的使用率,这是促进居民健康的重要途径。

(4) 注重提高居民身体素质。个体自身健康对就医意愿有着很大影响,保持自身良好健康,能够帮助人们树立正确的就医态度。2011年深圳市成功举办了世界大学生运动会,体育事业得到了很大的发展,各类运动设施齐全,为各项健康运动提供了条件。在此基础上,帮助人们树立运动意识,有助于缓解城市各类人群的亚健康问题。

5. 以技术为依托,构建便捷的数字化服务平台

数字化服务平台即在普通门诊工作的基础上,围绕为就医群众"安全、优质、有序、规范、便捷服务"的目标,利用信息化数字化平台,对各项工作流程进行科学化和合理化设置,简化就医流程,为民众提供便捷就医路径。数字化服务门诊内容涵盖有:网上预约登记、现场取号、排队叫号,规范、优化就诊工作流程;建立固定的护士工作站,提供网络问询服务,及时解决病患及家属的疑问;改善门诊环境,为前来就诊居民播放生动的保健知识视频。

参考文献

[1] 陆杰华、刘恩、苏杨:《深圳人口与健康发展报告(2012)》,社会科学文献出版社,2012。

[2] 李士雪:《新型农村合作医疗对农民卫生服务利用的影响研究》,卫生部新农村合作医疗研究中心,2008。

[3] 王广州、胡耀玲、傅崇辉:《深圳常住人口就医需求及其变动趋势研究》,《深圳人口与健康发展报告(2012)》,社会科学文献出版社,2012。

［4］姚兆余、张娜：《农村居民就医行为及其影响因素的分析》，《南京农业大学学报》2007年第7（3）期。

［5］谢作楷、谢红莉等：《影响贫困人群就医行为的多因素分析》，《中国医院》2005年第9（8）期。

［6］周曾同、邹峥嵘：《影响患者就医行为的部分因素调查》，《中国医院管理》1994年第14（2）期。

［7］沈启莹等：《深圳不同健康水平居民就医行为影响因素调查分析》，《中华全科医学》2008年第6（8）期。

［8］周海滨等：《2006~2009年深圳市宝安区伤害流行病学特征分析》，《中国慢性病预防与控制》2011年第19（4）期。

［9］吴婷、宋静媛、朱昌蕙：《成都市居民就医行为的调查与医疗服务建议》，《现代预防医学》2010年第37（5）期。

［10］潘常刚：《医院声誉与患者就医行为》，《卫生经济研究》2006年第8期。

［11］李海涛、陈泉、姚兆余：《农村居民就医过程中的信任机制研究》，《安徽农业科学》2009年第37（33）期。

［12］夏挺松等：《我国"看病难、看病贵"问题的成因及对策分析》，《中国社会医学杂志》2011年第28（3）期。

［13］邱亭林等：《东营市居民住院卫生服务利用及其影响因素研究》，《中国卫生经济》2004年第23（9）期。

［14］李向红、黎燕宁、林江：《农村居民卫生服务需要、利用现状及影响因素分析》，《广西医科大学学报》2004年第21（3）期。

［15］刘萍等：《我国老年人口就医行为现状干预政策研究》，《医学与社会》2010年第23（8）期。

［16］杨哲、张寿生、汤泽群：《居民就医行为的影响因素和医疗体制改革》，《中国农村卫生事业管理》2000年第20（7）期。

［17］刘秀娜等：《重庆市社区居民就医行为及相关因素调查》，《护理管理杂志》2010年第10（11）期。

［18］印爱平等：《社会支持对肿瘤病人就医行为的影响》，《医学与社会》2007年第20（8）期。

［19］曾智、陈雯等：《广州市户籍人口与流动人口就医行为差异及影响因素分析》，《中国卫生事业管理》2012年第6期。

［20］谢作楷、谢红莉等：《影响贫困人群就医行为的多因素分析》，《中国医院》2005年第9（8）期。

［21］张蔚湜：《北京某社区35岁以上慢性病人群就医行为的影响因素》，《中国公共卫生管理》2005年第21（4）期。

［22］单蕾：《深圳市社区健康服务中心双向转诊现状调查》，《吉林医学》2009年第3（5）期。

[23] 宫晓、曹秀玲:《农村居民在乡镇卫生院就医意愿的影响因素分析》,《中国卫生事业管理》2011年第11期。

[24] 邢海燕、沈毅等:《农村居民就医行为及其影响因素的对应分析》,《中国农村卫生事业管理》2002年第22(5)期。

[25] 任远:《劳动力供求变化与流动人口就业》,《中国人口报》2008年第2(25)期。

[26] 张文宏、雷开春:《城市新移民社会融合的结构、现状与影响因素分析》,《社会学研究》2008年第5期。

[27] 朱力等:《"半主动性适应"与"建构型适应"——新生代农民工的城市适应模型》,《甘肃行政学院学报》2010年第4期。

[28] 陆铭、冷明祥:《健康公平严重缺失导致"看病贵、看病难"》,《中国初级卫生保健》2010年第5期。

[29] 王左敏、吴明:《威海市医疗服务利用影响因素分析》,《中国卫生经济》1999年第7期。

[30] 张春汉:《农村居民就医行为研究》,华中农业大学硕士学位论文,2005。

[31] 吴明:《北京市外来农村流动人口卫生服务利用状况及其影响因素研究》,见卫生部统计信息中心编《卫生改革专题调查研究:第三次国家卫生服务调查社会学评估报告》,中国协和医科大学出版社,2004。

[32] 凌莉等:《广州市农村流动人口的卫生服务需求与利用分析》,《华南预防医学》2006年第2期。

[33] 张璐莹等:《上海市闵行区外来人口卫生服务研究》,《中国卫生经济》2006年第7期。

[34] 张建军等:《北京市丰台区流动人口健康与卫生服务利用情况调查》,《首都公共卫生》2008年第4期。

[35] 张炎、纪颖等:《北京市建筑行业农民工就医意愿及影响因素调查》,《职业与健康》2008年第24(1)期。

[36] 贾清萍、甘筱青:《农村居民就医行为影响因素的实证分析》,《安徽农业科学》2010年第38(11)期。

[37] 袁兆康等:《新农合对婺源县农民医疗服务需求与利用影响的六年连续追踪调查》,《中国农村卫生事业管理》2009年第29(8)期。

[38] 朱冬梅、金国平等:《新型农村合作医疗实施前后住院卫生服务利用变化研究》,《河南医学研究》2007年第16(3)期。

[39] 吴晶:《中国患者就医行为研究》,北京大学中国医药经济研究中心,2005。

[40] Andersen R. M. Behavioral model of families' use of health services, research series No. 25. Chicago: Center for Health Administration Studies. Chicago: University of Chicago, 1968: 1.

[41] Rosenberg M. Hanlon N. Access and utilization: A continuum of health service environments. Social Science and Medicine, 1996. 43 (6).

[42] Schoen C. Doty M. Inequities in access to medical care in five countries: Findings from the 2001 common wealth fund international health policy survey. Health Policy. 2004 (67).

[43] Sisira K. Sarma. Demand for Outpatient Health Care in India: A Nested Mutinomial Logit Approach. The University of Manitoba. Canada. 2003.

[44] Canairi J. A. Random Parameter Logit model for modeling Health Care Provider Choice in Bolivia. http://www.mpra.ub.uni-muenchen.de/3263/, accessed07/12/07.

[45] Brown. M, Bindman. A, Lurie. N. Monitoring the consequences-ofuninsurance: A review of methodologies. Medical Care Research and Review. 1988. 55 (2).

[46] Jowett, Matthew. Health insurance and treatment seeking behavior: evidence from a low-income country, Health Economics Published online in Wiley IntersScience (www.interscience.wiley.com).

B.3
深圳市职业阶层间健康不平等的影响机制及制度调整方案

田丰

本章要点：

1. 深圳的人口与健康关系已呈现动态特征的改变：在人口增长趋势由急变缓、人口总量日趋稳定的情况下，人口健康需求和卫生服务供给之间的主要矛盾将很快由**总量不足向存量不均转变**，其中职业阶层是衡量人群不平等状况的重要分类维度。

2. 深圳市不同职业阶层人群之间健康水平差异较显著，其原因既有职业分化自身特点，即不同职业阶层群体购买卫生服务的支付能力、健康理念和职业环境差异显著，也有职业之外的制度因素，医疗保障制度对不同职业阶层之间的保障程度存在差别。

3. 影响深圳市职业阶层群体健康不公平主要有三个选择机制：①**患者自我选择机制**；②**医疗机构选择机制**；③**财政补贴选择机制**。通过患者、医疗机构和政府财政三个不同层次的选择机制作用，职业阶层群体健康不公平的状况实际上被制度化地巩固了。以公共服务均等化为目标的综合改革必须注重从社会福利的视角，改善较低职业阶层群体的人口健康状况。

在2013年这个时点，从社会管理角度审视深圳卫生计生领域，可以发现：深圳市目前已进入社会利益格局的深刻调整期①，医患冲突和医疗卫生需求供

---

① 市场经济的深入发展带来社会利益格局的深刻调整，深圳作为改革开放的排头兵，整体上进入了一个具有非均衡特征的利益分化时代。在利益分化过程中，一些与人口健康相关的深层次问题逐渐显现出来，比如：医疗保险对不同人群建立不同制度，造成权利与义务不对称。

给不均衡的状况日益突出①。在此背景下,决定了医疗改革必须要实现多方利益的兼顾:一是医疗卫生服务的供给方和需求方兼顾;二是医疗供给方要兼顾不同性质的医疗机构;三是要兼顾不同的社会人群,必须要从绝大多数人的利益出发,不能对一部分人持有政策歧视,有意忽视其利益,或者牺牲一部分人的利益以成全另一部分人的利益。卫生服务的公平性不仅仅是医疗机构的问题,还包括政府部门及公立医院的管理者、医疗保障政策、市场化的医疗机构、医疗卫生工作者等诸多方面。本部分就是意图从社会人群划分的角度来探讨深圳市在综合改革过程中,如何率先实现基本公共卫生服务均等化,缓解不同职业阶层的社会分化。为此,本部分以职业阶层为人群分类维度,探析深圳市人口健康不平等的现状,厘清不同社会阶层医疗需求和问题,分析深圳市职业阶层间健康不平等的背后机制,重点探讨在深圳市特有的经济社会发展环境中,现行的医疗保障制度是如何通过不同职业阶层的分化导致健康不平等的现象。针对此不足,依据深圳市医疗卫生体制综合改革的思路,提出相关社会管理体制机制创新方案,以实现不同职业阶层人群在医疗卫生服务方面的福利均等。

一 研究背景

随着经济社会的快速发展和人口规模的不断增长,深圳卫生服务实现了跨越式发展,但人口健康问题始终是伴随城市发展的重大社会议题。特别是在2009年,深圳在全国范围内率先实施了卫生与人口计生合并的大部制改革,有效提高了包含流动人口和计划生育服务在内的基本医疗服务的供给能力,初步构建了与千万以上人口卫生和健康需求相适应的新型城市医疗卫生服务体系。这些都为当前正在进行的卫生系统综合改革提出了新的要求,同时也是深圳市能够率先实现公共卫生服务均等化的必要条件。

---

① 关于深圳市在医疗卫生服务方面存在的地域差别(原关内和关外)和人群差别(户籍人口和流动人口之间),可参见《深圳人口与健康发展报告(2012)》的分析,其中说明,尽管深圳的发达程度已较高,但这两方面差别仍然显著。

（一）大部制下行政职能拓展到人口全过程迫切要求新一轮的体制机制改革

2013年中央国务院机构改革和职能转变方案出台，卫计合并的方案无疑是对深圳市先行先试的卫计合并大部制改革方案的肯定。卫计合并从行政职能的角度来看，主要是一方面加强和统一了公共卫生领域和基层卫生的服务工作，并承接医疗制度改革的具体职能；另一方面是把人口概念纳入到卫计系统内，就涵盖了人们从生前到死后的整个健康过程。这就意味着卫计合并后的工作内容从"疾病诊疗"转向为"人口＋健康"，这需要改变过去单纯提供疾病诊疗为核心的工作思路，形成以不同人群需求为基础、以健康维护为目的的工作体系。因而，大部制下的卫计部门职能拓展迫切要求卫生服务工作在考虑疾病诊治专业性的基础上增加人口健康的社会性诉求，而人口健康的社会性诉求则需要政府部门在制度设计和政策出台时充分考虑不同社会人群的卫生服务状况和需求，说到底就是需要新一轮的体制机制改革来适应大部制下的行政职能变化。

（二）以公共服务均等化为目标的综合改革要避免出现人群分化

根据广东省《深入推进基本公共服务均等化综合改革工作方案（2012～2014年）》，"加快基本公共服务均等化步伐，在城乡之间、县区之间、不同群体之间基本公共服务制度统一、水平均衡等方面取得明显进展和成效；进一步强化地方主体责任和相关部门责任，推进综合配套改革，加快构建有利于基本公共服务均等化的体制机制"。从深圳市卫计部门的实际情况来看，这一工作方案的针对性非常强。尽管深圳没有城乡之间的差异，但在关内和关外，不同人群之间的公共卫生服务存在显著的差异。而深化医药卫生体制综合改革就是要将加强公共卫生和基本医疗服务体系建设作为政府的基本职责，因而，从综合改革的角度，以实现公共卫生服务均等化为目标，分析不同职业阶层分化对公共服务的影响是必要的，也只有实现了不同职业群体之间基本公共服务制度统一、水平均衡，才能达到人人都能享有方便可及的公共卫生和基本医疗服务的要求。

（三）日渐稳定的人口变动趋势为综合改革提供了良好契机

人口变动是影响卫生服务供给的重要因素。从20世纪90年代开始，深圳市人口经历了快速增长。从非户籍人口的变动来看，20世纪90年代上半叶增长率基本上在25%以上；从1995年开始到2000年增长率在10%上下波动；进入21世纪的头十年，增长率的波动区间基本稳定在4%以下；2010年之后，受到房价高企和与内地大城市收入差距缩小的影响，加之深圳市不断推动经济结构调整，部分低端劳动力人口向外转移，2011年，非户籍人口甚至在深圳市的历史上首次出现了负增长。而在以往人口快速增长的带动下，深圳市卫生服务供给的主要矛盾是供不应求，人口增长速度远远高于卫生服务供给增长的速度，故而长期以来，如何从数量上满足人口增长的需求是卫生部门面对的最大难题。在人口增长由急变缓、日渐稳定的增长趋势下，卫生服务的重点从总量上将会逐步转移到如何提高卫生服务的质量、公平性和可及性上。因此，需要从人群内部的职业分化入手，研究在相对稳定的人口环境下，如何改善和提高公共卫生和基本医疗的公平性和可及性，这与卫计部门的综合改革思路也是不谋而合的。

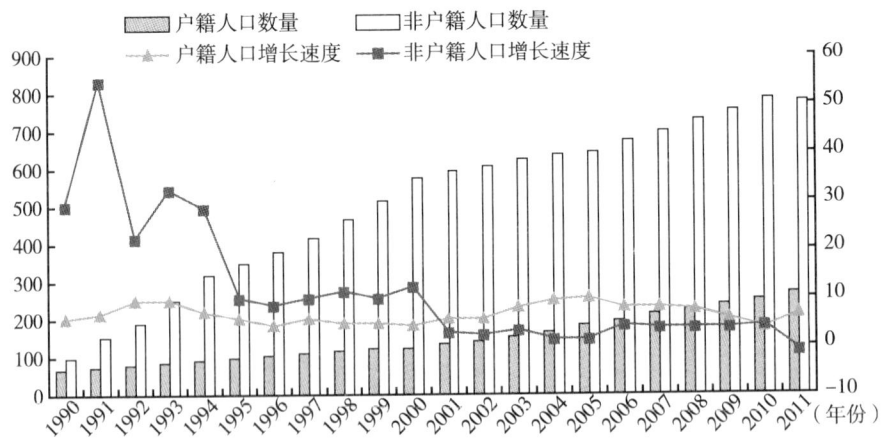

图3-1　深圳市1990~2011年人口变动趋势

二　深圳市职业分化与人口健康的关系

职业是一个能够代表个体和群体的经济社会地位的综合性指标，特别是在复杂的现代性社会,很多与人口健康相关的研究都把职业作为界定经济社会地位的首选标准。其原因主要有三个方面:①沿袭了经典社会学理论的研究传统和习惯。无论是涂尔干、马克思,还是韦伯、帕森斯,职业及其代表的社会分工都是理解社会变革和界定社会功能的关键性概念,其重要性不言而喻。②职业分层在经验研究中更容易操作和实现,职业的概念比其他代表社会经济地位指标的概念更容易界定,职业变量在社会调查等操作过程中更容易清晰表达和测量。③职业背后隐含着诸多与人口健康相关的背景信息,诸如收入、工作、文化程度等,职业分化带来卫生需求和获得状况的分化。因此,职业分化不仅是社会人群经济社会不平等的一个指标,也是衡量公共卫生和基本医疗服务是否均等化的重要区分指标。综合改革过程中需要注重不同职业人群之间的差异,以及职业分化与公共卫生供给、服务均衡之间的联系。就深圳市的具体情况而言,职业分化与人口健康、公共卫生服务获得之间的联系体现在以下几个方面。

(一)职业收入水平决定购买卫生服务的支付能力

在社会主义市场经济体制下,随着经济所有制结构的变动和劳动关系的变革,人们在劳动力市场上从事不同的职业,处于不同的经济社会地位。职业成为造成人与人之间经济社会地位差别的直接原因,也是决定人们收入水平高低的重要影响因素。根据深圳市劳动和社会保障局发布的2005年企业员工工资收入调查,深圳市垄断性行业工资水平较高,包括金融业、卫生业、社会福利业、电力、燃气及水的生产和供应业,而居民服务业、批发和零售业、住宿和餐饮业、制造业收入较低。同时,不同工种收入差距较大。收入较高的工种是高级研究人员、管理人员、金融从业人员和工程技术人员等;收入较低的工种是服务性、简单性的劳动者,包括流水线工作人员、装订工、裁缝、砌筑工等。而《深圳统计年鉴(2012)》也得出了与2005年调查基本一致的结论,平均收入最高的行业是平均收入最低的行业的5.5倍。

职业收入差异直接影响到个人对医疗服务的支付能力,即便是一些人群在能够被医疗保险制度覆盖或者部分覆盖的情况下。世界卫生组织在2010年报

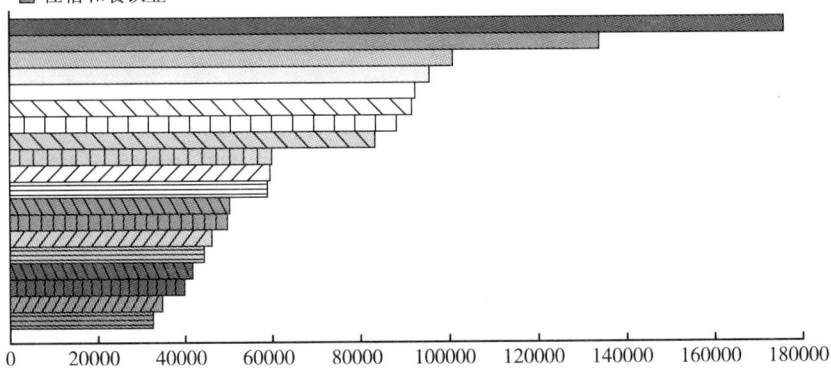

图 3-2 不同行业的平均收入状况

告中指出:"实现全民覆盖的第二个障碍是过度依赖人们在获取卫生服务时的自付费用。这些费用包括药费、咨询及诊疗费用。即使人们具有某种形式的医疗保险,他们可能还需要以共付、共险或起付线形式进行支付。"根据在深圳市的调研情况来看,不同职业的人群在接受卫生服务时,或多或少的需要以自费的形式支付部分费用,无论是否被医疗保险所覆盖。而患者也会根据自己的收入水平来判断自己是否有能力支付相应的医疗费用,从而来判断是否需要接受正规的医疗服务,是去相应的官方医疗机构,还是选择自己买药或者价格相对低廉的私人诊所。在号称能够实现基本全民医疗保险的深圳,依然能够看到人们对医疗服务的选择和利用并非是按照自己的需求来决定,而是很大程度上受到自己收入水平和支付能力的限制,特别是相应职业的低收入者,他们面临的不仅仅是健康风险,甚至可能是死亡威胁。"而对于那些不得不进行治疗的人群,这一点(自费)最终将导致他们遭受经济困难,甚至贫穷。"(来源同上)因而,从职业分化的角度来看,如何通过医疗保险制度的改革,改变支付能力较弱的职业群体看不起病,或者为了省钱有病拖着不看的问题,是综合改革要关注的重要方面。

(二)文化水平差异形成了不同职业阶层的健康理念

职业分化背后还潜藏着文化程度的差异,而文化程度与人们对健康的理解、健康状况改善和维护健康的方式有较大影响。从深圳市 2010 年人口普查的数据来看,在金融保险业、科学研究技术服务业、教育业,以及信息传输、计算机服务和软件业的从业人员平均受教育年限较高,均在 13.5 年以上;而在建筑业,农、林、牧、渔业,居民服务和其他服务业,住宿和餐饮业的从业人员的平均受教育年限较低,均在 10 年以下。职业与文化程度之间的联系同职业与收入之间的联系较为相似,这也直接影响到文化程度较低的职业人群的健康理念差异。

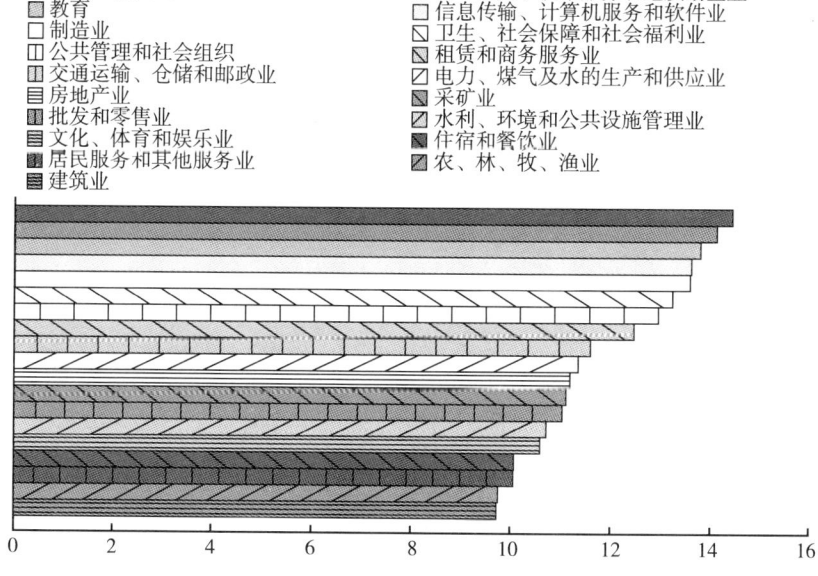

图 3-3 不同行业的平均受教育年限

一项在深圳市的调查研究显示①,深圳市的普通民众基本上能够认识到健康的重要性,但就健康理念而言,从事管理工作的人群健康理念最为科学,从

---

① 赵付霞:《深圳市大众健康理念及其体育行为的研究》。

事科教文卫工作的人群健康理念次之，然后才是工人、服务人员等人群。如果按照文化程度和收入状况来看，文化程度高的人群健康理念更为科学和全面，收入较高的人群健康理念更好。同时，从有利于维护健康的体育运动参与情况来看，文化程度高的，如教科文卫从业人员的参与最为积极。这也说明，职业背后的文化程度因素在发挥重要作用，因而，职业分化通过从业人员的文化程度形成了不同的健康理念，不同的健康理念又会直接影响到人们健康维护的相关的行为和参与，从而影响到不同职业群体之间的健康不平等。

（三）不同的工作环境潜藏危害不同职业阶层人口健康因素

联合国认为确保工作环境健康是政府、雇主和雇员三方的责任。政府有责任执行有关职业安全和健康的法律；雇主有责任确保工作环境安全和健康；雇员有责任保护自己的安全，知道自己的权利和参与预防的措施。而新出现的职业风险还可能是技术创新或由社会或组织的变化引起的。比如：①新技术和生产工艺，如纳米技术，生物技术；②新的工作条件，如高强度工作任务和压力，恶劣的工作环境，以及非正式就业等；③新兴的就业形式，如自雇就业，合同外包，临时工等。

深圳市既有在现代化的都市气息下工作的高端白领人群，也有停留在以体力劳动为主的蓝领阶层。他们各自的职业都充斥着伴随不同工作方式和工作环境而生出的不利于人口健康的副产品，其中一些危害健康的因素是很容易被察觉的，还有一些是潜藏在暗处，让人无法察觉的。比如在高端白领人群中，工作在城市核心区域，在密闭办公室，空气污染、噪音污染、废气、辐射等给人们的工作生活带来各式各样的危害，而沉重的工作压力、复杂的人际关系都能够给白领人群带来紧张、矛盾的心理压力。

对蓝领工人而言，他们的工作环境带来的危害健康因素则更容易被看到。根据深圳市总工会、深圳大学劳动法和社会保障法研究所主持的：《深圳新生代农民工生存状况调查报告》发现，"有的工作场所仍存在着不同程度的职业危害因素，危害因素最大的是噪音过大或者震动，占34.4%；其次是高温或者低温环境作业，占24.3%；粉尘是职业危害因素的第三位，占16.9%；有毒化学物质的职业危害因素为第四位，占15.5%。职业危害比较突出的行业是加工制造业和建筑行业。经实地调查,在工作环境中存在着机器设备落后、通风不足、使用有毒化学品等因素。很多劳动者职业风险意识明显不足,没有采取必备的安全防护措施,对所用化学品毒性不了解,存在着不戴口罩、直接用手接触化学品的现象"。应当说,在蓝领的工作环境和白领的办公室中都有不利于人口健康的危害因素,而这两种工作环境带来的健康威胁是不一样的,前者工作压力并没有体现为肢体痛苦,而更容易转化为一些诸如肥胖、脂肪肝等慢性疾病;后者肢体劳损可能性大。因此,在综合改革推进公共卫生服务均等化的过程中,只有考虑不同职业环境带来的不同健康风险和不同职业人群的疾病谱特征,才能针对各个职业人群的实际的健康需求来配备相应的卫生资源。

(四)居住区位对不同职业阶层人口健康的影响不可忽视

根据西方发达国家经验,在市场机制的配置作用下,根据城市地区职能分工的不同,人群居住将出现相对集中化的特点,不同城市区域功能的集中凸显,与城市区域功能相关的职业群体形成聚集。以深圳市2010年普查数据为例,罗湖区和福田区地处城市中心,以第三产业为主,商业服务业从业人员比例占到所有就业人口的46.83%和45.05%;而宝安区、龙岗区、光明新区、坪山新区制造业仍占据绝对优势,生产运输设备操作及有关人员从业比例分别为60.69%、52.99%、68.53%、64.90%;南山区承担深圳市高新技术产业发展的职能,专业技术人员比例最高,达到21.35%。

表3-1 深圳市各区不同职业人群所占比例

地区	国家党政机关负责人	专业技术人员	办事人员	商业服务业人员	农林牧渔业	生产运输设备操作及有关人员	不便分类的其他人员
罗湖区	9.46	13.75	13.63	46.83	0.11	16.19	0.02
福田区	7.51	19.67	15.17	45.05	0.15	12.28	0.18
南山区	7.94	21.35	15.86	26.83	0.38	27.34	0.30
宝安区	1.74	6.31	9.15	21.93	0.17	60.69	0.01
光明新区	2.07	3.40	7.18	17.26	1.56	68.53	0.00
龙岗区	3.20	8.16	9.58	25.64	0.42	52.99	0.02
坪山新区	2.36	8.06	8.39	15.41	0.86	64.90	0.03
盐田区	4.08	10.83	14.95	26.26	0.45	43.42	0.00

从职业群体居住分布来看，在低端产业就业的职业群体往往集中居住在生活设施不齐全、卫生条件恶劣、居住环境较差的城市边缘地区，受制于自身文化程度和收入水平，他们依靠自身的能力来改善居住条件的可能性不大。近年来，深圳市商品房价格不断高涨，高房价对不同职业群体居住模式的影响显著，使得部分中低收入的职业群体不得不转向房价较为低廉的区域买房。住房价格的升高实际上对人群进行了筛选和过滤，不同职业阶层的居住模式和分布区位上出现了明显的分化。同时，政府在保障性住房部分安置上主要选址也是在城市的边缘地区。根据深圳市土地供应规划，保障性住房主要分布在龙华新区、宝安区、光明新区、坪山新区，这样的安置策略势必会加剧深圳市职业区隔居住的特点，越来越多的中低收入职业人群被分化和隔离在不利于人口健康的居住环境中。因此，职业分化还通过居住分化和隔离的间接路径对人口健康产生不同影响。

在深圳市医疗改革过程中，提倡以建立在社区层面上的社康中心为抓手，以社区首诊引导机制为基础，来解决不同区域职业人群之间获得均等医疗卫生服务的问题。显然这是一个很好的思路，能够在一定程度上解决居住分化和隔离对职业人群健康不平等带来的间接影响。

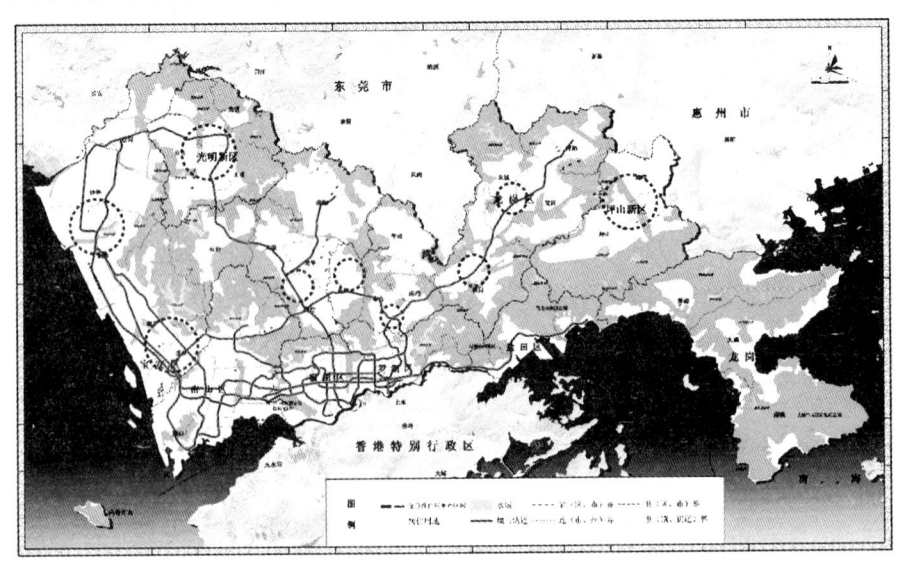

图 3-4　深圳保障性住房供应指引图（2011~2015）

深圳市"新医改"提出：以全面加强社康中心建设为抓手，进一步完善全市基层医疗卫生服务体系。从医疗收费政策、医保偿付政策等方面进一步完善社区首诊引导机制，促进市民"小病在社区解决"。

（五）与职业挂钩的多层次医疗保险制度覆盖水平参差不齐

深圳市医疗保险是社会统筹与个人账户相结合的模式。原则上基本医疗保险覆盖城镇所有用人单位及其职工；所有企业、国家行政机关、事业单位和其他单位及其职工必须履行缴纳基本医疗保险费的义务。依据规定，基本医疗保险费用由用人单位和个人共同缴纳，这就造成了医保不仅仅是个人能够决定的事情，而是用人单位和个人共同决定的。这样就给用人单位提供了一定的议价空间，选择性的给部分就业人员上医疗保险，同时也造成灵活就业人员或者实际上没有固定工作单位的职业人群难以上医保的状况。比如公务员职业群体，他们正式参加工作后，医疗保险的缴纳非常正规；公司或者企业的管理层在企业内部的职级较高，工作年限较长，参保可能性也较大；而没有固定就业的临时工或者自雇就业人口上医保的可能性就低。

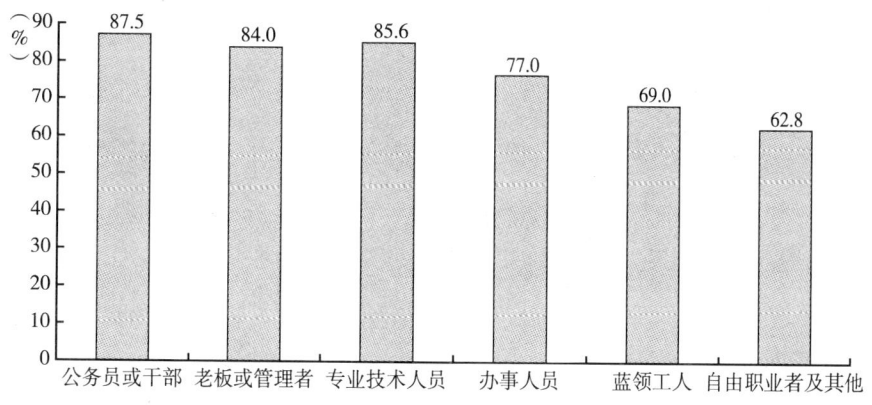

图 3-5 不同职业阶层享有医疗保险的比例

根据 2012 年的《深圳常住人口就医状况调查》数据分析，深圳市常住人口中公务员或者干部的参保比例最高，有 87.5% 的人上了医保；老板或者管理者、专业技术人员参保比例次之，参保比例分别为 84.0% 和 85.6%；办事人员参保比例较低，为 77.0%；蓝领工人和自由职业者参保比例最低，分别为 69.0% 和

62.8%。可见,由于不同职业群体就业模式、就业单位的不同,基本医疗保险的覆盖水平是参差不齐的。在貌似平等的医保制度面前,因为职业层级的分化,不同职业人群的参保比例差异明显。故而,综合改革的一个关键的抓手就是医疗保险制度的改革,医疗保险制度能否确保社会中不同职业人群获得同等医疗卫生服务条件、相同水平医疗卫生保险资助,是衡量综合改革成功与否的关键。

三 公共卫生和医疗服务的分化对不同职业阶层的影响

计划经济时代,中国的医疗卫生体制建设是按照城乡、所有制、就业状态来分别组织实施的,在经历多年的市场化改革之后,中国公共卫生和医疗服务并没有从根本上改变计划经济时代的弊端,反而增加了很多市场经济的缺陷。比如:医疗卫生机构逐利目标明显,公益性减弱,以商业化和市场化的模式提供医疗卫生服务,使得人们对医疗卫生服务的需求从公共消费品变为私人消费品;在市场主导模式下,医疗卫生资源必然会向在技术、资金、人才都占有优势的大医院集中,由此产生的集聚效应导致了医疗卫生资源分布和服务水平两极分化态势,进而引发就诊人群集中涌向技术较好、水平较高的卫生医疗机构,导致优质医院人满为患。

医疗卫生系统综合改革过程中,涉及基本医疗卫生服务、公共卫生服务体系、基本药物制度、医疗保险制度和医疗服务监督制度的五个关键控制点,绝大部分是与医疗卫生的供给方相关的。即:衡量公共卫生和医疗服务能否实现均等,是公共卫生和医疗服务的供给方实现均等化的前提条件。因而,就深圳市而言,分析公共卫生和医疗服务的分化对不同职业人群健康公平性的影响,也就是分析综合改革如何通过供给方的调整来实现公共服务均等化,因而,公共卫生和医疗服务对不同职业阶层的影响分析侧重的是供给方对需求方的影响机制,是调整和解决医疗卫生服务难题中不可忽视的一环。

(一)医疗机构等级划分降低中低职业群体选择优质医疗服务的可能性

深圳市现行的医疗机构的等级划分制度依然按照1989年卫生部《医院分

级管理办法》中"三甲十等"医院分级管理制度,医院分级管理制度并不限定是公立还是民营医院。尽管通常认为医院等级的划定、布局和设置主要是区域卫生主管部门根据辖区内人群医疗卫生服务需求来统一规划,现实情况却是,医疗机构依然按照20世纪80年代末期医疗机构管理的计划经济思路来划分,没有考虑到患者的病情需求。医疗机构包括公立和民营两块,公立医疗机构的划分主要是区分市属医院、区属医院、社康中心三个等级,医疗机构等级大小的背后是技术水平、服务质量的差异。不同层级的医院意味着不同的技术服务水平和质量,即便是不断增加高水平卫生医疗服务资源的供给,在可以自由选择医疗服务的前提下,不可避免地会出现有条件的患者即便是常见病也要去高等级医院,而没有条件的重症患者也只能在医疗服务水平不高的机构就诊。而所谓的条件,就是获得医疗卫生服务的成本,包括经济成本、时间成本等。如前所述,不同职业人群经济社会地位存有差异,他们对获得医疗卫生服务成本的敏感度不同,较低经济社会地位人群对就医成本更为敏感,更可能放弃到大医院治疗,进而加剧了卫生服务获得的不公平性。

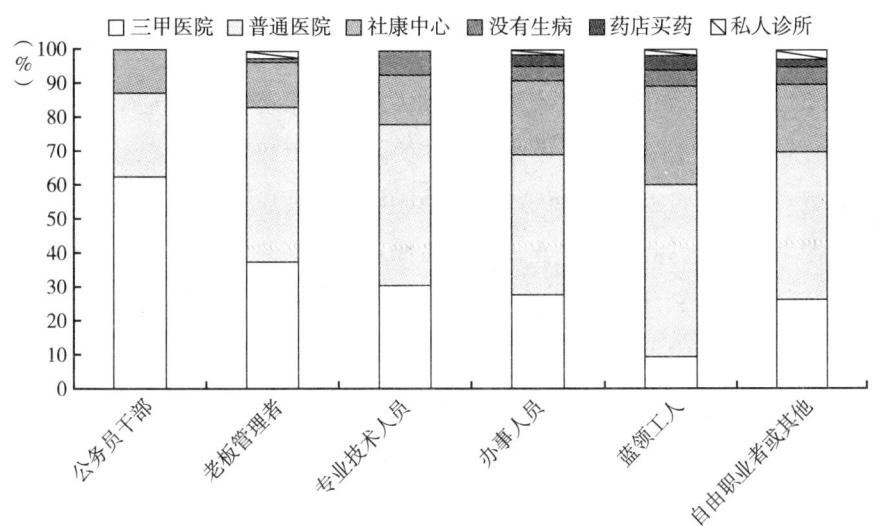

图3-6 不同职业阶层经常就医选择医疗机构

优质卫生医疗机构人满为患现状的背后是医院分级管理制度带来的医疗卫生技术服务水平分层,而改变现状的关键是将医疗分级管理的思路转变为按患者病情分级管理的思路,在公立医院改革的过程中不回避医院之间的等级、大小、专科的区别,但要着力于对不同等级医疗机构治疗常见疾病的技术水平、服务能力和服务态度的评价,形成区别于"三甲十等"的医疗服务评价制度和体系。根据相关报道,深圳北大医院最大日就诊量达9000多人次,平均每天约8000人次;第二人民医院就诊量每天约6000人次。市级综合性和专科性大医院长期超饱和运营,实际门诊量已大大高于设计门诊量,实际使用床位数大大高于编制床位数。超饱和运营中有超过半数是常见疾病,完全可以在低等级医疗机构解决。可见,在综合改革过程中,改进低等级医院的医疗器械分配和人力资源结构,提升中小医院、社康中心的技术水平和服务能力,避免不同等级医疗机构的技术服务水平持续分化,既能够改变大医院人满为患的现状,又能够全面改善深圳市不同职业阶层人群的健康水平,这是实现公共卫生服务均等化的重要路径。

(二)医疗机构分布与居住区域关系到不同职业群体享有卫生服务的可及性

由于长期使用"二线关"区分为"特区"与"非特区"并分割管辖,导致深圳市在发展过程中始终存在着关内和关外的不平衡性。从现有的三级甲等医院的分布来看(图3-7),不是分布在关内的福田和罗湖两区,就是分布在非常贴近"原特区"附近,而特区外缺少优质的医疗资源和三级甲等医院,医疗资源不均衡的特点尤为突出。如果按照现有的医院等级划分制度,短期内在原非特区区域内新建或者改建三甲医院的难度比较大,最为方便的解决方案是在原有医院基础上升级,比如支持深圳市第三人民医院、深圳市儿童医院等具备相应规模的医院创建三甲医院,但这些医院仍然相对集中和贴近罗湖和福田两区。因此,综合改革必须重视优质医疗机构分布给病患者带来的在卫生服务可及性上比较大的区域差异,改变这一差异的关键在于同等优质的卫生服务向不同区域均衡分布。

优质医疗机构分布的区域差异对不同职业阶层人群的影响是不一样的。进入2000年之后,随着住房市场化,房价对不同职业阶层的居住选择产生不同方向上的影响,不同职业群体居住在不同的区域内。一方面,大量高档住宅的

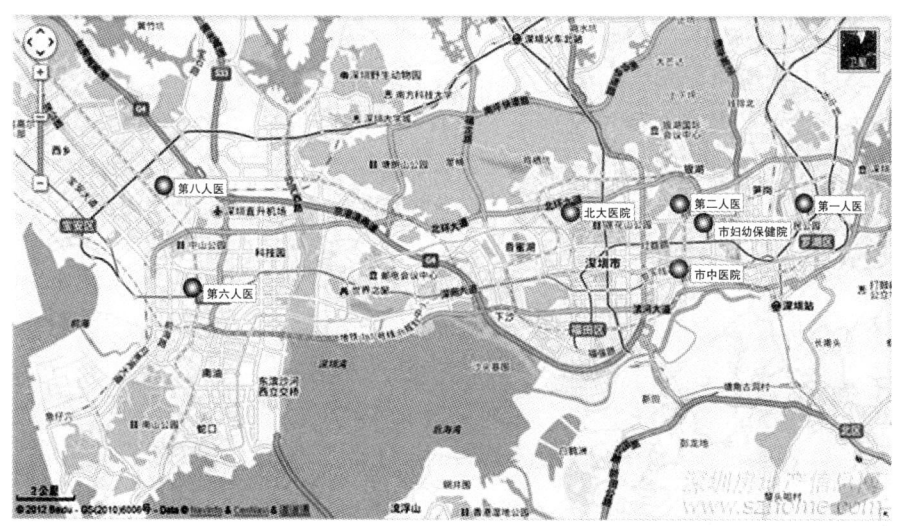

图 3-7　深圳市三级甲等医院的分布图

兴建，逐渐出现了高端职业阶层集中居住的富人区；另一方面，在关外居住环境较差的地方和城中村中聚集了大量的低端就业人口。加之保障性住房选址在城市边缘地区的影响，不同职业群体之间在居住空间上出现了一定的分化与隔离。从图 3-8 和图 3-7 的比较中可以看到，深圳市的三级甲等医院与高房价区

图 3-8　2013 年 5 月深圳市房价分布图

域几乎是重合的,这意味着在市场化房价机制和优质医疗机构在既有分布的双重作用下,中低端职业群体实际上被排挤出了最容易获得优质医疗卫生服务的范围,他们获取优质卫生资源的成本比高端职业阶层的人群更高。由此可见,解决市场化房价机制和优质医疗卫生服务机构分布的双重影响,必须在综合改革的过程中另辟蹊径,探索和研究出一套新的医疗卫生服务体制,比如深圳市目前提倡的社区首诊制和医生多点执业制等,这些制度均能够在一定程度上弱化不同职业人群居住和优质医疗机构分布的区域性影响,增强公共卫生服务的均衡供给。

(三)医疗机构财政补贴制度可能在职业阶层之间导致"劫贫济富"的情况

根据相关部门统计,深圳市过去5年新增社会医疗机构324家,截至目前,深圳市民营医院已经超过70家,单从数量上看比公立医院数量还多,但社会医疗机构仅完成全市门诊总量的22%、住院总量17.2%。上述数据说明,一方面深圳市医疗机构开放程度很高,民营医疗机构在数量上占据了半壁江山,另一方面说明深圳市社会医疗机构的规模、水平相对较小,并没有获得病患者的认可,门诊量和住院量所占比例偏低。造成这种状况的原因,从患者角度说,普通民众对民营医院的信任度较低,根据2012年的《深圳常住人口就医状况调查》,只有不到6%的人表示对私营医院"信任"和"比较信任";而从机构角度说,则是民营医院在政策支持上,尤其是财政补贴上,与公立医院差异较大,造成民营医疗机构发展困难。

深圳市2013年医疗卫生事业投入经费(不含基建)达到70.53亿元,财政投入占医院总营收达到了17%。而财政投入经费能够拨付给民营机构的比例是少之又少的,而社会医疗机构却需要承担与公立医院一样的职能。拿急诊急救服务来说,有报道称:"深圳健安医院承担了民治片区80%的急诊急救服务,每年医院在提供此项服务上要花费70万元;恒生医院在给120出车、急诊急救病人的救治上,每年的欠费也高达几十万元。"救死扶伤是医院的本职,遇到危重病患,先救治后收费也是许多医院恪守的规则,但深圳在公立医院出现的急诊救治拖欠债务方面有补贴,对社会医疗机构则没有补贴。再如,公立医院在用血存血方面有一定补贴，民营医院则没有，因而一些民营医院不愿意存血，导致一旦出现需要大量用血时，民营医疗机构无法应对。

除了没有政府的财政补贴外，民营医疗机构还需要承担相应的税费支出。据报道，深圳市民营医疗机构只有30%能够赢利，30%持平，40%处于亏损或者面临倒闭状态。而根据深圳医疗卫生"十二五"规划，政府在华为科技城、龙城、龙华、沙井、大浪、平湖、葵涌等地新增的7家三级医院将优先考虑引入社会资本举办，这些拟新建的民营三级医院都在相对边缘城区，如果这些医院不能够享受到财政补贴，再考虑到不同职业群体的居住分布，中低职业阶层多去没有政府财政补贴的民营三级医院就诊，而高端职业阶层更有可能去有政府财政补贴的公立医院就诊，那么就会形成深圳市医疗系统"劫贫济富"的状况，进而加剧不同职业群体之间健康不公平。就此而言，深圳市综合改革要在重点抓公立医院的基础上，兼顾民营医院的利益，尤其是注意协调公立医院、民营医院在提供不同层次医疗卫生服务、覆盖不同区域的职业人群之间的差别，对有助于医疗卫生服务均等化的民营医疗机构也要加大扶植力度。

（四）多层医疗保险制度对不同职业人群分层区别对待有损社会公平

截至2012年，深圳市参加医疗保险的人数超过1100万人，从参保人数的覆盖率来看是比较高的。但深圳市医疗保险的显著特点是实行多层次、多形式的社会医疗保险制度，具体来讲，深圳市医疗保险可以分为综合医疗保险、住院医疗保险和劳务工医疗保险。综合医疗保险主要针对深圳市在职或者退休户籍人口，其覆盖范围、报销比例和报销金额封顶均比较高，不仅提供门诊医疗服务费用补偿，而且提供住院医疗服务费用补偿，不分大病与小病、重病与轻病都提供医疗保障。住院医疗保险主要针对非深圳户籍的城镇户籍在职人口，从覆盖内容上看更像是大病医疗保险，覆盖范围是相对有限的。劳务工医疗保险虽然缴费额度很低，但其就诊范围只能局限在社康中心，且其住院发生的医疗费用保险按照不同等级医院报销不同比例，报销数额的上限与其缴费年限直接挂钩。考虑到农民工的流动性和对医疗成本的敏感性，实际上在制度设计时就有意识地将劳务工医疗保险维持在一个较低水平上。从表面上看，是按照户籍来划分，但考虑到不同户籍人口的职业分布状况，实际效果是产生了职业之间的分化。

所谓的多层次、多形式的医疗保险制度不可避免地对不同职业群体的保障水平产生有损公平的影响。尤其是考虑到深圳市是一个典型的移民城市，户籍人口与非户籍人口比例严重倒挂，流动人口甚至占到了常住人口的主要部分，这种制度安排对不同职业群体的影响是不一样的。从2012年《深圳常住人口就医状况调查》结果来看，职业层级越低的人群，享受到综合医疗保险的比例就越小。其实在任何一个国家和地区，实行完全平等的医疗保险制度是不现实的，绝大多数国家也是把社会医疗保险划分为不同等级，设置不同的医疗模式。但无论何种医疗模式，医疗保险本身应该体现出保护弱势群体利益的特点，而深圳市现行的医疗保险模式显然是更倾向于保护在职业上占据优势的群体，对弱势群体的医疗保险设定了种种限制，造成的结果也必然有损于社会公平。就此而言，深圳市医疗卫生综合改革的重点内容之一就是医疗保险制度的持续改革，争取早日实现不同职业人群在医疗卫生保险上的无差别化。

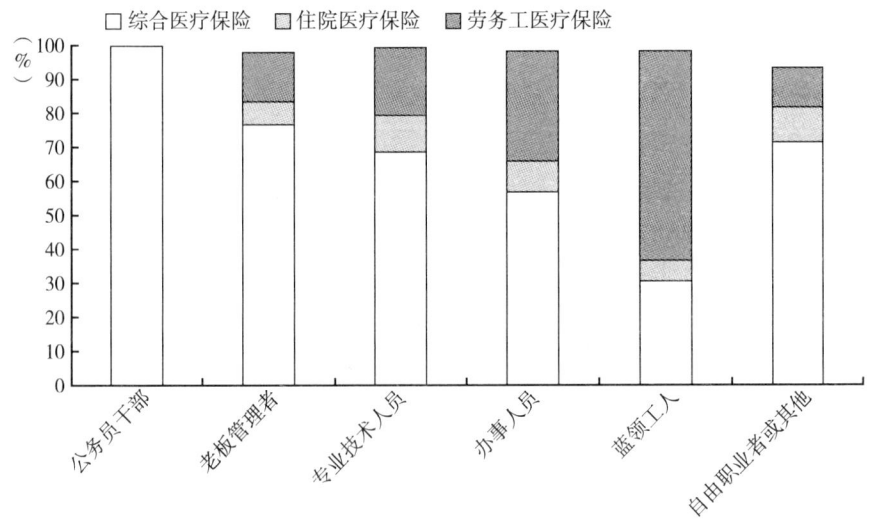

图3-9　不同职业阶层参加各种医疗保险的比例

四　不同职业群体之间卫生服务公平性的影响机制

深圳市医疗卫生系统如果依然按照传统的流行病学观点来主导改革，那么显然是换汤不换药，必然会影响到改革的力度和效果。因而，要在传统的流行病学的基础上，寻找新的支撑，特别是深入地分析医疗卫生服务供给方和需求方之间的互动关系和选择过程，从医疗卫生服务的社会性角度来深化对改革路径和方法的认识。

与传统的流行病学致力于寻找影响人们健康水平的风险因素（包括社会、心理和行为等）不同，以职业阶层为代表的社会分层体系与人口健康之间的关系基本形成了两种观点：社会因果论和健康选择论。社会因果论认为，个人的健康水平受社会结构因素限制，即个人在社会结构中的位置决定了他们的健康水平，社会经济地位越低的人，其健康状况越差（Dahl，1996）。健康选择论则认为，健康状况是个人社会流动的筛选机制之一，只有健康状况较好的人才能获得较高的社会经济地位，从而产生了健康不平等（West，1991）。

实际上，无论是社会因果论和健康选择论都极大地简化了健康不公平的产生过程，必须看到健康状况是一个选择过程的最终结果，它本身不仅仅是医疗卫生技术发展和医疗卫生服务供给的问题，还包含了病患者、医疗机构和政府财政补贴的选择过程。因而，从长期来看，医疗技术的进步能够改善人们的健康状况和提高人们的预期寿命，但是从某一固定时点来看，改善不同社会职业阶层享有医疗卫生服务权益的差异，比单纯提高医疗数量和质量要重要得多。从深圳市的实际情况来看，综合改革更要深入地把实现公共卫生服务均等化和人口健康公平视为一个政府、医疗机构、医疗保险制度、卫生工作者和病患者之间持续互动、信息传递和双向选择的过程。本研究将在下文中探讨在特定的经济社会发展阶段和特定的人口健康政策体系之下，深圳市不同职业阶层的社会经济地位影响卫生服务公平的机制，包括患者自我选择机制、医疗机构选择机制和财政补贴选择机制。

（一）患者自我选择机制

患者自我选择机制是指假定患者是能够进行理性选择的个体，他能够根据自身的情况来决定是否需要医疗卫生服务，以及根据自身的成本预算来选择接受何种医疗卫生服务的机制过程。这一过程可以分为两个步骤、两个条件和三种约束。患者自我选择机制的两个步骤是指产生医疗服务需求、依据成本约束选择医疗服务；两个条件是指产生医疗卫生服务需求的过程中需要同时满足生理疾病失能、能够认知自身不健康状况两个条件；三种约束是指在选择医疗服务时主要考虑经济成本、时间成本和风险成本。

首先，来看产生医疗卫生服务需求的两个条件。第一个条件是生理疾病失能。从医学角度来看，生理疾病失能是产生卫生服务需求的根本原因。从社会学的角度来看，病人角色的产生与其从事职业所承担的社会职能关系密切，比如严重的感冒对于一个工地的保安来说并不会当回事儿，但对于办公室的高级白领而言则会被视为严重的情况。这一状况其实是假设了在不同的社会层级之中，某种生理机能的重要性不同，对生理机能和疾病的认知也是不同的，从而引出产生医疗卫生服务需求的第二个条件，能够认知到自身的不健康状况。比如，具有较高文化程度的职业人群能够认识到微小生理病痛潜藏的疾病，比如头晕可能是由于高血压造成，而这一症状在文化程度较低的职业人群中则有可能被忽视。这两个条件从生理和社会两个角度来区分了处于社会不同角色职业人群的医疗卫生服务需求，较高职业阶层人群比较低职业阶层人群的潜在医疗卫生需求更多。

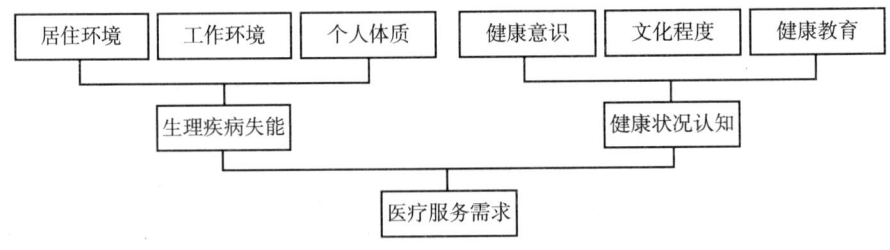

图 3-10 患者产生医疗服务需求机制

其次，来看选择医疗服务时考虑的三个成本：经济成本、时间成本和风险成本。经济成本是用于购买医疗卫生服务的费用支出，高收入职业阶层人群的购买力显然要强于低收入职业阶层人群。时间成本与职业性质关系密切，对于那些拿计时工资和计件工资的职业人群而言，看病所花费用除了医疗费用支出之外，还有不能够工作所带来的损失。而对于诸如高级白领和公务员的职业人群而言，他们的病休制度决定了看病的时间成本微乎其微。风险成本指的是不同职业风险产生疾病严重程度可能带来的成本，比如在恶劣工作环境中患职业病风险预期要高。这三个成本与职业地位之间存在紧密联系，职业收入、职业性质和职业风险都在一定程度上决定了病患者选择医疗卫生服务的约束性条件。

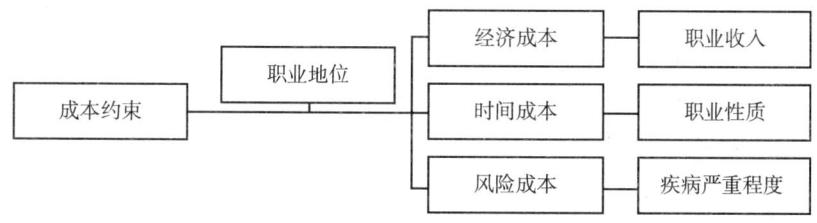

图3-11　职业地位对购买医疗服务成本约束的影响机制

最后，是患者在产生医疗卫生服务需求后根据成本来选择医疗卫生服务的两个步骤。这里有两个矛盾。一是从社会学的视角来看，不同职业群体担负的社会职能不一样，职业阶层较高的社会群体担负的社会职责和功能也较高，那么担负重要社会职能的职业群体是否应该受到特殊的关照？也就是按照社会功能的视角，社会地位高低与医疗服务好坏应该相关。二是从经济学的视角来看，如果想获得医疗服务效用的最大化，必须考虑边际成本和边际收益，而在边际成本固定的情况下，高收入职业人群的边际收益要高于低收入职业人群的边际收益，这就意味着从最大化效用角度出发，高收入职业群体应该获得医疗

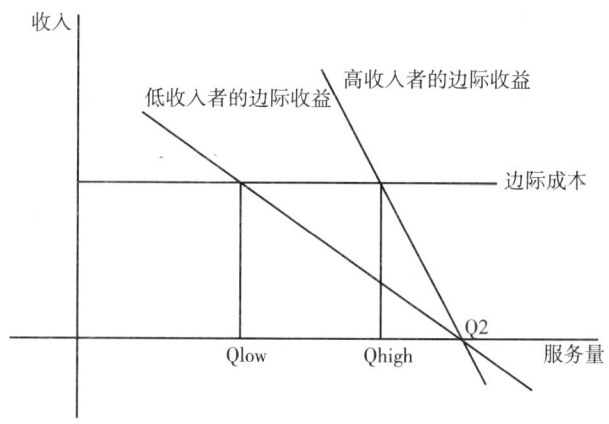

图3-12　不同职业收入群体获取医疗卫生服务边际
效益和边际成本示意图

卫生服务的数量要高于低收入职业群体，他们在追求自身收益最大化的过程中无疑也会做出同样的选择。上述两点都说明，在市场条件和理性人的假设之下，职业群体分化必然会带来医疗卫生服务的差异，这与社会公平性显然存有不可调节的矛盾。同时，这也意味着，如果没有医疗服务公益性和公平性的要求，在不同职业群体之间出现医疗卫生服务的差异是符合市场原则和个人理性原则的，那么要扭转这一状况必须通过非市场手段和非理性主义选择来实现，这也是综合改革过程中必须持续关注的话题。

（二）医疗机构选择机制

医疗机构选择机制指的是医疗机构倾向于提供何种层次的医疗服务，医疗机构如何在内部配置资源，以及医生倾向于选择何种人群的患者或者对不同人群选择何种治疗方法的过程机制。这里先抛开营利性医院不谈，因为从经营者角度来看，营利性医院不为那些没有支付能力的人治疗，不参加医疗技术的教学和研究活动，只接受病情较轻、容易治疗的患者，从而筛选了人群和市场，这对营利性医院是无可厚非的。但公立医院不一样的是，除了营利之外，还有公益性的要求。如果没有公益性的要求，医疗机构选择机制本身是符合市场逻辑的，因此，这里主要说的是公立医疗机构的选择机制。

在分析医疗机构选择机制之前，要考虑深圳市医疗机构自身的生存和发展的三个基本问题。基本上一个医疗机构的生存和发展离不开三个方面的内容：评级、营收和工作压力。评级是指医院等级划分标准，是依据医院功能、设施、技术力量等对医院资质进行评定，客观上造成了医院功能越完善、设施越完备、技术力量越强，其医院等级越高。反过来，医院等级越高，政府补贴越高，患者就越信赖，越希望来就医，这就解决了医院发展问题。通常来讲，医院的营收和服务量有很大的关系，服务量越大，营收自然就多，而高等级医院容易吸引到更多的患者，从而增加营收、扩大医院和提高技术水平，增加医院评级的良性循环。因此，从医疗机构的角度来看，不断增加营收和不断提高等级是医院良性发展的必然要求，但增加营收和提高等级都受到的一个客观约束即医生工作压力能否承受。现在深圳市三甲医院一个医生半天要看上百个病人，每个医生负担的门急诊病人数是全国平均水平的2.10倍，健康检查人数是全国平均水平的 10.3 倍,再继续增加患者,医生恐怕难以承担这么沉重的工作压力。因此,医疗机构选择机制既要满足评级和营收的要求,也要降低医生的工作负担。那么,医院方面最合理的选择就是在医院内部调整资源配置,再尽可能地对患者人群和服务内容进行一定程度的选择。

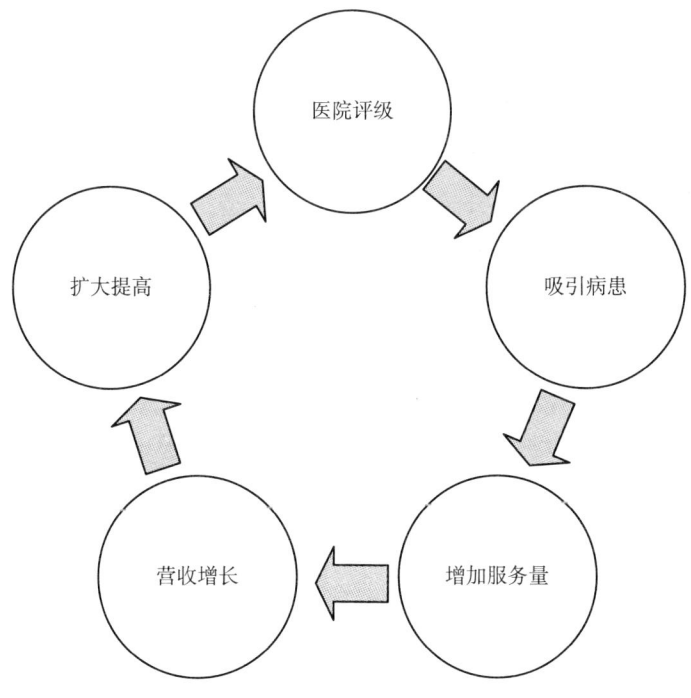

图 3-13 公立医院的发展机制

深圳市公立医疗机构的资源配置主要是两个方面:内部科室的资源配置,医院和社康中心的资源配置。医院资源配置的核心是人力资源配置,也就是医生的配置问题,而疾病诊疗的核心也是医生水平和能力问题。因而,如何调配医生最为关键。从医院内部科室的资源配置来看,医院选择重点发展在技术上领先、营收能力较强的科室进行优先配置是必然的,因此不再多做讨论。

在优先发展技术上领先和营收能力较强的科室前提下,医院和社康中心之间资源配置显然是有偏见的,尤其是在深圳市特殊的院管社康制度下,当社康中心发展本身不可能给医院带来评级和营收上的好处时,医院肯定会刻意避免把好的医生资源发配到社康中心,客观上造成了社康中心的医疗服务水平与医院的医疗卫生服务水平有较大差距。这就意味着,深圳市医疗机构选择的结果是形成两个技术水平不同的医疗服务市场,在技术水平较高的医疗服务市场中,医院希望能够获得更多治疗疑难病症、提高技术水平的机会和更多获得营收、开发高端客户的机会。在深圳北大医院的走访过程中,相关负责人就谈到北大医院未来的发展重点就是治疗疑难病症和开发VIP客户群。同时,近日新闻也报道,深圳市多家医院将取消普通门诊输液。这些例子都说明,医疗机构选择机制结果是:重治疗、轻预防,重视疑难病症、轻视常见病种,乐于开发高端客户、懒于应对普通病患。

医疗机构选择机制的另外一个层面是医生的选择机制。中国的医生制度的显著特点是医生既要看病,又要搞研究,还要会赚钱。与医院类似,医生也存在着科研、收入和工作压力三者之间的矛盾。而治疗病患带来的工作压力是不可避免的,在此前提下,医生自然也会选择有利于他们科研和收入的病患者来治疗,其结果也是重视疑难病症、轻视常见病种,乐于开发高端客户、懒于应对普通病患。因而,医生的选择差异往往源于制度差异,而非相关医生的智力和能力差别,特别是针对一些普通的疾病而言。

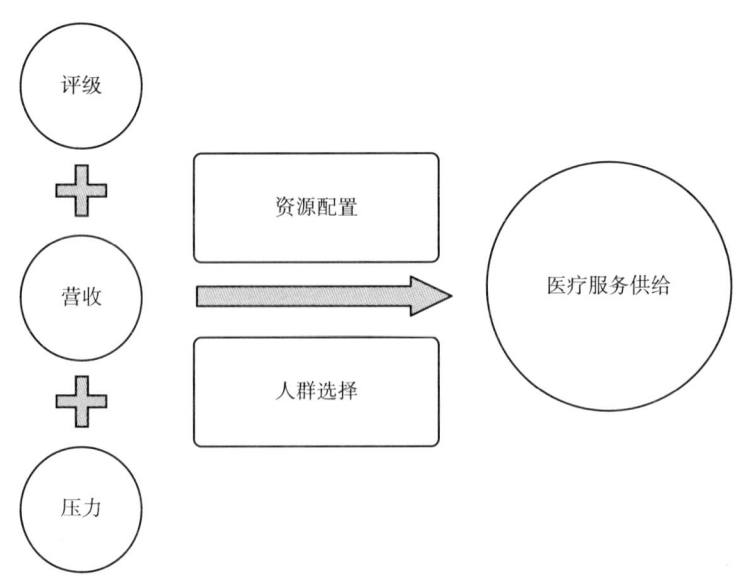

图3-14 医疗机构运行和服务供给机制

医疗机构选择机制也决定了社康中心的医疗服务水平要低于医院，无论是医院还是医生都在服务供给和服务人群上存在着倾向性的选择。再回头重新考虑到患者自我选择机制和医疗机构选择机制的共同影响，不难看到，需求和供给两个选择机制叠加的结果就是在市场化和理性选择的条件下，较高职业阶层的人群倾向于获得更多医疗服务，选择高水平的大医院的医疗服务；而较低职业阶层人群可能受到成本的约束，选择更少的医疗服务和去水平较低的社康中心就诊。因而，综合改革要想全面发挥社康中心的作用，实现社区首诊制，必须在制度设计上实行基于公平原则的逆市场化操作和非理性设计。

（三）财政补贴选择机制

财政补贴选择机制是指政府使用公共财政对提供医疗卫生服务的机构、医疗卫生服务的内容和医疗卫生服务的对象进行补贴的制度设计，这是综合改革中极为重要的一部分。简单地说，就是补贴哪些医疗机构、补贴哪些服务内容和补贴哪些人群三个主要方面。政府使用公共财政补贴医疗卫生服务的关键在于能否体现出公益性和公平性，确保城市的常住居民享有医疗服务的权利，因而财政补贴不能够按照市场化的逻辑来进行，而是需要充分考虑特殊机构、特殊服务和特殊人群的特点，在市场化和理性选择条件下改变患者自我选择机制和医疗机构选择机制带来的潜在不公，方能实现公益性和公平性的原则。

深圳市政府公布的《关于完善政府卫生投入政策实施方案》（以下简称《方案》）提出，改变对医疗卫生机构的投入方式，由以定额补助为主转变为以事定费、购买服务和专项补助相结合。实际上是把财政补助的机构和内容融为一体，根据医疗卫生机构提供的服务内容，包括基本医疗服务补助、公共卫生任务补助和基本公共卫生服务补助。按照规定，对于公立医院提供的基本医疗服务补助，财政将以医院前3年完成的诊疗人次、住院床日数与财政补助水平加权平均为基数，综合考虑医院承担的离退休人员支出，并结合医疗机构的工作数量、服务质量和满意度核定每工作量财政补助标准；对于医疗卫生机构承担的公共卫生任务补助，将通过以事定费、购买服务的方式，结合公共卫生项目完成的数量、质量、绩效评价结果等因素核定补助；对于基本公共卫生服务补助，财政将根据社康中心提供基本公共卫生服务的项目、数量、满意度等因素，制定项目分项考评补助办法。《方案》最大的好处是把财政补贴与医疗卫生服务相挂钩，相当于直接补贴到服务对象、服务内容，改变了以往补贴服务机构，却不管机构有没有提供优质服务的状况。但是，《方案》也存在两个方面的问题：一是无法改变医疗机构选择机制和患者自我选择机制带来的不公；二是只是覆盖了公立医疗机构，并没有涉及社会医疗机构，而在社会医疗机构就诊的绝大部分又是中低职业阶层人群。这就意味着《方案》虽然有助于改善深圳市整体的医疗卫生服务状况，却沿袭了患者自我选择机制和医疗机构选择机制背后的市场和理性选择的逻辑，故而，并不能改善深圳市职业分化带来的卫生医疗服务差异性和人口健康不平等性。

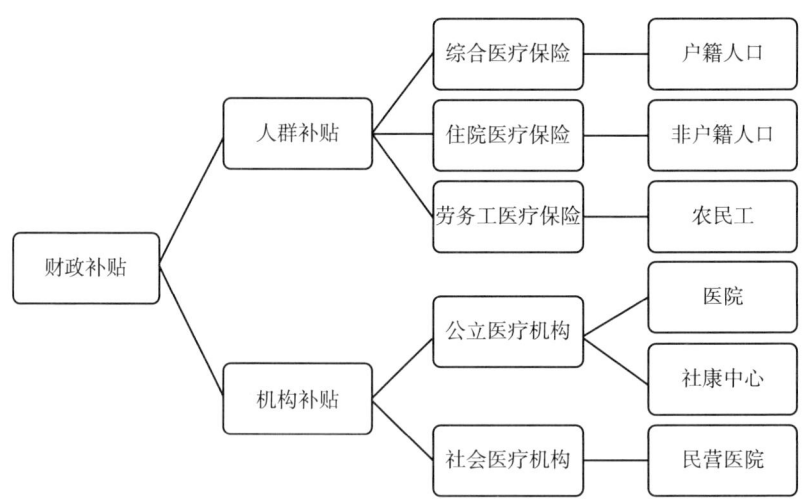

图3-15　政府部门财政补贴机制

与《方案》相比，深圳市医疗保险补助的倾向性则是加剧了不同职业人群在获得医疗卫生服务上的差异。深圳市医疗保险可以分为综合医疗保险、住院医疗保险和劳务工医疗保险，这三种保险实质上是按照户籍和职业两个基本标准来划分深圳常住人口的医疗保险。首先是户籍，有深圳户籍的人口可以获得综合医疗保险，没有的则不行。然后在没有深圳户籍的人口中又按照职业来区分出住院医疗保险和劳务工医疗保险。划分之后的结果是：对于城镇居民参加

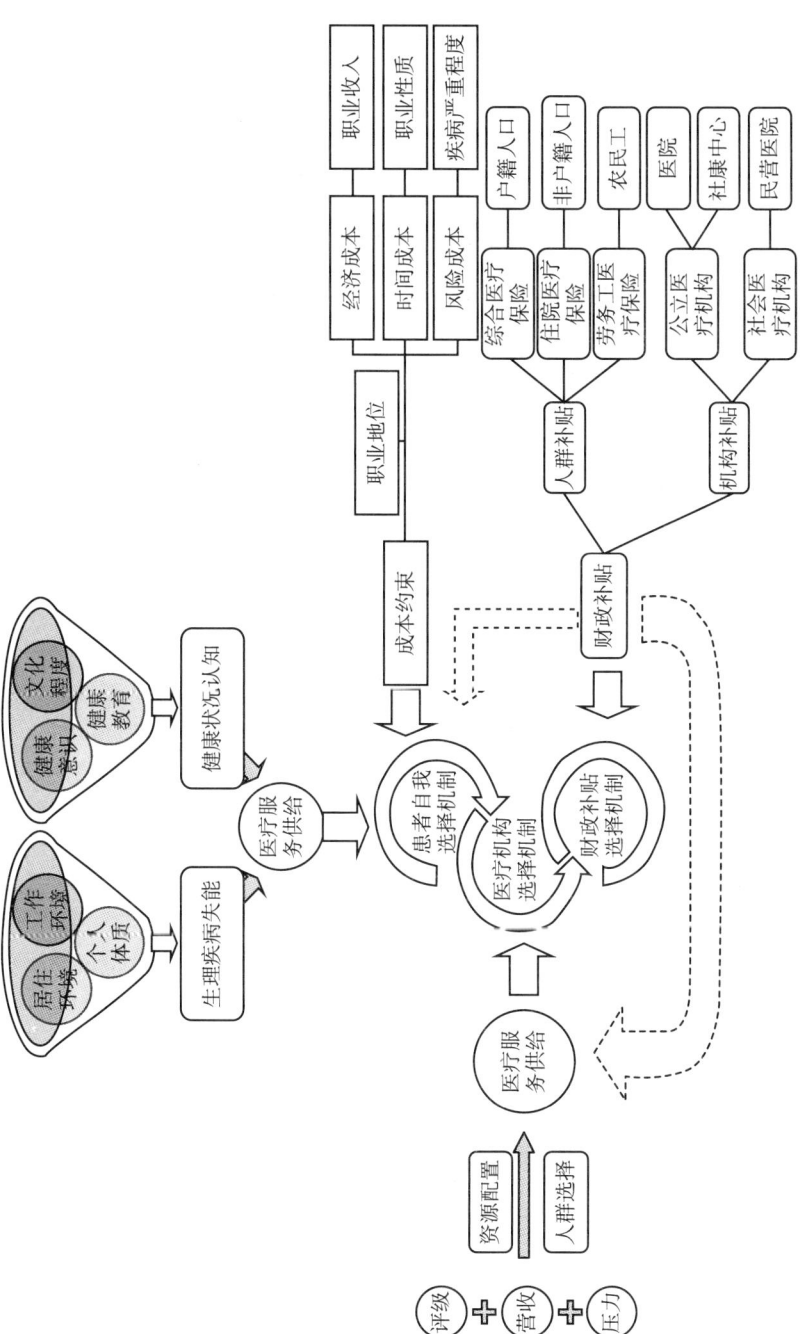

图 3-16 影响健康不平等的综合机制

医疗保险，2013~2015年每年9月1日起逐年提高补助标准，即2013年提高至每人每年282元，2014年提高至324元，2015年提高至360元。对于非户籍居民，却没有提及相应财政补贴的变动情况。尽管修改后的医保办法提高劳务工保险门诊统筹年度支付最高限额，由每人800元提高到1000元，但没有修改劳务工首诊必须去社康中心的规定，仍然变相的借用医疗机构选择机制来限制农民工获得优质医疗服务的机会。还有一项望梅止渴的修订是关于符合条件的劳务工在深退休后也可享受综合医疗保险待遇，却需要参加15年的综合医疗保险，还要参加10年的劳务工医疗保险。这种修订实际上是维系了原有户籍和职业分割带来不同职业群体获得医疗卫生服务的不公平状况而已。

总的来看，财政补贴选择机制没有改变职业分化带来的患者自我选择和医疗机构选择机制的弊端。虽然综合改革过程中，新的医疗改革措施和方案能够从整体上推进深圳市医疗卫生服务的水平，改善人口健康的整体状况，但不可能改变职业分化带来的不同职业群体之间的健康不平等。

五 关于改善职业群体间健康不平等状况的制度调整建议

对于经济社会发展能否改进健康公平性的研究，国外学者普遍认为社会经济地位较高群体的健康状况明显优于社会经济地位较低的群体，社会上层职业阶层更容易从经济社会发展中获益，而社会中下职业阶层的获益并不大，这意味着职业分化加剧了健康的不平等，影响到了医疗卫生服务的公平性。有研究认为深圳在以职业结构为基础的社会经济等级分化方面已趋向于橄榄形方向发展，但总体上还是呈现出顶部尖小、底部庞大的金字塔形结构。中等收入的职业阶层在社会阶层中所占的比重还不大，尚未形成中等收入职业阶层占主体的社会。同时，整个社会两极分化的趋势日益明显，最高收入组的家庭月人均收入是最低收入组的几十倍。从现有的数据来看，深圳概莫能外。在深圳市快速发展过程中，医疗卫生事业整体出现了巨大的进步，但不同职业阶层之间受惠程度并不一样，社会阶层之间获取医疗卫生服务的不平等状况并没有随着医疗卫生事业的发展而消除。为此，以公共服务均等化为目标的医疗卫生综合改革必须注重从社会福利的视角，改善较低职业阶层群体的人口健康状况。根据本研究的主要发现，提出以下五方面制度调整建议。

（一）完善社区首诊制度，弥补居住区隔和优质医疗资源分布不均的负面影响

深圳市在2006年率先试点社区首诊制，通过社康中心这一入口，结合双向转诊制，实现"小病进社区，大病进医院"。这一改革方案可以有效缓解市属公立医院的就诊压力，符合目前中国医疗体制改革的整体思路，其最终目标是健全"分级医疗、社区首诊、双向转诊"制度。如果能够实现较高质量的社区首诊制度，尤其是提高社康中心的诊疗水平，可以弥补居住区隔和优质医疗资源分布不均对不同职业阶层人口健康和享受均等医疗卫生服务的负面影响。中低职业阶层去社康中心就诊的可能性更大，而较高职业阶层去市属医院就诊的可能性更大，这样就在客观上造成了不同职业群体间的不平等。

但在我们的研究中可以看到，实际操作中医疗机构转诊主要是向上转诊，即从社康中心转诊到医院，而从医院转诊到社康中心的相对较少。只有健全了向下转诊制度，即从医院到社康中心的转诊，才有可能快速促进社康中心提高医疗水平、管理水平和服务水平，增加中低社会阶层获得优质医疗服务的可能性。因而，完善社区首诊制的关键在于提高社康中心的诊疗水平，尤其是在院办院管的前提下，如何实现相对较为均等的医疗水平和服务质量，方能真正实现均等化公共卫生服务。

（二）改革医疗保险制度，规避多层次医疗保险带来的职业人群健康保障权益的分化

现行的深圳市医疗保险制度被人诟病主要是对群体的不公：一是对公务员群体的过度优待，二是对外地户籍人口和农民工群体的种种限制。立足于深圳市的基本情况，一步到位地实现完全均等的医疗保险制度是不现实的，毕竟深圳市是一个流动人口和户籍人口严重倒挂的地区。一步到位地改革医疗保险制度也会带来医疗资源过度消耗和政府财力支撑压力等问题。毕竟，同一化的医

疗保障制度是中国未来医疗保险制度改革的主要方向，且就医疗保险制度改革的主要内容而言，应当是从成本上约束医疗卫生服务机构的趋利倾向，避免医疗资源的浪费和医疗保险费用的不合理使用。

目前深圳的医疗保险制度过于刻板，尤其是刻意按照户籍和就业状况来区分不同的户籍和职业人群，客观上把人群分成高低不同的三六九等。这种刻意和过度地区分户籍人口和职业群体更不利于推进公共服务均等化进程。因而，应当以均等原则完善多层次医保制度，至少在制度层面上保证处于相对弱势的职业群体或者外地户籍就业人口能够有制度入口获得较高水平的医疗保险，在设置制度入口的限定性条件时应当充分考虑现实性和可行性，尽量在制度层面上缩小不同职业人群之间的差距。

（三）强调财政补贴的福利导向，公立医疗机构和社会医疗机构要一视同仁

政府财政补贴资金取之于民，也要用之于民，因而政府财政补贴必须要带有明确的福利导向。目前深圳市财政补贴主要分为医疗机构和医疗保险两部分内容。从医疗机构的财政补贴改革来看，已经从补贴机构转向补贴服务，这种转向实质上改变了以往补贴供给方的做法，而且综合补贴了供给和需求方，进步很大，也能够刺激医院扩大服务、争取患者。但从补贴机构到补贴服务，仍然是在公立医院内部改革，且深圳市政府财政补贴占医院营收的比例只有17%左右，能否对不缺患者、人满为患的公立医院起到社会福利导向尚未可知。反而，这种以服务量确定补贴数额的机制如果能够同样适用于社会医疗机构，引导社会医疗机构从营利性走向公益性，无疑是提升了整个社会的福利水平。

在深圳市医疗系统综合改革的过程中，如果能够对社会医疗机构加以正确的引导，对只要是为居民提供医疗卫生服务的医疗机构，在财政补贴上均等享受同等的补贴待遇，这样就能够有效地提高各种医疗机构的服务水准。尤其是针对主要分布在关外地区的社会医疗机构，要充分考虑到关外地区中低职业阶层群体比例较大，如果能够将财政补贴同等地惠及到社会医疗机构，必将较大程度地缩小不同社会阶层之间的医疗服务水平，缩小人口健康的不平等。同时，也能够发挥优化资源配置的作用。

(四)公立医院改革兼顾效率与公平,医务工作者工作重心要向临床一线倾斜

深圳市公立医院改革的关键是理顺医疗卫生服务机制,一方面是确立公立医院法人的主体地位,实现去行政化,以增进公立医院的运营效率和不断提高技术服务能力,简单说就是提质增效;另一方面在提质增效的同时,避免公立医院去行政化之后的过度市场化,避免出现前文所述的医疗机构选择机制带来的对医疗卫生服务对象、服务内容的选择性和倾向性,缩小不同社会阶层人群之间健康不平等。以往的经验也证明,完全市场化倾向的后果是破坏医疗服务的平均水平、不平等地分配医疗服务。

因而公立医院改革在确立公立医院法人地位、赋予其自主权的同时,公立医院监管部门要优化公立医院资源配置,包括服务对象、服务内容和服务区域,要加大医疗服务监督和引导的力度,确保公立医院改革的成果能够惠及深圳每一个人和每一块土地。对于公立医院的医务工作者,要改革相应的职称评定制度,减少他们的科研压力,要提倡他们的工作重心向临床一线倾斜,以提供高质量的卫生服务为导向。有必要加快全科医生制度的引进,加快全科医生队伍的建设,争取在全国范围内率先建立健全全科医生制度。

(五)医疗服务体制综合改革要平衡供需双方,赋予博弈失衡患者议价权

医疗卫生服务体制综合改革要平衡政府、医院、医保、患者多方的利益,兼顾利益相关各方的眼前利益和长远利益。深圳市目前的状况是公立医院在医疗卫生服务机构中占据着主导地位,医生在医患关系中占据着主导地位,这种情况就造成了无论制定何种政策措施,在具体施行时必然会受到公立医院和医生出于自身利益考虑的偏向性引导。特别是在医疗机构去行政化过程中,公立医院逐渐成为独立法人,拥有了很大的自主权,政府财政补贴不再是公立医院收入的主要来源,故而在市场化的大环境下,公立医院必然会利用其主导和垄断地位以医疗卫生服务换取最大化收益。而患者作为医疗服务的最终消费者和

支付者，本身却是处于多方博弈中最为失衡的一方。而较低职业阶层则是多方博弈中失衡一方的弱势群体。比如参加劳务工医保的农民工，只能在选定的社康中心就诊方能享受医保。因而，卫生医疗服务体制改革重要的一点就是平衡政府、医院、医保、患者多方的利益。

卫生医疗服务体制综合改革平衡多方利益的关键在于两点：一是要引入和扶持社会资源，培育多方主体的医疗机构，改变公立医院在医疗市场上的主导地位和垄断地位；二是在全民医保的大背景下，医疗管理机构应当转变思路，规范制度、减少限制，充分赋予患者选择医疗机构的自主权和支付医疗费用的议价权，利用患者医疗服务购买行为来实现供需双方的平衡。

B.4 深圳区域间经济与卫生计生服务协调性评价及成因分析

崔祥芬 苏 杨 陆杰华 曾序春

本章要点：

1. 深圳市辖各区域间的经济发展水平趋于协调，原关外两区与关内四区的差距逐步缩小，但各个行政区经济差距的缩小并未相应带来公共服务资源在空间上分布均衡：原关外地区仍然明显落后于关内地区，优质卫生资源与经济发展水平严重不协调，而基本公共卫生服务和计划生育公共服务的不协调程度相对较小。

2. 市域内空间分布角度的经济发展水平与卫生计生服务水平不协调是一系列制度安排的综合后果，诸如"条块分割"的行政管理制度、国有公共服务资源主要由行政力量配置而忽视居民需求的资源配置和规划制度、致使地方社会建设"有心无力"的财税制度、"轻过程，重结果"的绩效考核机制等，对计生卫生资源分布的均衡性形成了障碍。

3. 这种不协调表明深圳卫生计生系统在服务供给效率上还有较大的提升空间。未来要实现卫生计生服务领域的"深圳率先"，需要从以下方面着手突破：**明确卫生计生服务的薄弱区域和薄弱环节；继续深化医疗卫生体制改革和公立医院改革；完善卫生计生领域的科学、民主决策机制；积极贯彻落实区域卫生规划；调整财政支出结构，向需求方和公共卫生领域倾斜；建立民生为先、过程导向的绩效考核指标体系。**

深圳30余年的经济特区发展经验表明，单纯的经济增长并不必然与广泛的、同步的民生改善相关联。随着改革开放的深入，在经济发展成果显著的同时，社会发展滞后于经济发展的现象在深圳日益显露出来①。特别是作为社会事业核心领域之一的卫生计生服务供给水平，还存在着空间分布角度与经济发展水平显著不协调的问题。这也就意味着：经济发展的成果并没有同步地体现在卫生计生事业中并被全民所分享。卫生计生服务滞后于经济发展，这不仅与中央"坚持以人为本，树立全面、协调、可持续的发展观，促进经济社会和人的全面发展"和"病有所医"的要求不相符合，也与"综合改革，深圳率先"的愿景相背离。

2012年蓝皮书通过GAP分析方法，凸显出深圳医疗卫生服务存在着可观察的区域差异和人群差异，以按需供给的标准衡量供给效率欠佳②。2013年蓝皮书的协调性分析沿用了去年的区域分析的思路，但是侧重点不同：2012年的GAP分析按照公平性的原则来衡量不同区域和不同人群所享有的医疗卫生服务现状，是区域和人群两个维度内部的"协调性"；而今年要突出不同的经济发展水平的区域在卫生计生服务供给上存在何种差异，目的是反映经济发展与社会事业两个系统之间的"协调性"。本报告旨在脱离"从内部看内部"的局限，将卫生计生服务供给与经济发展大格局相关联，更加明晰卫生计生服务面临的不协调问题和未来的优化方向。深圳在"综合改革"领域硕果累累，但是卫生计生服务供给效率低，特别是与经济发展不相协调的问题，无疑是拉低改革绩效的关键环节。为此，需要分析深圳市内各区域间经济发展水平与卫生计生服务供给水平的协调性，找出卫生计生供给的薄弱区域，以针对性地改善卫生计生资源的空间配置水平，这样才可能真正实现卫生计生事业的"深圳率先"。本部分就是针对这个问题的量化分析：首先是

---

① 1980年，中共中央和国务院正式将深圳确定为"经济特区"，包括罗湖、福田、南山、盐田4个行政区。2004年，为实现特区内外一体化发展，推进宝安、龙岗两区城市化工作，随后于2007年和2009年在宝安区和龙岗区两个辖区内分别增设了光明新区和坪山新区。2010年，深圳已实现特区内外一体化，经济特区范围已扩大到全市，2011年，深圳市增设龙华新区和大鹏新区两个功能区，截至2011年12月，全市共设6个市辖行政区和光明、坪山、龙华和大鹏4个功能区。从深圳经济特区的发展史不难发现，深圳的城市化存在人为差距，且其发展初期更强调经济方面的率先发展，这使深圳在经济上率先发展后难免存在社会发展不同步的现象。

② 参见2012年蓝皮书分报告四"深圳市医疗卫生服务的供给效率高吗——基于医疗卫生服务供需情况的GAP分析"。

选取关键指标构建协调度指数，测算深圳卫生计生服务与经济发展的不协调程度和具体表现形式，然后对形成此种不协调状态的体制机制成因进行分析，最后提出针对性的制度调整方案。

一　协调性分析的基本思路和框架

理论研究表明，卫生计生服务的供给在理想状态下与经济发展水平通常呈现正相关，即随着经济发展水平的提高，卫生计生服务的供给水平相应提高。但是在深圳的实践中，这种协调的关系没有实现。定量评价协调/不协调的程度，是本部分研究的第一步。基于可操作的原则，本部分利用"相对等级"来定义协调性：一个行政区的卫生计生服务与经济发展水平协调，是指在与其他各区进行比较时，在经济水平和卫生计生服务水平这两类评价体系上都处于同一等级（例如都排第一，或者都排第六）；如果经济发展水平排名靠前（后），而卫生计生服务排名靠后（前），那么就是不协调。因此，本部分的总体思路是：选取具有代表性的指标构建两类指标体系，来分别衡量深圳各行政区之间的经济发展水平和卫生计生服务水平，再通过统计手段构建关联经济发展水平与卫生计生服务水平的协调度指数，以此来定量分析深圳各个行政区经济发展和卫生计生服务发展的协调性，进而探讨是何种制度原因导致各个行政区的卫生计生服务无法实现与该区经济发展水平的协调。

需要说明的是，深圳市的行政区划已于近期进行了调整：深圳市以关内外一体化的发展规划导向，按区域在城市发展中的功能重新组团，将全市划分为10个功能组团（福田区、罗湖区、南山区、盐田区、宝安区、龙岗区、光明新区、坪山新区、龙华新区、大鹏新区）。因此进行深圳市区域间经济发展与卫生计生服务发展协调性研究时，以各功能组团为基本单位是最具合理性的。然而，目前已有的数据并不能满足以功能区为基础的评价方法。因此采用传统行政区为最小评价单元，且由于龙华新区、大鹏新区成立于2011年，目前相关经济、卫生等数据均未进行单独统计，故本部分对分析时暂不将其单列出来。根据这些考虑，确定本部分的研究框架如下：

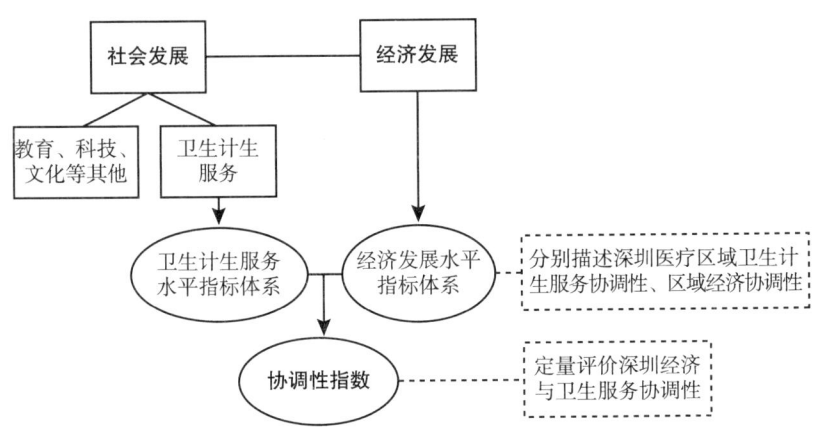

图 4-1 卫生计生服务与经济发展协调性研究框架

二 协调性指标的构建

1. 经济发展水平指标体系

经济发展水平的指标繁多,世界各国的研究人员均在探讨如何选取重要且具有代表性的指标构成经济发展的指标体系,计算出综合指数进行评价和分析,如联合国人类发展指数(HDI)、物质生活质量指数等。经济发展是区域发展的物质保障,为卫生计生资源提供了必要的科技和物质基础。国家的《国民经济和社会发展第十二个五年规划纲要》(以下简称《十二五规划纲要》)提出从经济总量、经济结构等方面评价区域经济发展。本部分选择以下指标评估经济发展水平:

第一,经济总量包括 GDP 总量和加权人均 GDP[①]。其中 GDP 总量用于计

[①] 深圳作为典型的移民城市之一,因对外开放程度高、投资环境良好和地理位置紧邻香港的缘故,拥有大量港资企业、台资企业、外资企业和中外合资合作企业,故吸引大量的来自香港、台湾和国外的人口长期居住和工作,同时经济的快速发展和较好的就业环境,吸引全国各地的广大劳动力人群移入,因此,人口加权平均时需要考虑当地的人口构成。深圳市人口由户籍人口、有居住证的流动人口以及未获居证的流动人口三部分构成。虽然常住人口是深圳市经济发展的主力军,但非常住流动人口群体对该市经济发展的贡献也不容忽略。因此,本研究采用人口加权平均 GDP 作为评价区域间经济发展水平的指标之一,但由于非常住流动人口的数据无法获得,故仅考虑常住人口,根据户籍性质分类,并进行赋权,户籍人口赋权为 1,非户籍人口赋权为 0.5,但数据采集发现,各区"六普"公布的主要数据均未显示常住人口的户籍性质,因此考虑到可操作性,不再赋权,直接计算常住人口的人均 GDP 水平。

量区域经济水平和经济总量的大小，加权人均GDP则反映了人均收入的变化。

第二，经济结构必须同时考虑三大产业的比重。深圳的特殊性在于农业基础非常薄弱，在生产总值中的比重微乎其微，二产和三产比重加起来接近100%。因此，如果同时考虑二产和三产的比重，容易产生相互抵消的效果（例如福田区的三产比重达到90%以上，而二产比重不足10%）。基于这个考虑，本部分选取"工业增加值率"（工业增加值/工业生产总值）来反映工业发展的绩效水平，"第三产业比重"（第三产业生产总值/国民生产总值）来反映经济结构的优化程度。

第三，财政收入也能间接反映本地区的经济发展水平。财政收入的多少，反映了地方政府履行公共服务职能、实施公共政策和提供公共物品的能力大小。例如王绍光（2005）认为，20世纪80年代以来的财政分权削弱了地方政府的财政实力，是导致卫生计生事业投入不足的主要原因。本部分选取"一般预算财政收入"作为衡量政府财力的指标。

综上所述，经济发展水平评价指标体系如下：

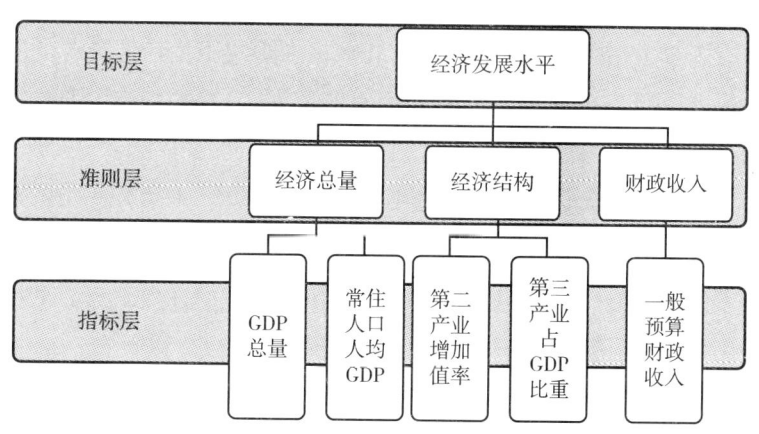

图4-2 区域经济发展水平评价指标

2. 卫生计生服务水平指标体系

卫生服务、计生服务均是指能促进人们健康的人力、物力、财力、科学技术和信息等资源的供给。卫生服务和计生服务各有侧重，也有诸多重叠内容。深圳在成立卫生和人口计划生育委员会以后，将卫生资源和计生资源有效整合到一起，建立起一套卫生计生服务供给系统，有效地提高了服务效率。考虑到卫生计生服务的层次，本部分将卫生计生服务分为"优质卫生服务"和"基本卫生服务"两类。

(1) 优质卫生服务指标

有学者（安艳芳，2011）认为优质卫生资源是指在整个卫生服务体系中质量较高的资源，包括高水平的卫生人才和技术、先进的仪器设备、高品质的服务设施、良好的医学教育体系以及先进的医疗信息系统等，并根据其形态，将优质卫生资源分为5大类：人力资源——某区域或医院在卫生计生人力资源方面形成的相对优势，包括质量优势（即卫生技术人员在学历结构、职称机构、技术能力等方面占优）和数量优势；物力资源——某区域或医院拥有大量高品质设施、先进医疗设备等物质资源；财力资源——以货币形式表现的投资于卫生计生事业的经济资源，包括政府医疗预算拨款、社会医疗资金以及个人医疗费用，一般可用卫生总费用中的医疗机构费用（机构流向法）确定地区医疗财力资源的总量和人均水平；技术资源——优质卫生人力、物力和财力资源的综合产出，与前述几类资源呈现同一分布；信息资源——拥有先进的区域卫生信息系统或医院信息系统。

优质卫生服务最大程度反映了各个行政区在聚集卫生计生资源上所具备的能力差距，涉及服务对象的范围和利用率的问题，较难在产出结果上进行衡量，因此本部分主要采用"硬"指标来表征。

人力资源：卫生人员是卫生资源中最能动的要素，本部分选用每十万人拥有国有医疗机构中的"医生数"和"护士数"两个指标表征优质人力资源情况。由于不同所有制类型的卫生计生机构所提供的卫生计生服务数量和质量不同，其中国有卫生计生机构（政府办卫生计生机构和全资国有企事业办卫生计生机构）占据绝对主导地位，因此，仅选取这两类卫生计生机构中的医生数和护士数作为优质卫生人力资源的反映。

物力资源[①]：包括每十万人拥有"二级以上加权医院数"和"百万元以上医疗卫生设备数"。医院等级标准根据《医院等级划分标准》，全国统一，不

---

① 近年来深圳市实施"一大一小"的卫生事业发展战略，医院和社康中心是深圳市二级医疗服务体系构建的重要组成部分，区级以上医院实行内涵式功能扩展，注重医疗服务水平的提高，社康中心则以广覆盖实现健康服务目的。

分医院背景和所有制性质地将医院分为三级十等,其评价内容包括医院的功能、设施和技术力量等因素,能比较全面地反映医疗机构的服务能力。从医院性质来说,选取公立医院①。从优质卫生资源的角度,可选用三甲医院数作为表征指标,但由于深圳全市范围内的三甲医院较少,且空间分布相对集中,因此二级以上加权医院数作为表征指标,即将不同级别的医院进行赋权(二级医院为1,三级医院为2),求各区的优质医院加权数。大型医疗设备是提供优质卫生计生服务的硬件基础,其数量和质量在很大程度上反映了卫生计生投入的大小,本部分选取的是"每十万人拥有百万元以上的医疗装备数"这一指标,其中市属医疗机构所拥有的医疗装备数量,按照属地化的原则划入各个行政区。

财力资源:卫生资源的投入主要来源于政府卫生事业支出,因此选用每十万人拥有区域"财政拨款卫生事业经费"作为表征指标。

技术资源:技术资源是集人力、物力和财力资源的综合产出,包括医疗服务和科研水平。为了实现区际比较,选择每十万人拥有"医疗重点专科/学科数"指标对技术资源加以表征。医院重点专科/学科是推进医疗、科研、教学全面发展的重要平台,是医院技术实力、研究能力的重要指标,在区域卫生计生服务体系中处于核心地位。国家级的专科或学科有"国家临床重点专科"和"国家级重点专科"两类,省级的分为"重点实验室""省级临床专科科研机构""'十二五'期间医学重点学科""广东省中医重点专科""广东省中医特色专科(专病)"五类,市级分为"深圳市优势重点学科(群)"和"深圳市医学重点学科"两类。国家级、省级和市级虽然技术水平和影响力有差异,但是从现实效用而言,市级重点专科或学科已经构成优质卫生资源,足够满足居民绝大部分的就医需求,因此对于三个等级的重点学科或专科不再进行赋权处理。

基于此,形成如下的优质卫生资源构成图:

---

① 医疗卫生机构是医疗卫生服务的主要供给者,按照性质不同可分为公立医疗卫生机构(政府办和国有企业办两类)、集体全资、股份合作、联营、股份有限公司、中外合作合资、私有和其他等八种经济类型。本部分主要分析的是优质卫生资源的分布状态,而在目前的医疗卫生体制下,优质卫生资源普遍集中于公立医疗卫生机构,特别是公立医院,其余类型的医疗机构相对来说人、财、物的实力较弱。另外,改善医疗卫生与经济发展的协调性最终要归结到政府部门的能动性上,政府部门所属的公立医院能否发挥作用至关重要。基于以上考虑,主要选取的是公立医院。

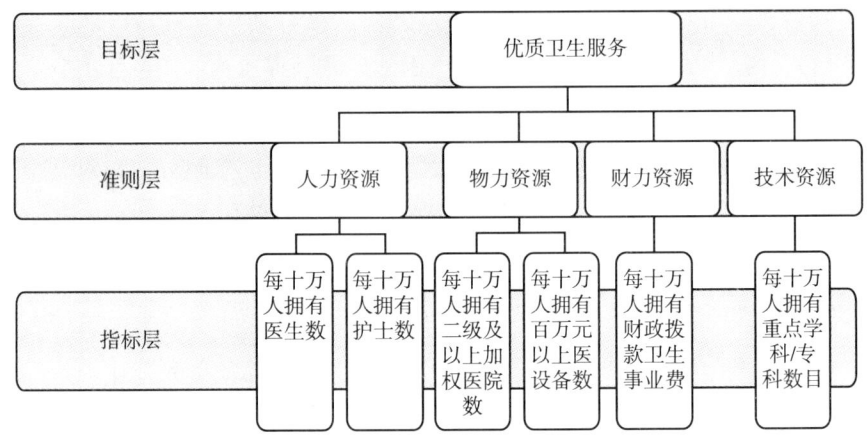

图4-3 优质卫生服务指标体系

(2) 基本卫生服务指标

医学领域公共卫生的内涵分广义和狭义两种:广义的公共卫生包括医疗在内,是针对社会公众健康所采取的各种措施;狭义的公共卫生是与医疗相对的,有别于在医疗机构进行的针对个人健康的医疗措施,是指针对社区或者社会公众健康采取疫苗接种、健康教育、卫生监督、疾病预防控制等流行病学手段实施的控制措施。《国家基本公共卫生服务规范(2011年版)》中基本公共服务的内容包括11项,分别为城乡居民健康档案管理、健康教育、预防接种、0~6岁儿童健康管理、孕产妇健康管理、老年人健康管理、高血压患者健康管理、2型糖尿病患者健康管理、重性精神疾病患者管理、传染病及突发公共卫生事件报告和处理、卫生监督协管服务规范。本部分从妇幼保健、疾病防控和健康促进三个方面来评价基本卫生服务。

由于基本卫生计生服务所覆盖的人群范围较广,且既有的政策框架中偏重于结果产出,因此本部分选取"软"指标来衡量各个行政区之间的基本卫生服务水平。

妇幼保健不仅是卫生系统的重点工作,也是计生系统的重要服务内容,例如总报告中提到的计生服务项目"妇科门诊""生殖健康门诊""不孕不育治疗""病残儿及并发症鉴定""优生检测""优生优育咨询""生殖健康普查""三优指导"等均与妇幼保健水平密切相关。深圳卫生计生系统考核指标,侧重于结果,故选用"孕产妇死亡率"、"5岁以下儿童死亡率"两个结果指标和"3岁以下儿童系统管理率"综合评价妇幼保健服务水平。

疾病防控上,由于疾病受遗传、环境、心理和不良生活行为习惯等多种因素影响,故单纯以疾病发生或死亡等结果指标评价基本卫生服务水平缺乏合理性,故此部分指标的设计以反映政府服务能力的指标为主。传染病直接危害人群健康,是疾病预防工作的重点,因此"传染病发病率"作为指标之一。同时,对于深圳这样的发达地区来说,慢性病已经成为威胁人口健康的"头号杀手"①,选用"高血压管理率"和"糖尿病管理率"两个指标。

健康促进上,同样以干预手段方面的指标为主。既有研究表明"医疗保险覆盖率"对人们的就医行为和健康有着显著影响。"健康知识知晓率"不仅包括卫生健康知识,也包括计生健康知识,是评价基本卫生服务中的"健康促进"目标的关键指标。

综上所述,指标体系如图4-4所示。

3. 经济发展与卫生计生服务综合指标

本部分通过构建经济发展指标体系、优质卫生服务水平指标体系和基本卫生服务水平指标体系,运用熵权系数法②计算各区域经济发展、优质卫生服务和基本卫生服务的水平,并以此评价各区的经济发展和卫生计生服务水平。具体方法如下。

---

① 慢性病具有"患病人数多、影响因素复杂、医疗成本高、患病时间长、服务需求大"等特点,对这类疾病的控制主要采取"预防为主、防治结合"的方针,因此是基本公共卫生服务的重要内容。在深圳疾病致死状况的统计中,肿瘤尽管是死因顺位第一,但是整体来看肿瘤只涉及很少数量的人群和总量较低的疾病负担,而高血压和糖尿病却已成为涉及人群广泛,疾病负担总量大,危害严重的慢性病种,也是心脑血管疾病的潜在病因。深圳2009年开展了慢性病及其危险因素的大规模流行病学调查,结果显示,深圳市高血压和糖尿病的患病率分别高达13.28%和5.04%,比1997年分别增长了22%和20%,是深圳排列前两位的慢性病。深圳市高度重视这两类疾病的控制和管理,已建立社区高血压、糖尿病人及高危人群的发现、登记、转诊、随访管理及评估机制,数据已被纳入常规统计渠道。

② 熵权系数法(Entropic Coefficient Method)的原理来自信息论:根据一系列的计算过程,直接根据样本各指标的数值构成关系得到各指标的权重,进而得到各样本的评价值。使用熵权系数法确定各指标权重并获得评价值的过程大致分为构造初始数据矩阵、计算熵值以确定指标权重、由标准化处理后的数据矩阵得到样本的综合评价值三个步骤。由其计算过程可知,熵权系数法既能给出各指标的权重,又能给出样本的优劣排序结果,虽然计算过程相对复杂,但更加客观、科学。

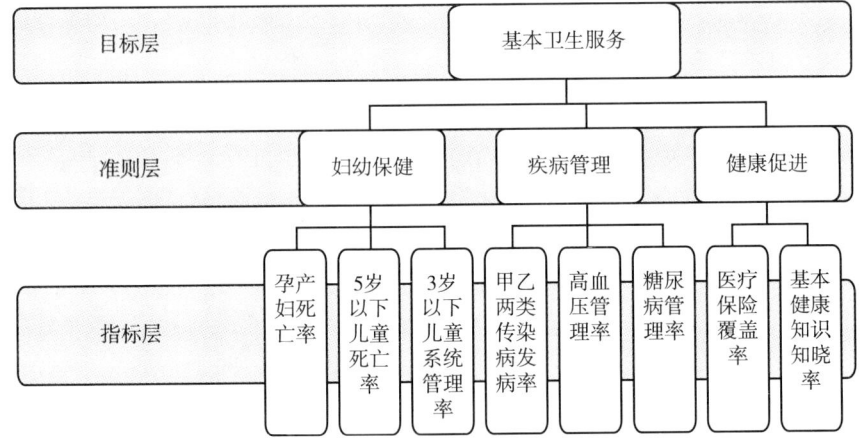

图 4-4 基本卫生服务指标体系

首先，构造初始数据矩阵：

设有 m 个样本，各样本分别有 n 个评价指标，x_{ij} 表示第 i 个样本在指标 j 下的评价值，得到初始矩阵 $X = x_{ij(m \times n)}$，并按（1）式进行标准化得到 $Y = y_{ij(m \times n)}$。

$$y_{ij} = \frac{x_{ij}}{\sum_{i=1}^{m} x_{ij}} \tag{1}$$

其中，m 个样本即为 6 个行政区，n 个评价指标即为经济发展水平指标（或优质卫生服务评价指标和基本卫生服务指标），分别标记为 X_{i1}、X_{i2}、…、X_{in}。

其次，赋予指标权重：

第 j 项指标的熵值计算方式如（2）式：

$$e_j = -k \sum_{i=1}^{m} y_{ij} \ln y_{ij} \tag{2}$$

（2）式中：$k = \frac{1}{\ln m}$，$0 \leq e_j \leq 1$。

第 j 项指标的指标效用值为：

$$h_j = 1 - e_j \tag{3}$$

则第 j 指标的权重为：

$$w_j = \frac{h_j}{\sum_{i=1}^{n} h_j} \tag{4}$$

最后，根据指标权重及标准化处理后的数据矩阵就可以得到样本的综合评价值：

$$V_i = \sum_{j=1}^{n} w_j y_{ij} \tag{5}$$

由（5）式获得的综合评价值 V_i 就是评价区域经济发展的相对等级值。

将优质卫生服务和基本卫生服务水平的指标对应的数据按照上述运算过程代入计算，就能得到相应指标的权重，进而计算出深圳市某一行政区卫生计生服务水平的相对等级。

4. 经济发展与卫生计生服务发展协调性指数

在得到了卫生计生服务综合指标以后，为了与经济发展水平进行关联分析，本部分将基于深圳数据，构建两个协调度指数，分别依据不同的逻辑：其一，优质卫生服务的理想后果是与经济发展水平相协调，而非均等化，因此构建经济发展与优质卫生服务的协调度指数 CI；其二，基本卫生服务的目标是实现不分区域、不分人群的均等化，与不同区域的经济发展水平无关，因此构建基本卫生服务的偏离度指数 DI。

具体步骤如下：

（1）经济发展与优质卫生服务的协调度指数 CI

将优质卫生服务水平的综合评价值 V_{i2} 除以经济发展综合评价值 V_{i1}，所得的值再减去 1。即：$CI = V_{i2}/V_{i1} - 1$（$i = 1, 2, \cdots, 6$）。

CI 的值越接近于 0，表明优质卫生服务与经济发展水平越协调；小于 0，表明优质卫生服务水平滞后于经济发展；大于 0，表明优质卫生服务水平超前于经济发展。全市总体失调程度为各个 CI 值的绝对值之和。

（2）基本卫生服务的偏离度指数 DI

计算 m 个行政区基本卫生服务综合评价值的平均值，各行政区的偏离度指数等于该区综合评价值与平均值之比,再减去1。即:$DI = \frac{v_{i3}}{\frac{1}{m}\sum_1^m v_{i3}} - 1$。DI的值越接近于0,表明基本卫生服务越接近于全市平均水平;小于0,表明基本卫生服务水平落后于全市;大于0,表明基本卫生服务超前于全市。全市总体偏离程度为各个DI值的绝对值之和。

三 深圳市各区经济发展及卫生计生服务描述分析

1. 经济发展水平

(1) 经济总量

2011年深圳市各区的国内生产总值,宝安区最高,为3270.42亿元;南山区次之,为2441.75亿元;其余分别为福田区2099.09亿元,龙岗区1881.58亿元,罗湖区1209.84亿元和盐田区325.61亿元。

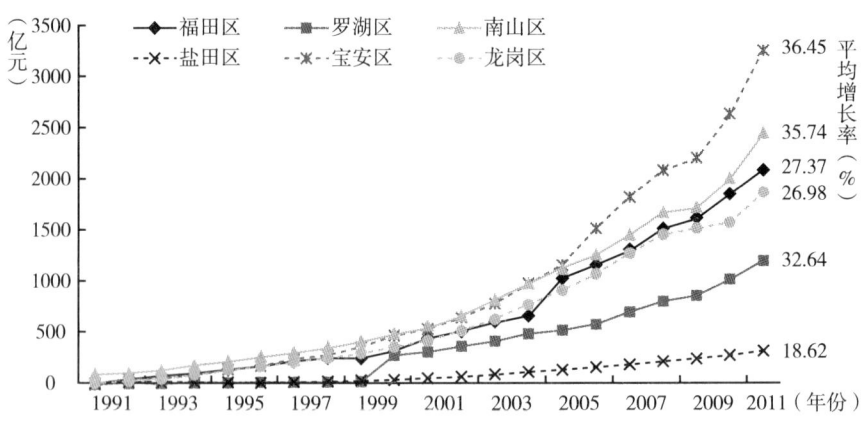

图4-5 1991~2011年深圳分区国内生产总值变化

数据来源如无注明,均来自深圳历年统计年鉴。下同

从增长率来看,20年间深圳六个行政区的国内生产总值均保持了高速增长,增速远远高于全国平均水平。宝安区的国内生产总值增速最快,达到年均36.45%,2005年超越南山区成为全市第一。其次是盐田区为36.45%,但是由于国内生产总值基数较小,1991年不足1亿元,因此总体增量较为平缓。

罗湖区的增速也维持在30%以上。福田区和龙岗区较为接近，为27%左右。南山区的年平均增速略低于其他各区。

要分析人均GDP，人口数量是基础，因此首先要分析深圳市常住人口的情况。深圳市常住人口数量增长迅速，从1991年的226.76万人增加到2011年的1046.74万人，年平均增长率为8.4%。宝安区和龙岗区是深圳市最重要的两个承载区域，2011年宝安区常住人口的数量为454.84万人，龙岗区常住人口的数量为235.19万人，两区常住人口占深圳市的65%以上。福田区人口为132.24万、南山区为109.99万和罗湖区93.1万，数量较为接近；盐田区人口较少，仅为21.1万人。

从常住人口增速上看，20年间宝安区和龙岗区的常住人口增速均在10%以上，福田和南山两区约为7.3%，盐田区为5.46%，罗湖区最低仅3.32%。1991年以后宝安区的常住人口规模便领先于全市，龙岗区（58.21万）于1992年超越罗湖区（50.62万）成为全市第二。

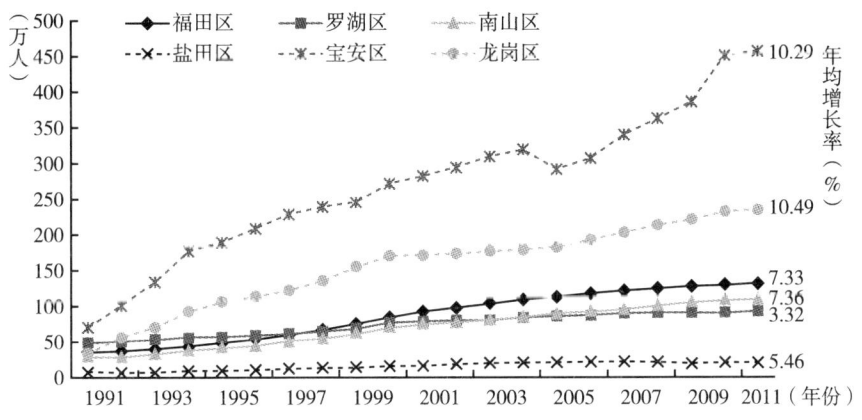

图4-6　1991~2011年深圳分区常住人口变化

人均GDP数量这一指标上，南山区遥遥领先于全市平均水平，2011年南山区人均GDP达22.2万元，按照同期汇率①折合3.52万美元，高出全国平均

---

①　根据中国外汇交易中心公布的数据，2011年美元对人民币的平均汇率为6.3009。数据来源：http://www.pbc.gov.cn/publish/zhengcehuobisi/637/2011/20111230092456222572951/20111230092456222572951_.html。

水平（5414美元）的5.5倍，甚至超过香港（3.42万美元[①]）；福田区人均GDP居第二位，为15.87万元；盐田区第三位，为15.43万元；罗湖区为13万元；龙岗区和宝安区低于全市平均水平，仅为8万元和7.19万元。

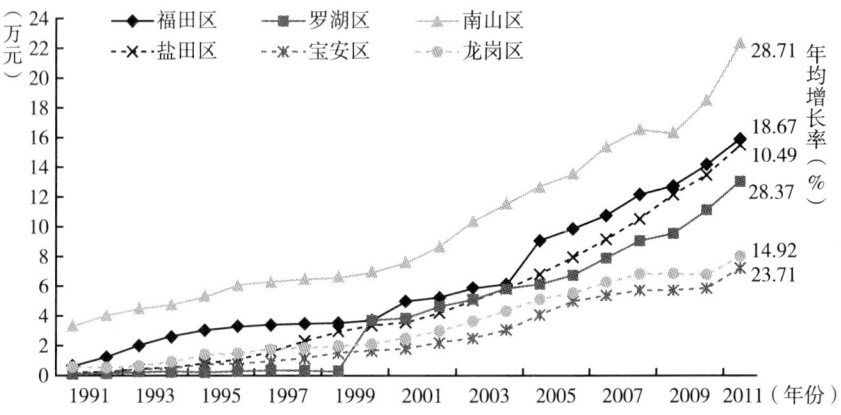

图4-7 1991~2011年深圳分区常住人口人均GDP

从增长率来看，南山区的人均GDP年均增长率最高，达到28.71%；罗湖区次之，为28.37%；宝安区虽然人均GDP最低，但是增速也达到23.71%，超过福田区（18.67%）、龙岗区（14.92%）和盐田区（10.49%）；南山区人均GDP的增长速度全市最低。

（2）经济结构

学界普遍认为，与总量相比是经济结构发展更为本质的特征。从图4-8可以看出，1991年以来，龙岗区和南山区的产业结构以第二产业为主，除个别年份以外，两区的二产比重均维持在60%以上；宝安区在2000年以前二产比重稳定在50%左右，2001~2006年是加速上升的阶段。2001年，龙岗区、宝安区和南山区的二产比重分别为65.69%、63.36%和60.32%。20年间，福田区、罗湖区和盐田区的二产比重持续下降。其中福田区下降得最快，年平均下降10%；罗湖区次之，年平均下降8.3%；盐田区也以每年5.2%的速率下降。从工业增加值率上看，南山区2011年的工业增加值占工业生产总值的

[①] 数据来源：网易新闻 http://news.163.com/12/0314/12/7SIB76380001124J.html。

35.49%，其次为龙岗区24.81%，表明这两区的工业发展势头最为迅猛；而盐田区的工业增加值率最低，仅为10.4%。

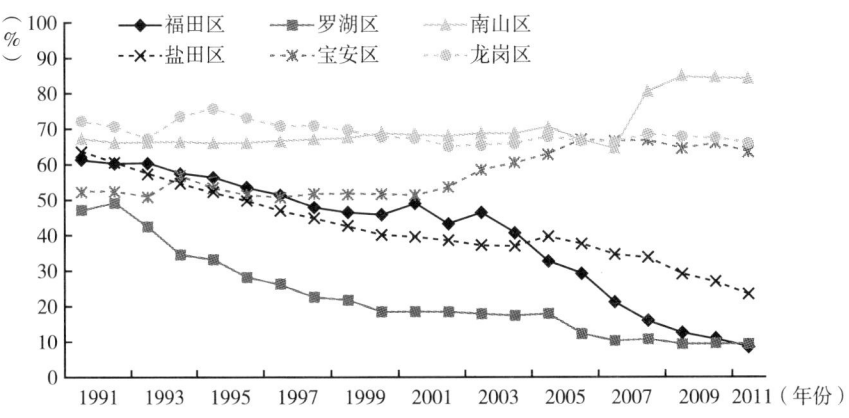

图4-8　1991～2011年深圳分区第二产业增加值比重

表4-1　2011年深圳分区工业增加值率

行政区	工业增加值(亿元)	工业生产总值(亿元)	工业增加值率(%)
福田区	149.19	788.00	18.93
罗湖区	89.50	596.20	15.01
南山区	1420.10	4001.97	35.49
盐田区	57.12	549.08	10.40
宝安区	1722.41	10123.62	17.01
龙岗区	1140.48	4597.26	24.81

与此相对应的是，宝安区、南山区和龙岗区在第三产业的比重上增长缓慢。从1991年到2011年，宝安区的第三产业比重仅上升了0.6个百分点，南山区仅上升了7个百分点，龙岗区上升了17.2个百分点。福田区和罗湖区第三产业发展最快，2011年第三产业比重分别为91.5%和91.1%；盐田区次之，2011年达到77%。由此可见，边缘城区承担着发展第二产业的功能，产业结构调整速率缓慢，而中心城区却能利用优势推进产业结构持续优化。

（3）财政收入

建立在经济高速发展的基础之上，20年间深圳市各个行政区一般预算财政收入都经历了高速增长。2011年，宝安区一般预算财政收入达166.58亿元，居于全

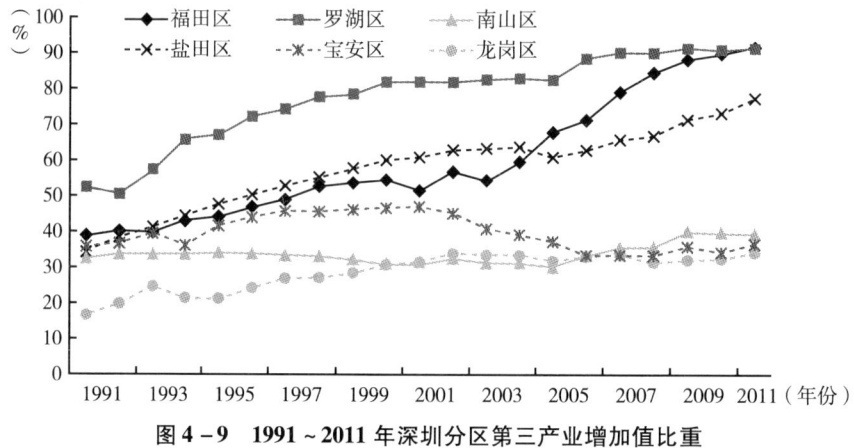

图4-9 1991~2011年深圳分区第三产业增加值比重

市领先地位;龙岗区为116.36亿元,居第二位;其余分别为福田区(91.66亿元)、南山区(77.56亿元)、罗湖区(52.19亿元)和盐田区(20.16亿元)。

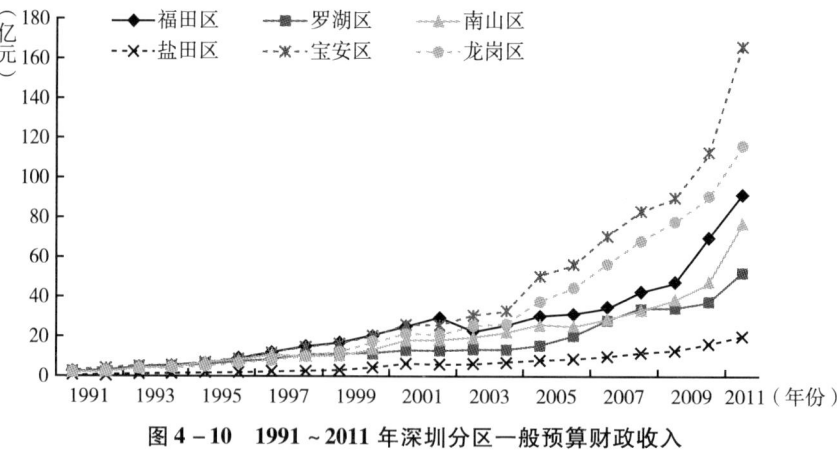

图4-10 1991~2011年深圳分区一般预算财政收入

2. 优质卫生服务水平

(1) 人力资源

医疗卫生人才是优质卫生服务的关键组成部分,拥有数量足够的高素质的医疗卫生人才是充分发挥医疗卫生硬件功能的基础。由于医疗卫生人才的培养周期长、考核严格,对工作环境、居住环境要求较高等因素,相比于优质卫生的其他硬件资源(例如先进医疗卫生设备可以在短时间内靠财政投入弥补),其分布的不均衡更能反映出卫生计生事业发展的区域差异。

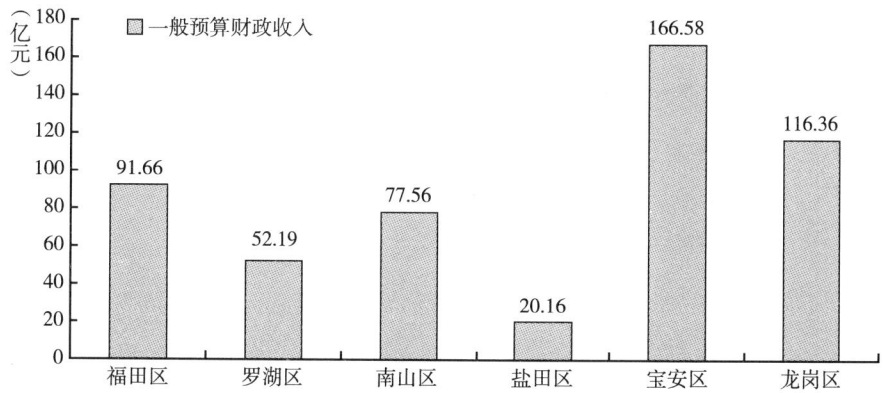

图 4-11 2011 年深圳分区一般预算财政收入

表 4-2 2011 年深圳各区优质卫生人力资源状况

行政区	区域常住人口数（万人）	每十万人卫生技术人员数（人）	每十万人医生数（人）	每十万人护士数（人）
福田区	132.24	800.81	344.67	360.40
罗湖区	93.10	736.74	313.32	297.21
南山区	109.99	409.86	177.02	176.11
盐田区	21.10	401.90	189.10	157.82
宝安区	454.84	257.21	101.55	106.85
龙岗区	235.19	383.69	148.99	156.98

说明：深圳市共有 24 家市属医疗卫生机构、85 家区属医疗卫生机构、24 家全资国有企事业办医疗卫生机构和 223 家卫生室。其中市属和企事业办医疗卫生机构按照属地化原则，将其所拥有的卫生技术人员数、医生数和护士数划入各个行政区。其中卫生室无法区划，且由于其所占的比例过少（卫生技术人员总数占政府办和企事业办总数不足 1.5%），因此没有考虑在内。

从各个区的情况来看，福田区和罗湖区的优质卫生人力资源状况最好，三项指标均高于全市平均值，其中每十万人拥有卫生技术人员总数为 800.81 人和 736.74 人，每十万人拥有医生数为 344.67 人和 313.32 人，每十万人拥有护士数为 360.40 人和 297.21 人。其他四个行政区的优质卫生人力资源配置较差，龙岗区和宝安区尤其不足，每十万人拥有卫生技术人员总数为 383.69 人和 257.21 人，每十万人拥有医生数为 148.99 人和 101.55 人，每十万人拥有护士数为 156.98 人和 106.85 人。

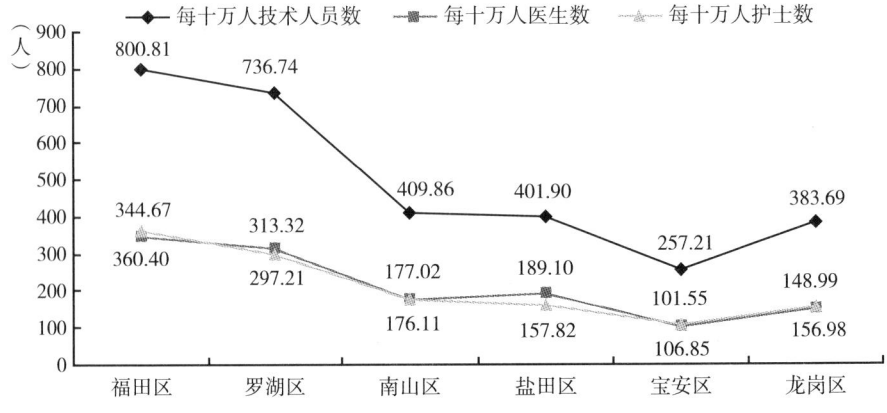

图 4-12 2011 年深圳市优质卫生人力资源

(2) 物力资源

医院的数量上,福田区的得分最高,其中三级医院的数量占据了全市总数的一半;龙岗区得分次之,略高于罗湖和宝安两区,南山和盐田两区的高层次医院数量较少。每十万人拥有医院数量上,福田区和罗湖区远远高于其他各区;南山区、盐田区和龙岗区较为接近;宝安区远远低于其他各区。

百万元以上医疗装备,全市共有 995 台,其中福田区的数量最多,为 318 台;宝安区次之,为 200 台;盐田区最少,为 13 台。每十万人拥有装备数量,福田区和罗湖区每十万人达 20 台以上,远高于其他各区;盐田区、龙岗区较少,宝安区最低。宝安区虽然在医疗装备总数上较多,但人均拥有量最低,同时医疗装备能否发挥效果,还要结合人力资本来看,宝安区没有一家市属医院,因此在大型医疗设备的使用效果上要大打折扣。

表 4-3 2011 年深圳各区二级以上医院数量

行政区	二级医院数	三级医院数	加权得分	每十万人拥有数量(个)
福田区	5	4	13	0.983
罗湖区	7	1	9	0.967
南山区	3	1	5	0.455
盐田区	1	0	1	0.474
宝安区	7	1	9	0.198
龙岗区	8	1	10	0.425

数据来源:深圳市 2011 年全年医疗基本信息专项统计。

表 4-4　2011 年深圳各区百万元以上医疗装备

行政区	区属医疗机构拥有百万以上医疗装备(台/套)	市属医疗机构拥有百万以上医疗装备(台/套)	百万以上医疗装备总数(台/套)	每十万人拥有数量(台/套)
福田区	66	252	318	24.05
罗湖区	46	143	189	20.30
南山区	91	27	118	10.73
盐田区	13	0	13	6.16
宝安区	200	0	200	4.40
龙岗区	119	38	157	6.68

(3) 财力资源

财政拨款卫生事业费包括市区两级财政投入，内容包括医疗卫生管理、公立医院、基层医疗卫生机构和公共卫生四项。在统计年鉴中，市属机构的拨款数单列，根据属地原则分别将其纳入各个行政区的卫生事业费中①。

总体上，深圳市医疗卫生的财政投入水平较高。市区两级财政每年按常住人口人均 20~30 元不等的标准核拨基本公共卫生补助经费，超过全国平均水平。但是从各个行政区的情况来看，人均医疗卫生经费投入的区域不均衡性仍然显著：最高为罗湖区，达到每十万人 7719.28 万元；其次为福田区 5765.88 万元；盐田区和南山区分别为 4890.06 万元和 4225.36 万元；龙岗区较低，为 3384.64 万元；宝安区最低，平均每十万人仅 2308.77 万元。

表 4-5　2011 年深圳各区财政拨款卫生事业费

行政区	财政拨款卫生事业费(万元)	常住人口数(万人)	每十万人财政拨款卫生事业费(万元)
福田区	76247.98	132.24	5765.88
罗湖区	71866.48	93.10	7719.28
南山区	46474.72	109.99	4225.36
盐田区	10318.02	21.10	4890.06
宝安区	105012.00	454.84	2308.77
龙岗区	79603.24	235.19	3384.64

---

① 深圳市共有 24 家市属医疗卫生机构，其中罗湖区有 12 家，福田区有 9 家，南山区有 2 家，龙岗区有 1 家。因此，分别按照罗湖区 37.5%，福田区 50%，南山区 8.3%，龙岗区 4.2% 的比例将市属机构的财政拨款卫生事业费（108286 万元）划入各个行政区。

（4）技术资源

在卫生计生技术层面，深圳各区之间的差异非常明显：在9个国家级重点专科或学科中，福田区就占了6个，罗湖区2个，龙岗区1个；在40个省级重点专科或学科中，福田区占了19个，接近一半，罗湖区次之，为15个；在市级重点专科中，福田区和罗湖区数量相同，均为34个，龙岗区、宝安区和南山区分别为6个、3个和3个；盐田区在三项指标上均为0。每十万拥有的数量上，福田区和罗湖区也远远领先于全市，其余各区都在0.4以下。由此可见，深圳市中心城区——福田和罗湖在医疗卫生的技术实力上占据了绝对优势。

表4-6 2011年深圳各区重点专科/学科数

单位：个

行政区	国家级重点专科/学科数	省级重点专科/学科数	市级重点专科/学科数	总数	每十万人拥有重点专科/学科数
福田区	6	19	34	59	4.46
罗湖区	2	15	34	51	5.48
南山区	0	0	3	3	0.27
盐田区	0	0	0	0	0.00
宝安区	0	4	3	7	0.15
龙岗区	1	2	6	9	0.38

数据来源：《深圳市卫生统计年鉴（2011）》。根据属地化原则，将各个医疗卫生机构的重点专科和学科划分到机构所在的行政区。

3. 基本卫生服务水平

（1）妇幼保健

1991~2011年，深圳市的整体妇幼保健工作取得显著成效：孕产妇死亡率明显下降，从最高的十万人中死亡63.8例，下降到2011年的7.34例；婴儿死亡率从1991年的接近20‰，下降到2011年的2.3‰。在各区的数据上，由于孕产妇死亡率和5岁以下儿童死亡率两个指标波动性较大，故本部分选取2010年和2011年的平均值，以减少波动性，可以更客观地反映各个行政区孕产妇和5岁以下儿童的死亡情况。

如图4-13所示，盐田区的孕产妇死亡率最低，近两年来无一例孕产妇死亡；福田区较好，每十万人中死亡5.13例；南山区和宝安区的数值较为接近，均为8例左右；罗湖区较高，为11.28例；龙岗区的孕产妇死亡率远远高于其他各区，每十万孕产妇中死亡高达25.06例，表明龙岗区的妇幼保健水平还有很大的提升空间。

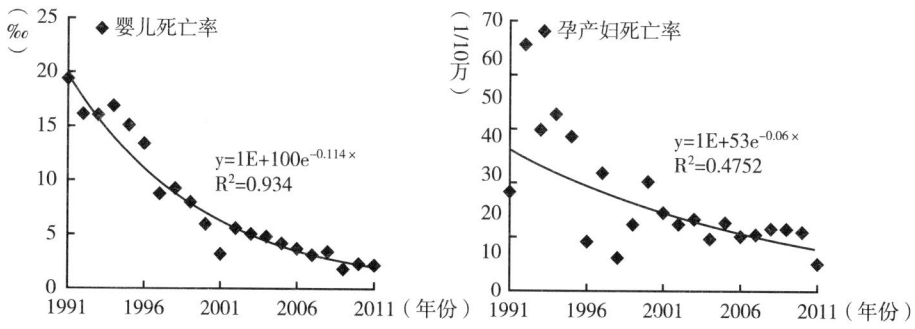

图4-13 1991~2011年深圳市孕产妇死亡率和婴儿死亡率的变化

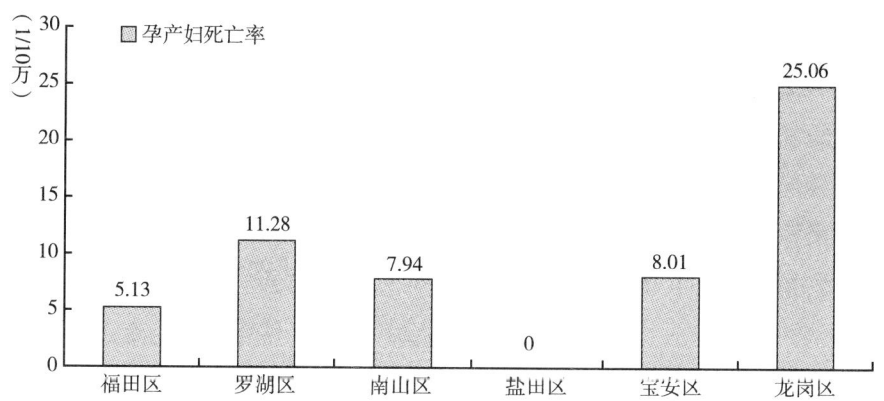

图4-14 近两年深圳各区孕产妇死亡率均值

从5岁以下儿童死亡率数据显示，福田区尽管经济较为发达，但是在5岁以下儿童死亡率上处于较高水平；罗湖区和龙岗区5岁以下儿童死亡率较高，分别为1.66‰和1.58‰；南山区、宝安区和盐田区在这一指标上低于全市平均水平。

根据《国家基本公共卫生服务规范》的要求，儿童健康管理服务是政府提供基本卫生服务的重要内容，是对婴幼儿进行常规检查、疾病筛查、保健服务、心理健康监察的依据，其覆盖率反映了政府对婴幼儿健康的促进程度。如表4-7所示，福田区的3岁以下儿童系统管理率最高，达到了97.55%，其

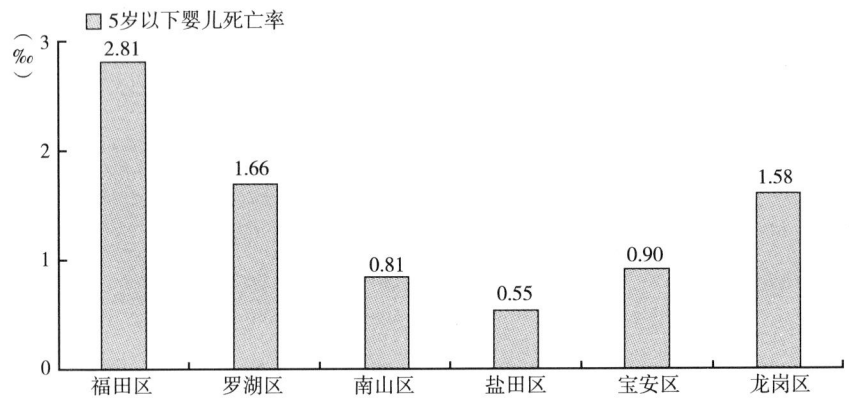

图4-15 近两年深圳各区5岁以下儿童死亡率均值

次为南山区92.53%和罗湖区91.78%,均为90%以上;龙岗区的3岁以下儿童系统管理率最低,仅为81.17%。

表4-7 2011年深圳各区3岁以下儿童系统管理率

行政区	3岁以下儿童系统管理人数（人）	3岁以下儿童总数（人）	系统管理率（%）
福田区	30175	30934	97.55
罗湖区	23223	25303	91.78
南山区	39865	43084	92.53
盐田区	3835	4451	86.16
宝安区	65836	76095	86.52
龙岗区	55528	68413	81.17

(2) 疾病管理

从传染病发病率指标上看,罗湖区的数据最高,每十万人中发病306.44例;其次为南山区和福田区,分别为289.03和263.46;发病率最低的是盐田区,仅为189.57。

从高血压指标上看,福田区的高血压患病率最高,为16.96%;其次为盐田区,为16.25%;宝安区和龙岗区高血压患病率较低,为13.56%和12.09%,这与宝安区和龙岗区相对年轻的人口年龄结构相关。在高血压治疗率上,盐田区远远高于其他各区,为69.23%;其次为福田区,为58.13%;罗湖

表4-8 2011年深圳各区传染病发病率

行政区	传染病发病例数(人)	区域常住人口总数(万人)	传染病发病率(1/10万)
福田区	3484	132.24	263.46
罗湖区	2853	93.10	306.44
南山区	3179	109.99	289.03
盐田区	400	21.10	189.57
宝安区	9835	454.84	216.23
龙岗区	4946	235.19	210.30

区最低,仅为42%。在糖尿病指标上,福田区的糖尿病患病率最高,为5.98%,两个指标均为全市最高,应为慢性病防治和管理的重点区域;南山区的糖尿病患病率最低,为3.7%。在糖尿病治疗率上,南山区最高,为71.43%;其次为福田区,为64.29%;罗湖区和盐田区也高于50%;宝安区和龙岗区的糖尿病治疗率较低,不足50%。

表4-9 2011年深圳各区高血压患病率及治疗率

行政区	高血压患病人数(人)	调查人数(人)	高血压患病率(%)	高血压治疗率(%)
福田区	203	1197	16.96	58.13
罗湖区	148	959	15.43	49.32
南山区	150	959	15.64	42.00
盐田区	39	240	16.25	69.23
宝安区	470	3467	13.56	47.66
龙岗区	234	1935	12.09	51.28

数据来源:《深圳市慢性病及其危险因素的大规模流行病学调查(2009)》。

表4-10 2011年深圳各区糖尿病患病率及治疗率

行政区	糖尿病患病人数(人)	调查人数(人)	糖尿病患病率(%)	糖尿病治疗率(%)
福田区	70	1170	5.98	64.29
罗湖区	46	938	4.90	58.70
南山区	35	946	3.70	71.43
盐田区	13	233	5.58	53.85
宝安区	172	3130	5.12	47.09
龙岗区	105	1840	5.71	49.52

数据来源:《深圳市慢性病及其危险因素的大规模流行病学调查(2009)》。

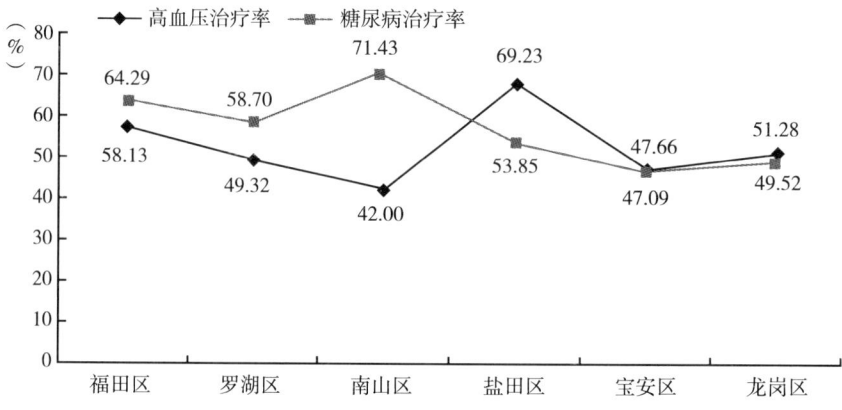

图4-16　2011年深圳各区高血压治疗率和糖尿病治疗率

（3）健康促进

深圳市于2009年和2011年分别进行了两次"深圳市民健康素养状况调查"，采取抽样调查的方式，共完成问卷2082份，其中社区居民435份，农民工408份，中学生826份，小学生413份，较有代表性。问卷中设计的健康知识包括31项[①]，不同行政区的居民健康知识知晓率情况如下。

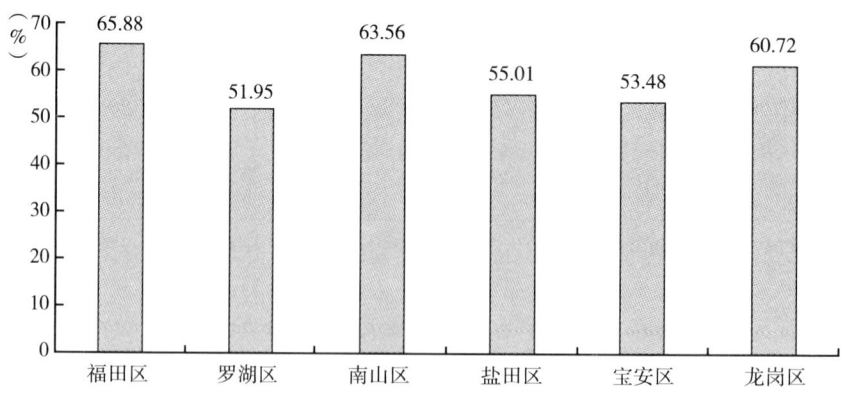

图4-17　2011年深圳各区健康知识知晓率

---

① "深圳市民健康素养状况调查"中，将健康知识分为正常体温、正常血压、正常脉搏、正常睡眠时间、吸烟危害、酗酒危害、饮水常识（喝水）、高血压预防（吃盐）、癌症预防、肥胖预防、艾滋病危险行为、安全套使用、肺结核预防、乙肝预防、蚊子传播疾病、苍蝇传播疾病、老鼠传播疾病、蟑螂传播疾病、蔬菜、膳食、砧板使用、保质期、猫狗咬伤处理、骨折处理、安全用药、心理健康知识、不良情绪宣泄方式、孕期检查、婴儿喂养、有害毒物作业、有害毒物作业法共计31项。

从各区的比较来看，福田区的居民健康知识知晓率最高，达65.88%；其次为南山区，为63.56%；大运会主会场所在地——龙岗区的居民健康知识知晓率也较好，达到60.72%；盐田区和宝安区较低，为55.01%和53.48%；罗湖区的居民健康知识知晓率最低，仅为51.95%。

医疗保险是政府在促进健康方面的重要举措，深圳市以"全民医保"为目的的医疗保障制度改革取得了重要进展[①]。2012年深圳市人口与计划生育科研所在全市展开入户抽象调查——"深圳常住人口就医状况调查"，对象为15岁及以上的常住人口。根据调查结果，全市医疗保险的参保率为78.35%。参加医疗保险的1148名调查对象中，参加深圳市医疗保险的居民占84.84%，其他居民则参加其他省市的医疗保险。从各区的情况来看，原关内四区的医疗保险覆盖率高于宝安区和龙岗区，其中龙岗区最低，仅有62.66%。

表4-11 深圳各区居民医疗保险覆盖率

行政区	参保人数(人)	调查人数(人)	医疗保险覆盖率(%)
福田区	126	156	80.77
罗湖区	83	104	79.81
南山区	164	182	90.11
盐田区	23	26	88.46
宝安区	418	612	68.30
龙岗区	334	533	62.66
合 计	1148	1613	78.35

数据来源：2012年"深圳常住人口就医状况调查"。

---

① 深圳市社会医疗制度大致经历了四个阶段：一是改革调研试点阶段（1989~1992）。二是"统账结合"原始阶段（1992~1996）。1992年深圳市政府颁布了《深圳市社会保险暂行规定》和《深圳市社会保险暂行规定医疗保险实施细则》，并在全市范围内推行。三是"统账结合"初级阶段（1996~2003）。1996年在全市推行"社会统筹"和"个人账户"相结合的医疗保险模式。四是"统账结合"深化改革阶段（2003年至今）。2003年深圳市政府颁布了《深圳市城镇职工社会医疗保险办法》；2006年颁布《深圳劳务工医疗保险暂行办法》，在全国率先建立了外来劳务工医疗保险制度；2007年深圳少儿医保的确立实施，被各界称为深圳迈入"全民医保"的标志；2008年颁布《深圳市社会医疗保险办法》出台17项新举措，扩大了覆盖范围。

4. 小结

本部分通过对各行政区、各项指标的描述分析，深入细致地讨论了各个行政区在经济发展、优质卫生服务和基本卫生服务三项目标上的差别，呈现出以下特点：

经济发展上，区域差异特别是原关内和关外的差距逐步缩小，原关外区域已经成为产业和人口集聚的重要区域。

在经济发展过程中，区域差异在所难免，这是经济学家的普遍共识：某些地区依靠自然资源、地理区位、劳动力等禀赋条件先发展起来，在短时间内形成较大的区域差距。对于深圳来说，最大的禀赋条件莫过于对外开放的政策，原关内地区特别是罗湖和福田两区最早享受开放的政策，加上离香港更近的优势，大量的资本和劳动力向两区集聚，呈现政治中心、产业中心、人口中心高度重叠的布局。随着城市化的发展，罗湖区和福田区受制于地价上涨和空间不足，引起产业（如深圳市最重要的"三来一补"型工业）向城市中心的外围转移，南山区、宝安区和龙岗区获得了迅速发展的机会，人口也随之大量转移。特别是随着关内关外一体化扫除制度障碍，宝安区和龙岗区逐渐成为深圳市重要的产业聚集地和人口布局地：不仅容纳了深圳市65%的常住人口，而且在经济总量、财政收入上领先于全市，还是第二产业的主要发展区域。整体上，深圳区域间的经济发展差异正在逐渐缩小。

优质卫生服务上，中心城区汇聚了绝大部分的优质卫生资源，边缘区域处于绝对劣势地位。

理想状态下，随着欠发达区域的经济发展，社会资源会相应地流入该区域，逐步缩小与其他区域的差距。但是在区域分割发展模式下，主要由各个区域自身来承担提高当地社会发展水平的重任，在行政区划和管理体制等限制下，势必造成社会资源布局与经济发展水平不匹配的局面。主要中心城区——罗湖区和福田区在深圳市发展战略中具有举足轻重的地位，在优质卫生资源的分配上也享受更多的倾斜政策，集聚了大量的人力、财力和物力资源。前文分析中，罗湖区和福田区在优质卫生人力资源、物力资源和技术资源三项指标上遥遥领先于其他各区，人均财力投入也比其他各区更多。同时，优质卫生资源的积累是一个漫长的过程，例如有一些老牌的著名医院很早便落户中心城区，并不断吸纳资金、设备，进行技术更新。南山区、盐田区等后发区域虽然同处原关内地区，但是所占的优质卫生资源份额较少。宝安区、龙岗区等边缘区域更处于绝对劣势，与其承担着大量产业和人口的定位不相匹配，要想赶上中心城区，在既有制度框架内难以实现。

基本卫生服务上，区域间差异相对较小，但是个别指标上仍然存在显著差异。

基本卫生服务比优质卫生服务具有更加明显的公共产品性质，也更加强调政府职能的发挥。深圳市历来比较重视基本卫生服务，加上经济高度发展，政府财力有保障，因此在人力、物力、财力等资源的投入上有一定的物质基础。以区域的视角来看，不同行政区之间，基本卫生服务发展水平相对而言较为均衡，原关内、关外均达到了一个较好的水平，不像优质卫生服务那样完全由中心城区占据绝对优势。但是，在个别指标上区域之间还存在着明显的差异：龙岗区的孕产妇死亡率远远高于全市平均水平，5岁以下儿童死亡率也较高，糖尿病治疗率和医疗保险覆盖率较低，表明龙岗区的基本卫生服务水平还有很大的提升空间；福田区虽然经济水平较高，但是在5岁以下儿童死亡率和传染病死亡率仍然较高；罗湖区在妇幼保健水平、传染病发病率上也处于较差的水平；南山区的传染病发病率较高，高血压治疗率较低，在疾病预防工作方面还不足；宝安区在3岁以下儿童系统管理率、医保覆盖率和慢性病治疗率上也处于较低的水平。区域差异说明实现基本卫生服务均等化要充分考虑各区的特点和短板。

四 深圳各区经济发展与卫生计生服务协调性分析

前半部分的描述分析深入详细地阐述了各个指标的区域差异，但是这种零散的分析还不足以让人清晰地了解各个行政区在三个目标层面的整体水平和相对地位。因此，本部分尝试构建两个指数来进行分析：首先，构建经济发展与优质卫生服务之间的协调性指数（CI），主要用来定量评价某区域的优质卫生服务水平是否与其经济发展的水平相协调，是否出现优质卫生服务超前或者滞后于经济发展的情况；其次，构建基本卫生服务的偏离度指数

(DI),主要是以均等化的导向来定量评价某区域基本卫生服务水平是否与全市平均水平相协调,哪些区域的基本卫生服务水平领先于全市,哪些区域落后于全市。

1. 协调性指数的构建

要构建协调性指数,首先必须客观衡量各个行政区在经济发展、优质卫生服务和基本卫生服务层面上的综合发展水平。此部分运用熵权系数法将各个指标进行标准化和赋权处理,分别得到三个综合评价值:经济发展综合评价值V_{i1}、优质卫生服务综合评价值V_{i2}和基本卫生服务综合评价值V_{i3}。每个行政区的某一综合评价值代表着此区在6个行政区中的相对等级,6个行政区的综合评价值之和等于1。

(1)经济发展综合评价值V_{i1}

在描述分析的基础上,将反映各个行政区经济发展水平的指标和基础数据整理汇总如表4-12所示。

表4-12 2011年深圳各区经济发展基础数据汇总

行政区	GDP总量（亿元）	人均GDP（万元）	工业增加值率（%）	第三产业比重（%）	一般预算财政收入（亿元）
福田区	2099.09	15.87	18.93	91.50	91.66
罗湖区	1209.84	13.00	15.01	91.07	52.19
南山区	2441.75	22.20	35.49	39.63	77.56
盐田区	325.61	15.43	10.40	76.97	20.16
宝安区	3270.42	7.19	17.01	36.58	166.58
龙岗区	1881.58	8.00	24.81	34.25	116.36

其一,构造经济发展指标的初始矩阵:

经济发展指标体系中共有6个行政区,5个评价指标,x_{ij}($1 \leq i \leq 6$, $1 \leq j \leq 5$)表示第i个样本在指标j下的评价值,按照$y_{ij} = \dfrac{x_{ij}}{\sum_{i=1}^{m} x_{ij}}$式对基础数据进行标准化,得到经济发展指标体系的标准化矩阵:

表4-13 经济发展指标体系的标准化矩阵

行政区	GDP总量 (y_{i1})	人均GDP (y_{i2})	工业增加值率 (y_{i3})	第三产业比重 (y_{i4})	一般预算财政收入 (y_{i5})
福田区(y_{1j})	0.1869	0.1943	0.1556	0.2473	0.1748
罗湖区(y_{2j})	0.1077	0.1591	0.1234	0.2461	0.0995
南山区(y_{3j})	0.2175	0.2718	0.2917	0.1071	0.1479
盐田区(y_{4j})	0.0290	0.1889	0.0855	0.2080	0.0384
宝安区(y_{5j})	0.2913	0.0880	0.1399	0.0989	0.3176
龙岗区(y_{6j})	0.1676	0.0979	0.2039	0.0926	0.2218

其二，计算经济发展指标权重：

表4-14 经济发展指标体系的标准化矩阵

公　　式	K 1/ln6	熵值(e_j) $e_j = -k\sum_{i=1}^{m} y_{ij}\ln y_{ij}$	效用值(h_j) $h_j = 1 - e_j$	权重(w_j) $w_j = \dfrac{h_j}{\sum_{i=1}^{n} h_j}$
GDP总量(y_{i1})	0.5581	0.9190	0.0810	0.2066
人均GDP(y_{i2})	0.5581	0.9606	0.0394	0.1006
工业增加值率(y_{i3})	0.5581	0.9581	0.0419	0.1421
第三产业比重(y_{i4})	0.5581	0.9519	0.0481	0.1228
一般预算财政收入(y_{i5})	0.5581	0.9157	0.0843	0.2151

其三，计算经济发展综合评价值：

依据公式 $V_i = \sum_{j=1}^{n} w_j y_{ij}$，将上面所得到的指标权重乘以表4-14中的标准化数据矩阵，再将各个指标的值加起来，就得到了各个行政区的经济发展水平综合评价值。

如表4-15所示，经济发展水平与前文的判断相一致，即：深圳市经过多年的发展，目前各个行政区经济发展总体水平之间的差距已经不太明显，经济发展的均衡性有了显著的提高。各个行政区的综合评价值除了福田区高于0.2以外，其他行政区的值均在0.1~0.2之间。有一些结果甚至与常识相反，例如传统的中心城区和经济重心福田区及罗湖区在整体经济格局中的地位并不过

表4-15 深圳各区经济发展水平综合评价值

	经济发展水平综合评价值(V_{i1})		经济发展水平综合评价值(V_{i1})行政区
福田区(V_{11})	0.20564	宝安区(V_{51})	0.19232
罗湖区(V_{21})	0.16454	龙岗区(V_{61})	0.15403
南山区(V_{31})	0.18353	合 计	1.00
盐田区(V_{41})	0.11923		

于突出,宝安区的综合水平仅仅略低于福田区,而高于罗湖区。作为原关外的区域,宝安区的经济综合水平居全市第二位。龙岗区的经济综合水平仅略低于罗湖区,表明原关外区域已经成为承载产业发展的重点区域,在经济战略中扮演更加重要的角色。原关内,南山区依靠其高人均GDP和二产发展势头,综合水平居全市第三,罗湖区次之;盐田区最低,这与盐田区不是产业布局和人口布局的重点区域有关。

(2)卫生计生服务综合评价值 V_{i2}、V_{i3}

在描述分析的基础上,将反映各个行政区优质卫生服务的6个指标和基础数据整理汇总如表4-16所示,反映各个行政区基本卫生服务的8个指标和基础数据如表4-17所示。

参照经济发展水平综合评价值的计算过程,得到各个行政区的优质卫生资源水平综合评价值 V_{i2} 和基本卫生服务综合评价值 V_{i3}。

表4-16 2011年深圳各区优质卫生服务基础数据汇总

行政区	每十万人拥有医生数(人)	每十万人拥有护士数(人)	每十万人拥有二级及以上医院加权数(个)	每十万人拥有百万元以上医疗装备(台/套)	每十万人拥有财政拨款卫生事业费(万元)	每十万人拥有重点学科/专科(个)
福田区	344.67	360.40	0.983	24.05	5765.88	4.46
罗湖区	313.32	297.21	0.967	20.30	7719.28	5.48
南山区	177.02	176.11	0.455	10.73	4225.36	0.27
盐田区	189.10	157.82	0.474	6.16	4890.06	0.00
宝安区	101.55	106.85	0.198	4.40	2308.77	0.15
龙岗区	148.99	156.98	0.425	6.68	3384.64	0.38

表4-17　2011年深圳各区基本卫生服务基础数据汇总

行政区	孕产妇死亡率(1/10万)	5岁以下儿童死亡率(‰)	3岁以下儿童系统管理率(%)	甲乙两类传染病发病率(1/10万)	高血压管理率(%)	糖尿病管理率(%)	健康知识知晓率(%)	医疗保险覆盖率(%)
福田区	5.13	2.81	97.55	263.46	58.13	64.29	65.88	80.77
罗湖区	11.28	1.66	91.78	306.44	49.32	58.70	51.95	79.81
南山区	7.94	0.81	92.53	289.03	42.00	71.43	63.56	90.11
盐田区	0.00	0.55	86.16	189.57	69.23	53.85	55.01	88.46
宝安区	8.01	0.90	86.52	216.23	47.66	47.09	53.48	68.30
龙岗区	25.06	1.58	81.17	210.30	51.28	49.52	60.72	62.66

由表4-18可以看出，**优质卫生服务的区域差距十分巨大：传统中心城区罗湖区和福田区在优质卫生资源的拥有量上处于绝对优势地位，遥遥领先于其他各区**。罗湖区的优质卫生资源评价值最高，占到了0.44，接近于全市的一半水平；福田区次之，也达到0.39，与罗湖区一起超过0.8。南山区和龙岗区比较接近，约为0.07；宝安区的优质卫生资源综合水平最低，仅为0.039。优质卫生的人力资源、物力资源、财力资源和技术资源四个方面向中心城区倾斜的现象在深圳表现得尤其明显。

表4-18　深圳各区优质卫生资源水平的综合评价值

行政区	优质卫生资源水平的综合评价值(V_{i2})	行政区	优质卫生资源水平的综合评价值(V_{i2})
福田区(V_{12})	0.38787	宝安区(V_{52})	0.03854
罗湖区(V_{22})	0.43892	龙岗区(V_{62})	0.07025
南山区(V_{32})	0.07675	合　计	1.00
盐田区(V_{42})	0.05298		

由表4-19可以看出，**基本卫生服务的特点是：基本卫生服务上的区域差异相对较小，但原关外区域的基本卫生服务水平仍然低于原关内区域**。各个行政区的综合评价值在0.15~0.18之间，差距较小，但是关内关外分明：原关内四区的综合评价值比较接近，福田区最高，罗湖区略低一些；原关外两区的综合评价值非常接近，但均低于原关内区域。虽然指标显示关内和关外整体差距不大，但是由于基本卫生服务所选取的指标均为结果指向（例如孕产妇死

亡率),要弥补差距需要涉及大量的人力、物力和财力,并且在短期内难以见效,因此基本卫生服务的差距需要额外重视。

表4-19 深圳各区基本卫生服务综合评价值

行政区	基本卫生服务综合评价值(V_{i3})		基本卫生服务综合评价值(V_{i3})
福田区(V_{13})	0.17719	宝安区(V_{53})	0.15134
罗湖区(V_{23})	0.16227	龙岗区(V_{63})	0.15183
南山区(V_{33})	0.17289	合　计	1.00
盐田区(V_{43})	0.18449		

(3) 协调性指数 CI、DI

根据前文的计算,得到深圳市各个行政区在经济发展水平、优质卫生服务和基本卫生服务上的综合评价值,见表4-20。

表4-20 深圳各区优质卫生服务水平的综合评价值

行政区	经济发展水平的综合评价值(V_{i1})	优质卫生服务水平的综合评价值(V_{i2})	基本卫生服务的综合评价值(V_{i3})
福田区	0.20564	0.38787	0.17719
罗湖区	0.16454	0.43892	0.16227
南山区	0.18353	0.07675	0.17289
盐田区	0.11923	0.05298	0.18449
宝安区	0.19232	0.03854	0.15134
龙岗区	0.15403	0.07025	0.15183
Variance	0.0009628	0.0338128	0.0001883

第一,构建经济发展与优质卫生服务的协调度指数 CI。

经济发展与优质卫生服务的协调度指数构建方法为:将优质卫生服务水平的综合评价值 V_{i2} 除以经济发展综合评价值 V_{i1},所得的值再减去1。具体结果如表4-21所示。

表4-21表明,深圳优质卫生服务和经济发展的总体失调程度为5.0347。罗湖区的优质卫生服务大大超前于经济发展水平,协调度指数高达1.6676;

福田区的优质卫生服务也超前于其经济发展水平。而其他各区协调度指数均为负,表明优质卫生服务发展均滞后于经济发展水平,尤其是宝安区更是严重滞后。这种超前和滞后,是在漫长的发展历程中,由地方发展模式和具体的制度安排所导致的。这将在后面展开讨论。

表4-21 经济发展与优质卫生服务的协调度指数

公 式	V_{i2}/V_{i1}	协调度指数(CI) $CI = V_{i2}/V_{i1} - 1$
福田区	1.8862	0.8862
罗湖区	2.6676	1.6676
南山区	0.4182	-0.5818
盐田区	0.4444	-0.5556
宝安区	0.2004	-0.7996
龙岗区	0.4561	-0.5439
失调程度(绝对值之和)		5.0347

第二,构建基本卫生服务的偏离度指数DI。

将6个行政区的基本卫生服务综合评价值计算平均值,各行政区的偏离度指数等于该区综合评价值与平均值之比,再减去1。具体结果如表4-22所示。

表4-22 基本卫生服务的偏离度指数DI

公 式	$y = \dfrac{V_{i3}}{\frac{1}{6}\sum_{i=1}^{6} V_{i3}}$	偏离度指数(DI) $DI = y - 1$
福田区	1.0631	0.0631
罗湖区	0.9736	-0.0264
南山区	1.0373	0.0373
盐田区	1.1069	0.1069
宝安区	0.9080	-0.0920
龙岗区	0.9110	-0.0890
偏离程度(绝对值之和)		0.4148

表4-22表明，深圳市基本卫生服务的总体偏离程度为0.4148。盐田区的基本卫生服务偏离度指数为0.1069，水平最高；其次为福田区，偏离度指数为0.0631；南山区次之，为0.0373；其余各区均低于正常水准，罗湖区虽然在优质卫生服务上优势明显，但是基本卫生服务水平要低于全市水平。宝安区和龙岗区的基本卫生服务偏离度较高，低于全市水准0.092和0.089个单位。

2. 协调性结果分析

地区经济不均衡是发展过程中的普遍现象，同时也是动态变化的。例如深圳在改革开放初期，罗湖区和福田区是绝对的经济中心，随着发展变迁，目前各区之间的经济综合水平差距已经不那么明显了，原边缘区域甚至已经超过中心城区。但是，这并不意味着区域之间无法实现社会发展水平的均衡。这里需要澄清一个认识上的误区，即认为经济不均衡与地区之间社会和谐发展是矛盾的。事实上，社会发展的均衡性依赖的不是市场力量，而是制度安排和政府作为（任旺兵、屠新署，2004；陆学艺，2006）。事实上国际的经验充分表明，在地区经济不均衡的前提下，也能够实现不同地区之间社会事业的协调发展和居民福利水平的大体一致[①]。

从区域上看，由于发展模式的偏误和制度安排不合理，经济发展与卫生计生之间的不协调非常明显，如城乡之间卫生服务和健康的不平等（Yuanli Liu，1999；张晓波，2002；胡琳琳、胡鞍钢，2003），省市之间的卫生计生服务水平差距（张鹭鹭，2004；杨永恒，2006；尚红云，2006），以及城市内部的卫生计生服务不均衡（罗娟等，2009；冯毅等，2007；郑晓青，2011；黄竹林等，2003）。在对深圳的分析中，我们也发现了这种不协调，并通过统计方法首次对不协调程度进行了测量，突破了既有研究过于主观和

---

① 发达国家的经验表明，通过实施适当的政策，经济不均衡和不同地区居民生活福利水平的趋同可以并行不悖。美国在20世纪初，绝大多数制造业都逐渐聚集到东北部和中西部等相对较小的地区，但在此过程中美国各州的人均收入差距并未拉大，反而出现了缓慢的趋同；法国和德国也在空间经济的迅速集中过程中，实现了基本福利指标的趋同。巴黎以2%的土地生产了28%的国内生产总值，但是法国国内各地之间的婴儿死亡率差距非常小；德国汉堡地区的经济密度是东北部落后地区的100多倍，但是两个地区的基本福利差异微乎其微。

片面的弊端。

本部分还发现，深圳的经济发展和社会发展呈现出两种不同的运动机制，这也是经济发展与卫生计生发展不协调问题的本质原因。"扩散效应"和"回波效应"是缪达尔阐释区域间经济不平衡问题时提出来的。经济发展中各因素并非如古典经济学家所描述的那样呈现静态均衡的关系，而是各因素之间存在着循环累积的因果关系，即某一因素的变化往往会促使另一因素的连带变化，而后者反过来又加强了前者的变化，形成一种循环累积的效应。其中，"扩散效应"是指某一区域由于某种先天优势集聚了产业，逐渐形成了小范围的经济增长极，此增长极会向周边进行扩散和辐射，推动周边地区的经济增长，而后者的增长又反过来回馈中心地区的经济发展，形成一个上升的循环累积过程。"回波效应"是指一个区域的增长极形成和发展，由于某些原因会形成"黑洞效应"，导致周边地区的人才、资金、技术被吸收过来，从而使中心地区的经济结构更加优化、水平更高，周边地区的经济逐渐凋零，这就产生了一个下降的循环累积过程。市场力量究竟是加剧还是缩小区域间经济差异，主要是看这两种效应作用强度的相对大小。我们在对深圳经济社会的分析中也发现了这两种效应。

首先，区域间经济发展主要以"扩散效应"为主。深圳市关内四区由于早期优势——政策、交通等率先发展起来，形成第二产业的雄厚基础，集聚了大量的劳动力，成为区域增长极，而宝安、龙岗两区还处于非常落后的阶段。随着关内四区发展到一定阶段，发展的空间逐渐到达瓶颈，出现交通拥挤、污染严重、资本过剩、资源相对不足等问题，使其生产成本上升，外部经济效益逐渐缩减，经济增长的势头变弱。此时，关内四区进一步扩大生产规模变得不经济，资本、劳动力和技术有向外扩散的趋势。随着特区政策的进一步扩展以及关内关外一体化，产业和资本向关外扩散，带动宝安、龙岗两区的经济迅速发展，关内关外的差距逐步缩小。到今天，传统上的关内关外之间的经济发展水平差异已经很小。

其次，区域间社会发展却呈现明显的"回波效应"。以卫生计生系统为例，深圳的中心城区在政治、文化等领域的优势地位使其相对于关外区域而言拥有更强的集聚力,促使卫生计生资源向中心城区集聚①。例如,高层次的医疗卫生机构集中了绝大部分的优质卫生资源(易红、胡祖斌,2006),这些医疗卫生机构多布局在政治中心的附近,而政治中心一般位于中心城区;中心城区的产业结构更加优化,第三产业比重更高,经济产出效率要优于二产占主导的边缘城区,政府的税源和财政收入也较多,更有能力对卫生计生事业进行投资;边缘城区多承接粗放型的第二产业,能耗和污染较严重,导致区域生产、生活环境较差,而中心城区拥有文化优势,市政建设更完备,宜居程度更好,吸纳经济社会地位较高的人群居住,相对应的优质医疗卫生资源也会向中心城区流动。因此,卫生计生系统所需要的人才、资金和技术等资源在空间上呈现向中心城区聚集的现象。

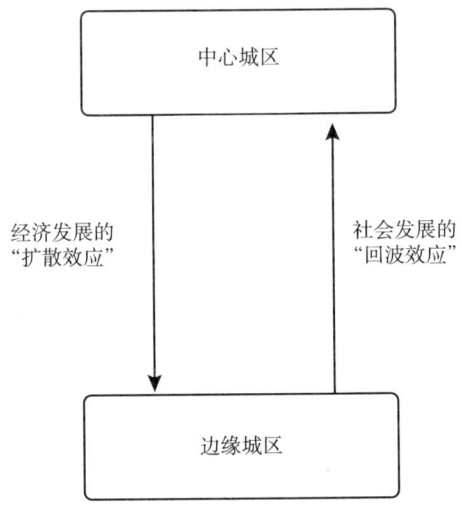

图 4-18 深圳市区域间两种效应示意图

---

① 宝安区政协在《关于合理配置医疗卫生资源 大力提升宝安卫生水平的建议案》中提到:"(宝安)人才引进和调入仍有诸多限制。像宝安的许多街道,远离市中心,工作生活条件都比较艰苦,引进和招调人才时,在同等招考条件下,考生更愿意到生活便利条件较好的市区医院工作,而不愿意到宝安的街道医院工作。以最近举行的深圳市事业单位招考职员考试为例,252个无人报考的职位中,属于医疗机构的岗位占90%,其中许多就是街道医院和社康中心的岗位,结果就出现了愿意在宝安工作的招调不进来、符合全市统一招调条件的又不愿意来的情况。以沙井人民医院为例,目前正式职工定编883人,空编420人,聘用与正式职工比例约为2∶1。由于人事调动门槛比较高,相当部分在聘人员调不进来,政府要求三年内解决空编问题实际上很难完成,部分聘用人员眼见调动无望,人心浮动,流失严重。另外,与传统上的老特区对比,我区大多数医院由于硬件设施的先天不足和缺乏高水平管理人才、高水平专业技术人才,管理服务水平待提高。"

经济发展上的"扩散效应"和社会发展上的"回波效应",是造成区域经济和卫生计生发展不协调的理论成因。经济的"扩散效应"主要是自由市场机制作用的后果,而社会发展的"回波效应"主要是由于若干制度障碍的存在,导致经济发展的成果不能相对应地体现在社会发展中。在得到经济与卫生计生发展的协调性程度之后,有必要对不协调的制度成因进行探讨。

五 经济发展与卫生计生服务不协调的制度成因及政策建议

1. 制度成因

卫生计生与经济发展不协调并非单一因素导致,而是由一系列复杂的机制造成,并在漫长的过程中逐渐形成的。这些制度是影响"综合改革"绩效的主要原因,也是未来要实现突破以达到"深圳率先"的关键。本部分认为不协调的制度成因主要有以下几项。

(1) 行政管理制度

正如总报告提到的,在卫生计生领域,深圳是改革先行者,具有国家试验田的功能,但同时也面临着"未尽全力"的现象。本部分研究发现,深圳还面临着卫生计生管理制度上的问题,导致改革绩效无法充分显现出来。目前问题集中在两个方面。

条块分割和行政区划分割的管理方式无法实行卫生计生的全行业管理。从医疗机构的所属来看,深圳市一个行政区内除了卫生部门以外还有其他部门的医疗机构,还存在着中央、省、市、区等层级不同的医疗机构,这一医疗资源的配置格局在短时期无法根本改变。从卫生计生行业的特点来看,其有效管理不仅需要深圳市卫生和人口部门,还涉及发改、财政、规划、国土、药监、人事、民政、社保等多个职能部门,各部门行政管理职能重叠,管理边界不清,导致管理效率低下。不同的行政区划之间也缺乏有效的协调机制,各自为政,中心城区还存在行政保护现象,阻碍医疗资源向欠发达区域流动。

"管办分离"的公立医院管理体制还有待进一步推进。首先,深圳市政府对公立医院的管理主体责任还存在着不清晰的问题,如名义上政府是公立医院的所有者,但是具体到哪级政府或职能部门履行管理职责定义不明,使部分公立医院的发展方向和空间布局、医疗资源的配置及监管处于"无政府"的状态。其次,政府部门对公立医院"管办不分""政事不分",导致政府部门容易对医院的运营进行不恰当的干预,限制了公立医院的决策。最后,深圳市部分公立医院内部的管理体制行政化倾向严重,其结果是行政功能的过度膨胀,行政权力在医院运行中不适当扩张,导致公益价值错位,社会功能缺失。

(2) 资源配置和规划制度

"人民群众得实惠"是医改的首要目标。政府在卫生计生等国有公共服务资源的配置中,应当首要考虑服务对象的需求。在目前的资源配置过程中,仍然以行政力量为主导,很大程度上忽视了居民的需求。

第一,行政主导下的决策机制导致卫生计生资源配置不均。在卫生计生机构的选址、基建、财政投入以及提供卫生计生服务的种类和数量等事务上,决策程序不科学,"拍脑袋决策""拍胸脯决策"现象十分严重。卫生计生领域的决策过程容易受到行政力量的左右,例如在罗湖、福田等中心城区的政府占强势地位的情况下,优质医疗卫生服务和基本卫生服务极容易向这些城区倾斜,欠发达地区如宝安区、龙岗区的需求得不到满足。目前,深圳市尚未建立相应的决策监督机制,医疗卫生与经济发展不协调的问题无法得到及时解决。

第二,规划制度容易受到行政力量的干预。区域卫生规划是促进经济与卫生计生服务协调发展的有效手段①,但是从深圳市目前的实践效果来看,仍然存在诸多问题:深圳各级政府对区域卫生规划的认识程度不够,仍有部分行政区的领导认为,卫生规划只是"纸上谈兵";卫生规划的制定过程本身缺乏前瞻性,对卫生计生行业的规划远远不能满足现实需要;规划决策权高度集中在政府主要领导身上,"规划规划,不如领导一句话",决策集中引发言路堵塞、信息无法及时传递和反馈、缺乏论证等问题,对规划的科学性造成伤害;规划

---

① 1999年,国家计委、财政部和卫生部下达了《关于开展区域卫生规划工作的指导意见》,提出其目标是构建与国民经济和社会发展水平相适应的,有效、经济、公平的卫生服务体系和管理体制,改善和提高卫生综合服务能力和资源利用效率。深圳市于2003年制定了《深圳市区域卫生规划(2001~2010年)》,提出了"到2010年,居民健康及卫生服务指标达到中等发达国家水平"的目标。

制定过程缺乏公众参与机制，体现的是政府官员、专家和企事业单位负责人的观点，居民的意见和要求被排除在过程之外，因此居民的卫生计生需求不能及时反映在社会建设当中。

（3）财税制度

卫生计生领域改革还要与财税制度改革相衔接才能发挥最大绩效。财税改革的方向是改变分税制以来中央与地方在财力和事权上的不匹配，导致地方政府在发展卫生计生服务等社会事业中陷入"有心无力"的境遇。深圳不同行政区之间在财力上存在着较大差异，福田、罗湖等中心城区的经济状况较好，财源充足，而宝安、龙岗等区财政虽不差却由于人口集聚（特别是流动人口）而承担着更重的社会支出义务，使得不同行政区之间的社会发展出现不协调的状态。特别是对于卫生计生事业的财政投入不足，使许多医疗机构面临着发展困境和沉重的生存压力，为了正常运转只能将卫生计生服务市场化，通过收费来获取资金，进一步加剧了"看病难、看病贵"的矛盾。同时，我国的税收收入主要以企业相关税收为主体，不像发达国家那样是以消费税和物业税为主体，使得各区往往"亲商"有余而"亲民"不足，将经济利益置于社会利益之上。

（4）绩效考核制度

绩效考核制度也是综合改革中的重要一环，虽然在卫生计生领域发展迅速，但是深圳仍然还未摆脱以 GDP 为导向的政绩评价制度，这在客观上营造了一种"经济锦标赛"的氛围。地方政府争相进行招商引资、基建投资，城市内部各行政区之间也存在着经济发展的竞赛，卫生计生支出严重不足。例如 2010 年宝安区卫生福利业的固定资产投资只占总投资的 0.18%。同时导致公共利益让位于经济利益。深圳市各行政区的政府只对上负责，对居民的需求不敏感。这种"重经济、轻社会"的理念长期以来造成深圳卫生计生服务的供给严重不足，滞后于经济增长。

对卫生计生服务的综合绩效考核评估制度仍然沿袭过去的"重结果、轻过程"的方式，过多关注财政资金投入最终结果的评估，对于各区居民对卫生计生服务需求的满足缺乏关注。考核指标较少兼顾以"需"定"供"的卫生资源配置机制，缺乏对薄弱区域的资源配置的重视，造成了卫生计生资源与经济之间无法实现协调增长。

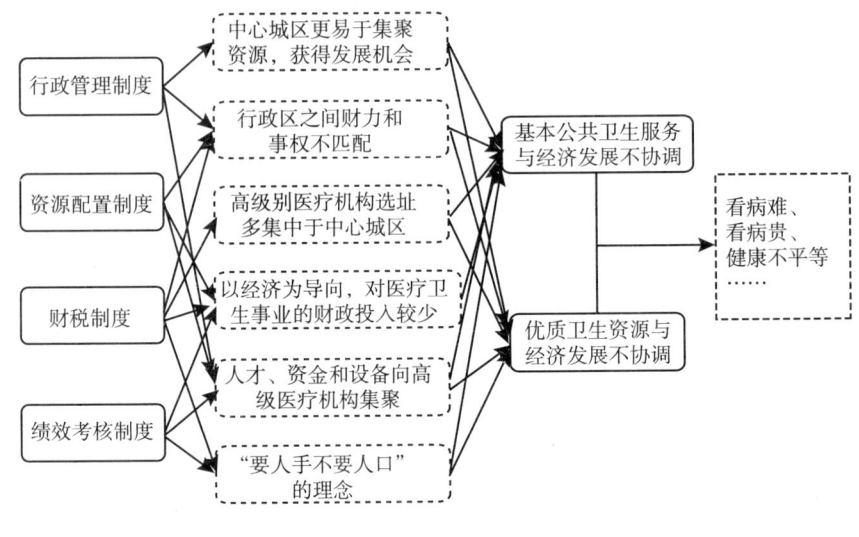

图 4-19 卫生计生与经济发展不协调的制度成因

2. 政策建议

为了进一步提高深圳经济发展水平与卫生计生服务水平的协调性，根据可操作性原则，提出如下政策建议。

（1）明确卫生计生服务供给的落后区域和薄弱环节

在投入总量一定的前提下，要增进卫生计生资源的配置效率，先是要明确哪些区域是需要重点投入的区域，哪些供给环节还比较薄弱。根据本部分的分析，宝安区和龙岗区的经济发展与卫生计生供给水平严重不协调，同时两区也是人口集聚和产业集聚的重点区域，亟须加大扶持力度。各个区在优质卫生服务和基本卫生服务指标上的差距不尽相同，未来需要采取差别化的政策。

（2）继续深化医疗卫生体制改革和公立医院改革

在卫生计生资源有限的情况下，应当充分鼓励各类卫生计生机构按照市场属性和自身定位发挥功能，在保障公益性和满足基本卫生计生需求的前提下，适当优化卫生计生产品结构，以高品质的产品和高水平的服务满足居民对优质卫生计生服务的需求。要在医疗卫生事业基础薄弱的地区探索多元办医的模式，形成以公立医院为主体、吸引社会资本投入的办医格局。从体制和运行机制上加强和完善公立医疗卫生机构的公益职能,政府对社会力量和个人办医实行积极引导,依法审批和严格管理。规范医疗卫生市场,防止和纠正乱收费、乱办医的现象。

(3) 完善卫生计生领域的科学、民主决策机制

在卫生计生领域的决策机制中,首先,要注重民主。建立起规范的信息发布、听证制度,在充分征求民意的基础上再制定决策。其次,还要保证决策的科学化。利用专家咨询、调查论证等方式最大限度地避免"拍脑袋决策""拍胸脯决策"的现象,以合理性、科学性作为基本原则。特别是在卫生计生投资、项目上,要坚持以最大限度地满足居民需求为依据,避免其他因素的干扰。最后,还要完善决策的规则和程序。科学规范的规则和程序是决策科学化、民主化的前提。在此基础上,建立健全决策失误责任追究制度,对违反规则和程序的决策要追究当事人的责任。要建立健全决策纠错机制,避免走弯路。充分发挥纪检、监察、审计等部门的职能监督、人大的法律监督和政协的民主监督作用,重点对卫生计生领域的决策制度、程序、规则情况以及决策执行情况进行监督。

(4) 积极贯彻落实区域卫生规划,优化卫生计生资源配置

强调对区域卫生规划的重视,发挥规划的前瞻性作用,充分考虑关外地区的卫生计生服务需求。积极贯彻落实区域卫生规划,保证卫生计生机构、设备、人员和技术等要素的分布和结构与各区的经济社会发展水平相适应,与居民的需求相适应。在保证基本卫生服务的基础上,各部门在落实规划的过程中应调整投资重点项目的布局,把卫生计生资源投向最需要的地区和亟须改善的项目上。还要防止在规划决策过程中的言路堵塞、信息不畅、缺乏论证等问题,保证规划的科学性,要建立公众参与机制,体现居民的意见和要求。

(5) 调整财政支出结构,向需求方和公共卫生领域倾斜

尽管从总量上看,深圳对于医疗卫生事业的财政投入不可谓不多,但是从结构上看仍然存在着不尽合理的地方,特别是对于关外地区的财政投入还远远不够。针对医疗卫生机构建立分类保障的经费方式,对提供的公共卫生服务和基本医疗服务分别采取"以事定费""购买服务""专项补助"相结合的补助方式,确保资金使用安全、规范、高效。对医院提供的基本医疗服务补助,要

与工作量、服务质量和居民满意度挂钩,保证财政投入向需求方倾斜。

(6) 建立民生为先、过程导向的绩效考核指标体系

要改革以经济建设为中心的绩效考核指标体系,考核指标应纳入更多以卫生计生为代表的社会发展指标,建立更加全面、科学、贴近民生的考核机制。对于卫生计生服务的综合绩效考核评估制度,要改变过去的"重结果、轻过程"的倾向,将注意力转移到对过程的把控和对居民满意度的考量上来。要充分兼顾到薄弱区域的医疗卫生资源配置,建立以"需"定"供"的协调机制。

参考文献

[1] 安艳芳:《我国优质医疗资源分布特点与改善策略》,《中国卫生质量管理》2011年第9(5)期。

[2] 任旺兵、屠新署:《经济社会协调发展及其协调度测度研究》,《市场论坛》2004年第7期。

[3] 陆学艺、宋国恺:《当代中国社会结构深刻变动的经济社会意义》,《北京工业大学学报(社会科学版)》2009年第10(5)期。

[4] 胡琳琳、胡鞍钢:《从不公平到更加公平的卫生发展:中国城乡疾病模式差距分析及建议》,《管理世界(月刊)》2003年第1期。

[5] 张鹭鹭、胡善联、魏颖等:《区域内医院医疗资源配置公平性研究》,《中华医院管理杂志》2000年第5(5)期。

[6] 杨永恒、胡鞍钢、张宁:《中国人类发展的地区差距和不协调——历史视角下的"一个中国,四个世界"》,《经济学(季刊)》2006年第4(3)期。

[7] 尚红云:《中国医疗卫生行业发展区域差异的实证研究》,《东北财经大学学报》2006年第6期。

[8] 罗娟、王泓、崔开昌:《上海市医疗资源配置状况分析》,《中国卫生统计》2009年第10(5)期。

[9] 徐伟:《江苏省卫生资源配置区域差异研究》,《江苏社会科学》2010年第4期。

[10] 轩志东、罗五金等:《卫生公平性发展状况与卫生经济制度的选择》,《卫生经济研究》2006年第12期。

[11] Yuanli Liu. Equity in health and health care: the Chinese experience. Social science & medicine. 1999.

B.5 深圳市人口健康状况与医疗保障制度对劳动供给影响研究

王金营 李竞博 石贝贝 程琰

本章要点：

1. 作为流动人口占比倒挂型的特大城市，深圳市率先建立的"全民医保"相关制度明显有利于深圳市的劳动供给：深圳市特有的劳务工医疗保障制度给予外来劳务工基本的生活保障，消除了劳务工看病的后顾之忧，确保了人们在卫生资源利用方面的公平性，使劳务工享有基本的健康权和社会归属感，进而可以吸引更多、更持续的外来务工人员。但这个制度仍然有户籍差别的内容，仍然需要加强公平性建设。

2. 未来的医保制度建设，仍以扩大覆盖范围、加强地域和人群的公平性为主，要注意过度医疗保障对带动劳动供给力不从心，并协调劳动供给与医疗保障的平衡。

一 引言

（一）研究背景

深圳市的经济发展在全国继续领跑，已经达到中等发达国家水平：2012年深圳市全年实现生产总值12950.08亿元，人均GDP达到12.28万元，继续居内地大中城市首位，进出口总额4667.85亿美元，全市每平方公里GDP产出达到6.6亿元。根据《深圳市2012年第六次全国人口普查主要数据公报》显示，年末全市常住人口为1054.74万人，其中户籍人口287.61万人，占常住人口的27.3%，流动人口占常住人口的70%以上。这虽有国家优先发展战略指引的政策优惠的原因，但是更重要的是与深圳特区在市场经济体制下通过不断创新而吸引众多劳动力（特别是具有较高人力资本存量人才）的流入并充分利用分不开的。不过，随着时间的推移，深圳的人口老龄化必然加速，在劳动供给规模增长减慢的前提下，高质量的劳动供给成为保持深圳市经济持续稳定发展的重中之重。因此，促进人口健康，协调医疗保障制度与劳动供给的均衡发展是一个需要深入研究的重要课题。

（二）研究现状

众所周知，一个国家或者一个地区、一个城市的经济持续增长不仅需要有足够的资本积累，而且需要持续高质的劳动供给。劳动力作为最重要的社会经济投入要素，其供给与需求的平衡与否决定了社会能否稳定、健康地发展。在社会人口规模和结构既定的条件下，个人向社会提供劳动时间的长短和总体人口劳动参与的水平是决定劳动供给的重要因素。是什么因素决定和影响个人是否参与劳动、参与劳动时间的长短？是什么因素影响人口的整体劳动参与率？有关这一领域研究的文献林林总总，其结论不外乎是年龄（奉莹，2005；王金营、蔺丽莉，2006）、性别（坎贝尔，2004）、婚姻状况（姚先国、谭岚，2005）、受教育程度（王金营、蔺丽莉，2006；秦秋红、冉艳，2011）等微观特征，或工资水平（亚当·斯密，1776；李嘉图，1817）、经济发展状况（Bloom、Canning，2003）、城市化水平（Maureen、Kilkenny、Huffman，2001）等宏观经济因素。此外，还有少量研究者探讨了公共政策如教育政策（都阳，1999）、社会保障制度（汝虎，2010）、税收制度（沈玉平，1998；王娜、夏杰长，2006）、公共卫生政策（张川川，2011）等对劳动参与和劳动供给的影响。然而，从现有的研究文献来看，对人口健康状况和医疗保障与劳动供给之间关系的研究文献较少，特别是从理论到实证地探究这两个方面直接或者间接地作用于微观个体的劳动选择、劳动时间以及整体人口劳动参与和劳动供给的途径、机制的研究比较欠缺；探究医疗保障制度设计、保障执行等从福利和收入效应角度对个人劳动供给的影响的研究更是少之又少。对于深圳市这样一个具有特殊人口结构的城市，研究公共政策的制定**如何调整资源，如何利用现有人口和劳动力资源促进深圳市经济更好更快发展，是一个非常具有实践意义的课题**。

(三）研究思路和方法

本课题将通过理论研究深入探讨在控制其他条件的基础上，人口健康状况和医疗保障制度对于劳动参与的作用途径和机制；通过调查研究揭示影响深圳市劳动年龄人口的劳动参与决策和劳动力的劳动时间长短取舍的因素；通过对人口健康、医疗保障对劳动参与率的影响程度和方向，特别是对于不同人群劳动参与的影响分析，揭示三者之间的相互关系、作用原理，寻求与当地实际情况相符的适度劳动力参与率。

本研究首先对调查数据进行初步统计分析，了解深圳市居民健康与医疗保障的基本现状，进而分别对个人健康状况、医疗保障制度对劳动供给的影响做计量分析，这里主要采用 Logit 模型和一般线性模型。本研究还利用主成分分析法整合研究指标，确定人口健康状况、医疗保障水平对劳动供给的影响程度。最终，以上述分析作为促进深圳市人口健康、完善深圳市医疗保障制度、提高深圳市人口劳动参与的理论依据。

（四）研究框架

本部分研究的技术路线见图 5-1。

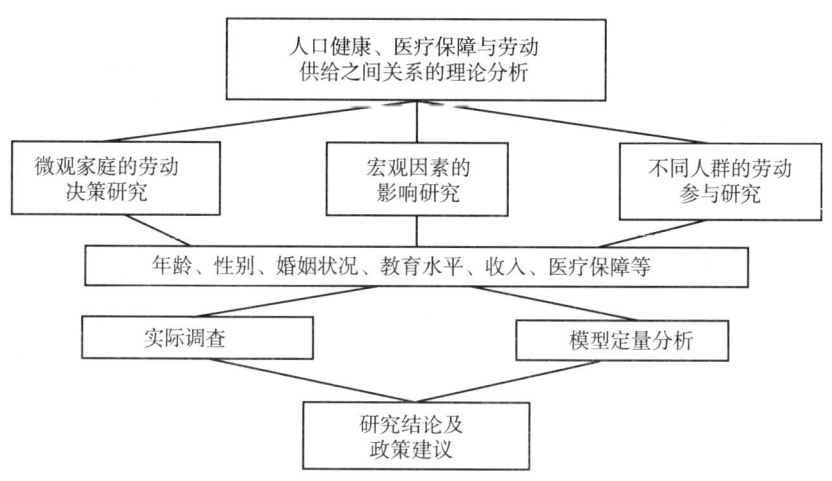

图 5-1 人口健康、医疗保障与劳动供给之间的关系研究框架

二 人口健康、医疗保障与劳动供给之间关系的理论分析

（一）微观家庭的劳动决策研究

从微观上讲，微观主体的劳动供给直接决定了宏观经济主体的经济效率，因此对微观主体的劳动供给最大化开发具有重要的意义。劳动供给包括现实劳动力资源，也包括潜在劳动力资源，因此劳动供给挖掘空间主要集中在潜在劳动力资源上。作为理性经济人，普通劳动者是以追求利益最大化为动力而支配劳动供给的，但是受不同因素的影响，劳动供给不仅受利益驱使，还是综合多个因素进行优化配置的结果，受到诸多因素影响。

1. 个人劳动决策的性别差异

由于生理特征及社会分工的差异，男女在劳动供给行为方面有显著的差异。区域经济环境和职业分割对就业性别差异具有一定的解释作用，且经济增长并没有充分降低就业性别不平等（Seguino、Stephanie，2003）。性别歧视是劳动力市场中男性和女性就业差异的主要影响因素，女性失业率明显高于男性，且女性失业率受婚姻和孩子等多种因素的影响（Lauerova、Terrell，2002；Livanos，2009）。随着就业形势的日益严峻，就业性别差异不断增大，女性就业越来越困难（张车伟、吴要武，2003；张善余，2004；张抗私，2009；Chen and Hamori，2008；曹星、岳昌君，2010），男性职业生涯缩短（罗纳德·G. 伊兰伯格，罗伯特·S. 斯密斯，1999），如表5-1所示。男性劳动力的总参与率一直在下降，其中青少年与老年人尤为明显。

2. 不同人口年龄结构对劳动供给的影响

人口年龄结构变动对劳动供给和市场参与的影响，主要通过总抚养比、少儿抚养比和老年赡养比等指标的变化来体现。Lindh 和 Malmberg（1999）的研究表明，劳动力负担降低可以促使更多的劳动力从家庭非生产性活动转移到市场上的生产性经济活动之中。Canning（2007）认为降低生育率，能够缩小家庭规模、减轻少儿抚养负担，可以提高劳动力的市场参与率，尤其是女性劳动

表 5-1 美国男性分年龄劳动力市场参与率,1900~1994 年

单位:%

年份	年 龄 组					
	14~15	16~19	20~24	25~44	45~64	65岁以上
1900	61.1		91.7	96.3	93.3	68.3
1910	56.2		91.1	96.6	93.6	58.1
1920	52.6		90.9	97.1	93.8	60.1
1930	41.1		89.9	97.5	94.1	58.3
1940	34.4		88.0	95.0	88.7	41.5
1950	39.9	63.2	82.8	92.8	87.9	41.6
1960	38.1	56.1	86.1	95.2	89.0	30.6
1970	35.8	56.1	80.9	94.4	87.3	25.0
1980		60.5	85.9	95.4	82.2	19.1
1994		57.7	85.5	93.9	80.6	17.2

资料来源:1900~1950:Clarence D. Long, *The Labor Force Under Changing Income and Employment* (Princeton:Princeton University Press,1958),Table A-2.

"1960:U. S. Department of Commerce, Bureau of the Census, Census of Population, 1960:Employment Status," *Subject Reports PC (2) -6A*, Table 1.

"1970:U. S. Department of Commerce, Bureau of the Census, Census of Population, 1970:Employment Status and Work Experience," *Subject Reports PC (2) -6A*, Table 1.

1980:U. S. President, Employment and Training Reports of the President, 1981 (Washington, D. C.:U.S. Government Printing Office, 1981), Table A2, and *U.S. Bureau of Labor Statistics, Handbook of Labor Statistics, Bulletin 2175* (Washington, D. C.:U. S. Government Printing Office, 1983), Table 4. (这组资料用于说明 1950~1980 年 16~19 岁的劳动力市场参与率。)

"1994:U. S. Bureau of Labor Statistics," *Employment and Earnings 42* (January 1995), Table 3. (1980 年和 1994 年的数据源于月调查资料,而不是十年一次的人口普查资料,所以与早些年份是不可比的。)

力的市场参与率。Bloom 和 Williamson (1998) 认为,人口年龄结构变动使得"人均劳动时间投入"(labor hours input per person, H/P) 增加从而促进经济增长。不过,也有研究发现,短期内少儿抚养负担下降增加劳动力供给,长期来看并不存在固定的反向线性关系(Chong-BumAn、Seung-HoonJeon, 2006)。在一定时期内,少儿抚养负担的减轻可以增加劳动力的市场参与,但长期而言,少儿抚养负担下降意味着未来具备生产性的劳动力人口会减少,少儿抚养负担与劳动力供给之间存在倒"U"型关系。

3. 人力资本对劳动供给行为的影响研究

对人力资本变量的研究发现,健康状况是反映个人人力资本水平的一个重要指标,健康状况越好,越有利于劳动力进入劳动力市场;健康不良对就业有显著的负面影响,健康人群比不健康人群获得就业的机会更大(樊明,2002)。在控制其他变量的情况下,受教育水平对参与劳动力市场有正向的影响,并且随着受教育程度的提高,参与劳动力市场的程度也提高。Yang(1997)的实证表明,具有相对竞争优势、受教育程度较高的劳动力会首先就业。Liao(2005)在动态框架下研究了农村劳动力的非农就业行为,结果表明,教育程度较高的年轻男性更倾向于就业。Zhang,L. X.,Huang,J. K. 和 Rozelle,S. (2002),任国强(2004)的研究也表明,劳动力受教育年限越高就越倾向于就业。而且,大量的调查数据也证实,从事非农工作的劳动力的受教育程度相对较高(Takashi,2001)。熊思远(2001)运用1998年云南省统计局对全省农村劳动力的抽样调查数据进行的研究显示,与未就业的劳动力相比,非农就业者初中、高中程度的比重分别高20%和11%。可见,多数研究成果均表明,受教育程度对农村劳动力从事非农产业具有显著的正向影响(申明浩、周林刚,2004),即可以促进农民的非农就业(Bjoern Gustafsson、魏众、吴桂英,2002)。

4. 劳动供给的家庭影响因素

在我国,自实行市场经济体制以来,家庭收入不断提高并呈多元化趋势,其他收入不断增加,工资率①也不断上升,然而同期城镇劳动参与率呈现快速下降的趋势。对于这一现象有不同的判断,例如家庭成员中丈夫或者妻子收入提高,其余家庭成员的劳动参与率则倾向于降低,即劳动供给的替代效应;另外,由于照顾孩子的需要,家庭中女性劳动者多选择退出劳动力市场,从而造成劳动参与率下降。然而,不同的学者也持有不同观点。蔡昉等(2004)的实证研究表明,家庭其他成员的收入对本人劳动参与的影响不显著,而郭继强

---

① 所谓工资率,是指单位时间内的劳动价格,是劳动力的均衡价格,由劳动力市场上劳动力供求双方竞争形成的。工资率 = 单位劳动的产出,即 $w = Y/L$,因为劳动的投入一般只用时间来度量,所以也就是单位时间的报酬。根据单位时间的不同,可以分为小时工资率、日工资率等。在均衡时,真实工资率 = 劳动的编辑产品,即 $w = MP \times P$。

(2007)的模型根本就没有其他家庭成员收入变量,而且其研究对象是劳动时间。姚先国、谭岚(2005)仅仅对已婚妇女做出分析。但是,可以肯定的是,作为谋生手段的劳动供给与收入是显著相关的,丁仁船(2009)通过对合肥市家庭调查数据分析发现夫妻就业状态高度关联,且夫妻就业强化,配偶工资高者,本人工资水平也高,个人劳动参与与配偶工资收入存在一定正关联。从劳动时间来看,配偶工资水平越高,本人劳动时间越短。总之,家庭的数量、结构及家庭总收入从不同方面影响了家庭成员的劳动供给。

(二)宏观因素的影响研究

长期以来,我国经济发展的一个显著优势就是劳动力资源丰富,且二元经济特征十分明显,劳动力无限供给是我国的比较优势。然而,在工资上涨的压力下,我国的经济发展将发生很大的变化,首先,劳动密集型产业(尤其是以农民工为主要劳动力的劳动密集型的行业)的竞争力将受到影响,经济增长方式将由劳动密集型向资本及技术密集型转变;其次,劳动力价格的上涨对于经济总量增长、经济结构调整以及物价调控等方面都有深远的影响。

1. 社会保障对劳动供给行为的影响

Burkhauser and Turner(1978)利用时间序列资料检验社会保障收入对主要年龄的男性劳动力市场的影响,发现有社会保障的人比没有社会保障的人工作时间更长。Moffitt's(1987)利用1955~1981年的时间序列测算社会保障对25~34岁、35~44岁、45~64岁、65岁以上组的劳动供给的影响,**得出的结论是保障收入对劳动参与率是负效应**。学者们对社会保障减少老年人劳动参与的结论几乎是一致的(Aaron, 1982; Boskin, 1986; Ippolito, 1988)。Parsons(1980)发现对于劳动参与率下降的男性人群,促使其考虑是否参与劳动市场的决定因素在于社会补助(或社会福利),此项诱因使得低潜在工资、低学历或年龄较长的男性退出劳动市场。社会福利支持对农户非农劳动供给的决策有负的影响,贫困农村地区的表现更不同于城市,中性的政策对农村和城市劳动供给有不同的效果(Maureen, Kilkenny, Huffman, 2001)。

2. 公共卫生服务对劳动供给行为的影响

经济史学家罗伯特·福格尔(Robert Fogel)提出,长期经济增长的一个重要因素是通过更好的营养改善健康状况（曼昆，2010）。我们知道，许多发展中国家之所以贫穷落后，部分是因为人们健康水平低，而人们不健康的部分原因又是他们贫穷，负担不起必要的医疗和营养费用，从而形成了恶性循环。Bloom 和 Canning (2003) 总结了健康作用于经济繁荣的四条途径。第一，身体健康的人微观劳动供给更多，并且生理和认知上更强壮，从而更具生产力；第二，身体健康的人预期寿命更长，更倾向于进行人力资本投资，从而增加劳动供给效率；第三，更长的寿命会引致在工作期间更多的储蓄，为经济提供更多的投资，一个健康状况良好的劳动力还可以增加外国资本投资；第四，死亡率的降低也减少了一国对新生儿的需求，使人口增长率下降，劳动年龄人口占总人口比重上升，这一人口群体是经济增长与人均收入的重要决定因素之一（David Bloom，David Canning，2003）。健全、完善的医疗保障制度是劳动力健康的保障，也是经济持续增长的保障。

3. 工资变动对劳动供给行为的影响

关于劳动参与率与失业率的认识，主要有两种，一种是预期失业率的上升会提高家庭成员的劳动参与率，另一种是预期失业率的上升会降低劳动参与率（雅各布·明赛尔，1999）。这两种假说并不相互排斥，两者在现实生活中共存，在新增工人为了维持生计进入劳动力市场的同时，也存在长期失业者放弃寻找工作的现象。另外，效率工资理论之一的工人流动率也是深圳市需要特别考虑的一个因素。工人离职的频率取决于他们面临的一整套激励，包括离去的利益和留下的利益（曼昆，2010）。

深圳市作为一个流动人口众多的城市，如果劳动力的离职率过高，企业将面临雇用并培训新工人的高成本。而且，即使经过培训后，新雇用的劳动力的生产率也不如有经验的劳动力高，这将造成一种资源的浪费，是不利于深圳市长期经济增长的。因而，深圳市的医疗保障制度除了作为国民健康稳定的资金来源外，也应该是一种激励制度，对于留住现有劳动力，并吸引更多劳动力具有一定的积极作用。

（三）不同人群的劳动参与研究

1. 妇女劳动决策行为

20世纪以来，劳动力市场最明显的变化是妇女（尤其是已婚妇女）参加社会工作的数量剧增。如表5-2所示,1950年,美国已婚妇女的劳动力参与率仅为21.6%;到1960年,上升到31.9%;而到了1994年增加到了60%,几乎是1950年的2.5倍。

表5-2 美国16岁以上妇女劳动力参与率,1900~1994年(按婚姻状态分类)

单位:%

年份	全部妇女	单身妇女	寡妇和离婚妇女	已婚妇女
1900	20.6	45.9	32.5	5.6
1910	25.5	54.0	34.1	10.7
1920	24.0			9.0
1930	25.3	55.2	34.4	11.7
1940	26.7	53.1	33.7	13.8
1950	29.7	53.6	35.5	21.6
1960	37.7	58.6	41.6	31.9
1970	43.3	56.8	40.3	40.5
1980	51.5	64.4	43.6	49.8
1988	56.6	67.7	46.2	56.7
1994	58.8			59.6

资料来源:1900~1950:Clarence D. Clong, *The Labor Force Under Changing Income and Employment* (Princeton: Princeton University Press, 1958), Table A-6.

1960~1994: U. S. Department of Labor, Bureau of Labor Statistics, *Handbook of Labor Statistics*, Bulletin 2340 (Washington, D. C.: U. S. Government Printing Office, 1989), Table 6; and U. S. Department of Labor, Bureau of Labor Statistics, *Employment and Earnings* 42 (January 1995), Table 3. 最后一行"已婚妇女"的数据是1993年的数据。

对于女性参与劳动供给过程中所呈现出的对工作时间与闲暇时间的选择上来看,其劳动供给函数保持不变,即有酬工作的时间的供给是收入、工资率以及个人在家庭时间与货币收入之间权衡的函数。具体来说就是,在工资率不变的条件下,如果一名妇女得到一笔非劳动收入,其拥有的资源量增加,她会去购买更多或更高质量的商品和劳务,或者选择花费更多的时间在家里,也就是说她将倾向于减少对市场的劳动力供给;同样,如果她的工资增加,她将倾向于减少劳动力供给,但是由于工资的增加提高了家务劳动及闲暇时间的成本,在某种程度上收入变动引起的劳动供给的变动会有所抵消,即工资的增加也会促使她从事更长时间的有酬劳动(罗纳德·G. 伊兰伯格,罗伯特·S. 斯密斯，2003）。Chinhui Juhn，Kevin M. Murphy（1997）认为高工资男性的妻子在人力资本投资方面存在一定的优势，因而获得的市场机会相对更多，而且预期工资也较高。

2. 青少年劳动参与行为

Jongsoog Kim 和 Lydia Zepeda（2004）在分析影响美国青少年劳动力参与率及农场青少年劳动力数量的因素时，指出要应用"两个阶段"决策制定模型，其中这"两个阶段"的决策指青少年参与决策与青少年劳动力提供决策。研究表明，影响青少年劳动力参与率的关键因素是非经济因素，其中包括：父母是否觉得他们的孩子能从工作经历中取得一些收获，如社会发展、责任感及家庭联系的加强等。而影响青少年劳动力数量的最主要因素则是经济因素，因为家庭式农场严重依赖家庭劳动力。Margo 和 Finegan（1993）对1950年以后美国南部黑人青年劳动参与下降的情况进行了研究，其结论是，棉纺织业的机械化和工资相对降低并不是这种下降趋势的最主要原因，真正的原因是更多的黑人家庭的家长趋向于让子女接受更好的教育，这就使得很多黑人青年并不急于进入劳动力市场。教育是造成青少年劳动参与率降低的一个重要因素，人口平均受教育年限提高导致劳动力进入劳动市场的时间延迟，即青少年劳动参与率下降，当教育投资结束进入收益期后，高质量的劳动力进入劳动力市场，提高了劳动供给的质量，提高了劳动效率。

3. 老年人口劳动参与行为

近年来，老年人口的劳动供给水平也一直处于不断下降的趋势。日趋完善的社会保障制度导致老年人口进入劳动力市场的意愿进一步减弱，随着时间的推移，收入的增长增加了"健康标准"或对于在给定的健康水平下的保健的需求，这其中包括更充分的脱离工作的时间（雅各布·明赛尔，2001）。Clark 和 Anker（1993）研究发现，老年人口劳动供给的降低，不但是个人财富不断积累的结果，还是退休后人均收入提高、人口逐渐老龄化、社会城市化速度加快以及社会保障制度逐渐完善等因素共同作用的结果。而当一些国家出现经济转轨或衰退的情况时，老年人口的劳动参与率会相应地有所提高。Costa（1995）和 Lee（1998）也证明了这一观点。Costa（1996）对1900年以后，老龄人口的健康和离退休情况之间的关系进行了研究。研究发现,在1900年,退出劳动力的弹性要高于当前的水平,这就意味着对现在的老年人来说,与过去相比,健康情况已经不再是选择离退休的最主要因素。对于退休率而言,其他因素(特别是收入水平的提高)正扮演着越来越重要的角色。

医疗保障作为社会的"减震器",在保障居民医疗需求、维护社会稳定方面发挥了重要的作用(田国栋,2006)。贾洪波(2007)对基本医疗保险的适度缴费率做了研究,认为基本医疗保险缴费率不能过高,也不能太低。在其他条件不变的情况下,过高的基本医疗保险缴费率将会导致资源配置的低效率,太低的基本医疗保险缴费率不能保证居民的基本医疗安全,不利于增进社会福利。因此,他构建了基本医疗保险适度缴费率模型,在用模型对基本医疗保险适度缴费率进行测算的基础上,对现行基本医疗保险缴费率的适度性进行了分析。充足的劳动供给是保持医保账户收支平衡的基本条件,贾洪波(2007)借助基本医疗保险和工资的变化关系,分析劳动力供给曲线,阐明了参加基本医疗保险与否对劳动力市场产生的不同影响。

综上所述,影响整个社会或某个地区劳动力供给的因素取决于该区域经济发展状况、工资水平、城市化水平、公共政策等诸多因素。总的来说,劳动供给的宏观模型 M_1 的表达式如下:

$M_1 = f$〔劳动参与率,人口规模(劳动人口规模),经济发展状况,工资水平,城市化水平,公共政策……〕

个人的劳动参与决策则受年龄、性别、受教育程度、婚姻状况、家庭收入等因素的影响,个人劳动供给模型 M_2 的表达式如下:

$M_2 = f$(年龄,性别,受教育程度,婚姻状况,家庭收入,社会保障……)

根据学者的研究,我们认为,不论是宏观劳动供给还是个人劳动供给,其影响因素众多,并且不同的影响因素对劳动供给的影响程度不同。本研究重点是研究深圳市医疗保障水平对劳动供给的影响,其中将涉及不同年龄、性别人群的劳动参与。

本研究要检验的理论假设:根据医疗保障对劳动供给的收入效应,在医疗保障水平较低的情况下,劳动供给会随医疗保障水平的提高而增加,但是增加到一定程度后，出现替代效应，劳动供给的增速会减缓；高水平的医疗保障以及低比例的缴费人口会造成医疗保障账户的收支不平衡，适度的医疗保障水平，在保障人口基本医疗需求的基础上，可以促进劳动供给。

三 深圳市人口健康和医疗保障与劳动供给的微观调查研究

（一）研究指标选取与指标解释

本课题研究的微观数据是子课题《深圳常住人口就医调查》进行的抽样调查数据。该调查除了诸如性别、年龄、教育、工作情况和户籍等个人基本情况外，还涉及人口健康、医疗保障、劳动供给等相关指标。具体包括个人健康状况自评、就医意愿、医疗保险参加情况以及工作时间等。抽样调查采用随机抽样调查方法，随机抽取来自深圳市 9 个区的居民（总计 1613 人，其中男性 782 名、女性 831 名）作为研究对象，就深圳市居民人口健康、医疗保障与劳动供给情况进行了深入的访问。下面是对各研究因素、指标选取的解释以及对调查数据进行的初步分析。

1. 人口健康指标界定

人口健康概念与传统的医学健康概念有明显区别，人口健康概念所关注的是三维空间的人口群体的健康，这意味着研究和关注的人群已从患病人群扩展到健康和亚健康人群（郑晓瑛，2002）。总结国内外相关方面的研究实践，初步可以将人口健康的内容定义为：

（1）人口健康的研究对象是总人口，这就包括了健康人群、亚健康人群和非健康人群。

（2）人口健康研究的内容是总人口的健康，关注的是人口的健康结局，而不是像医学那样研究健康状态。除医学因素外，更多的是引入非医学因素，如社会、经济和环境等（郑晓瑛，2003）。

1992 年，世界卫生组织（WHO）对人类健康与长寿因素进行系统分析后指出：影响人类健康的主要因素是个人因素。实际调查问卷中涉及评价人口健康的指标仅涵盖个人因素，而没有涉及遗传、社会、气候环境因素。因此，本课题在研究人口健康状况时，不考虑遗传、社会及气候环境因素，仅选取了"人口身体健康状况自评""最近三年内是否住过院""最近一个月是否因病请假""最近一个月是否带病工作"四个问题，分别作为健康状况的主观与客观评价指标。在对数据进行分析时，根据不同需要选取不同的健康指标。

2. 医疗保障指标界定

医疗保障是国家和组织为社会成员提供的疾病治疗、护理及物质帮助，是保障公民的身体健康，使患病的公民能够得到及时治疗和护理的一种保障制度。深圳市医疗保障制度一直以提高人们的健康水平、提高劳动生产率、促进社会经济发展为目标，逐年增加在医疗卫生方面的投入，旨在打造健康的医疗环境。2011年，深圳市医疗卫生支出77.37亿元，比2010年增长24.8%，占全年地方财政支出的4.86%。深圳市致力于建立覆盖面广大的"网络式保障"。

问卷中"是否加入医疗保险"反映了被调查者参加医疗保险的情况，"加入医疗保险前后，就医情况变化"则反映了医疗保险的保障效果，其中包括"个人负担费用""住院意愿""住院时间""就医及时性"四方面的变化情况。"参加医疗保障的类型"及"患病时就医的医疗机构"也作为评价医疗保障的指标。其中，"加入医疗保障的类型"仅限于参保深圳市内的医保类型，不对参保深圳市外的医保类型进行分析。因此，可以分别从不同方面研究医疗保障与人口健康水平和劳动供给情况的关系。

3. 劳动供给指标界定

《现代经济词典》中定义劳动供给为在既定人口规模中，人们所能够并愿意提供的脑力与体力之和。主要由劳动力参与率、工作时间、有效劳动时间或工作效率以及工作技能四个方面的因素决定。劳动供给的这四方面决定因素既相互独立又相互影响，它们既可以同时决定劳动供给，又可以单独作为衡量劳动供给的因素。因为闲暇时间与工作时间是衡量劳动供给最主要的指标，所以我们定义劳动供给为在一定的市场工资率的条件下，劳动供给的决策主题（家庭或个人）愿意并且能够提供的劳动时间。因此，在本课题的研究中，选取问卷中"一天工作时间"和"一个月休息天数"两个指标作为劳动供给的主要指标，辅之以"是否因病请假"指标。

（二）计量模型和统计方法

1. 劳动供给计量模型

对个人健康与医疗保障对劳动供给的影响实证研究，主要采用 Logit 模型、一般线性模型。本研究为了清晰地解释医疗保障和劳动供给之间的实际关系，将采用 Logit 模型来分析"是否加入医疗保障"对劳动供给的影响。Logit 模型（Logit model，也译作"评定模型""分类评定模型"，又作 Logistic regression，即"逻辑回归"）是离散选择法模型之一，属于多重变量分析范畴。Logit 模型适用于因变量为多值及二值的分类变量，这弥补了一般线性模型的不足。逻辑分布公式：

$$P(Y=1 \mid X=x) = \frac{e^{x'\beta}}{1+e^{x'\beta}} \qquad (5-1)$$

其中参数 β 常用极大似然估计。

本研究的逻辑回归模型中，采用"是否因病请假"二值分类变量作为因变量表征劳动供给的指标，以"是否加入医疗保障"和"性别"为自变量，来分析男性与女性在加入医疗保障以后对劳动供给影响的差异。此模型中没有加入其他变量，是因为这些变量在模型中对因变量的解释能力弱，模型解释能力差。具体模型1如下：

$$y_1 = \alpha_1 x_1 + \beta_1 x_2 + \mu_1 \qquad (5-2)$$

其中，y_1 是"因病请假概率的对数值"，x_1 是"是否加入医疗保障"，x_x 是"性别"。

一般线性模型（GLM）是一个统计学上最常见的线性模型，其中未知参数仅以线性形式出现。线性模型应用广泛，但是必须满足特定条件[①]，本课题解释变量满足假设条件，因此可以采用一般线性模型。本研究涉及的第一个线性模型是健康状况对劳动供给影响模型，采用"最近一个月休息时间"为因变量作为评价劳动供给的反向指标，以"人口身体健康状况自评"为自变量，

---

① 郭志刚：《社会统计分析方法——SPSS 软件应用》，中国人民大学出版社，1999。

具体模型 2 如下:

$$y_2 = \alpha_2 x + \mu_2 \tag{5-3}$$

其中,y_2 是"最近一个月休息天数",x 是"身体健康状况自评",μ_2 是"随机误差项",服从独立正态分布,α_2 为"估计系数"。

第二个线性模型是人口健康、医疗保障与劳动供给模型,采用"最近一个月休息天数"作为评价劳动供给的反向指标,"最近三年内是否住过院""是否加入医疗保障"与二者的交互作用作为自变量,以此来评价劳动供给的影响,模型 3 如下:

$$y_3 = \alpha_3 x'_1 + \beta_3 x'_2 + \chi_3 x'_3 + \mu_3 \tag{5-4}$$

其中,y_3 是"最近一个月休息天数",x'_1 是"最近三年是否住过院",x'_2 是"是否加入医疗保障",x'_3 是"最近三年住过院与加入医疗保障交互效应",α_3、β_3、χ_3 为"估计系数",μ_3 是"随机误差项",服从独立正态分布。

2. 统计分析方法

本研究数据来源于随机抽样调查。因此,在众多指标中选择合适的指标来解释人口健康与医疗保障对劳动供给的影响显得尤为重要。但是以往的指标选定仅凭借主观判断,这可能会导致指标解释不完全,而且众多的指标选择会导致忽视重点指标。而主成分分析和因子分析却能弥补这种短缺,主成分分析用少数几个综合变量来代替多个变量,这些综合变量集中了原始变量的大部分变量。因子分析根据原始变量的信息进行重新组合,找出影响变量的共同因子,化简数据。因此,本研究采用主成分分析和因子分析两种统计分析方法。

主成分分析,是通过对多变量数据点集合寻找尽可能少的正交矢量表征数据信息。其基本思想是设法将原来众多的具有一定相关性的指标,重新组合成一组新的互不相关的综合指标来代替原来的指标。通常将原来指标作线性组合,作为新的综合指标。本文涉及三个主成分因子模型,模型 4 如下:

$$\begin{aligned} f_1 &= ax_1 + bx_2 + cx_3 + dx_4 + ex_5 + fx_6 + gx_7 + hx_8 + ix_9 \\ f_2 &= a'x_1 + b'x_2 + c'x_3 + d'x_4 + e'x_5 + f'x_6 + g'x_7 + h'x_8 + i'x_9 \\ f_3 &= a''x_1 + b''x_2 + c''x_3 + d''x_4 + e''x_5 + f''x_6 + g''x_7 + h''x_8 + i''x_9 \end{aligned} \tag{5-5}$$

其中，f_1是"人口健康因子"，f_2是"医疗保障因子"，f_3是"劳动供给因子"，x_1是"最近三年内是否住过院"，x_2是"健康状况自评"，x_3是"个人负担费用满意程度"，x_4是"住院意愿"，x_5是"住院时间"，x_6是"就医及时性"，x_7是"最近一个月休息天数"，x_8是"最近一个月是否带病工作"，x_9是"最近一个月是否因病请假"，a、b、c、d、e、f、g、h、i等为"估计参数"。

因子分析是指从研究指标相关矩阵内部的依赖关系出发，把变量群中一些信息重叠、具有错综复杂关系的变量归结为少数几个不相关的综合因子的一种多元统计分析方法。因子分析可以在许多变量中找出隐藏的具有代表性的因子。其基本思想是：根据相关性大小把变量分组，使得同组内的变量之间相关性较高，但不同组的变量不相关或相关性较低，每组变量代表一个基本结构，即公共因子。本文包含三个因子模型，模型5即：

$$\begin{aligned} x_7 &= \alpha f_1 + \beta f_2 + \chi f_3 \\ x_8 &= \alpha' f_1 + \beta' f_2 + \chi' f_3 \\ x_9 &= \alpha'' f_1 + \beta'' f_2 + \chi'' f_3 \end{aligned} \quad (5-6)$$

其中，f_1是"人口健康因子"，f_2是"医疗保障因子"，f_3是"劳动供给因子"，x_7是"最近一个月休息天数"，x_8是"最近一个月是否带病工作"，x_9是"最近一个月是否因病请假"，α、β、χ等为"估计参数"。

（三）问卷初步调查结果

1. 深圳市人口健康状况

根据抽样调查数据，深圳市民的身体健康状况自评状态为：有半数人认为自己的健康状况很好，仅有0.12%的居民认为自己的健康状况很不好。（图5-2）与此同时，92.87%的居民最近三年从未住过院，仅有2.7%的居民在最近一个月内因病请假。从整体来看，遇到健康问题时，只有不到五成（42.7%）的居民会选择及时就医，其余居民受种种因素影响，遇到健康问题时不采取积极的就医措施。同时发现，不同年龄组对健康问题有不同的反应，具体情况见表5-3（表中数据因四舍五入，可能会出现总和不为100的情况），25~59岁居民大部分会选择立即就医，而15~24岁及60岁以上居民选择去药店买药解决健康问题的占大部分，且22.9%的65岁及以上老人会拖着而不积极就医。不同年龄组的居民在遇到健康问题时的不同反应主要归因于不同年龄段居民的身体素质及经济条件约束。15~24岁组偏年轻化,身体素质较之其他年龄组而言,更加能抵抗疾病,遇到健康问题时,选择自己买药的比例大于其他方式。而60岁以上居民受家庭经济条件压力约束,往往不会积极就医,而是选择拖着或是自己买药。25~59岁青壮年,肩负抚养家庭的重任,且有一定的经济基础,遇到身体健康受到威胁时往往会及时就医,以更健康的身体去追求更高的收入。

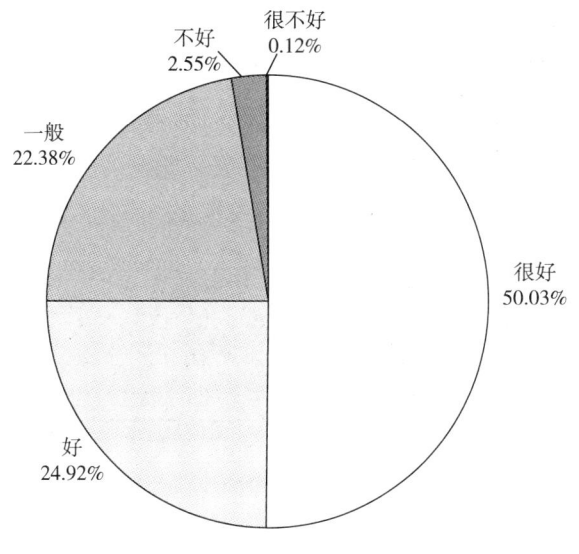

图 5-2　个人健康自评

表 5-3　不同年龄组遇到健康问题的反应情况

单位:%

	15~24岁	25~44岁	45~59岁	60~64岁	65岁及以上
患病立刻去医院	37.9	43.3	48.6	38.2	25.7
先拖一段时间,如病情无好转再去看病	16.6	22.1	17.0	8.8	22.9
不立刻就医	4.0	6.7	9.9	11.8	11.4
去药店买药解决	41.2	27.5	24.5	41.2	40.0
其他	0.4	0.5	0	0	0
合计	100.0	100.0	100.0	100.0	100.0

女性较之男性而言,住院意愿更为明显,且最近三年住过院的比率为9.02%,而男性最近三年住过院的比例则为5.11%。结合"个人健康状况自评"

及"最近三年住院情况"两项指标,居民整体身体状况良好,但男性身体健康状况普遍不如女性。虽然深圳市极快的生活节奏加大了工作、生活的压力,但是健全的社会公共服务机制却大大缓解了由此对个人健康产生的威胁。根据2011年深圳市人力资源和社会保障统计公报可知,一般公共服务支出141.66亿元,比2010年增长21.6%。这在很大程度上提供了有利于居民身体健康的条件。

2. 深圳市居民医疗保障状况

深圳市现行的全方位、多层次的社会医疗保险体系,具有进一步扩大参保人群、保险层次增多、缴费率较低、待遇高的特点。这大大提高了居民的参保意愿,调查中71.2%的居民参加了医疗保险,其中84.8%的参保人员参加了深圳市医疗保险,这得益于深圳市多层次的医疗保险制度。深圳市居民参加保险具体情况由表5-4可知,参加综合医疗保险的居民达到59.7%,其次是参加劳务工医疗保险的居民,占29.4%。

表5-4 深圳市居民参加医疗保险类型情况

单位:%

医保类型	百分比
综合医疗保险	59.7
住院医疗保险	9.0
劳务工医疗保险	29.4
学生儿童住院及大病门诊医疗保险	0.8
其他	1.1
合　　计	100.0

在对各医疗机构的进一步研究中,我们发现居民对市级医院、区级医院、街道医院和社康中心的满意程度均达到50%以上,而对私人医院及个人诊所的态度,70%以上的居民不清楚。与此同时,居民对医疗机构的信任度也呈相同的趋势。看病费用依然是居民选择就医考虑的因素。87.6%的居民认为看病收费太高,77.4%的居民认为看病手续繁琐,这在很大程度上限制了就医的主动性。但是,深圳市多层次的医疗保障制度保证了不同层次的居民选择适合自己经济状况的保障类型,加入医疗保障后,51.7%的居民认为个人负担费用有所减少,46.1%的居民选择及时就医。

居民遇到健康问题时对医疗机构的选择有一定的偏好差异,从表5-5可以看出,小病发生时,44.6%的居民首选去药店,32.4%的居民首选社康中心;大病发生时,超过半数(65.5%)的居民选择去公立医院就医,仅有少部分人选择其他就医方式;与此同时,住院、急诊、普通门诊及特诊发生时,居民同样首选公立医院。值得注意的是,去厂里就诊及个体诊所并不受居民的青睐,这恰好为医疗保障制度创造了改革空间。整体而言,公立医院是普通市民遇到健康问题就医的首选,深圳特色医疗机构——社康中心也发挥着重要的作用,多样性的医疗机构构成了一个完整的"医疗机构网",这种结构性医疗机构使"有病能医"成为可能。同时,医疗保障体系的健全与否直接关系到居民遇到健康问题以后如何反应。加入医疗保障以后,大大提高了患病就医的主动性,患病立即就医的比例达到75.6%,而没有加入医疗保障时,患病立即就医的比例仅为24.4%。多层次的医疗保障,提供了不同程度的医疗保障及物质支持,保证了不同人群的"病有所医",使居民遇到健康问题时,能够及时、主动地对自身身体健康状况恶化作出积极反应。

表5-5 不同患病类型选择医疗机构的比例情况

单位:%

医疗机构 \ 患病类型	小病	大病	住院	急诊	普通门诊	特诊
公立医院	9.2	65.5	68.1	49.4	36.0	63.1
区级医院	4.5	18.3	16.4	17.7	15.5	15.2
街道医院	5.1	13.8	13.6	18.1	17.1	12.8
私人医院	1.4	0.6	0.4	1.4	2.3	0.9
社康中心	32.4	1.7	1.2	12.6	26.0	5.5
个体诊所	2.7	0.2	0.2	0.7	2.4	2.4
药店	44.6	0.0	0.0	0.0	0.7	0.0
去厂里就诊	0.1	0.0	0.0	0.1	0.1	0.0
合计	100.0	100.0	100.0	100.0	100.0	100.0

3. 深圳市居民劳动供给情况

根据抽样调查结果,当工资率维持在13.33元/小时的情况下,收入由2800元增长到4000元时,工作时间随收入的增加在增加,此时闲暇成本增大,劳动者宁愿放弃闲暇时间而从事工作以获取收入,即替代效应大于收入效应,劳动供给增加；在33.33元/小时高工资率的情况下，当收入由8000元涨到10000元时，劳动者宁愿放弃高工资而追求闲暇，即收入效应超过了替代效应，劳动供给减少。在被调查的样本中，48.6%的居民一天工作8小时，属于正常的工作时间，不会因工资收入增加的吸引而放弃闲暇，延长劳动时间。依据调查，家庭成员之间的收入及工作情况可以验证道格拉斯-有泽法则，即丈夫收入越高，妻子的劳动参与率越低；妻子本人的市场工资率越高，其劳动参与率越高。

参与市场劳动的群体中，已婚女性仅占31.9%，少于未婚女性，但是，已婚男性劳动参与率远远大于未婚男性，大概比例为1∶2.60，显示了婚姻对男女劳动者市场劳动时间投入的不同作用。进一步而言，从男女参与劳动行为的劳动供给曲线差异性来看，男性劳动供给曲线在工资率提高时向后轻微弯曲；女性劳动供给曲线的斜率则有较大递增。同时，男性和女性对劳动供给反应存在明显差异，这缘于两者在时间分配上存在的差异。女性除了用于社会劳动时间和闲暇之外，还要留部分时间做家务。向后弯的劳动供给曲线解释了女性劳动供给反应的乏力，使得经济学家转换研究视角，从家庭的角度解释个人劳动供给决策。

闲暇时间与工作时间是衡量劳动供给最主要的指标，深圳市劳动者闲暇时间选择与工作时间如图5-3所示，均呈偏左态分布。闲暇时间以一个月内的休息时间为指标，可以看到该指标以休息8天为分界点，呈偏左分布，其中34.9%的劳动者选择休息8天；工作时间选取一天的工作小时数作为研究指标，同样呈偏左分布，65.3%的劳动者一天工作8小时，为众数。

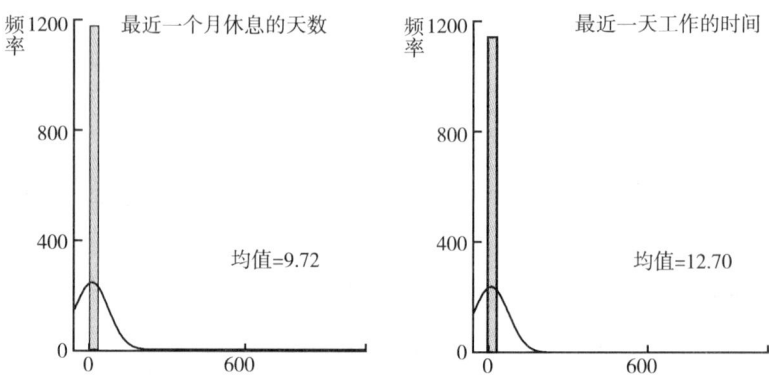

图5-3 深圳市劳动者闲暇时间选择与工作时间

四 健康状况、医疗保障制度对微观劳动供给影响的定量分析

（一）健康状况与劳动供给时间关系检验与分析

在研究健康状况与劳动供给之间的关系时，假设其他因素对劳动供给不产生影响。通过选取"个人健康状况自评"和"最近一个月休息时间"分别作为评价健康状况和劳动供给的反向指标，对这两个指标进行相关性检验，得出 $P = 0.037 < 0.05$，通过相关性检验，二者相关。个人健康状况与休息时间的正向相关关系说明，随着身体健康状况的恶化，劳动者会增加休息时间。相应地，在一定的时间内，就会减少工作时间。

男女劳动者由于身体素质不同，在劳动供给方面有一定的差别，以下即是对模型2的进一步解释。

因变量 y：一个月休息时间。

自变量 x：个体健康状况自评（$x=1$，很好；$x=2$，好；$x=3$，一般；$x=4$，不好；$x=5$，很不好；$x=6$，不清楚）。

女性健康状况对劳动供给的影响模型是：

模型 $y_F = -3.951 + 8.865x$

表 5-6 模型参数估计结果

变量	B	标准误	t	Sig
常量	-3.951	7.396	-.534	.005
您觉得您现在的健康状况如何	8.865	3.747	2.366	.018

因变量：最近一个月休息的天数。

模型 F 检验 Sig = 0.018 < 0.05，模型具有解释能力，通过检验。与此同时，从表 5-6 可以看出，t 检验中，自变量 Sig = 0.018 < 0.05，即自变量对因变量的解释能力强，通过 t 检验。检验结果表明，女性健康状况越不好，休息的天数越多。在不考虑其他因素的情况下，女性对健康状况恶化会及时作出回应，增加休息时间。

同上,以男性在劳动参与中的行为作自变量,得到男性劳动者健康状况对劳动供给的影响模型,未通过检验。也就是说,男性劳动者的健康状况对劳动供给的影响并不显著。这种情况的出现主要与家庭劳动行为有关,家庭专业化分工的存在促使男性会因家庭照料需求而减少休息时间;同时,男性受家庭抚养责任的影响,不得不更多地放松对健康状况的注意,而增加工作时间,创造财富。

(二)医疗保障状况与劳动供给研究关系检验与分析

在对医疗保障与劳动供给之间的关系做进一步分析时,选取"是否加入医疗保险"作为评价医疗保障的指标,同样将"一天工作时间"作为评价劳动供给的指标。通过对两个指标进行相关性检验,得到 sig = 0.00 < 0.05,卡方检验的结果非常显著,说明"是否加入医疗保险"与"一天工作时间"(即劳动供给)之间具有相关性。与此同时,根据独立样本做进一步的检验,可以看出"是否加入医疗保险"对劳动供给的影响具有明显的差异,而且 $\sigma_1 = 57.04871 < \sigma_2 = 81.12200$,其中 σ_1 为"加入医疗保险的标准差",σ_2 为"没加入医疗保险的标准差";加入医疗保险对劳动供给的波动小于没加入医疗保险的影响,说明加入医疗保险与否对劳动供给存在影响,加入医疗保险可以在一定程度上保证"病有所医",不会因为健康问题发生特别大的劳动供给波动。反而,没有加入医疗保险会使劳动供给有很大的波动。

为了进一步研究加入医疗保险对劳动供给的影响,我们构建二元 logistic 模型。以下是对模型 1 的进一步解释,以此来判定男女性在加入医疗保险以后不同的劳动供给行为:

$$y = 4.100 + 0.849x_1 - 0.982x_2,$$

其中,y 是"因病请假",x_1 是"是否加入医疗",x_2 是"性别"。

表 5-7 模型参数估计结果

变量	B	标准误	Wald	df	Sig
性别(参照:女)	-.982	.377	6.770	1	.009
是否加入医疗保险	.849	.540	2.471	1	.116
常量	4.100	.888	21.329	1	.000

因变量:最近一个月是否因病请假。

模型 F 检验中，Sig = 0.00 < 0.05，即模型具有解释能力，通过检验。同时，表 5-7 分析结果显示，"加入医疗保险"与"因病请假"呈正向变动关系，但是 Sig = 0.116 > 0.05，结果并不显著，同时"性别"与"因病请假"呈负向变动趋势，且结果显著。以加入医疗保险的男性为例，当 $x_1=1$，$x_2=1$ 时，$y_1=3.967$；加入医疗保险的女性，即当 $x_1=1$，$x_2=2$ 时，$y_1=2.985$，根据公式：

$$P(Y_1) = 3.967/(3.967+2.985) = 0.57; P(Y_2) = 2.985/(3.967+2.985) = 0.43$$

从计算结果可以看到，在参与劳动过程中，男性参加医疗保障以后，因病请假的概率高于参加医疗保障的女性因病请假的概率。加入医疗保障之后，男性更容易对健康状况恶化做出反应，考虑参与劳动创造价值的多少，而提高因病请假的概率。女性则截然不同，女性健康状况的好坏是影响女性劳动供给的重要因素，女性身体状况对劳动供给呈正向影响，医疗保障并不会对女性劳动供给行为有明显的影响。

以相同的方法对没有加入医疗保险的情况分析为：没有加入医疗保险的男性，当 $x_1=2$，$x_2=1$ 时，$y_1=4.816$；没有加入医疗保障的女性，即当 $x_1=2$，$x_2=2$ 时，$y_1=3.834$，根据公式：

$$P(Y_1) = 4.816/(4.816+3.834) = 0.56; P(Y_2) = 3.834/(4.816+3.834) = 0.44$$

从计算结果可以看到，在参与劳动过程中，没有加入医疗保障的情况下，男性因病请假的概率高于女性因病请假的概率。结合加入医疗保障的情况，可以看到，加入医疗保障与否都不会影响因病请假的概率。无论加入医疗保障与否，男性较之于女性而言，更容易对健康状况恶化做出反应。只有当身体健康状况出现恶化时，医疗保障所保障的居民才会对工作时间和休息时间做出选择，如果身体健康状况良好，居民则不会更多地考虑改变现有的劳动供给。因此，在目前的医疗保障制度下，当居民健康状况良好或不存在健康问题的条件下，医疗保障对人们的劳动供给影响并不显著，说明当前医疗保障水平还没有达到出现收入效应的状态。

（五）健康状况、医疗保障制度与劳动供给的模型分析

1. 人口健康、医疗保障与劳动供给主成分分析

通过交叉表相关性检验，选取相关性较高的指标做主成分分析，结果选定

以下变量做主成分分析,设:

x_1:最近三年内是否住过院;x_2:健康状况自评;x_3:个人负担费用满意程度;x_4:住院意愿;x_5:住院时间;x_6:就医及时性;x_7:最近一个月休息的天数;x_8:最近一个月是否带病工作;x_9:最近一个月是否因病请假。

把上述数据用于因子分析,可知 KMO = 0.672,适合做主成分分析。主成分分析提取三个主成分因子,根据表5-4的数据分析,对模型4做进一步分析,即可得到各个因子对解释变量的解释能力:

$$f_1 = -0.48x_1 + 0.033x_2 + 0.174x_3 + 0.190x_4 + 0.153x_5 + 0.180x_6 + 0.894x_7 + 0.967x_8 + 0.967x_9$$

$$f_2 = -0.189x_1 + 0.107x_2 + 0.597x_3 + 0.721x_4 + 0.593x_5 + 0.784x_6 - 0.175x_7 - 0.170x_8 - 0.170x_9$$

$$f_3 = 0.745x_1 + 0.798x_2 + 0.114x_3 - 0.013x_4 - 0.080x_5 + 0.55x_6 - 0.017x_7 + 0.004x_8 + 0.006x_9$$

根据上式可以看出 f_1 对变量 x_7、x_8、x_9 的因子负荷较大,f_2 对变量 x_3、x_4、x_5、x_6 的因子负荷较大,f_3 对变量 x_1、x_2 的因子负荷较大。x_7、x_8、x_9 与第一个因子高度相关,这些指标主要概括了人口健康水平,因此以 f_1 作为评价人口健康的综合因素具有代表性,这里命名 f_1 为人口健康因子;x_3、x_4、x_5、x_6 与第二个因子高度相关,这些指标主要涵盖了医疗保障的主要评价,因此以 f_2 作为评价医疗保障的综合因素具有代表性,命名 f_2 为医疗保障因子;x_1、x_2 与第三个因子高度相关,这两个指标主要概括了劳动供给的变化情况,因此以 f_3 作为评价劳动供给的综合因素具有代表性,命名 f_3 为劳动供给因子。

通过主成分分析,提取出三个因子,这三个因子涵盖了本文所涉及的所有人口健康、医疗保障与劳动供给的指标。为了明确各个因子对劳动供给的影响程度,利用主成分提取法的因子分析来做进一步的探讨。将各变量进行正交旋转以后,即是对模型5的解释,将 x_7(即最近一个月休息天数)作为评价劳动供给的变量时,通过因子分析可知 $x_7 = 0.332f_1 - 0.017f_2 - 0.012f_3$,如果将 x_8(最近一个月是否带病工作)作为评价劳动供给的变量时,通过因子分析可以表示为 $x_8 = 0.356f_1 - 0.009f_2 + 0.005f_3$,如果将 x_9(最近一个月是否因病请假)作为评价劳动供给的变量时,因子分析的结果为 $x_9 = 0.356f_1 - 0.009f_2 +$

$0.006f_3$。

通过上述变量的解释程度,选取"最近一个月休息天数"作为劳动供给的指标更佳,每个因子解释程度极高。由以上的数据分析可以得出结论:人口健康因素对劳动供给的影响程度更大些,且呈正向的影响;而医疗保险对劳动供给的影响虽然相对小很多,但是已经呈现负向的影响。因此,有效提高劳动的供给,可以在人口健康因素方面寻求突破点,就人口健康的影响因子而言,应加大身体与心理健康两方面的积极作用,更大程度地提高劳动供给效率;对于医疗保障方面而言,不宜采取过度保障,因为医疗保障对劳动供给的影响虽不是很显著,却为负影响,当医疗保障水平过高时只会增加劳动成本,而不能很好地提高劳动供给,只有将医疗保障水平维持在适度的范围之内,才能既吸引劳动力的投入,又能降低劳动成本,实现劳动最优化产出。

表5-8 主要指标主成分分析结果

变量	成份		
	1	2	3
您在最近三年内住过院吗	-0.048	-0.189	0.745
您觉得您现在的健康状况如何	0.033	0.107	0.798
个人负担费用满意程度	0.174	0.597	0.114
住院意愿	0.190	0.721	-0.013
住院时间	0.153	0.593	-0.080
就医及时性	0.180	0.784	0.055
您最近一个月休息的天数	0.894	-0.175	-0.017
您最近一个月是否带病工作	0.967	-0.170	0.004
您最近一个月是否因病请假	0.967	-0.170	0.006

提取方法:主成分。

2. 人口健康、医疗保障与劳动供给一般线性模型

本研究以"最近一个月休息天数"作为因变量,以"最近三年是否住过院"及"是否加入医疗保险"作为自变量,构建一般线性模型。首先我们对模型进行检验,以"最近一个月休息天数"作为劳动供给的解释指标模型整体显著,"最近三年是否住过院""是否加入医疗保险"及二者交互作用对因

变量解释效果显著。

由此,我们做进一步线性模型估计,对模型3进行具体解释,来分析人口健康与医疗保障对劳动供给的作用:

$$y = 252.750 - 244.866x_1 - 246.712x_2 + 248.264x_3$$

其中,y 为"最近一个月休息天数";x_1 为"最近三年住过院";x_2 为"加入医疗保险";x_3 为"最近三年住过院与加入医疗保险的交互效应"。

模型检验中,Sig = 0.00 < 0.05,模型具有解释能力,通过 F 检验。同时,根据表 5 - 9 可以看到,各自变量 Sig = 0.00 < 0.05,全部通过 t 检验。

表 5 - 9　模型参数估计结果

变　　量	B	标准误	t	Sig
常量	252.750	31.295	8.076	.000
最近三年住过院	-244.866	31.507	-7.772	.000
加入医疗保险	-246.712	32.454	-7.602	.000
最近三年住过院×加入医疗保险	248.264	32.730	7.585	.000

因变量:最近一个月休息的天数。

依据以上线性估计模型可以看出,住院对每月休息时间呈负向变化趋势,在一定时序期内,由于住院减少了劳动者的工作时间,这必然导致其牺牲休息时间以弥补收入差距,显然休息时间会相应减少;加入医疗保险对闲暇时间的影响在模型中同样呈负向拉动,加入医疗保险使得劳动者有病就积极去就医,劳动者在劳动过程中不会因医疗问题而有后顾之忧。加入医疗保险的劳动者平均收入高于没有加入医疗保险的劳动者,而且波动性远远小于没有加入医疗保险的劳动者,这均得益于加入医疗保险之后对工作时间的保障。从最近三年住过院与加入医疗保险的交互效应看,在加入医疗保险且最近三年得病住过院的人中,每月休息时间呈正向影响,表明这一人群由于医疗保障的作用,得病时将增加每月休息时间,相对未加入医疗保障的人来说,会减少劳动供给。

(三) 医疗保障与劳动供给的 logistic 检验

为了研究劳动参与影响因素,我们构建二元 logistic 模型来研究调查中影响劳动参与的不同因素,首先以"是否有工作(问卷中是'您现在从事什么工作'这一问题的第一步回答)"作为因变量,选取"性别""健康水平自评""是否加入医疗保险""婚姻状况""教育水平"五个自变量,拟合的模型是 Logit(P/y = 参与工作),也就是说因变量表示劳动者参与工作的概率的对数值,得到模型如表 5 – 10 所示,即:

$$y = 3.737 - 1.496x_1 - 0.329x_2 - 0.384x_3 - 0.376x_4 + 0.380x_5,$$

其中,y 为"劳动参与情况";x_1 为"性别"("1"为男;"2"为女);x_2 为"健康水平自评"("1"为很好;"2"为好;"3"为一般;"4"为不好;"5"为很不好);x_3 为"是否加入医疗保险"("1"为加入医疗保险;"2"为未加入医疗保险);x_4 为"婚姻状况"("1"为未婚;"2"为初婚;"3"为再婚;"4"为离婚;"5"为丧婚);x_5 为"教育水平"("1"为未上学;"2"为小学;"3"为初中;"4"为高中;"5"为中专;"6"为大学专科;"7"为大学本科;"8"为研究生)。且各参数对方程的解释程度显著。

表 5 – 10 劳动参与的二元 logistic 模型

变量名	B	标准误	Wald	df	Sig	Exp(B)
性别(参照:女)	-1.496	.138	117.321	1	.000	.224
健康水平自评	-.329	.068	23.054	1	.000	.720
是否加入医疗保险	-.384	.136	7.977	1	.005	.681
婚姻状况	-.376	.044	72.637	1	.000	.687
教育水平	.380	.044	74.639	1	.000	1.462
常量	3.737	.354	111.190	1	.000	41.985

模型 F 检验中,Sig = 0.00 < 0.05,通过检验,说明模型整体解释能力强。从表 5 – 10 同时可以看到,各自变量检验通过,即自变量对因变量的解释能力强。从回归方程我们不难看出,首先,健康状况越好,参与工作的概率越高。随着居民追求高品质生活需求的增加,劳动者将身体健康放到了首要的位置,当劳动者身体状况恶化时,劳动者会及时对身体恶化做出反应,选择增加闲暇时间,减少参与工作的概率。其次,医疗保险可以促进劳动参与行为。是否有医疗保险成为参与工作的重要考虑因素。这是因为医疗保险能保障劳动者在劳

动过程中一旦受到疾病的困扰，能及时获得基本的治疗和护理。也就是说，在相同的就业条件下，医疗保险可以吸引更多的劳动力；而且，男性参与工作的概率高于女性。家庭劳动经济学认为，男性肩负更多家庭责任，会在家庭抚养压力下而提高参与工作的概率；女性则更多地从事家务活动及家庭照料，减少社会就业。而从婚姻状况对工作参与的影响可以看出，未婚者工作参与率高于其他婚姻状况，未婚者没有家庭抚养压力，到了劳动年龄以后，就会自然而然地参与工作，因此25岁以下的男女性劳动者劳动参与概率接近。而结婚以后，男性参与工作的概率就会明显高于女性。与此同时可以看出，未婚、初婚、再婚、离婚、丧婚五种婚姻状况的劳动参与率依次降低。这里可以理解为婚姻越幸福，参与工作的概率越高。最后，教育状况对参与工作概率呈正向变化。劳动者受教育水平越高，参与工作的概率越高。很大程度上，这也受限于劳动力市场对劳动者素质的要求。市场经济体制对劳动者技能、知识的要求更高。受教育程度越高，劳动力市场可选择的职位越充裕，客观程度上提高了参与工作的可能性。而且，劳动者受教育程度越高，劳动者的就业意识也更强，在工作中的表现欲望更强，主观上提高了参与工作的可能性。

五 人口健康和医疗保障发展趋势下分人口类型的劳动供给研究

（一）总人口

新古典劳动供给理论建立在"理性经济人"基础上，对劳动供给分析解释集中在闲暇时间与工作时间的选择，利用两者权衡的关系，在特定的时间内提高工资率，而创造尽可能多的财富，实现生活满足。以此理论建立的劳动供给曲线如图5-4所示。劳动供给曲线向右上方倾斜，在工资率小于W_0情况下，劳动者会在不断增加劳动率的吸引下放弃闲暇时间而增加劳动时间，以此在更多的工作时间内创造财富，即替代效应大于收入效应，劳动供给增加；而当工资率大于W_0时，工作时间的延长并未带来更高的工资率，反而工作时间的延长使劳动产出率减少，劳动者宁愿放弃高工资而开始注重闲暇，从而增加了对闲暇的消费而减少了工作时间，即收入效应超过替代效应，劳动供给量随之减少。

针对深圳市研究情况而言，普通劳动供给工资率 W_0 = 19.10 元/小时，一天工作时间 h_0 = 8 小时以后，再增加劳动时间并不能提高工资水平，反而使工资率随劳动时间的增加而减小，因此在此水平之后劳动供给曲线开始向后弯曲，如图 5-4 所示。劳动供给曲线弯曲的程度主要取决于工作时间与闲暇时间之间的分配，更重要的部分是留给家庭的时间。男女性劳动者在劳动行为方面的表现，由于家庭专业化分工的不同而存在差异。男性劳动供给曲线在工资率提高时向后轻微弯曲，而女性劳动供给曲线的斜率则有较大程度的递增。劳动供给曲线向后弯曲的越大，劳动供给反应越乏力，由此验证了在已投入的劳动时间内，参与劳动的已婚女性比率远远小于未婚女性，与之相对应，男性参与劳动行为则受婚姻因素影响，已婚男性劳动者参与劳动率大于未婚男性。

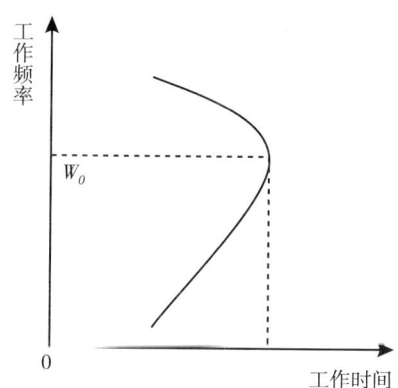

图 5-4　深圳市"后弯"的劳动供给曲线

在研究劳动者劳动供给行为时，必须按性别做不同研究，因为男女性在劳动参与过程中不同的行为习惯及家庭分工的迥然，导致了存在差异的劳动供给。男性在劳动参与行为中，假设不受医疗保障因素的影响，健康因素对劳动供给的影响不是很明显。家庭劳动行为决定男性因家庭照料需求而减少闲暇时间，较之于女性而言，将更多的时间用于工作而创造财富。但是考虑加入医疗保障之后，男性更容易对健康状况恶化做出反应，考虑参与劳动创造价值的多

少,而提高因病请假的概率。女性则截然不同,女性健康状况的好坏是影响女性劳动供给的重要因素,女性身体状况对劳动供给呈正向影响,医疗保障并不会对女性劳动行为有显著的差异。

深圳市65.3%的劳动者一天工作8小时,15%的劳动者一天工作10小时,其他均为个例。假设人口健康与医疗保障在合理的范围内,深圳市劳动者闲暇时间呈偏左态分布,即劳动者偏向于选择较少的闲暇时间,将更多的时间用于工作而创造剩余价值。劳动者收入以3000元为峰值(15.7%),同样呈偏左态分布。新古典经济学"理性经济人"假设认为一切社会人在社会行为中以追求利益最大化为目的,劳动者属于正常社会人,因此在劳动行为过程中,结合人口健康与医疗保障因素,劳动者以尽可能地降低劳动成本而实现劳动最优化产出为目的。因此,不能过度医保,只能在有所保障的前提下适度医保,以减少劳动成本,而实现最大化劳动产出。

(二)流动人口

流动人口是在中国现有户籍制度条件下的一个概念,指离开了户籍所在地到其他地方居住的人口,即"人户分离"的人口。随着深圳市工业化、城市化进程加速以及迁移流动制度性约束弱化,良性的市场环境吸引了大量的外来务工人员,且外来务工者成为深圳市劳动者供给的重要来源。根据区域劳动经济学理论,人口的迁移流动影响了劳动力市场,同时劳动力市场也影响着人口的迁移流动。

人力资本理论认为,迁移决策是迁移者在对成本与收入比较后做出的决定,劳动力流动趋向于从市场工资率低的地区流入市场工资率高的地区。深圳市劳动力市场中流动人口占81.02%,劳动力流入情况见表5-11。其中广东省内人口流入占深圳市总流动人口的1/4,其次为湖南、湖北、四川、江西、河南、广西等,而内蒙古、河北、山西、辽宁等地仅有少部分人口流入深圳市。从地区特点研究可以看出,劳动力流入主要来自于长江以南省份,且其经济发展水平逊色于深圳的地区,而北方地区却仅有少部分劳动力流入,即劳动力来源集中于工资率低于深圳市的长江以南地区。流入深圳市的劳动力,从受教育程度来看,以初、高中毕业生为主,大学及以上学历劳动力流入占少数,

表 5-11 深圳市流入人口户籍分布

单位：%

地 区	百分比	累积百分比	地 区	百分比	累积百分比
广东(除深圳)	24.9	24.9	浙 江	1.1	93.4
湖 南	13.7	38.6	甘 肃	1.1	94.5
湖 北	10.9	49.5	河 北	0.8	95.3
四 川	9.4	58.9	江 苏	0.8	96.1
江 西	6.7	65.6	海 南	0.8	96.9
河 南	6.4	72.0	山 西	0.6	97.5
广 西	5.9	77.9	辽 宁	0.6	98.1
安 徽	2.7	80.6	云 南	0.5	98.6
福 建	2.1	82.7	香 港	0.5	99.1
贵 州	1.9	84.6	北 京	0.4	99.5
陕 西	1.9	86.5	天 津	0.1	99.6
重 庆	1.8	88.3	内蒙古	0.1	99.7
黑龙江	1.6	89.9	台 湾	0.1	99.8
山 东	1.3	91.2	其 他	0.2	100
吉 林	1.1	92.3			

数据来源：《深圳市就医状况调查问卷》。

这在很大程度上限制了流入劳动力的职业选择。因此，流入劳动力以工人、个体经商及低端服务业为主，从事技术、管理等高技能职业的流入劳动力仅占4.1%。这充实了深圳市的劳动力结构，同时也弥补了深圳本地劳动力供给的不足。深圳健全的社会公共制度及劳务保障体系，使得在现有工作条件基础之上，68.5%的流入劳动力不会选择换工作，而是满足于现有工作环境。根据《深圳市就医状况调查问卷》样本可知，深圳市月人均收入维持在5899元的水平上，但流入劳动力工资仅为2788元，这主要受限于流入劳动力的受教育状况。技术的缺失使外来务工人员只能进入劳动密集型行业，而劳动密集型行业工资率远远小于资本密集型行业，因此决定了流入劳动力收入水平维持在较低的水平。

从流入深圳市的劳动力市场人口结构出发，流入人口总体年龄明显低于本地劳动力，呈年轻化态势。不同年龄人口的迁移意愿不同，年轻人的迁移意愿高于中老年人，中老年人的劳动意愿趋于本地化，不轻易进行迁移流动，现有流入劳动力中中老年人流入深圳的时间均在10年以上。同时，流入劳动力性别比大概为1:1，男性主要职业为工人，其次从事于建筑业；女性则主要从事于服务业，少部分为个体经商。从事职业的特征使流入劳动力工作时间与闲暇时间的选择轻微地偏离劳动供给曲线，流入劳动力以追求高收入为主要目的，在不存在特殊情况的条件下，普遍会尽可能延长工作时间以获取利润。由于男女性从事行业的差异，使得收入水平也存在很大的偏差，男性劳动者平均收入为3632元，女性劳动者平均收入为1982元。

（三）低龄老年人口

劳动力供给数量一般是由劳动年龄人口的多少来决定的，从人口学上看，我国将15~64岁的人口称之为劳动年龄人口。由于人口自然增长率的下降及死亡率的下降，导致了人口老龄化速度进一步加快。老龄化对人口结构的影响进一步波及劳动力市场，年轻劳动力缺失严重影响整体劳动供给，基于此种趋势，劳动力市场出现了特殊的群体，即低龄老年人（人口学家将60~69岁的人口称为低龄老年人）。这部分老年人口数量庞大，有较多的工作经验，同时不能满足于被社会边缘化的现状而重新进入劳动力市场，对劳动力市场产生较为深远的影响。

根据2005年人口抽样，广东65岁及以上人口为656.8万人，比2000年增长24.8%。按人口老龄化标准衡量，2000年之后广东省已逐渐进入人口老龄化社会，其进程较其他省份稍慢，主要是广东社会经济发展迅速，吸引大量外省人口迁移，尤其是引进年轻劳动年龄人口而延缓人口老龄化进程。广东省老年人口呈现中、高龄化趋势（谭建军，2011）。同时，受家庭照料需求的影响及老人、子女的生活所需，迫使低龄老年人不得不重回劳动力市场，而且低龄老年人在自身身体状况良好的前提下，能够利用深圳市健全而开放的劳动力市场"劳有所依"。深圳市低龄老年劳动力占低龄老年人的78.2%，占全部劳动力的3.6%，这部分老年人教育水平主要为初、高中。相对于全部劳动者而言，这部分人具有研究生学历比例偏高，因此也决定了低龄老年人多元化的职业分布，而且处于管理层及个体经商的劳动者偏多。但就收入而言，平均水平仅达到3800元，远远低于深圳市平均工资水平。低龄老年人重新进入劳动市场,较看重自身身体状况及医疗保障因素,不会一味追求高工资率而放弃闲暇时间。因此,从闲暇时间与工作时间的选择方面来看,低龄老年人选择与年轻劳动者相同,多为一天工作8小时,一个月休息8天,与全部劳动者供给时间选择不存在显著性差异。深圳市低龄老年人中有38.2%来自于广东省内,较之于劳动年龄人口的流入地而言,偏于本地化。从对各医疗机构的满意度调查情况看,低龄老年人对药店总体满意度达到52.7%,明显高于其他医疗机构,其次是市级医院、区级医院及社康中心,其他医疗机构基本持不清楚态度。

对低龄老年人的"健康状况自评""三年内是否住过院""是否加入医疗保障""一个月休息天数"四项指标做相关性检验,结果如表5-12所示,四项指标呈Pearson相关性。其中,低龄老年人是否加入医疗保障与一个月休息时间呈负向相关,即在一定范围内,加入医疗保障可以增加闲暇时间,这不同于劳动年龄人口的劳动行为选择。这主要与工作行为选择缘由有关,劳动年龄人口主要以追求更多的劳动报酬为目的,而低龄老年人则不会将获得劳动收入作为唯一的目的。最近三年内是否住过院与最近一个月休息时间正向相关,即最近三年内住过院增加了一个月的休息时间。低龄老年人身体机能较差,身体状况出现劣态会及时增加闲暇时间,不再一味为增加收入而增加工作时间。

表5-12 低龄老年人健康状况、医疗保障与劳动供给指标相关性

	健康状况自评	三年内是否住过院	是否加入医疗保障	一个月休息天数
健康状况自评	1	0.555	-0.109	-0.061
三年内是否住过院	.555	1	-0.124	0.217
是否加入医疗保障	-.109	-.124	1	-0.263
一个月休息天数	-.061	.217	-.263	1

注:上述检验均在.01水平(双侧)上显著相关。

低龄老年人口进入劳动力市场变化情况见图5-5,假设市场初期劳动需求为D_1,劳动供给为S_1,劳动市场在O_1处达到均衡,处于市场出清状态,劳动市场提供L_1劳动人口。随着劳动力市场供给出现不足,低龄老年人的进入使劳动供给增加,即劳动供给曲线向右上方移动,与劳动需求曲线交于新的均

衡点 O_2，此时劳动力为 L_2，但是劳动市场仅能提供 L_0 人口就业，劳动力市场溢出。为了消除劳动力市场压力，劳动需求减少，即劳动需求曲线向左上方移动，移动至与变化后的供给曲线 S_2 相交于 O_3 点为止，此时劳动力市场重新回到职位饱和状态。此时，劳动力市场出现 L_2-L_0 的剩余劳动力，这部分劳动力由于低龄老年人口的进入处于闲置状态。

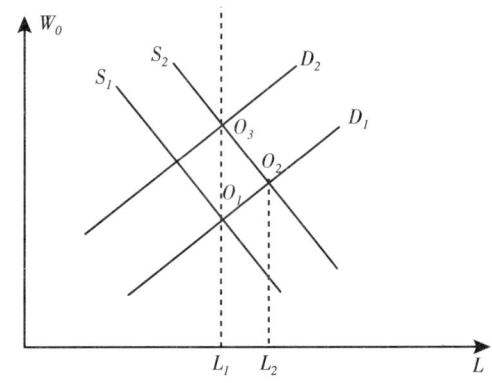

图 5-5　低龄老年人口进入劳动力市场的变化情况

如上所述，深圳市低龄老年人进入劳动力市场的增多，使整体劳动供给增多，但同时也加剧了剩余劳动力闲置。在劳动需求不发生变化的情况下，用人单位在进行岗位匹配时，会相对减少劳动年龄人口选择，这必定导致劳动力结构产生变化。但是低龄老年人就业对劳动力市场的影响存在滞后性，短期内不会发生很大变化（蔡昉、王美艳，2004）。

从长期来看，根据蔡昉的人口年龄金字塔推算，到了 2050 年，全国劳动年龄人口金字塔将呈现顶部宽、底部窄的形态，即高龄劳动年龄人口比重将远远高于低龄劳动年龄人口。深圳市低龄老年人群进入劳动力市场后，青年劳动力在劳动年龄人口中的比重不断下降，而老年人比重增加。但是，低龄老年劳动力身体机能日益退化使劳动产出比率减小，使整体劳动贡献率减小。受低生育水平的影响，深圳市劳动力资源在数量上的绝对优势将逐渐消失，劳动人口数量减少，从而导致劳动力供给相对不足，甚至出现劳动力短缺。

（四）结论

基于上述的描述性数据及模型解释，可以得到以下结论：

第一，当外界条件发生相同的变化时，不同性别劳动力的劳动供给行为有所差异。随着健康状况由优转劣，女性在劳动参与过程中，休息天数增多。而由于家庭分工不同，男性承担了更多家庭责任，他们会尽量减少休息时间。较之于女性而言，男性个人健康对劳动供给不会有太大的影响。在参与劳动的过程中，男性参加医疗保障以后，更容易对健康状况恶化做出反应，而提高因病请假的概率。女性则截然不同，女性健康状况是影响女性劳动供给的重要因素，医疗保障并不会对女性劳动行为有显著的差异。受婚姻状况因素的影响，参与劳动的已婚女性比率远远小于未婚女性，而已婚男性劳动者参与劳动率大于未婚男性。

第二，就人口健康与医疗保障对劳动供给的影响而言，人口健康因素对劳动供给的影响程度更大些，而且呈正向的影响；而医疗保险对劳动供给的影响相对较小，且呈负向的变化趋势。在一定时期内，因病住院减少了工作时间，必然导致牺牲闲暇时间以增加工作时间，弥补收入差距；在加入医疗保险且最近三年得病住过院的人中，加入医疗保障对每月休息时间呈正向影响，表明这一人群由于医疗保障的作用得病时将增加每月休息（看病）时间，相对未加入医疗保障的人来说，会减少劳动供给。

第二，从流入深圳市劳动力市场的劳动力人口结构出发，流入人口总体年龄明显呈年轻化态势。而且，不同年龄人口的迁移意愿不同，年轻人的迁移意愿明显高于中老年人，中老年劳动意愿趋于本地化，不会轻易迁移流动。受从事职业的特征及受教育程度等因素的影响，流入劳动力的工作时间与闲暇时间的选择会轻微地偏离一般劳动供给曲线，他们以追求高收入为主要目的，会尽可能延长工作时间以获取劳动报酬。

第四，从长期来看，随着人口老龄化的加速发展，劳动力资源在数量上的绝对优势将逐渐消失，劳动人口数量减少，从而导致劳动力供给相对不足，甚至出现劳动力短缺。未来劳动力短缺，将引起低龄老年人进入劳动力市场，从而使整体劳动供给增多，同时改变劳动力结构。低龄老年劳动力进入劳动力市场后,青年劳动力在劳动年龄人口中比重不断下降,低龄老年人比重不断增加。由于低龄老年劳动力自身机能日益退化,导致劳动产出比率减小,从而使整体劳动贡献率减小。但是,低龄老年人就业对劳动力市场的影响存在滞后性,短期内不会发生很大变化。

六 结论与总结

(一)适度医疗保障,促进人口健康和劳动供给

由前文数据分析,可以得到如下几个结论:①加入医疗保险对劳动供给的波动小于没加入医疗保险的影响,也就是说加入医疗保险与否对劳动供给存在影响。加入医疗保险可以在一定程度上保证"病有所医",使劳动供给不会发生特别大的波动,即医疗保障制度保证了劳动供给的稳定性。②相对于医疗保障制度而言,人口健康因素对劳动供给的影响程度更大些,而且呈正向的影响,医疗保险对劳动供给的影响相对小很多,这说明深圳市现有的医疗保障水平还有增长的空间,尚未满足现有医疗保障的需求。人口健康可以直接影响劳动供给,而医疗保障则使人口健康有了保证,不仅是病有所医,从更深一层讲,由于参加了医疗保障,人们多会选择主动就医,人口健康安全度得到提高,这样就间接地保证了劳动供给。因此我们说,在深圳市建立"全民医保"制度是有利于深圳市的劳动供给的。

完善医疗保障制度,提高深圳市医疗保障覆盖范围和水平,作为深圳医疗卫生相关制度的率先改革领域,可以作为吸引外来劳动力和吸引高端人才的一个优势。目前,深圳市特有的劳务工医疗保障制度给予外来劳务工基本的生活保障,消除了劳务工看病的后顾之忧,维护了人们在卫生资源利用方面的公平性,使劳务工享有了基本的健康权和社会归属感,进而可以吸引更多、更持续的外来务工人员。但这个制度仍然有户籍差别的内容,仍然需要加强公平性建设。

(二)过度医疗保障对带动劳动供给力不从心

通过进一步分析还发现,医疗保障对劳动供给存在负相关关系,也就是

说,过度的医疗保障会对劳动供给产生抑制影响,职工会因为充分的医疗保障而减少工作时间,增加休息时间。医疗保障需求是一种刚性需求,因而,在医疗保障水平达到适度水平之前,应当及时调整参保比例与缴费率,并考虑基本医疗保险征缴的可行性。适度的医疗保障水平不仅能吸引劳动供给,也保证了劳动供给的质量;反过来充足的劳动供给也是医疗保障费用征缴的主要来源,高质量的劳动供给提高了医疗保障供给效率。医疗保障与劳动供给两者相互影响,相互促进,应当协调两者关系,在政府的政策支持下,共同促进人口健康。

"理性经济人"以利益最大化为从事经济活动的首要考虑因素。过度的医疗保障增加了劳动力供给过程中的成本,医疗保障的刚性也成为未来医疗保障制度的负担。随着人们法制、民主、公平等意识的逐步增强,对医疗保障制度也提出了新的要求。在这种情况下,适度医疗保障成为必须。医疗保障的保障水平需要适应现有社会的生产力发展水平,不论是个人、企业还是国家,其缴费水平都要在其所能承受的能力范围之内。通过对调查数据进行分析,我们可以看到目前的医疗保障对微观劳动供给有负向的影响,尽管这种影响并不十分明显。这种负向影响反映了过度的医疗保障只会增加劳动成本,而不能很好地提高劳动供给。只有将医疗保障维持在适度的范围之内,才能达到既吸引劳动力投入,又能有效降低劳动成本的目的,实现劳动最优化产出。

经济的快速发展对医疗保障制度不断提出新的要求,但是总体经济发展水平偏低却制约了解决问题的能力。现阶段,深圳市的医疗保障制度改革应该着眼社会经济总体发展,更加注重社会经济的协调发展,协调劳动供给与医疗保障的供给,建立与和谐社会相适应的完善的医疗保障制度。

(三)协调劳动供给与医疗保障的平衡

随着人口老龄化的加速发展,我国劳动力资源在数量上的绝对优势将逐渐消失,劳动人口数量减少,从而导致劳动力供给相对不足,甚至出现劳动力短缺。深圳市虽然拥有充足的外来劳动年龄人口,但不论是减轻其少儿抚养负担还是持续地增加外来劳动力,其对经济增长的正面影响都是有限的,未来老年抚养负担加重是我国人口老龄化背景下的一个必然趋势。面对未来劳动年龄人口的减少,劳动力数量供给不足,我们绝不可以坐以待毙,需要通过提高劳动效率来缓解劳动短缺。根据张琼、白重恩(2011)的研究,改善居民健康水平可以在一定程度上缓解老年抚养负担中的压力。从前文的分析我们也不难看出,有效提高劳动供给,可以在人口健康因素方面寻求突破点。就人口健康的影响因子而言,应当同时提高身体与心理素质,更大程度地提高劳动供给效率。

人力资本理论认为,人力资本投资是经济增长的主要源泉,是影响劳动效率的直接因素,人力资本投资是回投率最高的投资,人力资本投资提高了人口素质,尤其是劳动年龄人口素质,会直接反应到劳动效率的提高,这是应对劳动力供给不足最为有效、长远的途径。因此,与延迟退休年龄相比较,增加人力资本投资是未来提高劳动效率、增加有效劳动供给的最优选择。对此,政府扮演了极为重要的角色,应鼓励私人和公共投资增加医疗、健康和教育投入,提高整体人口素质,保障未来有效劳动持续增长的供给,为实现深圳市经济持续发展提供足够动力。

参考文献

[1] 曼昆:《经济学原理(第5版)——宏观经济学分册》,北京大学出版社。
[2] 雅各布·明赛尔:《劳动供给研究》,中国经济出版社,2001,第1编。
[3] 坎贝尔·R. 麦克南、斯坦利·L. 布鲁、大卫·A. 麦克菲逊:《当代劳动经济学》,人民邮电出版社,2004。
[4] 樊明:《健康经济学:健康对劳动市场表现的影响》,社会科学文献出版社,2002。
[5] 陈冰:《社会保障对城市农民工就业的影响及对策分析》,山东大学硕士学位论文,2008。
[6] 王汗青:《健康对劳动力市场表现影响》,复旦大学硕士学位论文,2009。
[7] 田国栋:《城镇职工基本医疗保险基金平衡的影响因素及对策研究》,复旦大学博士学位论文,2006。
[8] 贾洪波:《中国基本医疗保险适度缴费率研究》,辽宁大学硕士学位论文,2007。
[9] 汝虎:《社会保障制度对劳动供给影响机制研究》,山东大学硕士学位论文,2010。
[10] 郑晓瑛:《人口健康与社会可持续发展》,《中国人口、资源与环境》2002年第6

期，第138～140页。

[11] 郑晓瑛：《再论人口健康》，《人口研究》2003年第4期，第13～24页。

[12] 郑真真、廖少宏：《人口变动对劳动力供给的影响》，《中国劳动经济学》2007年第1期，第97～108页。

[13] 张琼、白重恩：《抚养负担、居民健康与经济增长——影响我国县市经济发展的人口特征因素》，《财经研究》2011年第7期。

[14] 秦秋红、冉艳：《人口素质对劳动参与率影响的实证分析》，《西北农林科技大学学报（社会科学版）》2011年第4期。

[15] 奉莹：《我国人口老龄化趋势对劳动力供给的影响》，《西北人口》2005年第4期。

[16] 王金营、蔺丽莉：《中国人口劳动参与率与未来劳动力供给分析》，《人口学刊》2006年第4期。

[17] 姚先国、谭岚：《家庭收入与中国城镇已婚妇女劳动参与决策分析》，《经济研究》2005年第7期。

[18] 沈玉平：《税收影响劳动供给的因素分析》，《财经论丛》1998年第2期。

[19] 蔡昉、王美艳：《中国城镇劳动参与率的变化及其政策含义》，《中国社会科学》2004年第4期。

[20] 刘丹、兰庆高、于丽红：《统筹城乡医疗保障问题的研究》，《沈阳农业大学学报（社会科学版）》2006年3月，第30～32页。

[21] 谭建军：《广东省人口老龄化对劳动力供给的影响》，《经济研究导刊》2011年第2期。

[22] 都阳：《教育对贫困地区农户非农劳动供给的影响研究》，《中国人口科学》1999年第6期。

[23] 张川川：《健康变化对劳动供给和收入影响的实证分析》，《经济评论》2011年第4期。

[24] 王娜、夏杰长：《政府行为下的医疗服务价格分析》，《价格理论与实践》2006年第10期。

[25] 张车伟、吴要武：《城镇劳动供求形势与趋势分析》，《中国人口科学》2005年第5期。

[26] 张善余：《中国劳动人口就业形势的差异分析》，《人口学刊》2004年第2期，第13～19页。

[27] 张抗私：《就业性别歧视与人力资本投资倾向的交互作用分析》，《浙江大学学报（人文社科版）》2009年第9期。

[28] 曹星、岳昌君：《我国高校毕业生就业状况性别差异研究》，《高等教育研究》2010年第1期。

[29] 魏众：《健康对非农就业及其工资决定的影响》，《经济研究》2004年第2期。

[30] 李强：《中国大陆城市农民工的职业流动》，《社会学研究》2002年第5期。

[31] Schultz, Theodore W. "Investment in Human Capital," *American Economic Review* 51

(March 1961): 1-17.

[32] David Bloom and David Canning. *The Geneva Papers on Risk and Insurance-Issues and Practice*, 2003, Vol. 28, Issue 2, pages 304-315.

[33] Jana Stefanova Lauerova, Katherine Terrell. Explaining Gender Differences in Unemployment with Micro Data on Flows in Post-Communist Economies. *Applied Economics*, Vol. 34, No. 11, July 20, 2002.

[34] Abdi. H., Williams, L. J.. Principal component analysis. *Wiley Interdisciplinary Reviews: Computational Statistics*, 2010, 2: 433-459.

B.6
深圳市卫计合并的实践及其对全国相关改革的借鉴

傅崇辉 曾序春

本章要点：

1. 深圳的卫计合并改革较早，且原关内"改"和原关外"不改"并存，因此积累了许多经验。目前来看，其合并情况可以总结为三方面：**改革程度较高但有人员拖累，改革成效初显但基层合并推进不力，机构设置更趋合理但配套机制建设滞后。**

2. 深圳应从以下五个方面深化卫计合并改革：**尽快出台有关卫生和计生服务机构整合的指导意见，进一步深化内部组织形式的改革和完善，进一步探索管理服务政策的改革和创新，进一步整合卫生和计生服务资源，探索多样化卫计服务资源融合的途径。**

3. 全国大部制背景下的卫计合并应注意以下五个方面：**重构新机构的认知系统，优先实现部门文化融合；理顺合并后中央与地方的垂直关系；机构合并与制度合并同时推进；以优势资源主导合并；以多种手段调整和优化人员结构。**

2009年7月31日，深圳正式启动了新一轮的大部制改革，46个政府部门减至31个，其中卫生局与人口和计划生育局合并组成新的深圳市卫生和人口计划生育委员会（以下简称"卫计合并"），成为全国第一个实现真正意义上的卫计合并的行政区。深圳在卫生和人口计划生育行政机构改革方面再次成为"先行先试"的排头兵。对于深圳卫计合并的研究，不仅能发现深圳前期实践中存在的问题，总结取得的成效，摸索继续推进综合改革的路径，也为当前全国的卫计合并实施方案①提供了重要的启示。

一　研究背景

深圳已经经历了近四年的卫计合并的实践，这个改革属于全国率先。但这个改革效果如何？对全国有何示范意义？未来应如何深化改革？这些问题尚未有系统研究。本部分从大部制等研究背景介绍开始，围绕这些问题进行研究。研究背景包括宏观背景和现实背景两个部分，其中宏观背景主要从国际、国内视角介绍当前我国大部制改革的社会、经济和行政管理理念的环境；现实背景主要介绍深圳从开始卫计合并至今，乃至未来推进综合改革的社会和政策环境，以期为了解深圳卫计合并、为未来的改革提供认识基础。

（一）宏观背景

从20世纪以来全球行政体制改革演变来看，西方国家经历了由30年代的"强政府、小社会"模式向70~80年代的"小政府、大社会"模式的平稳转变。20世纪40年代后，随着西方国家福利国家的进程，政府公共服务的机构剧增，为解决部门过多、协调困难、成本较大的弊端，西方国家普遍采取整合公共服务部门的做法，实施"大部委体制"②③。到20世纪后期，各国普遍强调政府的公共服务职能，着力提高政府的管理效率，改善政府的服务质量④。因此，构建以"小政府、大社会"为模式的公共服务型政府已成为西方各国的行政体制改革目标。为适应这种政府职能转变的需要，许多国家都开展了以"少部门、宽职能"为特征的大部制改革。例如，20世纪90年代的英国政府，

---

① 2013年初国家成立卫计委后，各省的卫计合并也逐渐开始操作，但具体如何实施、市县级如何拟订方案等都悬而未决，显然深圳的经验（或教训）对全国这样的合并借鉴意义重大且是唯一可借鉴的案例。
② Ling T., "Delivering joined-up government in the UK: dimensions, issues and problems," *Public administration*, 2002, 80 (4): 615-642.
③ 宋世明：《发达国家政府大部门体制评析》，《国际资料信息》2008年第3期。
④ 秦龙：《西方国家行政体制改革的经验及其借鉴》，《行政论坛》2007年第1期。

就开始将政府的政策制定和执行职能进行分离,负责政策制定的是内阁部门,并设有各种决策咨询委员会,而将部门内设机构成建制地转变为执行机构,负责政策的执行,并授予执行机构负责人充分的人事权、管理权和财政资源支配权。于是大量的社会服务工作在执行机构落实,大量的公务员在执行机构工作。有类似制度安排的国家还有澳大利亚、新西兰、新加坡等相对发达的国家。为提高政府服务质量,增强政府对公众的回应,西方国家又开始对大部委的运作机制进行深刻改革,采取了决策与执行分离、公共服务宪章、问责等方式,最终形成了现代政府的大部委体制。因而,大部委体制不是单纯的机构整合,而是政府部门决策机制、执行机制、服务机制、协调机制、监督机制的综合变革。

  大部制改革不仅是现代社会公共服务型政府的制度产物,更是市场经济日益成熟的客观必然。从实质上说,大部制改革就是将计划经济下的管制型政府,转变为符合市场经济机制的服务型政府。决策、执行、监督三项职能和权力的相对分离、相辅相成、相互制约、相互协调,是发达的市场经济国家普遍采用的政府组织模式。随着我国社会主义市场经济体制日益成熟,建设服务型政府不仅成为我国社会主义市场经济发展体制的客观要求,同时也是新形势下创新社会管理体制机制的前提条件。然而,在我国经济体制改革日渐深入的背景下,行政体制改革却相对滞后。尽管我国自20世纪80年代以来进行过多次政府机构改革,但是直到2007年党的"十七大"才正式提出大部制改革的总体设想及目标。2008年国务院机构改革以整合组建"工业和信息化部""交通运输部"等为标志,首次拉开了21世纪初我国政府大部委体制改革的帷幕[①]。2013年国务院启动了新一轮大部制改革,组建"国家卫生和计划生育委员会",将国家人口和计划生育委员会研究拟定人口发展战略、规划及人口政策的职责划入国家发展和改革委员会,国家中医药管理局由国家卫生和计划生育委员会管理,不再保留"卫生部""国家人口和计划生育委员会"。在中国这样一个工作由政府主导的国家,卫计合并将对中国医疗卫生事业和计划生育事业的发展产生重大而深远的影响。

---

① 龚常、曾维和、凌峰:《我国大部制改革述评》,《政治学研究》2008年第3期。

（二）现实背景

深圳作为中国改革开放的实验田和排头兵，在社会、经济和政策环境等方面都存在明显区别于中国其他地区的特点，在2008年开始的上一轮政府机构改革中，也出现了许多创新性的改革思路和做法，其中卫计合并就是一个突出的方面。

首先，在政策背景方面，国家给予深圳在改革方面的"先行先试"的权力，同时也提出了更高的要求和期望。2008年6月，国家发展和改革委员会正式批准深圳成为全国首个创建国家创新型城市的试点。2008年12月，国家发展和改革委员会制定了《珠江三角洲地区改革发展规划纲要》（以下简称《纲要》），在2009年4月召开的贯彻落实《纲要》的深圳现场会上，提出了"向深圳学习"的号召，《纲要》正式确定深圳为国家综合配套改革试验区，要求深圳制定综合配套改革总体方案，率先探索实行大部委体制。同年5月，国务院批复了《深圳市综合配套改革总体方案》，行政管理体制改革被置于六项改革之首，提出以转变政府职能为核心，完善大部委管理体制，推进城市行政区划及管理体制改革，继续实施公务员分类管理和聘用制改革，深化事业单位改革，严格依法行政，率先建成公共服务型政府。2009年7月31日，深圳大部制改革正式启动，率先提出政府架构委、局、办的改革思路，按照决策权、执行权、监督权既相互制约又相互协调的要求，在政府机构设置中率先探索实行职能有机统一的大部委体制。这一时期，不论是国家还是深圳的政策取向，都一致地指向从管理型的"大"政府向服务型的"小"政府转变，行政体制改革成为深圳综合改革的枢纽。

其次，在社会经济背景方面，深圳经过近30年的发展，生产总值达到8201.23亿元，居民人均可支配收入在国内居于首位，是国内第一个人均GDP超过1万美元的城市，城市的综合竞争力在全国名列前茅，深圳已经成为国内市场化程度最高、市场经济体制最完善的城市之一。然而，在这些辉煌成绩的背后，是土地、自然能源、人口和环境的压力日趋严峻，社会发展已经遭遇瓶颈，形成有利于科学发展的机制是突破硬资源约束的唯一途径。与此同时，市民的民主权利意识也得到了空前的发展，他们对社会管理方式的要求也更高，期望政府是一个高水平的服务型政府，而不是衙门式的官僚主义政府。

行政体制和社会管理方式已经难以与社会经济发展程度相匹配，在现有体制下改善政府的社会管理服务能力的空间已经十分有限，行政体制改革的需求愈发强烈。

（三）研究目的和意义

深圳的卫计合并虽然只是整个政府机构改革的一个方面，但它所触及的是与人民群众密切相关的社会管理和公共服务。对深圳卫计合并的研究目的包括：一是着眼于大部委改革的宏观背景，全面分析和探索人口计生系统和卫生系统合并的现实背景，并从建立现代行政管理体制的宏观层面上探讨计生和卫生系统的特点和优势；二是总结和梳理近年来深圳的卫计合并体制改革试点的实践经验与做法，突出以往卫计合并的主要特点与运行体制机制；三是重点从体制和机制两个层面上分析现有卫计合并可能面临的主要挑战，并客观剖析形成上述挑战的行政体制、运行过程等方面的原因；四是着眼于卫计合并的大部委制改革现实要求，从现实、操作、改革的视角提出未来卫计合并的主要思路与政策框架，以及深圳的实践模式对于全国卫计合并的启示和意义。

作为改革开放前沿的深圳，职责之一就是要为国家"探路"，本研究的政策价值远远大于理论价值：一是通过深圳卫计合并的实践经验及成功要素分析为全国范围，特别是省级、市级层面卫计合并提供必要的借鉴和启示；二是破解卫计合并的瓶颈性问题，为全国及地方卫计体制有序改革和平稳过渡把好脉；三是谋划卫计合并的主要思路和政策框架，为实现卫计明确职能、理顺机构、搞好衔接做好各种理论准备。

二 合并前深圳计生和卫生系统的特点比较分析

（一）合并前深圳计生系统基本状况

1. 计生技术服务人员构成

从年龄结构看，卫计合并前，深圳计生技术服务人员以中青年为主，其中

表6–1 深圳计生技术服务人员学历年龄构成（2009年）

单位：%

	中专及以下	大专	本科	研究生	小计	百分比
20~24	15	13	1	0	29	5.16
25~29	28	79	19	0	126	22.42
30~34	25	63	37	0	125	22.24
35~39	8	41	41	2	92	16.37
40~44	10	33	27	1	71	12.63
45~49	26	21	23	3	73	12.99
50~54	13	11	6	0	30	5.34
55~59	5	2	4	0	11	1.96
60~64	2	3	0	0	5	0.89
小 计	132	266	158	6	562	100
百分比	23.49	47.33	28.11	1.07	100	

35岁以下的比重接近50%。而在学历结构上，大专学历的比重最大，其比例达到47.33%，其次是本科学历的比例，研究生学历的比例只有1.07%。然而，把年龄和学历结构结合起来看，虽然整体技术服务人员的年龄较轻，但本科和研究生学历的计生技术服务人员的年龄结构却不尽相同，本科学历的计生技术服务人员是以35~39岁为主，而研究生学历的技术服务人员则是以45~49岁为主。可见，深圳计生技术服务人员的年龄结构较为合理，而学历结构相对偏低，尤其是研究生学历的人员比例很低，这将严重影响深圳计生技术服务方面的创新能力。

深圳计生技术服务人员的岗位分类比较合理，临床、护理和检验工作人员基本保持"三三制"分类，而7.3%的管理人员也比较符合业务需要。从性别结构看，男性技术人员的比例只有7.5%，这与计生技术服务的主要服务对象是育龄妇女有关。

为了确保育龄群众获得安全的计划生育技术服务，深圳市对计生技术服务人员实行严格的持证上岗制度。规定从事计划生育临床服务的人员，必须依法取得相应的资格，并且要求在原深圳市卫生局定期进行注册。深圳市计生技术服务的医疗技术人员中，252人持有执业医师资格（占医师的93.34%），39人持有执业助理医师资格（占助理医师的95.13%），158人持有护士执业资

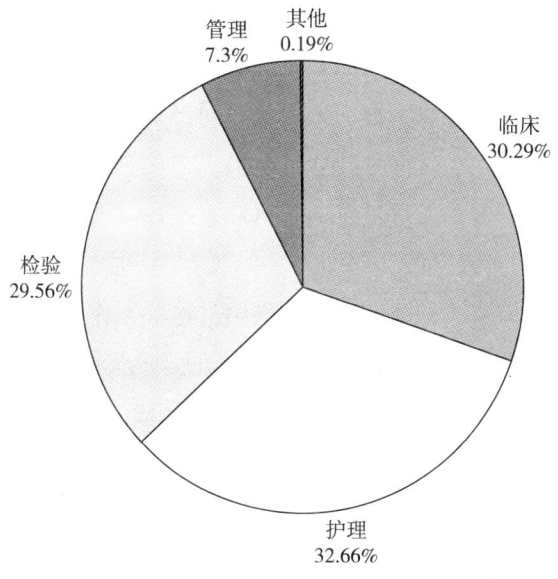

图 6-1 深圳计生技术服务人员岗位构成 (2009 年)

格（占护士的 84.05%），9 人持有执业（助理）药师资格（占药剂人员的 27.28%），所有的医技人员都取得了《计划生育技术服务人员合格证》。

2. 计生系统的优势

第一，宏观人口计生管理机制初步形成，综合治理积累较多经验。

进入 21 世纪以来，深圳人口计生系统以统筹解决人口问题为引领，坚持人口与发展综合决策，强化人口计生宏观调控职能，正确处理人口计生发展与国民经济和社会发展的关系，重视人口计生事业的发展规划，调动全社会力量参与，充分利用社会领域内的管理和服务资源，推动人口计生事业与经济社会资源环境全面协调和可持续发展，初步形成了一套宏观调控机制和运转有序的工作运行体系。

人口和计划生育管理工作是一项系统的社会工程，涉及社会生活的各个方面，绝非人口计生部门独自可以完成。各级人口计生部门在党委、政府的统一领导下，加强部门协作，建立健全整体联动的部门协作机制，增强与公安、卫生、工商、民政等部门综合治理的合力，采用经济的、行政的、法律的手段强化人口和计划生育服务管理，在形成综合治理、齐抓共管的管理体制等方面积累了较多经验。

第二,人口信息交换平台基本建立,工作网络能够深入基层。

随着经济转轨、社会转型及城镇化进程的推进,深圳的人口自然变动和机械变动情况愈加复杂和难以掌握,人口信息对经济社会可持续发展的重要性日渐突出。深圳人口计生系统率先建立了全员人口信息系统,初步建立了互联互通的人口信息交换平台和人口信息共享机制,提高了人口信息的利用效率。

经过30多年的实践探索,深圳人口计划生育基层工作网络优势较为明显,基本形成市、区、街道、社区四级工作网络。这一工作网络不仅在人口信息采集等基层基础工作中发挥了不可或缺的作用,而且成为社会管理和公共服务的重要支撑。特别是在应对重大公共突发危机事件时,横向到边、纵向到底、进家入户的工作网底,成为实现社会管理、宣传教育和信息收集的主要力量之一。

第三,优质服务理念符合群众利益,流动人口计生服务均等化取得进展。

计划生育优质服务理念从根本上讲就是把群众的生殖健康和计划生育权益放在第一位,贯彻落实"以人为本"的工作理念,其核心是转变政府职能,在服务中加强管理,寓管理于服务之中。优质服务的理念是切实践行服务型政府的理念原则,实践证明,深圳坚持以群众利益为本的工作理念在人口和计划生育工作转变时期发挥了巨大的作用。

深圳是全国流动人口占比最高的城市,人口计生服务工作的主要对象就是流动人口。计生系统提出流动人口计生服务均等化、分享深圳社会经济发展成果的工作思路,使得占总人口近80%的流动人口在出生缺陷筛查、计生奖励和保险等方面得到越来越多的利益,使得计生工作成为培养流动人口城市归属感、服务社会经济大局的民生工程,也为建设服务型政府打下了基础。

3. 计生系统的不足

第一,计划生育的管理方式相对落后,计划生育的利益导向力度有限。

计划生育开始于计划经济时代,不可避免地承接了计划管制的色彩,虽然在许多管理环节上也不乏创新之举,但相对于其他领域的社会管理方式,计划生育管理方式变革的程度较低,其管理理念还是以管制为主,准生证、查环查孕、计划生育证明等被动式的管理措施还是计划生育管理的主要手段。如果计划生育管理理念不发生根本转变,许多被称为"服务"的项目其实是管理的一个组成部分,从根本上说是牺牲群众的权益而满足管理的需要,在这个社会诉求多元化的时代，计划生育政策与群众的意愿经常发生冲突也就不可避免。

深圳的经济发展取得了巨大的成就，但计划生育利益导向政策，如奖励帮扶等的力度远远落后于经济增长的速度，如果加上通货膨胀的因素，计划生育奖扶的力度实际上是减小了。由于计划生育奖励帮扶没有纳入基本社会保障体系，计划生育困难家庭或失独家庭很难通过计划生育奖扶政策摆脱困境，客观上对社会起到了负面示范作用，也损害了党和政府的威信。

第二，计生技术服务水平较低，技术服务资源效率不高。

从发展的角度看，深圳计生专业技术人员的素质有了很大提高，但总体上全系统技术人员的学历水平偏低，研究生学历仅占全体技术人员的1.07%，与卫生系统比有很大的差距。同时，专业技术人员的职称结构偏低，职称晋升渠道不畅通。近年来，各级计划生育技术机构在一定程度和范围内开展了竞争上岗、择优录用，但同时也存在着稳定基层计划生育队伍的考虑，竞争人员大多数局限于计划生育系统内部，这在一定程度上阻碍了计划生育技术服务机构的人员结构调整，以及其素质和服务水平的提高。计划生育技术服务的业务相对单一，许多高精尖技术无用武之地，这既不利于培养高层次人才，也不利于吸引高端人才投身于人口计生事业。

技术服务人员数量偏少，无法高质量地承担繁重的日常工作。深圳常住育龄妇女与技术服务人员比例达到6386∶1，即使是户籍育龄妇女与技术服务人员的比例也达到了728∶1。同时，各级技术服务机构人员超编、满编严重，人事制度改革力度不够，不少地方普遍存在人员出口不畅、有用人才进不来的问题。

有些技术服务机构在业务拓展过程中，往往忽视计生技术服务的基本特点，过多地参与社会医疗机构比较成熟的业务领域，与其他医疗机构形成竞争关系，从而限制了本身的长期发展可能性。另外，在市场失灵的公共服务领域投入不足，无法形成计生技术服务和社会医疗服务互补的局面，无法充分发挥资源利用效率。

（二）合并前深圳卫生系统的基本状况

1. 医疗卫生服务人员构成

在卫计合并前，深圳全市的在岗卫生工作人员67028人，其中卫生技术人员 53778 人（80.2%），为卫生工作人员的主体；其他技术人员 2171 人（3.2%）；管理人员 3925 人（5.9%）；工勤人员 7154 人（10.7%）。卫生技术人员中，执业医师和执业助理医师 21388 人（39.8%）；注册护士 21008 人（39.1%）；药师（士）3046 人（5.7%）；检验技师（士）2578 人（4.8%）；影像技师（士）1249 人（2.3%）；其他卫生技术人员 4509 人（8.4%）。卫生技术人员的专业化水平较高，医务人员的专业配置也比较合理。（见图 6-2）

深圳卫生工作人员和卫生技术人员经历了长期的增长过程，但随人口数量同步增长的看病就医人数也保持相似的增长速度，1979~2009 年，深圳卫生工作人员的年均增长率为 13.81%，卫生技术人员的年均增长率为 13.76%，医院总诊疗人次的年均增长率为 13.66%。这也说明深圳医疗卫生机构的服务压力长期保持高位稳定，并没有因为医疗卫生资源的增长而缓解。

2. 卫生系统的优势

第一，健全的医疗卫生服务体系。经过多年的发展，深圳已经基本建立了包括疾病预防控制、妇幼保健、精神卫生防治、卫生应急、采供血服务、健康教育、卫生监督等较为完备的公共卫生服务网络，为开展各种公共卫生服务打下了坚实的基础。同时，在全市建立起了市、区、街道医院和社区健康服务中心四级新型城市医疗卫生服务体系。截至 2009 年，全市拥有各类医院 101 家，社区健康服务中心 600 多家，其中社区健康服务中心为 2560 万人次提供了基本医疗服务，占全市门诊总量的 35%，为缓解"看病难"的问题发挥越来越重要的作用。

第二，多层次、广覆盖、较高水平的医疗保障体系。深圳建成了以基本医疗保障为主体、其他多种形式医疗保险和商业健康保险为补充的医疗保障体系。综合医保、住院医保、劳务工医保报销比例分别达到 88.03%、86.61%、74.78%。政府对深圳户籍非从业人员、深圳户籍困难人员参保进行补助，领取失业救济金的人员、低保人员由政府代为缴费。2009 年，深圳市社会基本医疗保险参保人数达到 900 万人，基本上实现了全民医保。

第三，专业化的医疗卫生服务队伍和先进的医疗卫生服务条件。深圳社会经济发展水平在全国具有明显的比较优势，为卫生系统吸引全国的专业人才创造了条件，长期以来形成了一支专业化、年轻化的医疗卫生服务队伍。从统计

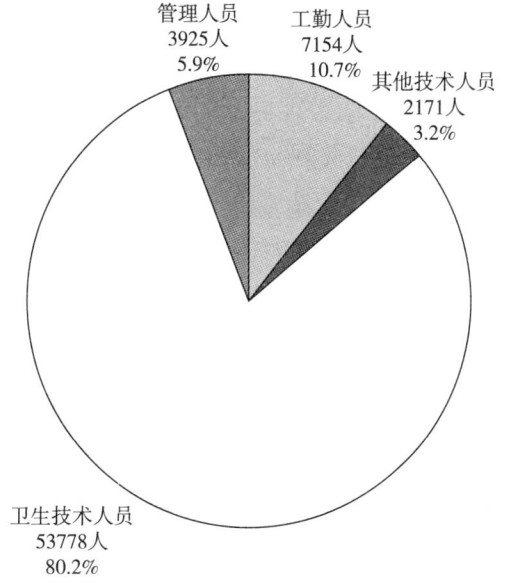

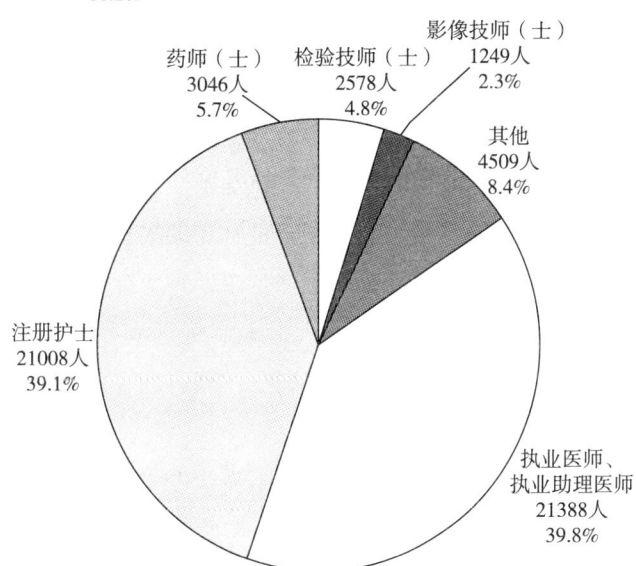

图 6-2 深圳市医疗卫生服务人员构成（2009 年）

数据来看，深圳的医疗技术人员中大学及以上学历的占比达到 48.78%，考虑到卫生人员中有 39.1% 的注册护士，医生的学历水平应该远远超过这个水平。卫生技术人员中，30 岁及以下占到 35.5%，40 岁及以下占 69.8%，年龄结构比较轻。

在强大财政实力的支撑下,深圳的医疗卫生服务条件比较先进,拥有大量具有国际先进水平的卫生装备,百万元以上的装备占装备金额的37.8%,五十万元以上的装备占装备金额的14.3%,两者合计超过了50%,且百万元以上的装备已经大规模配备到了区级医院,这在全国都是比较领先的。

3. 卫生系统的不足

首先,医疗卫生服务资源相对不足且分布不均衡。2009年,深圳市医院诊疗人次达到6000万人,平均每位医生接诊约3529人次,儿科、急诊等特殊科室和优质医院的医生人均接诊量大大超过平均水平,通过医院内部挖掘扩大诊疗能力的潜力已经不大,资源不足的矛盾成为"看病难"的主要原因。另外,卫生资源空间布局、专科分布不均,服务能力与群众需求不相称。福田、罗湖两区卫生资源相对丰富,宝安、龙岗、光明新区和坪山新区优质卫生资源相对不足,造成有些医疗机构的业务量超饱和、有些医疗机构的业务量不足。全市优质卫生资源集中在市级大型医院,专科医疗服务体系尚未完善。

其次,高端医学科技水平不突出,向高水平发展的后劲略显不足。由于深圳的医学发展历史比较短,前期主要力量放在基础性医疗机构的建设和布局方面,加之医学教学科研基础薄弱,形成医学科研和尖端技术方面落后于主要省会城市的局面,国家级、省级重点专科还是空白,对于高级人才培养和聚集不利。另外,按照床位数核准的公立医院人员编制远远满足不了日常业务的需要,而临时聘用人员的待遇又做不到同岗同酬,既影响了医务工作人员的积极性,也不利于人才的成长和稳定。

最后,健康宣传教育和社会动员的能力不强。以疾病为管理目标的卫生服务模式决定医疗卫生机构主要采取被动式的服务方式,健康教育机构的人员十分有限,既没有一支人数足够的做群众工作的基层队伍,也不具备广泛开展宣传教育的专业能力,财政补贴方式、医保偿付方式、医疗收费方式不够科学,专业公共卫生机构在"创收"利益导向下也不愿意主动承担宣传教育的任务。卫生系统的宣传教育和社会动员能力的短板,不利于培养群众的健康素养、引导群众树立科学的就医观念、树立卫生系统的良好社会形象,无益于争取群众的理解和支持及缓解医患关系紧张的局面。

三 深圳卫计合并的实践模式

自 2009 年以来，在全国大部制改革试点的浪潮中，许多地方突出本地的特色，涌现出许多各不相同的模式。既有以决策权、执行权、监督权"行政三分"为主基调的深圳模式，也有突出了"党政联动改革"的顺德模式，等等。就卫生与计生合并的运作模式而言，深圳改革的层级、程度和举措等方面都有实质性的进展，也在实践运行过程中表现出鲜明的特点，对于认识和理解大部制改革背景下的卫计合并的制度设计具有一定的参考价值。

（一）深圳卫计合并的运行体制

1. 机构设置

2009 年，深圳在中央机构编制委员会办公室的指导下进行了大部制改革试点，其中对计生和卫生两个部门进行了撤并，组建新的深圳市卫生和人口计划生育委员会（以下简称"卫人委"），并将原食品药品监管局负责的食品安全相关管理职责划入卫人委，而原人口和计划生育局的人口相关职能（人口规划等）划归市发展和改革委员会。

合并后，卫人委行政编制内设 12 个处，新成立了"秘书处""政策法规处""计划生育监管考核处""流动人口计划生育管理处"，所有新成立的处都涉及整合计划生育管理和服务的职责。前卫生局的科技教育处、前人口计生局的流动人口计划生育管理办公室不再保留，前卫生局直属的保健委员会则划给市委组织部管理。除此以外，原隶属于卫生和人口计生部门的事业单位基本没有变化，一并划归新成立的卫生人口计生部门管理。

从机构设置上看，深圳的卫计合并基本是将原人口计生部门的主要职能纳入卫生人口计生部门，而将原人口计生部门的处室全部拆分，既保证了改革的深度，又可以比较好地适应外部政策环境。由于国家和广东省的卫生与计生部门尚未合并，为了保持人口计生部门的职能和业务能够顺利对接，还增设了编制外的"宣传教育处"。虽然合并后的卫人委已经不再承担人口相关的职能，但依然保留了"人口"二字在新的部门名称中，明显是为了保持与国家和省的平衡。显然，这种制度安排能够保证人口计生工作在短期内不受到太大的冲击，但给职能转变预留的空间也受到明显的限制，将直接影响到新部门的业务整合与人员安置。

2. 业务整合

深圳卫计合并后，业务整合主要涉及三个方面的内容：一是卫生和人口计生部门与其他部门之间的业务调整。其中，食品安全综合协调和药品监管政策法规从市药品监督管理局转入；餐饮业消费环节的食品安全监管职能移交给市市场监督管理局；人口发展规划相关业务划归市发展和改革委员会。二是原卫生和人口计生部门的部分业务取消或变更。取消调干过程生育二孩人员的计划生育情况核实的行政审批事项，不再直接承担统计分析、信息化建设、卫生技术人员职称评审、重大医疗科研攻关的组织、医学科研成果推广等方面的事务性工作。三是计生业务分拆或整合到新的卫计系统中。流动人口计划生育管理处全部承接原流动人口计生管理业务，计划生育监督考核处主要是承担计生考核和原法规处的监督检查业务。另外，合并之初的计划生育宣传教育处完全延续了原计生宣教的业务和职能，但后期逐渐加入了卫生宣传的业务，成为了"大宣教"的综合处室。由于计生部门的综合处和法规处不复存在，其承担的业务被分拆到新的处室，如妇幼保健和社区卫生处承担了原人口计生综合处的技术服务方面的大部分业务：综合治理出生人口性别比、组织开展出生缺陷干预工程、病残儿医学鉴定和计划生育药具管理的业务；政策法规处承接了原计生监督管理处的计生政策、法律方面的业务：计划生育地方性法规、规章和政策的制定，计划生育行政复议和行政应诉；打击无证行医、无卫生许可证营业和"两非"执法则由市卫生监督局（副局级事业单位）承担。另外，原卫生和计生部门的两套办公室、财务、人事、党务等业务直接进行了合并。

卫计合并后的业务整合明显体现了强化市级"委"的决策权的大部制改革的初衷，剥离了一些事务性的业务，加强了优生优育和医疗卫生工作、公共卫生服务体系、食品安全管理、流动人口计生管理服务等关系到民生的服务性业务，给未来推进"行政三分"的大部制和建设服务型政府打下了良好的基础。

3. 人员安置

深圳的卫计合并涉及卫生和人口计生两个行政管理部门，并未涉及其直属的事业单位之间的整合，因此人员安置只涉及原在编人员和从市政府其他部门交流、划转调剂来的有关人员的任职问题。按照"三定"方案，深圳市卫生人口计生委机关行政编制93人，主任兼工委书记1名，副主任4名；处级干部共计32名（12正20副），比合并前精简了4名处级干部。

深圳卫计合并的人员安排主要是依据公务员管理办法，按照"人随事走"、"统筹安排"和"内部消化"的原则，确保卫计合并的平稳有序推进。除个别临近退休年龄的人员享受待遇提前退休外，基本没有人员的强制退出机制，只是在保留原有人员的基础上重新安排职位。从局级领导职位的安排方面看，保留了原卫生部门和人口计生部门的局级领导干部直接进入新的卫生人口计生部门的局级领导层，形成合并之初的"一正十二副"的局面，远远超过了"三定"方案的"一正四副"，经过近四年的"消化"，目前仍有"一正七副"。

内设机构的人员安排直接体现大部制改革在执行环节的具体思路，而这一层面的人事问题是最复杂、矛盾最突出的环节。深圳卫计合并采取的不进行人员分流、不涉及个人行政级别和待遇改变的方式，同时又比较注意平衡各方面的个人利益，这就使机构改革可以减少不必要的摩擦，为新组建的卫生人口计生部门平稳过渡创造了条件。

（二）深圳卫计合并的成效分析

卫计合并不仅仅是简单的人员重新组合和机构职能划转，而且是行政管理体制和行政管理资源的重组和优化，势必为合并后的人口计生工作带来直接的影响和改变。经过三年多的实践探索和运行，表现出以下几个方面的成效。

1. 行政资源得以初步优化

卫计合并在制度上保障了卫生和人口计生的各项资源可以内部调剂，将以前部门间的协调关系转变为部门内的统筹，既避免了资源浪费，又融洽了部门关系，有利于服务工作的深入开展。首先，计生执法资源得到提升。卫计合并后，对于医疗机构非法从事"两非"行为的执法交由卫生监督部门负责，从而解决了原人口计生部门执法主体资格不健全、处罚措施无法落实的尴尬局面。同时把打击"两非"纳入医疗行业质量评估体系，明确了医疗保健机构、计生技术服务机构的工作职责和法律责任，对"两非"行为的监管力度明显加强，且在源头上得到初步的遏制。其次，计生财政资源得到扩大。原人口计生作为独立的政府组成部门，在争取财政资源时要直接面对各级财政部门，大幅度提高财政投入的困难比较大。卫计合并后，由于人口计生方面的投入相对于卫生经费的投入占较小的比重，在内部解决部分计生方面的财政投入就显得相对容易。卫计合并后，传统计生业务的年度财政预算都有不同程度的提高，原人口计生系统的直属单位一般都可以通过专项报告获得卫生人口计生委的经费支持。

2. 技术服务能力有望得到提升

卫计合并后，通过统一安排、充分利用各项技术服务资源，在很大程度上克服了过去卫生和计生部门在技术服务领域的低水平重复现象，从而全面提高计生技术服务水平和能力。

对于出生缺陷干预，原计生部门由于受到资质的限制，只能开展一级预防业务。而合并后，出生缺陷干预由公共卫生业务处室主管、医疗服务机构参与，顺利解决了出生缺陷三级预防的资质和能力问题，广大育龄群众的合法权益得到进一步的保障。出生缺陷免费筛查已经从原来只服务于户籍人口逐渐向常住人口覆盖。

原计生技术服务机构多数没有取得医疗执业许可证，计生技术服务机构被卫生监督部门以"非法行医"进行处罚也是屡见不鲜，这不仅限制了计生技术服务机构的发展，而且一旦出现医疗纠纷，计生技术服务机构将处于十分不利的法律地位。卫计合并后，积极推进计生技术服务机构的申请医疗机构执业许可证工作，鼓励各级计生技术服务机构融入医疗服务网络，进一步增强了计生技术服务机构的发展后劲，短期内顺利解决了困扰计生技术服务机构多年的法律地位问题。目前，除市计生服务中心因消防问题暂时没有获得医疗机构执业许可证，其他各级计生技术服务机构基本都得到了解决。

3. 技术人员职业发展空间相对拓宽

卫计合并前，计划生育技术服务所涉及的专业领域比较狭窄，计生技术服务人员专业知识应用的机会较少,专业水平难以持续提升,技术服务人员职称晋升途径不畅。通过卫计合并,计生技术服务人员可以共享卫生系统技术人员的培训、再教育、实习等一系列专业技能培养体系,计生技术服务队伍的职业发展空间得到很大程度的拓展。同时,计生技术服务人员也可以在医疗服务机构内进行交流,为一些优秀的计生技术服务人员打开了更广阔的职业选择空间。深圳在继续教育中,将妇幼保健和计生技术服务教学整合,举办各类专业技术培训班17期,共同培训妇幼保健和计生技术服务人员3000多人次,有效地提高了技术服务人员的技术服务能力和水平。

4. 基层队伍和信息优势可能得到互补

在基层(社区)普遍存在两支服务队伍:一是以社区健康服务中心为主的公共卫生服务队伍,二是以社区生育文化中心为主的计生服务队伍。由于卫计合并前两者没有横向联系,各自的优势都得不到充分的发挥。要落实普及孕前筛查等出生缺陷干预措施,很大程度上取决于对群众的宣传和发动,仅靠医疗水平较强的卫生服务力量落实起来效果不理想,这时就需要发挥基层计生服务队伍的组织动员和宣传教育能力。另外,在基层卫生工作中融入计生业务,可以丰富卫生机构的业务量;在基层计生服务中加入公共卫生的内容,不仅可以让群众得到一站式计生、卫生服务,还可以进一步提升计生服务的技术含量。如前所述,卫生的专业优势和计生的群众基础优势,在卫计合并的实践中实现了互补,婚检率和孕前筛查率都有了明显的提高,社区生育文化中心的利用率和服务内容的丰富程度也有不同程度的提升。

卫计合并后,孕产妇、出生信息通报共享制度得以顺利建立,医疗机构出生人口信息通过规范化程序,实现了与各级计生行政管理部门的共享,有效提高了人口信息的统计质量,实现了出生人口性别比、日常孕情的动态监测,保证计划生育相关信息的准确性。

5. 宣传工作和舆论氛围应该有所改善

原卫生部门没有专职的宣传处室,难以组织系统的社会宣传活动,导致社会上出现的主要是卫生工作方面的负面新闻,甚至许多是非客观的新闻,严重影响了卫生部门的社会形象,也不利于人民群众对卫生事业的理解、支持和树立正确的健康意识。卫计合并后,将卫生宣传的职责划归宣传教育处,建立了一整套宣传教育制度，如新闻发言人制度、网络宣传制度、舆情应对制度、新闻宣传制度等。通过卫计联手，利用计生系统已经成熟的宣传网络、队伍和阵地，卫生宣传工作在正面宣传、占领舆论阵地、消除负面新闻的社会影响、传播健康理念和知识等方面取得了明显的进展，医疗卫生系统的许多热点问题和事件得到及时应对和引导，为深圳的卫生和人口计生事业健康发展创造出了较好的社会环境和舆论氛围。

（三）深圳卫计合并的主要特点

经过近四年的运行，卫计合并的实践模式日益显现出其先进性和优越性，社会认可度也不断提高。从改革的进程来看，深圳的卫计合并已经度过了改革初期的建章立制、业务整合的阶段，开始转向优化管理、提高效能的阶段。深圳的卫计合并实践模式及其职能转变突出表现出以下几个主要特点：

1. 改革程度较高但有人员拖累

深圳的卫计合并涉及了卫生和人口计生两个行政管理部门的全面整合，且经中央编委的批准，其合法性和权威性得到了保障。但是由于合并之初上级业务主管部门并没有进行相应的改革，受行政管理体制的"大环境"制约，诸如"精简放权"、人事制度改革、职能转变等方面没有太多的自主权，目前仍有若干执行机构与决策机构混合，与决策、行政分离的改革思路不合，因此还不能算真正意义上的行政体制改革，称其为行政管理结构改革更为贴切。另外，为了避免出现"人事阻力"，在人员安排方面基本采取了"人员不减、待遇不降、自然淘汰"的办法，这就造成了一个相对较长的消化期，对于中、低级别公务员的职业发展前途产生一定的影响，在没有完善的公务员退出机制的情况下，如何调动那些受影响较大的工作人员的积极性是下一步其他省市卫计合并过程中值得重视的一个问题。

2. 改革成效初显但基层合并推进不力

卫计合并有利于实现机构的扁平化，统筹相关业务，从而降低沟通成本。卫计合并变部门之间协调为部门内部协调，减少了协调工作量，卫计横向之间的沟通不畅、协调困难、政出多门等方面的问题也得到缓解，在一定程度上提高了执行力和行政效率。如前所述，卫计合并后，在行政资源利用、技术服务能力、技术人才发展空间、网络信息资源利用等方面都取得了积极的成效。但也必须看到,由于受合并时的制度环境的约束,也还留有一些需要继续深化改革的方面。比如,深圳的卫计合并只限于关内区域,而关外的宝安、龙岗两区仍然延续传统的模式。现有的卫计合并实践模式,在行政职能上主要是做了简单的相加和重新组合,而涉及职能转变的内容并不多,除了完成原来计生工作的业务量外,或多或少还要参与部分卫生方面的工作,这就在客观上增加了行政管理部门工作人员的工作量,人口计生工作在新的环境中被大量的卫生工作所"稀释",从而出现了不同程度的人口计生工作被淡化的现象。有些涉及群众工作生活的服务项目还没有完全实现"一站式"服务。例如,产前检查、人流、孕产妇保健分娩等服务都需要计生证明,而服务的提供者又是卫生服务机构,群众需要在不同的部门办理相关业务,客观上提高了群众享受服务的成本。在下一步的实践中,应该抓住国家大部制改革的契机,以创新社会管理体制机制为主线,通过职能转变进一步理顺各种关系,以达到充分发挥卫计合并优势的目的。

3. 机构设置更趋合理但配套机制建设滞后

卫计合并后,新的机构设置及其职能划分更有利于减少部门间的摩擦,实现了提高行政效能的目标。比如,综合治理出生人口性别比和出生缺陷干预项目,大量的工作都涉及妇幼保健机构,以前以计生业务部门牵头执行,每次都要多部门协调。而卫计合并后,这两项业务直接划归"妇社处"负责,大大简化了中间环节,理顺了关系,整合了资源,提高了效率。

由于深圳的卫计合并没有触及其直属的事业单位的体制改革内容,给深层次整合计生和卫生服务资源带来了障碍。虽然各级计生和卫生服务机构在合并后发展出了一些横向业务关系,但由于各自都是相对独立的主体,具有不同的利益诉求,很难进行全面的整合。比如,深圳的街道级计生服务中心一般都有独立的服务大楼,但业务量比较有限,使用效率并不高,而卫生服务机构场所严重不足的问题长期存在,在这方面还没有出现有效的融合案例。随着卫计合并的模式日趋成熟,应该适时推进直属事业单位之间的整合,完善配套机制,实现公共服务资源的共享和效率最大化。

卫计合并的根本目的是更好地实现职能转变,让老百姓办事更方便。从根本上厘清政府、市场和社会三者的关系，除了要把市、区不该管的事权下放，还包括市场机制能够自行调节，公民、法人和其他组织能够自主解决的事项，政府不应干预。深圳卫计合并实践模式主要还是在解决"如何管好"的问题，而"什么该管"的问题并没有完全触及。不解决政府管得太多的问题，职能转变就不能到位，公务员就会忙个不停，队伍就会膨胀壮大，行政管理机关处室大量借用直属事业单位工作人员就是典型的例证。

四 深化深圳卫计合并改革的主要手段

卫计合并只是卫生和计生服务全面融合的开始，要使具有数十年独立运作历史的计生系统完美融合于新的卫计系统中是长期的过程，不可能毕其功于一役，尚需不断的努力才能最终产生明显的效果。深圳尽管有近四年的卫计合并的实践经验，也取得了一定的成效，但随着社会环境和政策环境的变化，还需要坚持用综合改革的办法不断去解决发展道路中出现的各种问题。

2013 年，国家启动了新一轮大部制改革，新组建了国家卫生和计划生育委员会，广东省卫生和人口计划生育委员会也于 2013 年 9 月正式挂牌，深圳市卫计合并的政策环境已经发生根本变化，通过综合改革，率先探索卫计合并有效模式的政策空间更广阔，加之深圳有前期卫计合并的经验，率先探索卫计深度融合的条件也比其他地区更成熟。深圳应该主动抓住这一契机进行综合改革、率先探索，避免因盲目的观望等待而贻误时机。

（一）目标定位

新的卫计体系的成立是适应当前计划生育工作的新形势和医疗卫生服务的新特点的必然举措。为保证大部制改革朝着科学合理的方向发展，应该对卫计系统有一个清晰的目标定位，它既要符合国家对大部制改革的总体规划，又要体现卫计系统服务管理社会事务的特点。为此，在总结前期经验的基础上，提出未来卫计系统应该遵循的四点目标定位。

1. 服务改善民生的社会大局

卫生和计生服务管理所涉及的社会事务都是与人民群众息息相关的，改善民生实质上就是让群众能够在机制改革的过程得到更多的便利和实惠。因此，在推进卫生合并的实践过程中，不仅要充分考虑到卫计服务系统的效率问题，更应该明确定位卫计部门在其中所扮演的公益性角色，将主要的精力放到对服务提供者的监管和对人民群众的服务上来。

2. 有利政府职能转变

政府职能转变是大部制改革的核心与基础。在卫计合并的推进过程中，必须以服务型建设为目标定位，按照服务与管理并重的要求，把该管的事务管好，不该管也管不好的事交给有能力的社会组织或执行机构。这就要求把政府职能转变与机构改革、体制创新有机地结合起来，真正实行决策、执行和监督适度分离，建立相互协同的组织结构与责任框架，最大限度地消除职能交叉、权限冲突、推诿扯皮的问题，充分发挥卫计系统的整体功能。

3. 强调配套机制的建设

在卫计合并的推进过程中，要建设以部门、权力与利益为中心的三大机制，即要建立偏平化的部门内部配合与协调机制、制度化的权力制约与协调机制和民主化的利益消解与协调机制。为此，要进行配套制度的改革，调整公务人员的结构并加大服务工作的人员配备，建立、完善和清理相关的法律法规，引入外部监督机制，实行直属事业单位分类改革，以整体利益化解局部利益，为大部制改革提供良好的制度环境。

4. 注重先进技术和先进制度的结合

大部制原则下的卫计合并秉承当代先进的政府管理理论，具有明显的先进性，但要使先进的制度发挥出应有的效果，还需要有科学的政策分析和先进的技术支撑。一方面要充分运用现有的信息资源服务于政策的制定和执行。比如，计生系统的全员人口信息系统除用于日常计生服务管理的目的外，还可以通过深度开发了解和预测人口变化导致的医疗卫生需求的变化。另一方面，要充分运用现代政策分析技术，对重大政策进行事前评估，不仅要正确判断政策的积极效果，更要充分预见政策的无效性或可能带来的负面效应，避免因权力扩大造成的决策失误招致更大的风险。

（二）主要任务

为实现上述目标定位，深圳应该抓住国家大部制改革的契机，在卫计合并初期未能涉及的领域寻找突破口,通过综合改革重点解决机制、政策和措施三个层面的问题,以巩固和深化前期的成效。

1. 尽快出台有关卫生和计生服务机构整合的指导意见

国家和省的卫计合并已经拉开序幕,机构设置和"三定"方案也陆续出台,深圳此前的机构设置和"三定"方案也势必或多或少存在一些差异,应该尽快进行相应的机构调整,以保持与国家、省的一致性,减少不必要的摩擦。在机构和职能调整的过程中,可以优先考虑从技术服务入手开展综合改革试点,待试点成熟后再进行行政管理职能的跟进。指导意见重点应当放在综合改革的顶层设计,试点期间的具体措施应分类指导,充分发挥基层各级卫生和计生技术服务机构和人员的创造性。

2. 进一步深化内部组织形式的改革和完善

深圳推行卫计合并的大部制改革,为解决部门之间的职能交叉、政出多门、多头管理、有权无责的问题提供了机制保障,但卫计系统内部的决策机构和执行机构混合的情况仍然存在,监督系统的分离工作还未完全起步。下一步的主要任务之一就是要同时推进决策职能与执行职能的分开,实现决策权、执行权、监督权之间的适度分离和相互制约。在目前的制度环境下,可考虑将卫计部门的决策权相对集中起来,成立核心的决策处室;将执行事务从决策处室中适度分离出来,设立专门的执行处室或执行局,设定绩效指标、预算规模、服务责任,以绩效要求、服务要求作为大部制管理的基础。各级卫计部门在决策与执行处室的设置上应该有所区别,市级层面主要以决策为主,区、街道、社区以执行为主,越到基层越应该专司执行职能,强化基层卫计部门的服务能力建设。

3. 进一步探索管理服务政策的改革和创新

大部制的卫计合并不是简单地将卫生部门和计生部门进行相加,而是要从资源整合、优势互补、效率更高、服务更好的高度对两个部门进行全面的融合。合并前,卫生部门和计生部门在内部文化、管理服务理念、制度政策与社会环境的匹配程度等方面都存在一定的差异。卫生体系开展的医药体制改革是对整个医疗卫生体系的全面变革,而相对而言,计生体系的改革深度和广度都有一些差距,给二者的融合造成障碍。目前,应该按照服务型政府的要求重新定位计生管理服务的政策，区分政府、市场、社会在计生管理服务中的边界，适当调整无效或效率低下的计生管理服务内容和形式，使计生管理服务体制与卫生管理服务体制相互协调。

4. 进一步整合卫生和计生服务资源

直接从事一线服务的卫生和计生服务的机构主要是卫计系统的直属事业单位，前期的合并没有对所属的事业单位进行机构上的整合，很大程度上影响了服务资源的深度整合。在同级基层存在两个平行的机构，同时提供相似的公共服务，极大地影响了资源配置的效率。目前，应该根据服务人群的需求和特点，重新整合街道、社区级的卫生和计生服务机构，对服务内容与群众需求不相符、业务量严重不足、服务资源闲置的机构进行撤并，集中力量提供群众迫切需要的服务。从制度安排层面全面梳理计生和卫生服务方面的业务，对于两者之间有交叉的业务，要尽量减少群众的服务流程，将与服务有关的管理环节向内部转移，尽量实现"一站式"服务。确实不宜合并的，也应该建立计生和卫生服务人员的交流机制，除了为计生技术服务人员提供到卫生服务机构学习、培训和实习的机会，还要尽量缩小计生和卫生服务人员的待遇、发展空间等方面的差距，形成双向流动机制，让技术服务人员都能在最适合的岗位上发挥自身的才能。

5. 探索多样化卫计服务资源融合的途径

在总结卫计服务融合试点经验的基础上，大胆创新卫计服务机构整合模式，探索不同的卫计服务深度融合方式。短期内，就卫生和计生服务机构，可以尝试项目合并模式，就某一个业务板块或职能板块进行扁平化组合，尽管没有编制归一，但是做到了职能归一，而且效能得到大大改善。比如，利用社区健康服务中心改革试点的机会，探索将计划生育基本技术服务注入社康中心，既能解决社康中心业务量不足的问题，也能缓解基层计生队伍人员配备不足导致的压力，还可以尝试服务平台整合模式，将卫生和计生服务的某一些服务项目集中在家庭平台上，通过以家庭服务平台模式来实现联动和组合或者合并。这方面可以充分发挥计生队伍的基层网络优势，将居民健康档案的宣传服务与计生信息采集"入户到人"的特点相结合，在现有的全员人口信息系统中逐步加入居民健康信息。

人口与健康蓝皮书

五 深圳的实践对全国大部委制下卫计合并的借鉴

深圳近四年卫计合并实践在制度安排、业务整合、人员安置等方面进行了有益的探索,也留下了需要继续深化改革的方面,所表现出的特点、成效、模式等也为下一步全国的卫生合并提供了可供借鉴的参考。在考虑到深圳卫计合并的普遍性和特殊性的前提下,提出对全国大部委制下卫计合并的几点启示。

(一)主要思路

以大部委制为核心的卫生和计生行政体制改革的目标就是以建设服务型政府为导向,通过职能转变,优化结构,理顺关系,提高效率,建立分工合理、责权一致、决策科学、执行顺畅、监督到位的行政管理体制[1]。

切实转变政府职能,应该围绕保障和改善民生,提供大服务,承担大责任,取得大绩效。优化卫生和计生管理服务体系的结构,以职能整合为重点带动机构整合,减少微观管理和审批的职能,加强基本公共服务的政策规划和供给。理顺国家和地方卫计系统的关系,突出国家层面的宏观调控职能和地方层面的政策执行职能,形成层次清晰、各司其职的工作关系;打破现有的卫生和计生系统之间的壁垒,实现资源共享和优势互补。建立决策和执行相对分立的组织框架,打破现有的利益格局,按照"大部委"设置政府决策部门,并根据改革进程逐步设置和完善执行部门。

(二)主要原则

第一,协调与效能统一。计生和卫生合并的最终目标是优化职能、提高效能。效能的提高不仅依赖良好的制度设计和安排以及完善的效能考核监督机制,而且离不开健全的部门协调配合机制。通过大部委模式来实现计生和卫生部门的合并,既要注重计生部门和卫生部门的协调,又要注重效能的提高。要防止大部委模式可能带来的"合并负担",即由于合并前的部门利益或者合并

---

[1] 郑言:《回顾与思考:新中国政治建设与政治发展60年》,《政治学研究》2009年第5期。

后的机构臃肿而带来协调难和效率降低的困境。这就需要通过建立和健全部门协调机制来前瞻性地解决合并带来的协调问题，实行运作有序和协调有机，从而提高效能。

第二，管理与服务并重。计生和卫生合并成一个大部委，体现了民生优先的服务理念。计生和卫生都是重要的民生，两者合并，不仅有利于民生服务的整合，而且更加有利于民生服务质量的改善和提高，这体现了一切围绕人民群众利益的改革和发展理念。而且，通过卫生和计生的合并也体现了政府管理体制改革的大方向，即"小政府、大服务"的模式。在这种模式下，政府将致力于建设服务型政府，通过服务外包或者购买等多渠道提高服务供给能力和质量，从而更好发挥服务监督和管理的职责。因此，计生和卫生合并要坚持管理与服务并重的原则。

第三，分类指导与因地制宜相结合。计生和卫生的合并是一个涉及全民的重大系统工程，在不同领域、不同地区的情况也各不相同，两者的合并和整合需要坚持分类指导的原则。比如，计划生育业务中涉及生殖健康服务和出生缺陷干预等的技术性服务应该和医疗卫生服务机构有机融合；计划生育管理等非技术性业务应该通过业务整合和政策调整，在行政管理架构中予以安排，确保计划生育管理工作不至于受到机构合并的冲击而弱化。考虑到中央和地方在管理内容和层级上的差异以及地区差异，计生和卫生的合并应该坚持因地制宜的原则。基层（社区、居委会、行政村）的计生和卫生服务机构可以按照"谁服务能力强就以谁为主"的原则优先整合，而省（直辖市）级层面和地级市以及县级层面的计生和卫生合并可以采取逐步整合的方式实现。在合并策略和节奏上，应坚持"整体渐进，局部突破"的原则，条件成熟一个就合并一个，切忌"一刀切"造成的管理混乱和服务质量下降。

（三）政策设计要点及框架

卫计合并需要对原来的卫生和计生两个体系进行系统、全面、深层次的改革，目标是形成多元化的公共治理结构，打破政府对公共事务、公共服务的垄断。合并方案必须要有系统性的整体设计和安排，必须考虑在权力和利益的博弈中构建多方共赢的机制，以消化改革的阻力。

第一,重构新部门的认知系统,优先实现部门文化融合。合并前卫生部门和计生部门各有自己的文化认知系统。要实现具有不同认知系统的两个大部委的合并,首先应实现文化整合。卫计合并虽然减少了管理服务的层级,缩短了政策执行的路径,但同时带来了系统内横向联系的复杂化,增加了内部沟通的难度和程序。要通过文化整合达到统一管理理念和工作方式的目的,防止行政权力扩张引发的人浮于事、效率低下的"官场传染病"。此外,还要完善"激励相容"的文化氛围和制度体系,通过"激励相容"来协调部门利益与整体利益、个体利益与集体利益之间的关系。

第二,理顺合并后中央与地方的垂直关系。要突出国家卫计委的宏观决策和工作指导的职能,淡化对地方卫计部门的直接领导和干预。地方卫计部门可以在与国家卫计委职能、机构相衔接的基础上采取创新措施:根据各层级卫计部门的职责重点,合理调整机构设置;进一步加大地方卫计部门职能整合的力度,特别是事业单位和技术服务机构的合并。深圳的实践表明,基层计生技术服务机构融入医疗卫生服务机构,可以缓解我国基层公共卫生人员缺乏的问题,有利于农村公共卫生工作开展,符合大部制改革和新医改要求;地方卫计部门可配套进行决策机制、执行机制、服务机制的改革,从而优化卫计部门运行机制。

第三,机构合并与制度合并同时推进。卫生和计生原隶属于两个系统,原来的制度安排和具体工作措施难免有冲突的部分,这也是大部委制改革要解决的问题之一。比如,深圳的妇幼保健机构的孕产妇信息对计生部门开放后,许多违反计划生育政策的家庭因此受到计生部门的管理,因而投诉妇幼保健机构泄露他们的个人信息,卫计合并后类似的纠纷明显增多,给妇幼保健机构带来很大的法律风险。在目前机构合并已经启动的情况下,应该尽快着手清理延续下来的制度政策,对于可能产生冲突或会出现负面影响的制度安排,上级卫计部门要给出合理的过渡性解决办法,以免基层部门无所适从,引起群众的误解。同时,组织力量开展政策分析,提前做好各项制度的政策准备。

第四,以优势资源主导合并。从深圳的实践看,原卫生和计生部门都有各自突出的优势领域和资源,卫生部门在技术和执法领域有突出的优势,而计生部门的宣传和信息能力更强。卫计合并时,宣传教育和信息服务方面的整合就应该以原计生部门为主,而技术服务和依法行政就应该以卫生为主,防止出现卫生部门"一家独大"的局面。因此,当前需要积极推动两个系统、两支队伍的融合发展,尽快形成"优势互补、资源整合、信息共享、政策衔接、服务联动"的工作格局,实现重组双方最佳的资源整合效应,提高服务质量,树立服务品牌。

第五,多种手段调整和优化人员结构。深圳的实践表明,人事安排是卫计合并初期最敏感的问题之一,采取相对保守的方案可以保证合并的平稳推进。但随着合并的深入和新机制效率的提高,如何消化冗余的公务人员的问题就逐渐显露出来。因此,卫计合并之初,应该对当前和未来一段时期的人员安排有整套的政策准备。大部制背景下的人员分流机制不仅包括自然淘汰和退出机制,而且还包括转岗安置等一系列相关政策体系,以及人员分流的相关激励政策体系和保障政策体系,鼓励将行政公务人员从管理岗位配备到行政服务岗位。

第六,以创新、开放的态度探索多样化合并路径。卫计合并是中国在新时期出现的新事务,虽然有国外大部制改革的理论和经验可供借鉴,也有国内个别地区的实践模式示范,但国内政治、社会环境与国外有较大的差别,国内地区、城乡也存在明显差异,照搬现成的经验显然是不明智的。比如,原计生部门的全员人口信息系统在计生管理和人口规划方面发挥了很大的作用,但卫计合并后,它要在医疗卫生需求变化预测和医疗卫生资源配置方面发挥作用,还需要与医学信息系统进行对接,这就涉及全员人口信息系统的开放性问题。因此,全国大部委制下的卫计合并是一个长期的创新过程,需要有开放的态度接纳各种新情况,用综合改革的办法解决各种新问题。

B.7
公立医院改革的进展及未来发展重点研究

尹德挺

本章要点：

1. 我国医改的障碍主要表现在**政府和医管机构对医疗机构的激励约束机制不足、公立医院运营创新机制不顺、医生薪酬管理机制不活、社会办医扶持机制不畅、医疗保险机构付费机制不规范、患者"以脚投票"就医选择机制不彻底等六方面**，深圳市在这六方面的改革均有涉及，但不彻底，还未达到"医改三方面"的愿景。

2. 基于深圳、北京两地公立医院改革的对比，我们发现，两地改革的共性表现为：医疗服务供给都面临着医疗服务层次多、人群差异大以及公立医院公益性淡化的客观形势与难题，都在公立医院改革上进行了不同程度的创新。两地改革的差异表现为：**深圳在"管办分开、政事分开"方面改革得更为深入和彻底；深圳最优质的医疗资源基本已与市卫计委脱离了行政隶属关系；深圳在基层社区诊疗——社康中心的开发利用上走在了全国前列**。因此，在未来公立医院改革体系建设方面，深圳基层诊疗的改革基础会更扎实一些。

3. 从改革实践来看，深圳应加大公立医院改革"六大动力机制"的建立，"六大动力机制"即改革战略动力、管理制度动力、筹资模式动力、服务结构动力、外部监督动力和技术创新动力。**改革的核心是建立补偿机制和改革支付方式**：五年内应努力推进医院法人治理结构、医生薪酬管理、医保支付方式的改革；之后，再进一步完成社会办医、信息技术体系建立、服务体系建设等若干领域的改革创新。

一 研究背景和研究目的

1. 研究背景

正如总报告中总结的那样，**深圳的卫生计生领域存在的问题相对全国来说是"大同小异、更加不利"**。因此，研究深圳的公立医院改革，需要先了解全国这个领域的通病所在。

从全世界来看，鉴于医疗卫生的"公共产品"属性，很多国家都是主要由政府投资举办不以营利为目的、面向全民提供医疗卫生服务的公立医院，我国的情况也与此类似。最近二十多年，我国公立医院改革在一定程度上激发了医院的生机和活力，增强了公立医院面向社会自主开展业务和寻求发展机会的能力。然而，医疗卫生服务领域的商业化和市场化在不断发展，公立医院改革的内容却滞留在"放权""搞活"等层次上，很少从理论和政策上对公立医院改革的核心要素以及现代公共事业组织应有的功能做出明确界定。与此同时，公立医院办院的思路和方式也已经逐步带有追求商品化、市场化的趋向，从而最终导致最近十余年来全国医疗服务公平性和可及性下降，医疗费用越来越高，"看病难、看病贵"成为了严重的社会问题。

进入21世纪，中国正处在经济社会发展转型的关键时期，政府在公共管理领域面临的主要困境表现为功能扩张和职能不清的问题。面对这一客观现实，党的"十七大"为卫生医疗改革指明了发展方向，即明确了医疗卫生建设"四个分开"的重要原则（政事分开、管办分开、医药分开、营利与非营利性分开）。目前，政府和学者在公立医院改革的第一要务上已经达成共识，即公立医院改革的出发点和切入点就是调整和优化政府职能，明确政府部门的管理边界，这标志着政府部门在医疗卫生体制改革方面的成熟化和明晰化。此外，公立医院改革的目标也逐步明确，即"人民群众得实惠、医务人员受鼓舞、医疗机构增活力"。然而，未来公立医院改革最大的难点就在于管理体制机制的创新和突破。在实践中，如何在回归公立医院公益性的同时，又不伤害医务人员的工作积极性，如何有序推进公立医院综合改革，如何有效规避公立医院改革风险,这些难题在现实中依然困扰着各级政府。因此,公立医院改革一直是国家卫生体制改革的焦点内容,需要从理论和实践两个层面进行前沿观察和反复思考。

2. 研究目的和研究意义

长期以来,由于我国在公立医院的管理上医药不分、职责不清、政事合一、管办合一,出现了公立医院公益性减弱、监管缺位、执法不严、准入标准不一致等一系列问题。本研究将从理论和实践两个层面,基于不同的行动主体和利益相关者,多角度地研究公立医院改革的进展情况、核心要素、改革问题、创新障碍以及未来发展思路,以期为深圳公立医院改革提供全局性的理论框架设计和多角度的前瞻性实践视野。

此项研究的作用体现在两个方面:一是有利于合理确定政府不同部门之间、政府与医管机构之间、政府与公立医院之间、医管机构与公立医院之间、医生和患者之间、公立医院与医保机构之间的互动关系和职责范围;二是有利于合理强化政府监管和管办分开,推动公立医院切实履行公共服务责任,推进多元化办医,最终实现公立医院改革公益性和积极性"两个坚持"的战略目标。

二 国内外公立医院改革相关研究现状

(一)已有文献的研究热点和学术贡献

基于国外相关资料,有文献以政府和市场机制的作用边界为依据,将国外医疗卫生制度划分为国家卫生服务模式、健康保险模式、自由市场模式等多种类型。如果由政府公共财政主办医院,又基本保障需方,私营医疗机构非常少,市场机制的作用很弱,这就是国家卫生服务模式或计划管理模式;如果政府、企业和个人三方负担,通过保险公司向公立或私立卫生机构购买服务,政府和企业承担费用比例高,这就是健康保险模式;而个人承担比例高就是自由市场模式。通过研究国外发达国家公立医院管理体制的普遍性特征,能够为我国医疗体制改革提供宝贵经验和借鉴(如表7-1所示),具体可总结为三个方面：第一，综合运用政府宏观调控、计划管理以及市场机制等多种手段，最大限度地降低卫生费用，满足老百姓不同层次的需求，特别是注意公立和私立医疗机构对不同医疗服务需求人群的差异化管理；第二，现代医疗服务体系的典型特征表现为，初级保健与专业治疗功能的分工，开业医生与住院医生职业的分化，门诊与综合性医院组织的分离，初级卫生保健部门与综合性大医院之间转诊制度的建立；第三，推进医疗卫生服务者和购买者的分离，减少政府的直接干预，通过市场竞争机制，提高服务效率；第四，推进医院集团化、社会化的发展，充分发挥市场机制的作用，促进行业内的专业化分工，加强医疗资源的整合。这些都是未来我国公立医院改革中可以尝试借鉴的思路和方法。

表7-1 若干发达国家医疗卫生制度安排的特征分析

	英国	美国	德国	新加坡
模式特点	政府主导的国家计划管理型	以非营利私立医院为主的市场运作型	市场运作与计划管理融合型	公私互补型
医疗服务体系要素构成	由初级服务、社区服务和专科服务三个部分组成	家庭医生负责初级治疗；各种形式的医院负责基本医疗和高级医疗	开业医生（门诊、咨询）、医院（住院治疗）、康复机构、护理机构（老年人、残疾人的护理）四类	公立系统（公立医院和联合诊所）负责住院服务；私立系统（私立医院和开业医生）负责初级卫生保健
医疗服务体系结构	公立医院独大，占总数的95%；财政拨款占卫生总费用的80%左右	公立医院占27%；私立医院占73%，私立医院中的85%是非营利性医院	公立医院、私立非营利性医院和私立营利性医院分别占总数的37%、40%和23%	政府补助占公立医院总开支的60%左右
全科医生	99%的居民拥有，负责初级医疗；首诊制	家庭医生负责初级医疗	开业医生主要负责门诊和咨询，大多属于私人开业	私立医院有开业医生
改革举措	(1)建立医院托拉斯；(2)加强全科医生的作用；(3)引入"内部市场"和公共合同	(1)公立医院侧重于无保险者和穷人；(2)形成三权分立的公司治理结构；(3)政府重在监管医院，而非办院；(4)医院的集团化和社会化发展特征明显	(1)医疗服务者和购买者分离且为合同关系；(2)实行医院投入成本和运营成本各有其补偿来源的双重补偿制度；(3)强调非政府机构社团在卫生服务体系中的作用	(1)改革医院收费制度，按病种向公立医院提供补助；(2)推进公立医院的法人化治理；(3)加强公立医院的集团化，整合医疗资源

国内的研究文献表明,公立医院改革也有多种具体实现形式,例如,在管办分开的改革试点中,有在卫生部门内部或外部设立专门监管公立医院的机构,也有"社会办医、政府管医",采取企业化管理模式进行运作的。然而,国内研究"管办分开"的文献,只要认为其他国家有"管办分开"的,通常会把"管办分开"和"政事分开"混淆,把卫生部门委托的、隶属的医院管理机构或者卫生部门外部的医院管理机构当成了和卫生部门平级的政府部门。国内许多文献认为,香港政府是对公立医院"管"与"办"职能分开的典型代表。然而实际上,香港的医疗管理局恰恰是对公立医院"管办合一"的代表。香港的公立医院由医疗管理局进行管理,医疗管理局下设总办事处的职责是在策略规划、整体管理、制定政策和订立标准、医疗资源配置和共享以及专业人员培训等方面为下属医院提供支持。可以看出,这些职责与许多文献中"办"公立医院的职责有着很大的重合。因此,我们发现,虽然公立医院改革在国内很受关注,但由于改革的复杂性、艰巨性和首创性,目前依然还有很多问题值得进一步深入研究。

归纳起来,国内公立医院改革相关研究的热点内容主要涉及以下几个方面。第一,"医药如何分开"。目前的研究主要集中在如何既保证公立医院的公益性,使公民的卫生权益不受损,又能充分调动医院和医生的积极性上。第二,"管什么"、"谁来管"和"管的形式"。"管什么"主要涉及辖区内医疗资源的发展规划调整与重组,以及辖区内各种所有制医院的依法办医、规范行医;至于由谁来充当管理的主体,可以是政府本身,也可以委托专业社会团体、行业协会等第三部门作为政府的委托代理人实施管理;从管理的形式上看,一般是宏观管理,依靠法律、制度、政策等来执行,并不涉及行医主体内部的微观管理。第三,"办什么""办的范围和内容是什么""办的主体是谁""办的最佳形式是什么"。公立医院的"办"实质上是科学划分政府与医院各自的管辖权限,不断满足人民群众的医疗需求,保障每一个人的健康权利。现代型政府必须回应民众需求,明确公立医院的本质属性,至于医疗特需服务,由营利性医院来完成。回答"怎么办"需要衡量"办"的投入产出的测量标准。基于我国各地复杂的情况,很多文献指出,可以允许各地根据本地情况积极探索努力找出最适合当地情况的办院模式。

（二）已有研究的不足

从目前的研究现状来看，国内公立医院改革相关研究存在以下两方面不足：一是在目前的研究中，对于不同公立医院改革模式的介绍多，而关于改革创新的前置条件、植入障碍研究较少；二是从"医改三方面"来看，多数研究都有些片面。另外，由于深圳的医疗卫生事业总体发展水平并非全国领先，因此这个领域的研究缺少深圳案例，尤其缺少深圳在相关领域率先改革的评价。因此，本研究期望在这些方面有所突破，并希望通过对深圳相关改革的评价明晰下一阶段工作的重点所在。

三 全国公立医院改革的进展情况及其理论探讨

研究公立医院改革的未来发展，必须基于历史的视野和现实的选择。本研究对新中国成立以后公立医院改革的历程进行了简要回顾，并概括了各个阶段的显著特征，以明确未来公立医院改革的发展方向。

（一）公立医院改革的历史及现状："放权"与"管制"之间的游走与反复

第一阶段为"公益性有余，但积极性不足"阶段（新中国成立后至改革开放前）。改革开放前，公立医院的管理体制与当时的计划经济体制相适应，体现了国家、社会、个人共同负担的原则。基本医疗服务的价格管制和医保兜底体现了公益性，即一方面国家要求在严格的价格管制下，实现基本医疗服务的免费和低价供给，另一方面，传统型全民医保体系（公费医疗、劳保医疗、合作医疗）对老百姓的医疗费用实现了分担，在很大程度上解决了当时老百姓"看病贵"的问题。然而，当时也暴露出医院发展动力不足和医务人员工作动力不足两大顽疾。医疗卫生服务市场缺乏多元竞争机制，公立医院在扩大规模、提升质量以及控制成本等方面的动力明显不足，医务人员积极性不高。总体来看，在这一阶段里，计划经济的特色明显，公立医院以低廉的费用向人民群众提供了基本医疗服务，但在此阶段末期，公立医院设备陈旧、技术落后的问题日益显现，人民群众"看病难、住院难"的问题突出。

第二阶段是"积极性有余，但公益性淡化"阶段（改革开放后至20世纪末）。从这一阶段开始，我国逐步走向市场经济。从1979年开始，国家启动了价格改革，1985年以后进一步由农村推向城市，从而在公立医院造成两大问题：医疗服务成本上升以及脑体倒挂的问题。为此，国家开始允许公立医院调整医疗服务价格，适当增加医务人员收入。在此背景下，公立医院及医务人员的积极性开始提升，三方面的制度安排起到了推动的作用：一是以公立医院为主导的多元办医格局逐步形成，公立医院与民营医院的竞争初现端倪；二是以服务收费为主的经营收入体制逐步形成，但对于新进的高精尖项目基本采用的是医院定价、报卫生行政部门及物价部门审批的方式，从而在这一领域医务人员趋之若鹜；三是国企和农民的公办医疗保险体系走到崩溃边缘，广大农民和企业员工逐步走向自费医疗状态，在利益的驱动下，医务人员的积极性得到调动，因此，"公益性淡化"便成为这一阶段的最大问题。在此阶段末期，政府文件将公立医院的经营方式概括为"医院正经历着由福利型向经营型的转化过程"，一方面医院转换经营机制，利用信息不对称形成对病人的诱导需求和过度需求，大处方、贵处方、重复检查问题突出，从而造成基本医疗偏离公益性的轨道；另一方面，国家对公立医院财政拨款占医院支出的比重持续下降，政府对公立医院投入少、监管弱，再加上对民营医院的不平等政策造成民营医院无法与公立医院形成真正意义上的竞争，公立医院逐利趋向愈发明显，从而大大削弱了基本医疗卫生的公益性。总体来看，在多种政策因素的影响下，在此阶段，我国在企图解决"看病难"的同时，又带来了"看病贵"的顽疾。

第三阶段是"公益性理性回归、积极性合理调动"的改革探索阶段（21世纪初至今）。政府部门在这一阶段明确指出了公立医院改革的基本方向，即必须"坚持公益性和调动积极性"，公益性和积极性均衡化发展是我国公立医院改革的必然选择。在这一阶段里，公立医院改革更加注重对供给体制、筹资体制、决策机制、监管体制进行变革，更加注重整体规划，以实现医务人员积极性和公立医院公益性的均衡发展。然而在实践中，如何认识并有序推进公立医院改革，解决好老百姓"看病难、看病贵"的民生问题，目前仍是现实中的难点和热点。

（二）公立医院改革的制度障碍和理论思考

走在历史发展的十字路口，站在改革的最前沿，我们需要总结历史，把握现在，谋划未来。此时，我们更需要通盘考虑和顶层设计，更需要从理论的高度，全局性地审视公立医院改革涉及的不同行为主体及其作用关系，并找到限制公立医院改革整体性推进的制度障碍，从而为接下来的改革创新找到关键因素和理论抓手。

（1）行为主体及其行动框架的确定

在公立医院改革中，行动主体（利益相关者）大体可以分成六大类：政府、立法机构与医管机构、公立医院、医生、患者、医保机构。（市场和社会力量在公立医院改革中，算不上一个行为主体，但从管理角度来看，也算一个利益相关群体。）六股力量分别从三个方面影响着公立医院及其改革，即公立医院的供方（政府财政、社会资本）行为、公立医院的需方（患者及其社会保险和商业保险等）行为、公立医院的监管方（政府的行业监管、医保机构的医保基金监管以及社会力量的社会监管）行为。

在供给方面，要特别注意发挥政府和市场在公共卫生产品、准公共卫生产品以及私人卫生产品中各自的作用：在公共性、必需性较强的卫生领域，要强化政府作为；而在私人性、特需性较强的卫生领域，市场的作用要加强。

在需求方面，要特别注意发挥医保支付系统对医院服务质量的引导作用，并注意引入商业保险，来满足患者多元化的医疗服务需求。

在监管方面，一方面要通过立法机构、卫生行政部门以及医管机构，强化对医疗机构的内部监管，另一方面还要注意通过引入第三方评价机制等多种形式，加强对公立医院的外部监管。

（2）系统思维下不同行为主体的责任与义务

在明确了公立医院改革六大行为主体以及供方、需方、监管方三方面的作用机制以后，我们需要进一步明确不同行为主体在公立医院改革中的责任和权利，这样有利于比照现实情况，找到目前我国公立医院改革推进艰难的制度原因。表7-2显示了六大行为主体的责任与权利。在与实践的对比中我们能够发现，理想和现实之间还有很长一段路要走。

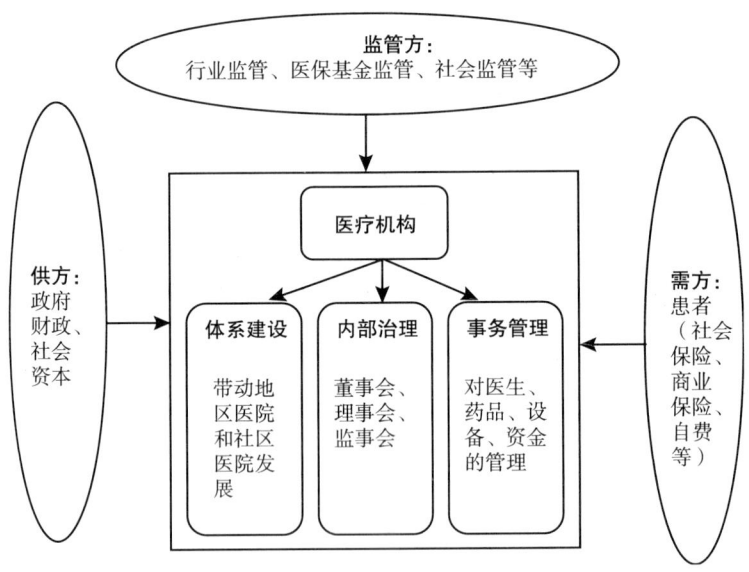

图7-1 公立医院改革供方、需方、监管方三方互动机制作用图

表7-2 公立医院改革中六大行为主体及利益相关群体的责任与权利一览表

不同行动主体	责任	权利
政府	作为公立医院出资人,负责政策、规划、标准、准入及监管等事务,确保医疗服务的公益性等	全行业统一规划、统一标准、统一准入、统一监管等
医管机构	保证卫生性国有资产的安全、平稳运行;履行办院职责,为公立医院提供科学化、专业化、精细化管理和服务;保证公立医院的公益性等	选聘医院领导班子;监督、指导医院建立基本管理制度、工作规范;制定和组织实施医院发展目标等
公立医院	便民服务、质量管理、费用控制、效率效益、员工满意、落实制度、公益任务、规范行医、完成政府重点工作、行业评估、落实责任、廉政建设等	经营管理自主权和用人自主权等
医生	疾病预防、治病救人等	收入激励、职称晋升、评优获奖等
患者	对医院进行满意度评价;避免利用医保进行过度消费、"医患合谋"等	有更多的就医选择,享受更好的服务;看病花钱放心实惠,不怕得大病等
医疗保险机构	保障参保人基本医疗需求;保障医疗保险基金的收支平衡;调控医疗服务资源等	按质、按量给予结算;医疗保障经办机构对医疗服务的监督制约,依照协议对医疗机构提供的服务进行监管,并纳入公立医院考核和评价内容等
市场和社会力量	推动多元办医格局等	对于营利性医院是追求利润,对于非营利性医院是体现社会责任

(3) 公立医院改革的制度性障碍分析

从表 7 – 2 的分析中,我们能够发现目前我国公立医院改革的体制障碍和突破口。基于六大行为主体,本研究概括了未来我国公立医院改革的关键点和风险点。只有修复好以下六大环节的不足,才能对我国公立医院改革产生实质性的推进。

第一,政府和医管机构:医疗机构激励和约束机制有待完善

政府和医管机构是公立医院改革的切入点。公立医院改革在政府和医管机构这一利益相关者上的主要障碍体现为对医疗机构的激励和约束机制不足。在我国医疗卫生领域中,存在"政府失灵"的问题,具体表现为政府管制不到位,医院以多开药、多检查、不合理治疗、分解收费等多种手段补偿经营损失。

第二,公立医院:运营机制有待创新

公立医院是改革的焦点和亮点。公立医院改革在医院这一利益相关者上的主要障碍体现为公立医院运营机制不顺,包括财政价格补偿机制、医疗保险调节机制、医院法人治理运行机制等若干方面。以财政投入为例,目前政府对公立医院财政投入按照对差额拨款事业单位投入的方式,分为专项投入和经常性投入两类,不过,财政补贴不足是很多公立医院共同反映的问题,而且各级财政对卫生事业的补贴基本上是按机构规模、人员多少来补助,导致政府卫生投入产出效益低下,容易陷入"养人""养机构"的陷阱之中。

第三,医生:薪酬管理机制有待拓展

医生是公立医院改革的关键点。目前,公立医院改革在医生这一利益相关者身上的主要障碍体现在医生薪酬管理机制不活。以前医生的报酬由政府提供,医生只能通过药品创收,导致了"看病难,看病贵";未来医务工作者的合理薪酬要得到保障,要允许多点执业,允许收取医疗服务费,从而实现劳动价值的回归。

第四,市场与社会力量:扶持机制有待推进

市场和社会力量是公立医院改革的兴奋点。目前,公立医院改革在市场与社会力量这一利益相关者身上的主要障碍体现在社会办医扶持机制不畅。一方面,现在社会资本参与公立医院改革还存在严格的限制,各地对社会资本放开力

度也不够；另一方面，社会资本参与公立医院改革还未找到较好的营利模式。

第五，医疗保险机构：付费机制有待规范

医保机构是公立医院改革的着力点。目前，公立医院改革在医疗保险机构这一利益相关者身上的主要障碍体现在医保机构付费机制不规范。医保主要通过制订药品目录和按项目收费的方式，来分别控制药品和医疗费用，但其弊端显而易见。医院通过开自费药品和大检查等方式，就能轻而易举地规避医保的控制。

第六，患者："以脚投票"就医选择机制有待强化

患者是公立医院改革的落脚点。目前，公立医院改革在患者这一利益相关者身上的主要障碍体现为患者"以脚投票"就医选择机制不彻底。一方面，政府没有形成不同类型医院相互竞争的发展格局，从而导致价廉质优的医疗服务产品缺失，患者在医疗市场上处于被动的状态，难以选择适合自己的医疗服务；另一方面，政府部门尚未积极推动民营医院加入医疗保险报销体系之中，患者选择余地有限。

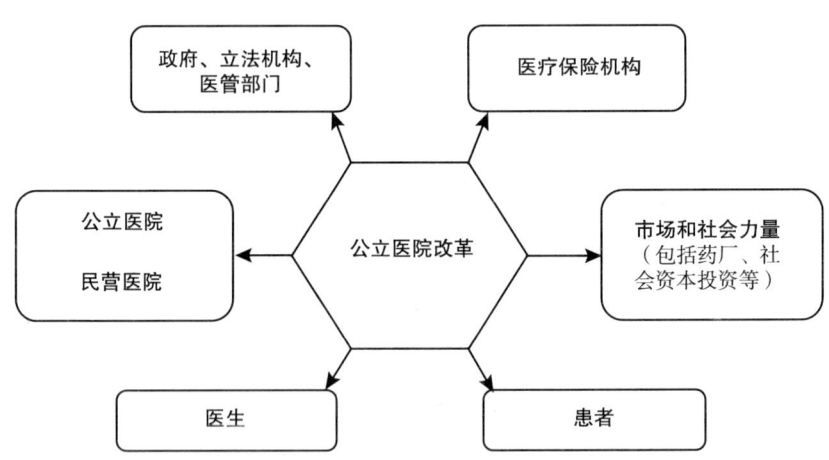

图 7-2 公立医院改革六大关键控制点

总之，从理论思维上分析我国公立医院改革的问题，可以得出以下结论：从理论框架来看，我国公立医院的改革方向是打造医疗服务供方、需方以及监管方三大核心竞争力，其中，涉及政府、立法机构、医管机构、患者、公立医院、医生、医保机构、市场和社会力量等多个利益相关者；从利益相关者的功

能来看，政府和医管机构是公立医院改革的切入点，公立医院是公立医院改革的焦点和亮点，医生是公立医院改革的关键点，医保机构是公立医院改革的着力点，市场和社会力量是公立医院改革的兴奋点，患者是公立医院改革的落脚点；目前改革的障碍主要表现在政府和医管机构对医疗机构的激励和约束机制不足、公立医院运营创新机制不顺、医生薪酬管理机制不活、社会办医扶持机制不畅、医疗保险机构付费机制不规范、患者"以脚投票"就医选择机制不彻底等六大制度难题。

四 深圳公立医院改革的最新进展及评价

（一）深圳公立医院改革最新进展

公立医院改革是医改的重点内容之一，其改革直接关乎医改的成败。深圳市作为广东省唯一一个国家公立医院试点改革城市，秉承"上下联动、内增活力、外加推力"的原则，全面启动公立医院改革。通过重点推进公立医院管理体制改革、医院运行机制改革、医药分开综合改革、营利性与非营利性分开改革——四大重大体制机制改革，基本实现了"管办分开、政事分开、医药分开、营利性与非营利性分开"，并在"得实惠得方便、缓解'看病难、看病贵'和让医务人员受鼓舞"等方面取得了一定的进展。2012年，深圳市相继出台了《深圳市公立医院医药分开改革实施方案》和《深圳市公立医院管理体制改革方案》，标志着深圳市公立医院体制机制改革迈入全面推进的阶段。到目前为止，深圳市在公立医院改革上作出了如下探索：

一是推行"管办分开"。 为进一步改革政府办医体制，实现管办分开，深圳市成立了公立医院管理中心，该中心于2013年5月9日正式挂牌运作，代表市政府履行"办医"职责。市卫生行政部门转变职能，重点实施全行业统一规划、统一标准、统一准入、统一监管。市政府组建了医管中心理事会，由市政府副市长任理事长，市相关职能部门和社会知名人士为理事会成员，目的是充分调动各部门力量，加强对公立医院的资源投入，并通过引入社会专业人士实现民主管理和科学管理。理事会作为一个决策机构，主要是负责审议公立医院资源整合和优化配置方案、改革发展计划、基本管理制度、年度预算计划、运营管理目标、绩效评估结果、公立医院主要负责人人选和领导班子成员任职资格等重大事项。

深圳市医管中心是理事会的日常办事机构，作为深圳市政府的直属事业单位，执行理事会决议，代表市政府统一履行举办公立医院的职责，监管公立医院人、财、物等运行。医管中心向医院"放权"，不再干预公立医院内部的具体运营管理事务，而是改变既往与公立医院间的"隶属关系"，实行合约管理，即医管中心以公益性为核心目标，根据各医院的实际情况制订具体的管理合约，开展绩效评估与考核。

二是实施"医药分开"。"以药补医"为"多开药"、"开贵药"提供了直接动力，是造成"看病贵"的重要因素。从2012年7月起，深圳市统一取消了全市所有公立医疗机构的药品加成费用，成为全国第一个全面取消药品加成的城市，得到了国家卫生部门的高度肯定。据统计，2012年下半年，全市公立医院门诊次均药费比上半年下降8.8%，住院次均药费比上半年下降15.5%，每百门诊人次静脉输液比例、抗菌药物处方比例也大幅下降，群众药费负担明显减轻。

三是创新"法人治理"。以香港大学深圳医院为试点，探索现代公立医院法人治理制度。医院成立董事会和监事会行使重大决策权，并设立顾问委员会、国际专家咨询委员会提高决策科学性。创新人事制度和薪酬制度，实行"岗位管理"和"岗位薪酬"。推行全科门诊服务和"打包"收费制度，掐断医院、医生收入与药品、检查直接挂钩的利益链条。

四是加快"多元办医"。2012年，深圳市社会办医疗机构总数1937家，完成全市门诊总量的23%、住院总量的16.5%，处于国内领先水平。市政府近期准备出台进一步推动社会资本办医的相关政策，在土地、税收、金融、科研等方面加大扶持力度，加快扩大和提升社会办医的规模和水平，增加有效医疗资源供给。

（二）深圳公立医院改革中的难点问题

公立医院改革要解决的是三个方面的回归，即公立医院的公益性回归、医务人员的劳动价值回归以及尊重生命价值的回归。因此，深圳市在推进公立医院改革的过程中，依然面临着以下四大挑战。

第一，回归公益性的需求迫切，政府部门从"建机构"到"转职能"任重而道远。

公立医院改革必须坚持促进基本医疗卫生服务的公平性，维护其公益性公共服务的职责，因此，公立医院改革直接关系到政府卫生行政职能的重新定位。从职能上讲，要把卫生行政部门与公立医院彻底分开，将现有的卫生行政管理部门转变成为全行业的监管机构，使其职能归位，同时也要保证公立医院拥有充分的自主权；从机构设置上来讲，卫生行业监管机构与公立医院主办机构分开，把"办"的职能从卫生行政部门分离出来，成立专门的机构负责对公立医院进行直接管理。多年以来，深圳市卫生事业的改革和发展取得了显著成绩，但公立医院"政事分开、管办分开"的改革还刚刚起步，从建立相应机构，到职能彻底转移，仍需要一个艰难的"阵痛"过程。

第二，人均医疗资源供给不足，医疗服务从"打基础"到"提质量"任重而道远。

目前，深圳市医疗卫生事业发展建设的总体规划相对滞后，公立医院适度规模问题亟待研究。例如，和北京、上海、广州相比，深圳市公立医疗机构床位在全部医疗机构中比重是最低的，三级医院数量更是远低于"北上广"。从床位总量上来讲，2012年深圳每千人口床位数、医生数分别为2.65、2.27，《国务院关于印发"十二五"期间深化医药卫生体制改革规划暨实施方案的通知》（国发〔2012〕11号）要求"每千常住人口医疗卫生机构床位数达到4张的，原则上不再扩大公立医院规模"，按照这个标准，深圳市公立医院规模还有较大的发展空间，深圳市"十一五"和"十二五"期间共规划新建、改扩建医院和卫生机构的建设项目36项，目前仍未全部建成。不过，公立医院关键是要合理规划布局，方便市民就医，而不是一味扩大个体规模。

既要满足群众就医需求，又要合理控制公立医院的规模，这就要求加快推进形成投资主体多元化、投资方式多样化的办医格局。然而，目前深圳市在公立医院和民营医院医疗资源整合方面的宏观研究相对薄弱。在这一方面，深圳需要进一步推进"营利与非营利分开"的改革，提高服务的质量与效率，做到对公立医院"有保有放",在重点办好公立医疗服务体系的同时,开放医疗服务市场,积极促进非公有制医疗机构的竞争发展,从而建立并维护一个公平竞争、有效配置、优质服务的医疗市场环境。

第三,公立医院自身活力不足,医疗机构运营从"搭框架"到"建制度"任重而道远。

"医药分开"是公立医院改革的重要方面,因此,充分体现医务人员的劳动价值,确保医务人员得到合理收入,这是公立医院改革的核心所在。然而,目前深圳公立医院的生存和发展对卫生行政部门的依赖性较大,多点执业和双向转诊制度尚未建立,医疗机构自身活力和改革动力不足。因此,深圳市公立医院迫切需要建立起适合自身特点的管理体制和运行机制,在医疗机构的治理结构、资本运营模式、用人制度、收入分配和激励机制、成本核算和质量管理机制等方面下功夫,从而促进医疗机构整体运营效率和公益服务水平的提高。

第四,医疗资源分布区域间不平衡,医疗服务从"育龙头"到"建体系"任重而道远。

目前,深圳市的基层医疗依然面临困境。因此,深圳市在培育重点大医院的同时,还应该注重"三大体系"的建设。一是要提升基层医疗服务水平,加大大医院与社区卫生机构合作的体系建设。全面落实社康中心标准化建设,继续推广家庭医生责任制服务,探索社区健康服务机构管理体制改革,提高基层医疗服务分流大医院病人的能力。二是加大鼓励和引导社会资本办医力度,推动公立医院与民营医院合作的体系建设。三是加快深圳医疗卫生事业"东扩西展"的步伐,建立关内外医疗资源一体化发展的体系建设。重点在关外完善综合医院和专科医院的布局,推动城市组团内的二级、三级医院联网运营,逐步实现区域内医疗设备、医疗技术和专家人才等资源共享,提高整体服务水平。

(三)深圳、北京两地公立医院改革进展对比及启示

深圳和北京都属于我国国内的一线城市,在公立医院改革的对比中,能够相互借鉴、相互启发。从"管办分开"的起步来讲,北京医管机构挂牌时间稍早于深圳,但两地都在公立医院改革方面探索出了适合自己的改革路径(见表7-3)。

表7-3 深圳、北京公立医院改革进展的对比分析

	北 京	深 圳
人口特点	常住人口2069万、流动人口较多、外籍居民有一定比例	常住人口1054万、流动人口极多、人口不稳定、年轻化、适龄劳动人口平均文化程度低
人口就医特点	(1)医疗需求层次较多;(2)整体消费水平较高	(1)人口年轻化导致住院患者集中在内、外、儿科及妇产科;(2)医疗消费的地区差异和人群差异性明显
资源优势	医疗资源相当丰富,医疗技术水平高,管理体系复杂,面向全国	(1)医疗服务体系相对健全,社康中心较强;(2)医疗技术水平相对较高;(3)面向珠三角地区等地
医疗服务难点	(1)优质资源相对短缺,布局不平衡;(2)医疗服务体系功能待完善,康复护理体系待培育;(3)地区医疗资源复杂,基层首诊和分级诊断比较弱;(4)医疗服务竞争不充分,公立医院机构一家独大,社会办散、小、弱;(5)人口老龄化、疾病普遍化以及需求复杂化,造成医疗费用控制较难	(1)医疗卫生服务资源,特别是优质资源分布失衡;(2)区域医疗卫生服务供给和区域人群卫生服务需求存在结构性矛盾;(3)医疗机构公益性淡化,患者就医费用高;(4)医疗卫生服务资源投入总量不足
医管机构	2011年7月成立医管局(行政序列),功能为管人、管事、管资,重视公立医院的整体规划	(1)2013年5月成立医管中心;(2)属于市政府直属事业单位;(3)功能为管人、管事、管资
公立医院改革核心动态	(1)实施"两个分开",即"管办分开、医药分开";(2)建立"三个机制",即法人治理运行机制、财政价格补偿调控机制、医保付费机制	(1)管办分开;(2)医药分开;(3)法人治理;(4)多元办医
公立医院改革亮点	(1)医院托管(新型的管办分开);(2)医联体;(3)社会资本参与公立医院改革,如门头沟区医院	(1)港大医院公立医院改革;(2)管办分开、政事分开更彻底;(3)社康中心的培育;(4)社区首诊制

从两地共性来看,深圳和北京在医疗服务供给上都面临医疗服务层次多、人群差异大以及公立医院公益性淡化的客观形势。基于此,为改变"看病难、看病贵"的现状,两地都推进了"管办分开""医药分开"等若干项制度改革,并取得了明显成效。

从两地差异来看,在机构设置上,北京市医管局成立于2011年7月,是北京市卫生局管理的二级行政机构,是国内省区市第一个列入行政序列的医院管理局,而深圳医管中心成立于2013年5月,是市政府直属的事业单位;在机构职能上,北京市医管局由于具有行政色彩,所以参与相关行业的规划和标准的研究拟订,而深圳医管中心是事业单位,只是负责对市

属公立医院进行统一管理,"管办分开、政事分开"得更深入一些;在公立医院归属和利用上,深圳最优质的医疗资源基本都已与市卫计委脱离了行政隶属关系,与北京相比,深圳更加突出体现了"政事分开",这是深圳公立医院改革的一大特色;在基层社区诊疗方面,深圳在社康中心的开发利用上走在了全国前列,可以预见,在未来公立医院改革体系建设方面,深圳在基层的改革基础可能会更扎实一些;在改革路径上,北京起步阶段更加突出于建立"三个机制",即法人治理运行机制、财政价格补偿调控机制、医保付费机制,同时,社会办医、医院托管等多种形式的改革创新也在稳步推进。

通过对两地公立医院改革进程的对比,我们发现,由于两地的改革基础不同、现有体制不同乃至医院面对的患者群体需求不同,所以造成两地在改革实践上存在一定的差异。不过,只要最终目的是为了解决老百姓"看病难、看病贵"的难题,不管改革的路径怎样,体制如何设置,各地改革探索的决心和经验都是值得肯定和借鉴的。深圳在"管办分开""政事分开"上改革得更为深入,而北京在多元办医、多策并举方面趟出了适合自己的改革新路,都将为全国推进改革提供参考。

五 深圳公立医院深化改革的制度设计

"悟以往之不谏,知来者之可追。"对深圳公立医院既往改革进行回顾和成效评价后,可以总结未来深化改革的思路:

一是进一步转变政府职能,卫生行政部门主要承担发展规划、资格准入、规范标准、服务监管等行业管理职能,从公立医院具体事务的微观运作中摆脱出来,加强全行业的监督管理。

二是其他有关部门按照各自职能进行管理和提供服务,为公立医院履行公共服务职能、维护群众利益提供保障条件。

三是建立完善公立医院法人治理结构,这是实现"官办分开"的关键。落实公立医院独立法人地位,使公立医院承担具体经办管理医院的职能,并承担相应的责任。卫生行政部门不干预医院的具体管理事务,探索建立和完善医院理事会或管理委员会为核心的法人治理结构，明确所有者和经营者的责权，形成决策、执行、监督相互制衡的机制。

在这样的改革思路下，操作层面的原则和制度设计方案如下。

（一）综合改革的基本原则

深圳公立医院管理体制改革主要遵循三项原则：

1. 政事分开，管办分离

理顺公立医院管理体制，转变卫生行政管理职能，强化政府对医疗卫生的全行业管理和公共卫生服务职能，提高行政效能。建立科学的公立医院管理体制和运行机制，促进医院自主经营和自主管理。

2. 促进公平，提高效率

坚持卫生事业的公益性质，把维护最广大人民群众的健康权益作为工作的出发点和落脚点。按照政府主导、社会参与的方针，调动各方面的积极性，提高卫生服务的质量和效率。

3. 统筹兼顾，积极稳妥

要统筹兼顾，按照统筹、协调、和谐发展的要求，正确处理改革过程中的职能划分、人员安排、资产划转等问题，高度重视医疗安全问题，确保思想不散、秩序不乱、人员妥善安排、国有资产不流失、日常工作正常运转。

公立医院管理体制改革只是医药卫生管理体制和运行机制改革的一部分。随着改革的深入，还将逐步推进医疗机构属地化管理、营利性和非营利性分开管理等方面的改革。

（二）制度设计方案

从未来改革发展的方向来看，深圳应加大公立医院改革"六大动力机制"的建立，即改革战略动力、管理制度动力、筹资模式动力、服务结构动力、外部监督动力和技术创新动力，而改革的核心是进行补偿机制的建立和支付方式的改革；从改革进度安排来讲，近期应积极推动政府职能转变以及补偿机制的建立；五年内应努力推进医院法人治理结构、医生薪酬管理、医保支付方式的改革；之后，再进一步完成社会办医、信息技术创新、服务体系建设等若干领域的改革创新,最终实现"人民群众得实惠、医务人员受鼓舞、医疗机构增活力"的改革目标。具体的改革路径如图7-3所示。

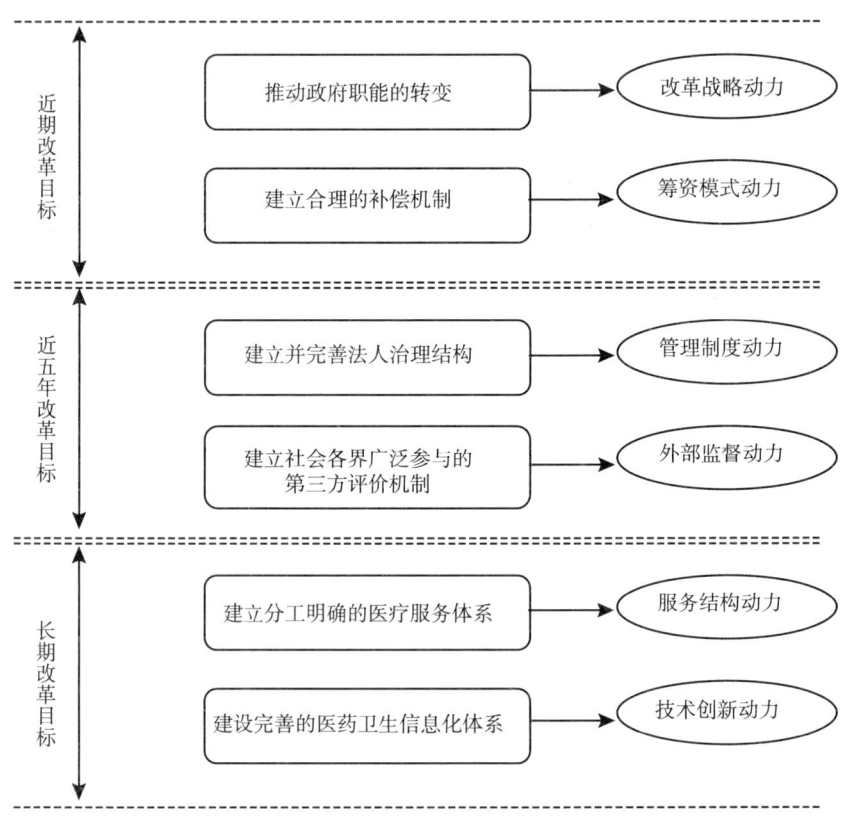

图7-3 深圳公立医院改革路线图

(1) 近期改革目标

第一,积极推动政府职能转变,打造公立医院改革的战略动力。

在全市的层面,明确回归公益的战略目标,以较低的社会成本获得较高的人民健康水平。在此目标的指导下,主要推动政府部门的职能转变。

卫生行政部门不再承担直接举办公立医院的职能,把主要精力转向强化行业宏观管理、全行业监管、强化社会管理和公共服务职能。通过对医院市场准入和认证的严格管理和反垄断等多种手段的运用,为各类医疗机构的发展提供平等、公平的发展环境。

医管中心作为政府办医职能和所属国有资产管理的责任主体,由市政府授权履行国有资产出资人职责,坚持公立医院的公益性质,具体负责所属医院人、财、物的管理,同时接受市卫生局的业务指导和行业管理。医管中心成立以后,要逐步考虑"两个衔接":一方面与中央衔接,应根据国家医药卫生体制改革的总体进程相机而动;另一方面是与各区衔接,适时根据区域卫生规划综合考虑本市各级医疗卫生资源。具体来说,各区不再设立本区医院管理机构;区政府所属医院除社区服务中心以外,所有权转换给市政府,再由市政府委托给医院管理机构负责管理;区卫生行政部门相应进行转变职能的改革。此外,医管中心需要尽快完善公立医院绩效考评体系,着重评价公立医院的偿债能力、运营能力、收益能力、成本控制、发展能力、医疗质量、医疗效率和科研能力,以引导公立医院朝着价格更合理且服务更高效、更优质的改革总体目标努力。

第二,完善科学合理的补偿机制,打造公立医院改革的筹资模式动力。

完善合理的补偿机制包括公立医院的收入来源、医保支付、医药价格、市场环境以及政府规制等在内的医疗市场各主体相互作用的制度安排。① 在实际改革过程中,要积极探索"双重补贴"的道路,即固定成本由政府财政补偿,运营成本由医保补偿,形成按质、按量、按契约合同进行经费结算的发展思路。

在财政价格补偿机制上,建立体现公立医院公益性的补偿调控机制,合理减轻医院运营资金压力,促进医院加强管理、规范行为。

逐步建立以政府投入为主体的多元筹资渠道,完善公立医院的财政补偿机制。除了财政补助以外,增加医疗服务收费和社会资本融资两大渠道,从制度上解决公立医院依赖"以药养医"的恶性循环。

在医疗保险调解机制上,未来要调动医院加强管理、控制费用、规范行为的积极性,提高医保基金使用效率。充分发挥医保对医疗服务价格的引导作用,在医疗保险支付制度上,逐步探索预期付费支付方式,特别是总额预算制结合按疾病诊断相关组付费的改革思路,鼓励医院和医生厉行节约。

---

① 李春芳:《公立医院改革动力研究及建议》,《宏观经济管理》2013年第5期。

（2）近五年改革目标

第一，建立并完善法人治理结构，打造公立医院改革的管理制度动力。

改革后，公立医院的主要职责是创新公立医院运营机制，探索建立现代医院管理制度，自主管理单位内部事务，提高国有资本运营效率；按照有关法律法规、行业技术标准和政府定价，提供公共卫生和基本医疗服务；承担医疗技术临床研究和科研攻关任务等。主要包括：

落实公立医院独立法人地位，建立理事会领导下的执行人负责制度，形成理事会、监事会、执行人相互制衡的机制，推进医院"扁平化"管理。理事会代表政府和社会公共利益，对市医院管理机构负责；监事会作为医院内部的监督机构，负责对医院的财务以及理事会和执行人行使职权的活动进行监督；医院执行人具有医院的经营、管理和人事管理自主权，承担医院资产保值增效的责任和义务。

推进医院资本运营模式创新。引入新型经营理念和管理手段，通过无形资本运营、资产重组和调整、租赁和托管、知识资本运营等形式，创新医院投融资方式，提高公立医院运营效率。

深化人事制度改革。下放人事管理权和劳动用工权，按照精简、效能原则，定岗、定编、定员、定责、定任务，实行公开竞争。推行人员聘任制和合同制，健全人才流动机制，提高人才资源利用率。

深化分配制度和激励机制改革。坚持以按劳分配为主体、多种分配方式并存的分配原则，建立重业绩、重贡献、允许医院在核定的工资总额内自主确定人员分配的办法，体现向"高技术、高风险、高贡献"倾斜的分配激励机制；建立风险责任制，探索建立年薪制、项目奖励制等，调动大多数人的积极性。

建立成本核算和质量管理机制。加强对医院经济运行和财务管理的监督；建立和完善医疗质量、服务水平的管理和评价体系。

第二，建立社会各界广泛参与的第三方评价机制，打造公立医院改革的外部监督动力。

逐步扭转公立医院质量监管方面缺乏第三方评价、量化指标复杂繁琐、评价结果利用不足等现实难题，建立社会各界广泛参与的第三方评价制度，评价结果要与财政补偿、医保补偿相挂钩。

可以考虑成立疾病基金会协会、医生协会、医院协会等各种社团,分别代表各自的利益及加强对本行业的监控,而政府只要通过加强立法和对社团行为的监控来管理卫生系统。

(3) 长期发展目标

第一,建立分工明确的医疗服务体系,打造公立医院改革的服务结构动力。

在卫生服务体系上,要深化基层医疗卫生机构的综合改革,医保向社区医院倾斜,健全全科医生、家庭式医生服务队。吸收并完善发达国家和地区公立医院改革双向转诊的成熟经验,充分培育、利用地区医院、社区医院及全科医生,改善人才培养和合理流动的执业环境。

医保中心加强与社区医院、全科医生进行经费结算。可以考虑让全科医生掌握一定的基金或资金,使其转变为医疗服务消费者的代理人,代表患者形成就医的需求方,根据各类医院的服务质量和服务价格,与医院谈判签约,在各类医院中进行选择购买二级和三级医疗服务。没有全科医生的转诊证明,除急诊外,不能直接进入专科医院或三级医院,从而明确不同层级医院的职责和作用。

未来可以考虑建立自我管理、自我经营的"医疗联合体",将一定地域内不同类型和层级的公立医院组合起来,在每个集团内部,包含从基层面向社区的综合诊所、提供第二层医疗保健服务的地区综合医院以及提供第三层服务的综合医院和国家专科医疗中心。病人小病在综合诊所,大病在社区医院,疑难或需要综合治疗的疾病到大医院和专科中心。这样的"医疗联合体"一方面优化配置了医疗资源,另一方面共享了患者信息,以方便患者在基层医院和大医院之间享受双向转诊、远程会诊等诊疗服务。

打破行业进入管制,大力鼓励社会资本举办医疗机构,加快发展非公立医疗机构与公立医疗机构相互补充、相互促进,丰富医疗服务体系和人民群众的就医选择,推动就医市场的竞争,从而形成公立医院改革的外在推力,保障多元办医格局的稳步推进。

第二,建设完善的医药卫生信息化体系,打造公立医院改革的技术创新动力。

信息化建设贯穿公立医院改革始终，但要形成信息全面、信息有效利用的健全型医药卫生信息化体系不是一朝一夕的事情，还需要相当长的时间，特别是改革思路的创新以及部门利益的破除。

加快医药卫生信息化建设，逐步统一基本功能、基本平台、数据格式和编码等；改革财政资金补助方式，对效果好的项目进行后补助。①

利用信息技术，创新资金补偿方式，提高财政资金和医保资金的使用效率。

建立常见病、多发病的诊疗规范和药物使用权限，并通过信息系统进行诊疗的限制和监控。

参考文献

[1] 高满良、赵云：《新中国成立以来我国公立医院改革的制度选择》，《法制与社会》2013年第1期（上）。

[2] 李卫平：《公立医院的体制改革与治理》，《江苏社会科学》2006年第5期。

[3] 张录法、黄丞：《医疗卫生体系改革的四种模式》，《经济社会体制比较》2005年第1期。

[4] 陆荣强、徐爱军：《国外公立医院治理结构特点及对我国的启示》，《卫生经济研究》2009年第11期。

[5] 顾海、李佳佳：《国外医疗服务体系对我国医疗卫生体制改革的启示与借鉴》，《世界经济与政治论坛》2009年第5期。

[6] 李玲：《国外医疗卫生体制以及对我国医疗卫生改革的启示》，《红旗文稿》2004年第21期。

[7] 李春芳：《公立医院改革动力研究及建议》，《宏观经济管理》2013年第5期。

---

① 李春芳：《公立医院改革动力研究及建议》，《宏观经济管理》2013年第5期。

B.8 与人口健康状况相应的全科医生服务需求及相关制度建设

王广州 胡耀岭

本章要点：

1. 从空间分布和就医机构选择来看，深圳呈现明显的流动人口高度聚集特征，在社康中心就医人口以外来务工人员和当地社区居民为主，主要接受全科医生的诊断和治疗，但收入较高人群接受全科医生首诊的比例较低。

2. 深圳在全科医生制度建设上也基本实现了"全国率先"，全科医生队伍规模较大，全科医生与医院双向转诊制度建设较完善，基本实现了社区首诊。但随着常住人口尤其是老年人口持续快速增长，全科医生供需缺口越来越大。而目前存在全科医生培养体系不完善、全科医生激励政策不合理、全科医生门诊尚未全面普及等不足，这些不足使供需脱节增大，亟待加强相关制度综合改革。

3. 英国等国家是较早实行全科医生制度的国家，深圳可仿效其全科医师培养体系，并建立成龙配套的全科医生激励机制及符合基础医疗和市场经济规律的全科医生服务方式。

深圳是流动人口占比"畸高"的特大城市，人群年龄结构、疾病谱特征和流动人口快速流动使传统的医疗卫生服务供给方式难堪重任。而深圳作为计生卫生领域综合改革的试验田，率先普遍建立全科医生制度的物质条件和政策条件都较好。本报告就试图从人口状况特征及其就医行为入手，研究与深圳人口与健康状况对应的全科医生制度：通过深入分析全科医生服务现状，前瞻性地了解深圳全科医生未来需求及其发展将会面临的问题，然后提出综合改革背景下完善全科医生队伍建设和服务方式的制度设计。

一 深圳人口与发展状况

（一）人口特征

改革开放以来，随着大规模流动人口涌入，深圳人口呈现井喷式增长态势。从1979年的31.41万人快速增至2010年的1035.84万人，年均增加32.40万人，年均增长率为11.94%，尤其是20世纪90年代，年均增长率达到了15%以上。但最近几年来，深圳人口增长速度有所放缓，2010~2012年，人口增长量基本保持在较低水平，年均增加9万人左右，2012年的常住人口为1054.74万人，流动人口占全部常住人口的72.7%。

从人口结构上看，根据深圳市第六次人口普查资料，0~14岁少儿人口、15~64岁劳动年龄人口和65岁及以上老年人口分别为102.51万人、914.79万人和18.54万人，占总人口的比例分别为9.90%、88.31%和1.79%。受流动人口劳动力型年龄结构影响，深圳市常住人口年龄结构属于年轻型，平均年龄在31岁左右，20~29岁人口最为集中，占总人口的36.52%，这类人群门诊服务需求较大，住院需求相对较少，对预防等公共卫生服务需求较大。10年来，尽管老年人口在总人口中的占比依然较低，但老年人口却呈快速增长态势。未来影响国民健康的主要因素是慢性非传染性疾病，慢性非传染性疾病将是预防和医治的重点，这决定了深圳医疗服务需求是多层次的，需要坚持预防为主、防治结合的指导思想，将卫生资源配置重点向公共卫生服务和慢性病防治方面倾斜。

表8-1 深圳市人口年龄结构数据（2000年、2010年）

	五普(2000年)		六普(2010年)	
	数量	百分比	数量	百分比
0~14岁	59.57	8.50	102.51	9.90
15~64岁	633.47	90.39	914.79	88.31
65岁以上	7.80	1.11	18.54	1.79
合计	700.84	100.0	1035.84	100.0

资料来源：深圳市人口普查资料（2000年和2010年）。

从人口和卫生机构分布来看，宝安、龙岗、光明、坪山等区集中了全市65%的人口，而政府办的市属、区属医院却大多集中在福田区和罗湖区，在8.05%面积的区域分布着21家医院，占总数的36.21%，其他四区相对密度较低，91.95%的区域面积上仅有37家医院。从医疗机构层次上来看，卫生技术人员和医疗设备等卫生资源大多集中在市属、区属医院，而社会办医疗机构（尤其是社区健康中心）的卫生资源较少，其设备金额所占比例不足20%，与之形成较大反差的是，社会办医院和社区健康中心的门诊接诊量占到了总接诊量的60%以上。在同等条件下，距离医院的远近是决定人们选择就医机构的重要因素。当前医疗机构分布不均衡状况，使得群众就近就医目标难以实现，最终使得群众纷纷挤到市级综合医院或专科医院排队看病，"看病难"状况进一步加剧。

（二）社会经济特征

近年来，深圳着重推进经济结构调整优化，促进支柱产业高端化、新兴产业规模化、优势传统产业高级化，加快现代产业体系建设，但统计数据显示人口社会经济特征并未发生明显变化。"六普"数据显示：从就业人口所属行业来看，深圳常住人口主要集中在制造业和批发零售业，分别有419.56万人和124.57万人，占就业人口总量的55.33%和16.43%，从其所从事的职业来看，最多的是生产、运输设备操作人员及有关人员，共有360.85万人，占比为47.58%，其后依次是商业服务业人员、办事人员、专业技术人员、国家机关及企事业负责人，分别有206.13万人、82.31万人、76.60万人和29.57万人，占比分别为27.18%、10.85%、10.10%和3.90%，从事农林牧渔业生产人员微乎其微；深圳市的流动人口最多的是生产、运输设备操作人员及有关人员，占56.72%，其次是商业、服务业人员，占29.41%，仅这两类职业的劳动者就占深圳市全部流动人口从业者的86.13%。这与深圳人口受教育结构基本吻合，并直接决定了全市人口收入结构。

从受教育程度看，深圳6岁及以上人口教育程度以初中毕业为主，占44.09%，接受高中教育的占23.90%，大学以下文化程度的占了80%以上。从收入水平看，深圳常住人口的收入显著偏低，绝大多数人集中在中低收入阶层,月工资在3000元以下的劳动者占深圳全部劳动者的78.95%,月收入高于10000元的人口比例很小,仅占1.26%。深圳流动人口收入水平主要集中在中低收入阶层,月收入大于或等于500元而小于2000元的劳动者占深圳全部流动人口从业者的76.46%,其中月收入为500~1000元者和1000~2000元者分别占35.32%和41.14%。这与深圳大量外来务工人口主要从事加工制造和生产运输密切相关。

深圳常住人口参加的医疗保险分为综合医疗保险、住院医疗保险、劳务工医疗保险、学生儿童住院及大病门诊医疗保险等四种类型,根据深圳市社保局数据,2012年全市医疗保险参保人数达到1138.74万人,同比增长5.6%,医疗保险参保人数位居全国大中城市前列,外来务工人口参保率较高,基本做到了全覆盖。2012年共为参保人提供门诊医疗服务4610.54万人次,社区健康中心开展的医疗服务活动以及深圳引导综合医疗保险参保人利用社区医疗服务的政策,较好地适应了劳务工以及社区居民的需求,在遇到小病或普通门诊时,分别有32%和26%的病人选择社康中心。

二 深圳就医人口特征结构

(一)就医人口疾病谱分布

疾病谱通常是指对发生较多和对人类危害最大的前10位疾病顺序的排列,从最近10年的住院病人疾病谱看,住院病人疾病谱的顺位和构成代表深圳居民现阶段患病的主要模式,科学的疾病谱对疾病的防治和医学科学研究有着重要指导意义。

2012年,深圳医院住院病人疾病分类前10位的分别是妊娠分娩和产褥期健康问题、呼吸系统疾病、损伤和中毒、消化系统疾病、循环系统疾病、泌尿生殖系统疾病、起源于围产期的情况、肿瘤、肌肉骨骼系统和结缔组织疾病、传染病和寄生虫病,前5类疾病占总住院数的63.91%,前10类疾病占比为85.17%。在疾病谱顺位中,妊娠、分娩和产褥期健康问题列第一位,共266233人次,占所有住院病人次的27.18%,该类疾病以分娩、计划性和医疗性流产居多；呼吸系统疾病是住院病人疾病谱的第二顺位，共121728人次，占比为12.43%，该类疾病以流行性感冒、肺炎、急性或慢性呼吸道感染为主；损伤和中毒是住院病人疾病谱的第三病因，共85164人次，占比为8.69%，该类疾病以腕、手部伤害为主。

表8-2 深圳市医院住院病人疾病顺位（2002年、2012年）

	疾病种类	2012年		2002年	
		出院人数	百分比	出院人数	百分比
1	妊娠、分娩和产褥期健康问题	266223	27.18	50758	17.07
2	呼吸系统疾病	121728	12.43	48808	16.42
3	损伤、中毒	85164	8.69	56423	18.98
4	消化系统疾病	81414	8.31	36442	12.26
5	循环系统疾病	71519	7.30	21790	7.33
6	泌尿生殖系统疾病	60646	6.19	15219	5.12
7	起源于围产期的情况	43579	4.45	9557	3.21
8	肿瘤	38395	3.92	9759	3.28
9	肌肉骨骼系统和结缔组织疾病	33300	3.40	9148	3.08
10	传染病和寄生虫病	32355	3.30	12650	4.25
合 计		834323	85.17	270554	91

数据来源：《深圳市卫生统计年鉴（2002年）》和《深圳市卫生统计年鉴（2012年）》，http://www.szhpfpc.gov.cn。

从最近10年来的疾病谱变化情况来看，因损伤和中毒而住院的病人由2002年的18.98%降至2012年的8.69%，下降10个多百分点；妊娠、分娩和产褥期健康问题住院病人由2002年的17.07%升至2012年的27.18%，上升10个多百分点；呼吸系统和消化系统疾病住院病人分别由2002年的16.42%、12.26%降至2012年的12.43%和8.31%。疾病谱变化在一定程度上表明，深圳市在公共卫生和医疗救治服务方面加大了工作力度并取得了一些成效，同时也应看到呼吸疾病、消化疾病、循环系统疾病依然是威胁居民健康的主要疾病，需要政府坚持预防为主、防治结合的工作方针，扩大公共卫生服务范围。

（二）人口就医行为特征

根据本课题组2012年开展的《深圳常住人口就医调查》问卷资料，在两周患病者中，患小病而自我治疗的占44.64%，普通门诊、大病、住院时基本上都去找医生治疗，占比达到99%以上。在遇到健康问题时，患病严重程度和就医类型决定了人们会选择不同类型的医疗机构。当遇到大病和住院时，98.07%和98.57%的患者选择到各类医院治疗，其中，分别有65.47%和68.13%的患者选择到市级医院治疗；当遇到小病时，选择药店和社康中心的比例分别有44.64%和32.42%，两者之和为77.06%；当需要到普通门诊就医时，有26.04%的患者选择到社康中心治疗，社康中心逐渐在医疗救治方面被社会所认同。

表8-3 深圳市不同就医类型下选择医疗机构构成情况

单位：%

	大病	住院	急诊	小病	普通门诊	特诊
市级医院	65.47	68.13	49.41	9.24	35.96	63.11
区级医院	18.29	16.43	17.73	4.46	15.5	15.19
街道医院	13.76	13.58	18.1	5.15	17.11	12.83
私人医院	0.56	0.43	1.36	1.36	2.29	0.87
社康中心	1.74	1.24	12.65	32.42	26.04	5.52
个体诊所	0.19	0.19	0.68	2.67	2.36	2.42
药店	—	—	—	44.64	0.68	—
其他	—	—	0.06	—	0.06	0.06

数据来源：根据本课题组2012年《深圳常住人口就医调查》问卷数据统计整理。

患者所参加医疗保险类型对于选择哪种类型医疗机构就医有着直接影响。参加综合医疗保险和住院医疗保险者中，分别有66.95%和56.82%的患者选择到区级及以上医院就诊；参加劳务工医疗保险者中选择到区级及以上医院就诊的仅有39.16%，而选择到社康中心就诊的劳务工医疗保险者达到了27.97%，成为社康中心患者主要组成部分。同时，收入也对就医医疗机构类型选择有着较大影响，收入越高越倾向于选择区及区级以上医院，而低收入者倾向于到基层医疗机构就医，低收入者在市级医院、区级医院、街道医院、社康中心就医的占比分别为18.63%、26.86%、19.57%和20.81%。从患者两周患病就诊科室构成来看，排在第一位的是内科，占比为42.37%，其后依次是儿科、外科、妇产科，分别占22.90%、9.54%和9.16%，只有不到一半的就诊人口必须在专科医院或综合医院接受治疗，其余完全可以在社康中心等基层医疗机构完成。

（三）社康中心就医人口特征

社区健康服务中心是集医疗、预防、保健、康复、健康教育和计划生育于一体的基层卫生机构，通过十多年的发展，深圳市共有社康中心612家，年度门诊诊疗业务量占全市的30%以上，逐渐成为深圳门诊就医的重要渠道，为有效引导病人流向、建立社区首诊和双向转诊制度奠定了坚实基础。截至2012年底，深圳社康中心共有专业技术人员6895人，其中全科医师2357人，全科医生成为社康中心的重要服务力量。分区域来看，全科医生在各区之间的分布并不平衡，宝安区和龙岗区的全科医生数量较大，分别为604名和448名；以万人平均拥有全科医生数来衡量，龙华新区和南山区最为集中，分别有2.77名和2.24名。

以全科医生提供全面、持续、个性化的医疗服务为依托，深圳率先开展了家庭病床服务和实行家庭医生责任制，分别有261家和401家社康中心开展了家庭病床服务和家庭医生责任制，为"先全科、后专科"的制度安排和社康中心首诊制提供了基础，提高了预防治疗效果和就诊效率。从医保覆盖人群来看，能够为综合医保、儿童医保、劳务工医保保险人提供服务的社康中心分别有591家、513家和599家，占比分别为96.6%、83.8%和97.9%，也就是说，社康中心几乎覆盖了各种类型投保人群，不仅可以使患者的诊疗费用比综合性医院或专科医院更少，而且还能够使患者得到方便、快捷、周到的服务。社康中心作为医疗服务社区首诊平台，为医院尤其是市级医院门诊就医起到了较好的分流作用，有效缓解了医院普通门诊的就诊压力。

从深圳就医人口的主观倾向性来看，人们在对就医机构进行选择时，主要关注医疗费用、治疗效果、看病手续繁简程度，通常选择在市级医院、区级医院、街道医院和社康中心就诊，其比例分别为24.49%、25.79%、18.10%和20.02%，尤其是在遇到急诊时，有12.65%的患者选择在社康中心就诊。人们之所以选择在社康中心就诊，看重的是其邻近居住小区，方便快捷、处理及时，可以为医院急救赢得宝贵时间，有效实现双向转诊。在调查中发现，对于小病在社康中心就诊的原因，有45.92%是由于社康中心为劳务工医疗保险首诊机构，40.52%是由于就近方便，21.55%是由于病情需要，19.83%是由于价格适宜，社康中心以其全科综合诊断治疗以及高效便捷的优势较好地满足了居民的实际需求。

调查数据显示，社康中心就诊人口具有以下三个特征：一是年龄结构，在社康中心就医人口主要是22~31岁的青壮年人口，其占比为41.23%，其次是60岁及以上的老年人口，占比为6.72%，比同期老年人口占总人口的比例高出一倍以上。二是文化程度，在社康中心就医人口主要是高中以下文化程度，接受大学及以上高等教育人口在社康中心就医的比例为18.95%，与区级医院的23.14%比较接近，而明显低于在市级医院就医人口文化程度，同期在市级医院就医人口中有39.12%的患者接受过高等教育，比在社康中心的就诊比例高出一倍。三是收入水平，在社康中心就医人口的平均收入为3374元，与街道医院患者平均水平（3480元）比较接近，属于中下等收入水平，同期在市级医院、私人医院、区级医院就医人口的平均收入分别为5487元、4392元和4139元，明显高于社康中心患者的平均收入水平。综合来看，在社康中心就医人口以外来务工人员和当地社区居民为主，这些患者主要是小病和普通门诊，并接受全科医生的诊断和治疗。

三 深圳全科医生发展现状

客观而言，深圳在全科医生制度建设上也基本上实现了"全国率先"，全科医生队伍规模较大，全科医生与医院双向转诊制度建设较完善。

（一）全科医生队伍逐渐壮大

深圳是最早重视并开展全科医生执业的城市之一，通过全科医生有效开展"六位一体"的卫生保健服务工作，更好地保障居民身心健康。截至2012年，深圳全科医生共2875人，平均每万名居民平均拥有1.51名全科医生，远远高出全国平均水平（0.62名/万人），但仍低于国际上每万人拥有2名全科医生的低限标准。从全科医生在执业医师中的占比来看，深圳市全科医生的占比为

12.01%,上海和北京的全科医生占全部医生的比例分别为6.9%和8.9%,深圳市全科医生配置水平比上海和北京等大城市都高,但仍远低于欧美发达国家的平均水平。

在全市2875名全科医生中,有2357人在社康中心执业。其中,新成立的龙华新区和大鹏新区配置水平较高,平均每万人拥有全科医生数量分别达到了2.77名和2.66名,远远高于全国平均配置水平,尤其是龙华新区,平均每个社康中心拥有5名全科医生。而在大型综合医院集中、城市人口密集的福田区和罗湖区,社区全科医生的配置水平较低,平均每万名居民平均拥有全科医生1.72人和1.15人。即便如此,与京、津、沪、穗等国内大城市全科医生配置情况相比,深圳市全科医生在基层医疗卫生机构的数量和占比均居于领先地位,成为落实国家预防为主方针、解决"看病难"问题以及促进和谐社会建设的重要基础。

(二)各级医疗机构逐步实行全科医生制度

随着深圳全科医生全面开展医疗卫生工作,社康中心的服务功能逐渐完善。截至2012年底,"六位一体"功能齐全的社康中心有490个,开展家庭病床服务的社康中心有261个,开展家庭医生责任制的社康中心有401个,在全市社康中心中的占比分别为80.1%、42.6%和65.5%。部分社康中心逐步建立了由1名全科医生、1名护士、1名公共卫生服务医生组成的全科医生团队,从而更有效率地开展医疗保健工作,逐渐成为深圳社区居民健康的守护者。

深圳部分医院建立了全科医师门诊,实行全科医生首诊制。香港大学深圳医院发展了家庭医学全科门诊,设立专门的全科医疗诊室,实施"先全科、后专科"的就诊模式,所有到医院就诊的患者必须首先经过全科医生的诊疗,九成以上的常见病和多发病能够在全科门诊得到有效诊治,对于确实需要专科医生治疗的,由全科医生根据病情及严重程度介绍到专科医生处接受治疗。不仅减少患者到大医院排队等候的烦恼,降低小病的医疗费用,而且大大降低了专科医生的诊疗压力,医院可以集中优势资源加强对疑难杂症的诊治,提高医疗卫生资源的社会效率。

（三）社区首诊效应逐渐显现

全科医生与医院双向转诊是实施"全科医生制度"的重要保证。医院对全科医生信任、对初诊结果承认才能接收转诊病人。建立全科医生、医院、专科医生相互联系的医疗服务网络，使全科医生的初诊和治疗能够得到医院和专科医生的认可。社区健康中心是联系区级医院面向基层开展医疗服务的重要窗口。深圳坚持推行社康中心首诊制度，人们也逐渐认可了社康中心的方便、快捷和显著疗效，将社康中心作为患小病或普通门诊时的首选。目前，全市800多万劳务工医保的参保人实现了社区首诊制；但对200多万综合医保人群的首诊，只能通过医保药品和诊疗项目费用"打7折"的方式来吸引他们。通过以上两项措施，全市参保人在三级医院就医比例从2004年的35.25%降低到2010年的11.62%，在社康中心等基层医疗机构就医比例从2004年的17.08%提高到2010年的36.55%，社区全科医生被广大市民承认和接受，为社区全科医生队伍建设创造了条件。

同时，随着社康中心医疗水平提高，社区居民充分认识到社康中心医疗保健优势，人们的就医观念开始转变，逐渐树立了"先全科、后专科"的思想，选择与社康中心全科医生签约的家庭有所增多。例如，福田区将推行社区家庭医生服务计划连续列入为民办十件实事之一，建立了与家庭医生计划配套的财政投入机制，福田区签订医生服务的家庭达到了6万多户，尤其是福田区的下沙社康中心，家庭医生签约户已经达到1038户，占到户籍人口的90%。

四 深圳全科医生需求预测分析

（一）未来常住人口规模结构

对深圳市未来人口进行预测和分析是科学判断深圳人口对全科医生需求的基础和前提。本研究采用随机人口预测方法，在人口迁移流动因素不确定性较大的情况下，对深圳未来人口数量和人口结构进行区间估计。预测结果表明：2013～2030年，深圳市常住人口均值将从1157.03万人增至1691.29万人，年均增加 31.43 万人，年均增长率为 2.26%，2013 年和 2030 年的常住人口数量上、下限分别为 1224.40 万人、1090.11 万人和 1969.16 万人、1440.87 万人，呈现持续稳步增长态势，年均增速逐渐放缓（图 8-1）。从年龄结构来看，2013~2030 年，0~14 岁少儿人口从 130.76 万人增至 160.87 万人，年均增长率为 1.23%；15~59 岁劳动年龄人口从 983.71 万人增至 1309.71 万人，年均增长率为 1.70%；60 岁及以上老年人口从 42.55 万人增至 220.71 万人，年均增长率为 10.17%，老年人口增长率比少儿人口增长率高出 7 倍以上。以人口平均年龄进行衡量，2013 年，深圳人口平均年龄为 31.75 岁，2020 年将上升为 35.49 岁，2030 年将会达到 41.40 岁，年均升高 0.58 岁，深圳人口老化速度快于其他同等经济发展水平城市。随着深圳"入户积分"两项改革政策的实施，流动人口将会出现长期居住并加入深圳户籍，户籍人口将呈较快增长态势，这必将进一步加重社康中心全科医疗服务负担。

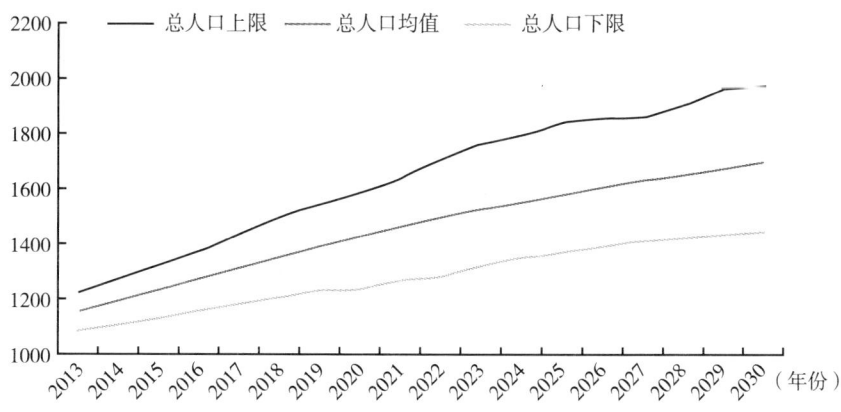

图 8-1　深圳市常住人口规模变动趋势（2013~2030 年）

（二）全科医生需求情况

全科医生是指一般在提供基本医疗卫生保健服务的机构执业，提供给群众的是基本医疗、公共卫生服务，即帮助患者看好大多数小病、常见病，并做好防病服务的医生，是群众身边的"医学服务者"。对于深圳来讲，按照"先全科、后专科"的工作方针，除了社区健康服务中心外，一些市级、区级医院

也需要优秀的全科医学人才。十几年来,深圳市在全科医生发展方面做了大胆改革和尝试,但随着常住人口尤其是老年人口持续快速增长,全科医生供需缺口越来越大。在测算方法上,可以从三个角度分别进行估算:

一是从全人口角度进行估算。按照《国务院关于建立全科医生制度的指导意见》提出的"每万名城乡居民平均2~3名合格全科医生"的标准,深圳市属工业化和城镇化水平较高地区,卫生资源需求及其配置水平需要达到或超过全国平均水平上限(3名/万人),全市常住人口在2013年的变动范围是1090万~1224万名,全市需要配置3270~3672名全科医生,而实际全市共有全科医生2875名,缺口为400~800名;如果按照世界卫生组织和世界家庭医生组织共同指出的"平均每2000人口配备1名全科医生"的标准,全市需要配置5450~6120名,缺口为2600~3300名。需要说明的是,目前所统计到的2300多人中,经过长期训练和实践的全科医生很少,大多是经过转岗、短期培训而上岗的,如果考虑这些因素,全科医生的缺口将会更大。按照世界卫生组织和世界家庭医生组织提出的标准,到2020年和2030年,全市将分别需要配置6190~7960名和7200~9840名全科医生。

二是按家庭户数量进行估算。深圳从2009年开始试点家庭医生责任制,目前全市共有267家社康中心开展家庭医生服务,从事相关服务的社康中心医生即是全科医生,其职责是向居民传播健康理念,引导居民养成健康的生活习惯,帮助居民管理自己的健康。按照最初设计方案,到2015年深圳一半的家庭将签约拥有自家的家庭医生,以每名家庭医生承担400户家庭的极限值推算,全市将需要6700~7800名家庭医生或全科医生。到2030年,如果有80%家庭与社康中心签约家庭医生服务,全市将需要13600~18600名家庭医生(或全科医生)。

三是按医院门诊量进行估算。从欧美国际发展经验来看,"先全科、后专科"将是缓解卫生资源供给不足的有效诊疗模式,目前的医院门诊中有90%的病患可由全科医生成功诊治,专科医生负责专心研究和治疗疑难病症,这可以有效提高医院诊治效率,并减轻医疗卫生服务压力。如果深圳各社康中心和综合医院均设置全科门诊并实行全科医生首诊制,按照全科医生诊治完成半数到九成的门诊量进行计算,到2015年将需要3300~5940名全科医生,到2030

年将需要4550~8190名全科医生。

需要说明的是,这是根据流动人口净流入规模估算的结果,其中隐含着假定流动人口处于基本稳定状态,全科医生给病人建档、熟悉掌握病情的工作特点,如果考虑人口的流动性和不稳定性问题,社康中心全科医生的工作负担必将加重,这就需要以上述估算结果为基础适当增加全科医生数量。另外,有必要建立全科医生动态配置机制,结合产业布局和流动人口流向,将新增全科医生更多地配置在光明新区和坪山新区等流动人口增加较快的地区。

五 深圳全科医生制度建设现状与评价

建立全科医生制度,逐步形成以全科医生为主体的社区医疗卫生队伍,是深圳医疗卫生体制改革的重要内容,对于提高社区医疗卫生服务水平,缓解社区居民"看病难、看病贵"问题具有重要意义。

(一)主要做法

按照国家和广东省的总体部署,深圳市充分发挥特区的先行先试优势,率先开展医疗制度改革,加强全科医生规范化管理,在全科医生职能定位、全科医生教育培训和全科医生团队建设方面做了一些成功的尝试和实践。

一是明确全科医生职能定位。为了给社区居民提供综合性的医疗卫生服务,深圳市加快社康中心建设,到2012年发展到612家,基本实现了"人口全覆盖、社区全覆盖、服务全覆盖"。两年来,深圳又以社康中心为依托,注重在强化服务上狠下功夫,大力引进和培养全科医生,将全科医生确立为综合程度较高的医学人才和居民健康的"守门人",并明确了全科医生的职能和服务范围,即在社区承担预防保健、常见病多发病诊疗和转诊、病人康复和慢性病管理、健康管理等一体化服务。在实际工作中,充分发挥全科医生的主导作用,促使社康中心医疗、预防、保健、康复、健康教育和计划生育等"六位一体"功能有效开展。同时,加强全科医生队伍建设,确保人人享有基本医疗卫生服务,有效缓解民众"看病难、看病贵"的问题。

二是加强全科医生教育培训。对全科医生进行规范化培养是实现"保基本、强基层、建机制"目标的迫切要求。医疗卫生人才队伍建设相对滞后已成为制约社康中心进一步改善服务和提高水平的"瓶颈",是造成部分居民不愿意到社康中心就诊的重要原因。为社区培养知识全面、经验丰富、素质较高的全科医生,是提高医疗卫生服务水平,实现"关口前移、重心下沉"的必要举措。深圳市针对全科医生培养周期长等问题,早在2008年就出台了《深圳市全科医师规范化培训试行办法》,对符合条件的基层在岗执业医师或执业助理医师,按需进行1~2年的转岗培训,转岗培训以提升基本医疗和公共卫生服务能力为主,各医疗卫生机构社区健康服务中心根据全科医师需求及编制空缺情况,提出本单位公开招录定向和委托培养全科医师规范化学员计划,市区两级财政将全科医师规范化培训专项经费纳入市卫生局年度部门预算,采取政府购买服务的形式,由市卫生局向承担培训任务的机构购买服务。另外,还以现代医学技术发展中的新知识和新技能为主要内容,加强全科医生经常性和针对性、实用性强的继续医学教育。加强对全科医生继续医学教育的考核,将参加继续医学教育情况作为全科医生岗位聘用、技术职务晋升和执业资格再注册的重要因素。

三是建立全科医生工作模式。深圳以全面实施家庭医生责任制为目标,扎实推进社康中心全科医生与居民家庭建立契约服务关系,以契约形式明确双方的责任和义务,家庭医生服务团队主动联系居民,由居民自愿选择签约,服务内容包含常见病诊疗及健康管理等基本医疗服务,如果居民因病情需要,应转到大医院诊治,"家庭医生"负责转诊预约。通过建立"首诊在社区"的双向转诊模式,全面推行家庭医生责任制,卫生、社保、财政等多个部门正在着手制定关于家庭医生的收费标准、财政投入、社保支付、人员激励等10项标准,建立全科服务团队平台、健康档案信息化和上下级转诊协同服务的技术支撑,为全科医生服务职能落实到位提供必要条件。另外,深圳还将探索家庭医生责任制服务模式的医保制度,降低签约患者个人支付比例,使家庭医生能够以较低的收费和医药费用自付比例吸引综合医保参保人;或者结合医保费用家庭统筹理念,建立家庭医生服务新险种,将全家人的健康诊疗服务绑定,实现社区首诊、专科转诊。

（二）存在的不足之处

依据深圳卫人委提供的文件资料以及调查访谈，深圳市在全科医生制度建设和服务管理方面还存在一些不足之处：

一是全科医生培养体系不完善。全科医生规范化培训刚刚起步，多以在职人员转岗培训为主，人员质量难以保证，此外，继续医学教育流于形式，尚未形成有效运转机制。

二是全科医生激励政策不合理。全科医生地位低，收入低，有时甚至只相当于专科医生的一半。长期以来，社区医疗资源倒金字塔式配置，优秀医学人才不去社康中心从事全科医疗服务，致使全科医学人才缺乏。

三是全科医生门诊尚未全面普及。全科诊疗模式仅在社康中心和少部分医院有所开展，尚未在市级和区级医院真正得到普及，依然存在专科医院门诊诊治小病现象，普通门诊在大医院排队候诊问题依然比较严重。

六 国外全科医生制度借鉴

由于全科医生制度主要盛行于欧美发达国家，因此有必要总结这些国家的先进服务理念和运行模式，以便为深圳优化全科医生制度建设提供借鉴。

（一）美国

美国曾经是全科医生制度发展比较滞后的国家，但在近年来的医改中，明显加强了这方面的体系建设，这显然说明全科医生制度符合美国医改高效率、优服务的目标。先后有两位美国总统倡导实行全科医疗相关制度改革：在全国范围内大面积恢复全科医生制度，使大部分疾病在全科医生的诊治范围内得到有效诊治，确实需要转诊的疑难杂症或危重患者才由专科医生会诊治疗。

美国目前的全科医生相关制度可以从以下三方面描述：

一是全科医生的职能"较全"。在美国的大城市里，医疗资源充足，全科医生的工作职责是以医治简单疾病、确诊复杂疾病、开展家庭卫生咨询和转诊疑难杂症为主。但是，全科医生的职能范围并非固定，随着医疗资源配置状况而有所差异,在医疗卫生资源不足的地方,全科医生职能将会有所增加,其作用也会相应地比医疗资源充足的地方要大一些。除了咨询和治疗外,确有技术专长的全科医生可以在医师执业范围内从事一些基础性医疗工作。另外,全科医生还必须要负担一些社区卫生教育、疾病管理、疫苗接种等工作,全科医生在保障社区居民健康保健和卫生服务方面发挥了重要作用。

二是全科医生的分布"较全"。在医疗卫生资源充足的情况下,全科医生主要是以家庭医生的形式存在,为了做好医疗服务工作,全科医生可以与固定医院或其他专科医师团队形成专业化医疗服务网,有效地诊断和治疗疾病、评估患者病情发展情况、转诊必须由专科医生治疗的病人。全科医生以开展门诊治疗为主,做好日常治疗和保健工作,不涉及病人住院等相关问题。另外,在十分偏僻的地区和医疗卫生资源严重不足的情况下,全科医生不仅要担负治疗和保健工作,还要在一定程度上从事一些应由专科医生负责的治疗工作。由于医疗卫生资源不足,美国政府往往会鼓励那些非美国医学院校毕业生到这里工作,各方面表现优异的国际家庭医生将可以获得美国的永久居留权。

三是全科医生的训练"较全"。卫生业务培训是全科医生从业前必须经过的程序之一,美国十分注重全科医生的培训。美国本科学生在完成了医学院所需要的理工科目学分、获得本科学位并参加医学院入学考试后,如果考试成绩十分优异,可以申请到医学院就读。医学院主要是进行职业素养教育,不具体划分专业方向,所有毕业的医学毕业生都需要完成一年的实习医生培训,合格者将被准许参加全国医师资格考试,医师考试及格者才有行医资格,并可进一步参加住院医师培训。到住院医师培训阶段,才真正按照个人兴趣和研究方向来决定将来要从事的工作,不同专业医生接受培训的时间不尽相同。全科医生是众多住院医师培训专业之一,其培训主要是到各科室轮流学习方式,培训时间为两年,培训内容广泛,包括呼吸科、消化科等一般内科以及骨科、五官科等一般外科。

(二)英国

英国是世界上全科医生制度最完善的国家。在英国,全科医生是医疗服务队伍的重要组成部分,全科医生主要负责为社区居民提供基本卫生保健服务。其承担的社区服务内容主要分为三个方面。一是保健服务,包括初级医疗保健和慢性病管理等;二是免疫服务,包括流行病免疫、宫颈癌检查等;三是疾病治疗,包括产科和麻醉等;四是转诊,包括转诊到二级医院、三级医院、治疗中心以及急诊后期看护等。

英国制定了较为严格的转诊制度,在保证全科医生作用方面发挥着重要作用。尤其是在病人转诊时,病人转向哪些科室以及由哪些专家来负责下一阶段的诊疗,全科医生在其中发挥着重要作用,如果没有全科医生的转诊证明,病人将不能直接在二、三级医院的综合门诊和专家门诊就医咨询。全科医生不属于国家卫生系统雇员,国家卫生管理部门与全科医生签订契约合同,按照政府与全科医生之间建立的契约关系,全科医生将以有偿服务的形式获得一定的经济补偿,通过"政府购买服务"的方式,由全科医生承担其一定区域的社区医疗卫生服务,保障当地居民享受到相应的卫生保障。

在英国,全科医生的医学培训时间较长,大约需要至少9年的时间。要成为一名全科医生,经过至少5年时间的医学院校正规学习,学习期满再经过1年时间的临床实践,就可以向英国医学会申请注册成为医生,注册医生至少还需经过3年临床培训,并最终通过皇家全科医生学院考试,获得从业资格认证。根据相关统计结果,在申请成功的注册医生中,大约有48%最终成为全科医生。

(三)澳大利亚

澳大利亚的全科医生制度与英国的制度一脉相承,但也有自己的特色:除急诊外,所有患者必须经过全科医生的诊疗,全科医生的主要职责是充当二、三级城市医疗服务的总把关。患者必须要有全科医生签名的转诊信,才能在二、三级医院就诊治疗。将之推衍到医疗保险系列,若没有全科医生的转诊信,二、三级综合医院和专科医生的医疗服务报酬就无法从医疗保险处得到支付。

澳大利亚的全科医生教育培训主要分为三个阶段。一是在几年学习中不分专业,学生将学习一些临床医学基础知识和技能,以全面提高全科医生的能力和水平;医学院本科学制5年,医学院校招收其他专业毕业生须再培训4~6

年。二是对住院医师进行培训,培训时间为3年,主要在综合性大医院进行临床培训以及在社区全科医疗机构中接受培训,对将在农村从事全科医生治疗的全科医生,还须增加1年的产科和麻醉专业培训,完成3年的住院医师培训后可以参加执业医师注册考试,成绩合格者可以注册行医。三是医学继续教育培训,凡注册行医人员必须自觉接受终身继续教育培训的理念,定期接受各自专业学会的评估和审核。

(四)主要启示

尽管深圳的人口与健康关系与欧美发达国家有所不同,但深圳的发展已基本达到美国、英国和澳大利亚的全国平均水平,且人口与健康关系也逐渐呈现发达国家的人群特征,因此这些国家的全科医生制度对深圳有前瞻性借鉴意义。

一是进一步规范全科医生培训制度。在全科医生培养年限上,英美等西方国家存在一定差异,但是,他们之间的共同点是基本建立了相对规范的全科医生培养制度,并主要包括两个阶段:5~6年高等医学教育和3~4年全科规范化培训和继续医学教育,其中,全科规范化培训是反映日后全科医生基础和能力建设的重要方面,是全科医生培养的基础和必经阶段。在英美等国,全科规范化培训主要以继续教育的形式实现,通过继续教育并考核合格者,可以花时间取得全科博士学位和全科医生资格。澳大利亚的全科医生培训模式与英国模式类似,以高等医学教育为基础,通过系统的高等医学教育和强化的全科规范化培训,有效提升人才培养的质量。

二是实行继续教育管理和资格再认证制度,确保全科医生保持较高水平。目前,一些国家建立了较为完善的规章制度,尤其是继续教育管理制度和资格再认证制度,为确保服务水平提高发挥了关键作用。美国和澳大利亚实行再注册制度,注册制的一个重要标志是将完成继续医学教育作为全科医生再注册的重要条件,这就要求全科医师定期接受培训和更新知识,并在工作量和研究量上得到有效体现,美国全科医生每3年必须完成150个继续教育学分,每6年必须参加全科医生资格再认证,合格者才能继续执业。到目前为止,英国还没有建立强制性医学继续教育政策,但是,政府给每年参加继续教育的医生一定奖励,而且有逐步向着医学继续教育与医师资格再认证相结合方向发展的趋势。

三是,首诊制度是缓解大医院"看病难"问题的重要措施。全科医生在医疗实践中发挥着"守门人"作用,这已经被许多国家的医疗卫生实践所证实。在英国,只有在得到全科医生推荐时,患者才能获得公共医疗的二级和三级服务,此时不包括意外事故和急诊;在澳大利亚,医保部门仅报销由全科医生转诊到专科医生处的患者所花费的就诊费用,而对其他费用概不报销;在美国,家庭医生首诊制度一直未能建立,卫生经费的持续高速增长已使得医疗保险公司不堪重负。

七 综合改革背景下完善全科医生队伍建设和服务方式的制度设计

必须看到,全科医生制度建设有较好的全科医学发展背景:经过十几年的快速发展,全科医生作为一个职业得到了我国政府的格外关注,全科医生为社区居民和社会服务提供的预防、医疗、保健、康复、健康教育和计划生育技术指导的"六位一体"服务,逐步做到"大病进医院、小病在社区",全科医学的发展已经得到社会的高度关注。

目前,已经逐步建立起以社区卫生服务为基础、大中型医院为服务核心的城市卫生服务体系,基于深圳目前和今后一个时期人口变动情况、对全科医生服务需求,针对深圳全科医生制度建设存在的主要问题,在医疗卫生领域综合改革的背景下,可以从以下四方面完善全科医生队伍建设和服务方式的相关制度,重点是建立成龙配套的全科医生激励机制及符合基础医疗和市场经济规律的全科医生服务方式。

一是建立规范化的全科医师培养体系。借鉴欧美国家的先进做法和主要经验,需要完善全科医生培训制度,对工作质量和专业化水平进行考核,加大对全科医生业务能力和思想素质培训的力度。继续鼓励社康中心和镇街医院医务人员走到群众中去,有效开展诊疗活动,并以此来作为全科医生转岗培训的重要内容,但必须从形式上、内容上和要求上进行规范化管理和转岗培训关注,实行统一考核,确保转岗培训学员在工作机构的工作质量,此外,还应加强继续医学教育的考核力度,建立终身学习制度。

二是创新全科医生激励政策。建立以签约居民数为基础的获得服务费的新激励机制,有效拓宽全科医生职业发展路径,完善职称晋升办法,保障其向上晋级速度不低于专科医生,在收入上,以高收入提高全科医生职业的吸引力。健全全科医学职称体系,进一步明确全科医生职业发展路径,制定并落实全科医生晋级等方面的优惠政策,并主要体现在薪酬、社会保障、职称评定、岗位编制等方面,给予全科医生一定的优惠政策和前期扶持,提高全科医生的收入水平和岗位吸引力。积极探索推行全科医生首诊制和签约服务等政策,明确全科医生在医疗卫生服务体系中的作用,以此来提高全科医生的社会地位。

三是推行全科医生团队与居民建立契约服务关系。加强社区健康服务中心自身建设,培养一批高质量的全科医生队伍,组织全科医生、护士、预防医生等成立家庭医生服务团队,全科团队与居民自主签订服务协议,建立相对稳定的服务关系,建立"全科首诊"的分级诊疗模式,全面掌握居民健康状况,为居民提供综合性医疗保健服务。合理划分团队家庭医生在社区的签约责任区域,逐步将每个全科医生的管理责任人数控制在合理范围。

四是改革全科医生执业方式。针对全科医生不足的现状,从政策上支持和鼓励全科医生根据需要跨地区注册执业,具有一定技术水平的全科医生可以在社康中心全职或兼职工作,也可以自己开办诊所,有效挖掘优秀全科医生的服务潜力。同时,对全科医生的服务质量进行监管,将其从业效果与医保支付、基本公共卫生服务经费拨付相挂钩,起到有效的激励约束作用。

参考文献

[1] 王广州等:《深圳人口结构变动与卫生资源均衡分配研究》,自《深圳人口与健康发展报告(2011)》,社会科学文献出版社,2011。

[2] 任伟、姚岚、冯友梅:《国内外全科医生制度现状及启示》,《中国公共卫生》2012年第4期,第509~510页。

[3] 张颖、李永辉:《国外全科医生的特点及启迪》,《中华医院管理杂志》2005年第

3期,第213~215页。

[4] 马家驹:《美国的全科医生制度》,《医院管理论坛》2010年第3期,第52~53页。

[5] 中央人民政府门户网站,国务院医改办公室主任孙志刚谈建立全科医生制度,http://www.gov.cn/gzdt/2011-07/07/content_1901663.htm。

[6] 祝丽玲等:《国外全科医学教育模式对我国的启示》,《中国医院管理》2012年第3期,第69~70页。

B.9
深圳市基本公共卫生服务均等化*水平优化研究

王金营　董美媛　李竞博

本章要点：

1. 深圳的公共卫生服务均等化水平较高，**但仍存在卫生资源配置不合理、卫生资源投入分配不均等、使用效率不高等问题。**

2. 深圳市的公共卫生服务基本做到了全国率先，但百尺竿头需要更进一步，应在空间和手段上突出两个重点：**重点抓薄弱地区，重点搞队伍建设，并体现到资金机制和人员激励机制上，这样才可能真正做到**"综合改革、深圳率先"。

一　引言

基本公共服务均等化是当今世界大多数国家社会政策的目标，而基本公共卫生服务均等化则是改善人群健康必不可少的重要举措，对于实现人人享有基本卫生服务具有十分重要的意义。深圳市作为医疗改革的先行先试城市，促进基本公共卫生服务均等化，提高卫生服务公平性和可及性，是综合改革、率先发展的应有之意，更是促进深圳市经济社会统筹协调发展的必要措施，是"以人为本"执政理念的重要体现，也是政府公共服务职能的重要内容之一。率先实现基本公共服务的均等化，既是深圳市综合改革的重要一步，又是指导全国公共服务发展的关键一步。对深圳市基本公共卫生服务均等化推进过程中

---

* 考虑到计划生育相关公共服务有若干内容与公共卫生服务重合（参见总报告），而其总体上均等化程度较高，所以我们只聚焦于基本公共卫生服务。

的经验教训进行总结,是全国做好这项工作的先行参考。

1. 基本公共卫生服务均等化提出及其内涵

世界卫生组织和联合国儿童基金会早在1978年就提出了有关开展初级卫生保健的建议策略,随后多国政府将策略作为实施基本卫生服务实际行动的指导[1]。在中国,2003年10月中共中央在《关于完善社会主义市场经济体制若干问题的决定》中提出:"要深化公共卫生体制改革,强化政府职能,建立健全卫生信息网络、疾病预防控制体系和医疗救治体系,提高突发性公共卫生事件应急能力。"2006年党的十六届六中全会通过的《关于构建社会主义和谐社会若干重大问题的决定》和2007年党的"十七大"报告均把基本公共服务均等化作为缩小区域发展差距、促进社会公平公正的基本途径放在重要地位。2009年4月,《中共中央国务院关于深化医药卫生体制改革的意见》和《医药卫生体制改革近期重点实施方案(2009~2011年)》发布,提出将促进基本公共卫生服务逐步均等化作为五项重点改革之一。《关于促进基本公共卫生服务均等化的实施意见》明确了实施国家基本公共卫生服务项目、实施重大公共卫生服务项目和提高服务能力等任务。随后,中央财政下拨补助资金、下发相关规范性文件等,并对基本公共卫生服务均等化的考核、资金监管、保障机制等做出明确规定。

但是在我国,基本公共卫生服务均等化还是一个比较新的概念,它是基本公共服务均等化的重要组成部分。基本公共服务均等化是指政府及其公共财政要为不同利益集团、不同经济成分或不同社会阶层提供一视同仁的公共产品与服务,包括公共服务供给收益分享、成本分担、财力均衡等方面内容[2]。其内涵可以从两个角度来理解:第一,从保障公民健康权益角度看,意味着人人获得服务的权利是相同的;第二,从基本公共卫生服务内容角度看,其服务内容是根据公民的健康需要和政府的财政承受能力确定的,既包括统一建立居民健康档案和健康教育这类面向全体公民的公共卫生服务,也包括疫苗接种和妇幼

---

[1] 闫凤茹、梁玉、梁维萍、郑建中:《我国基本公共卫生服务均等化的提出背景与内涵分析》,《卫生软科学》第26卷第1期。
[2] 蒲川:《促进基本公共卫生服务均等化的实施策略研究——以重庆市为例》,《软科学》2010年第5期。

保健等面向不同群体的公共卫生服务。也就是说基本公共卫生服务均等化在内容上是根据公民的健康需要提供，而不是每个人都必须得到没有任何差异、完全相同的基本公共卫生服务。

2. 国内外基本公共卫生服务均等化的研究现状

面对当前有限的卫生资源与人民群众日益增长的医疗保健需求之间的矛盾，如何解决好医疗卫生资源在不同社会成员之间公平分配的问题，确保所有社会成员的基本健康权利，实现"人人享有卫生保健"，是实现基本卫生服务均等化的关键所在，也是全面推动新医改方案进程，推进医疗卫生改革，实现公共卫生服务均等化的客观需要。

学界也围绕着基本公共卫生服务均等化问题展开了热烈讨论，并形成了一些研究成果。截至目前，国内学者对于基本公共卫生服务的研究主要集中在基本公共卫生服务及均等化的内涵（韩学丽，2009；刘蕾，2009）、发展逻辑（葛延风，2012）、测量评价（赵红、王小合，2010；万华军、张翔，2012）、财政转移支付（赵红、王小合，2010；高剑辉、刘宝，2011）、市场化供给（王根贤，2007；朱晓红，2010）以及基本公共卫生服务所存在的主要问题（李海珊，2013；李艳、金生国等，2009；罗阳峰等，2012）等方面。从国外研究来看，世界银行《1993年世界发展报告》首先提出了基本卫生服务包的概念，其中包含了一揽子基本公共卫生和基本医疗服务项目。世界卫生组织认为，基本公共卫生服务是达到21世纪"人人享有健康"政策的重要组成部分，同时也是建设可持续性卫生系统的基本要素。国外对于基本公共卫生服务的研究主要集中在三个方面，一是对政府财政支持的研究，认为基本公共卫生服务的范围在很大程度上取决于政府的财政支持能力；二是对政府干预责任的研究，在许多国家的政府支出中，两个主要的开支项目就是卫生和教育，通过政府补助和直接提供服务的方式来弥补市场的失灵，行使政府干预的责任，来确保基本公共服务的提供；三是对基本公共卫生服务均等化与可及性研究，Martin Gulliford（2009）等认为，如果卫生服务是可得的，并有足够的供给，然后存在获得卫生服务的机会，人们可能对服务"有可及性"，但在何种程度上人们能够"获得可及性"还取决于如何解决经济、组织的和社会或文化上的限制服务利用的障碍。

虽然一系列的研究成果为我国基本公共卫生服务均等化实现的政策确定提供了一些参考和理论依据，但相应地还存在一些不足。这些研究大多倾向于基本公共卫生服务在省际及区域间的不均以及财政转移支付策略，而忽略了同一城市及区域内部不同人口群体之间是否能实现基本公共卫生服务的均等化。

3. 研究意义

基本公共卫生服务均等化的实现是一个复杂的、长期的过程，涉及管理体制、运行机制等方方面面，在实施过程中会出现很多新的问题与障碍，因此对这方面的先行者进行深入研究具有重要理论价值和实践指导意义。

深圳市作为我国改革开放的代表性城市，其人口与健康发展的特点和规律一直是学界关注的热点和其他城市学习的标杆。深圳的人口发展不仅具有高度聚集的特点，而且在人口规模、人口结构和人口分布方面相对于深圳市建市初期都发生了巨大变化。对应深圳市不同于其他地区的人口发展路径和现状，医疗卫生相关制度改革也率先在深圳市开展，对于很多快速成长的城市来说，深圳市先行先试的改革取得的经验无疑具有现实的借鉴意义。因此，把握深圳人口发展方向，总结经验和教训，并积极推行综合性改革，促进基本公共卫生服务均等化，对于保证深圳全体居民享有基本医疗卫生服务的公平性与可及性，进一步提高深圳人口整体的健康水平都具有十分重要的意义；认真总结深圳的经验和规律对于其他城市乃至全国制定相应制度、政策具有很强的经验借鉴和理论指导。

二 深圳人口发展的主要特点

改革开放以来，深圳作为中国改革开放的代表性城市，经济社会实现高速发展。与此同时，深圳的人口状况也发生了巨大改变。一方面，深圳市的高速发展吸引了大量的外来人口流入，使得深圳在30多年的时间里常住人口数量急剧增长；另一方面，深圳市人口具有很强的流动性和不稳定性，在人口结构和空间分布上变动较快。必须要准确把握深圳市人口发展特点，制定合理可行的方针政策，才能率先实现深圳市公共卫生服务的改善，使基本公共卫生服务适应深圳人口的快速变化，解决供需方面存在的矛盾。

1. 深圳人口总量超常发展，已成为特大型城市

深圳市人口增长非常迅速，1979 年深圳常住人口数量仅为 31.41 万人，其中流动人口数量仅为 1500 人。1991～1995 年，人口增长速度最快，常住人口年均增速为 21.8%，户籍人口年均增速为 7.6%，流动人口年均增速达到 28.7%。之后，深圳人口增长的速度有所放缓，直至 2011 年，深圳市的常住人口达到了 1046.74 万人，流动人口占全部常住人口的 74.4%。见图 9-1：

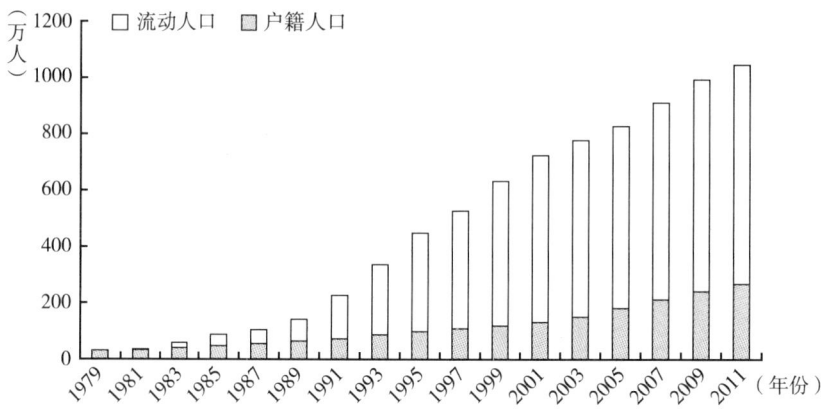

图 9-1　1979～2011 年深圳市户籍人口与流动人口数

资料来源：深圳市统计局编《深圳统计年鉴（2012）》，中国统计出版社，2012。

从流动人口数量变化方面来看，1989 年深圳的流动人口数量超过户籍人口数量，1990～1999 年深圳市流动人口呈井喷式增长状态，1990 年深圳市流动人口数量为 99.13 万人，至 1999 年则突破了 500 万，达到 512.71 万人。2000 年以后，流动人口的增长势头才减缓下来，2001～2005 年深圳市流动人口年均增长速度下降到了 2.3%，2006～2010 年为 4%，流动人口的年均增长速度依然保持在较高水平。

2. 深圳人口以青壮年为主，年龄结构属年轻型

深圳市的常住人口年龄结构非常年轻，平均约 30 岁。至 2010 年，根据全国第六次人口普查数据资料显示，20～34 岁人口占总人口的 49.48%。从流动人口方面来看，深圳这个移民城市人口迁移具有明显的年龄选择性，迁入人口以青壮年劳动力为主。但相较于 2000 年的五普数据来看，15～34 岁人口所占百分比均有所下降，而35岁以上人口所占百分比均有不同程度上涨，就这一点而言，在探讨深圳人口未来发展状况时，需要考虑流入人口的长期居留问题，也需要政府能够深谋远虑，在卫生健康等各项公共服务方面提前做好应对准备和打算。同时，深圳市女性流动人口数量逐渐低于男性流动人口数量。

3. 深圳人口空间分布状况

深圳市原下辖六个区①，其中罗湖、福田、南山和盐田四个区位于特区内，宝安和龙岗两个区位于特区外。鉴于每个区的职能不同，深圳的人口在六个区中分布也是不均衡的（见表9-1）。从地理位置上来看，深圳呈现出特区外人口多于特区内人口的现象。从人口密度角度来看，特区内的人口密度远大于特区外的人口密度。其中福田区人口密度最大，高达16848人/平方公里，罗湖区人口密度也高达11822人/平方公里，远远高于宝安区6290人/平方公里和龙岗区2767人/平方公里。从户籍角度来看，户籍人口与流动人口在各区的分布有很大不同。户籍人口在各区的分布相对来说较为均衡，最多的是福田区与南山区，分布最少的区则是盐田区。流动人口则主要分布在特区外的两个区。

表9-1 深圳市2011年人口空间分布状况

地 区	年末常住人口（万人）	户籍人口（万人）	流动人口（万人）	人口密度（人/平方公里）
全 市	1046.74	267.9	778.85	5256
福田区	132.52	66.7	65.82	16848
罗湖区	93.1	47.96	45.14	11822
盐田区	21.1	4.7	16.4	2827
南山区	109.99	54.92	55.07	5895
宝安区	454.84	51.82	403.01	6290
龙岗区	235.19	41.8	193.4	2767

资料来源：深圳市统计局编《深圳统计年鉴（2012）》，中国统计出版社，2012。

---

① 后来成立了四个新区，但由于统计工作的限制，目前相关分析只能从原有六个区的口径来进行。

4. 深圳人口社会经济结构

首先从行业结构来看,深圳市各类单位的从业劳动力情况一直在发生变化。从改革开放开始,镇村劳动力增长速度减慢,其他在国有单位和城镇集体单位工作的劳动者增长速度缓慢,相对比例不断下降,私营个体劳动者成为了就业的主要类型①。其次从职业方面来看深圳的人口社会结构。深圳市常住人口最多的是生产、运输设备操作人员及有关人员,次而是商业、服务业人员,从事农、林、牧、渔、水利业的生产人员非常少(表9-2),深圳市流动人口中生产、运输设备操作人员及有关人员多于常住人口比例;户籍人口的职业结构和流动人口明显不同,多数户籍人口集中于商业和服务业,其次是生产、运输设备操作人员及有关人员,专业技术人员、办事人员和有关人员也比较多,分别占11.49%和11.41%。最后从受教育程度来看,深圳户籍人口的受教育水平要高于流动人口的受教育水平,流动人口受教育水平以初中毕业为主,次而是高中毕业。

表9-2 2010年深圳市常住人口的职业结构

单位:%

职 业	常住人口	户籍人口	流动人口
国家机关、党群组织、企业、事业单位负责人	3.16	5.19	2.38
专业技术人员	8.17	11.49	6.89
办事人员和有关人员	9.39	11.41	8.62
商业、服务业人员	27.78	37.81	23.90
农、林、牧、渔、水利业生产人员	0.32	0.59	0.22
生产、运输设备操作人员及有关人员	51.12	33.46	57.95
不便分类的其他从业人员	0.05	0.05	0.04

资料来源:国家统计局人口普查办公室编《深圳市2010年人口普查资料》,中国统计出版社,2012。

综合上述各个方面来看深圳市人口现状,可以发现以下特点:从总量来说,受流动人口影响,深圳市人口增长非常迅速,尤其是1990~1999年,深圳流动人口呈井喷式增长。2000年以后,深圳流动人口增长脚步放

---

① 注:部分数据来源于《深圳人口与健康发展报告(2012)》。

缓，2001~2005年深圳流动人口增长速度下降到2.3%。从年龄结构来说，深圳市人口迁移具有明显的年龄选择性，以青壮年劳动力为主，常住人口年龄结构非常年轻，在30岁左右，但值得注意的一点是，无论是户籍人口还是流动人口，其年龄结构与10年前相比都呈现出逐渐老化的趋势。从人口空间分布来说，人口在六个区的分布呈现出人口数上特区外多于特区内、人口密度上特区内远大于特区外的特征。从人口社会经济结构来说，深圳人口最多的是生产、运输设备操作人员及有关人员和商业、服务业人员，受教育程度方面户籍人口要高于流动人口，流动人口受教育水平以初中毕业为主。

三 深圳基本公共卫生服务现状评价与分析

基本公共卫生服务均等化的政策目标是处于相同健康状况的人所获得的基本公共卫生服务在数量和质量上都应相同。要达到这一目标，就必须先要深刻认识到基本公共卫生服务的现状，进而从现状出发，分析研究实现均等化目标的途径。

1. 深圳市基本公共卫生服务现状

基本公共卫生服务是为了保证人们的健康，研究深圳基本公共卫生服务，可以从影响深圳人口健康的一些主要因素出发。首先，从自然因素上来说，深圳地处沿海，属亚热带海洋气候，炎热与潮湿的气候特点容易导致细菌滋生，引起消化道疾病。另外居民日常饮食偏好海产品，使深圳成为肝炎、痢疾、霍乱等消化道传染病和疟疾的高发区。其次，从生活条件来看，深圳有大量的流动人口，他们简陋拥挤的居住条件以及相对较差的卫生饮食条件，都是导致人口趋向不健康的危险因素。再次，从生活方式来看，经济的迅速发展使深圳生活水平普遍高于内地其他城市。生活方式的改变，心理压力过大，都是导致高血压、糖尿病、肿瘤等慢性病迅速增长的原因。最后，从流动人口自身来看，其卫生保健和职业卫生知识较为贫乏，自我保护意识和能力较差，职业安全和职业病的防治工作极为重要，但这些流动人口对于卫生服务的利用水平又比较低，主动性和依从性均较差，从而进一步对他们的健康产生影响。

基于以上种种因素，深圳的基本公共卫生服务受到巨大挑战。在这种状况之下，深圳当前的基本公共卫生服务究竟能否适应这些挑战，处于何种水平，仍需要我们进一步分析研究，本文主要从以下方面来分析深圳市基本公共卫生服务现状。

（1）基本公共卫生服务相关政策及制度

从制度角度来看，2009年，国务院出台了关于基本公共卫生服务均等化项目及重大公共卫生服务项目（具体见表9-3），为进一步规范国家基本公共卫生服务项目管理，卫生部在此规范基础上组织专家对服务规范内容进一步修订和完善，形成了《国家基本公共卫生服务规范（2011年版）》，新的规范在内容上又增加了卫生监督协管服务。2012年，深圳市常住人口公共卫生人均经费投入达到43.8元，全市常住人口孕产妇死亡率为7.29/10万，婴儿死亡率为2.15‰，都控制在全国最好水平，人均预期寿命78.3岁，市民的健康水平不断提高。

表9-3 公共卫生服务政策及制度

基本公共卫生服务政策及制度	政策及制度	政策及制度细则
基本公共卫生服务均等化项目	居民健康档案	为辖区常住人口建立统一、规范的居民健康档案
	健康教育	向城乡居民提供健康教育宣传信息和健康教育咨询服务
	预防接种	为适龄儿童接种乙肝、卡介苗、脊灰、百白破、白破、麻疹、麻风、麻腮、麻腮风、甲肝、乙脑、A群流脑和A+C群流脑等国家免疫规划疫苗
	传染病防治	及时发现、登记并报告辖区内发现的传染病病例和疑似病例，开展传染病防治知识宣传和咨询服务
	儿童保健	为0~36个月的婴儿建立儿童保健手册，开展新生儿访视及儿童保健系统管理
	孕产妇保健	为孕产妇开展至少5次孕期保健服务和2次产后访视
	老年人保健	对辖区65岁及以上老年人进行健康指导服务
	慢性病管理	对高血压、糖尿病等慢性病高危人群进行指导，对确诊高血压和糖尿病患者进行登记管理，定期进行随访
	重性精神疾病患者管理	在专业机构指导下，对在家居住病情稳定的重性精神疾病患者进行定期随访和康复指导等

续表

基本公共卫生服务政策及制度	政策及制度	政策及制度细则
重大公共卫生服务项目	15岁以下人群补种乙肝疫苗项目	用3年时间对全国范围内1994~2001年出生的未免疫人群实施乙肝疫苗接种,进一步降低该人群乙肝病毒感染率和乙肝表面抗原携带率
	农村妇女乳腺癌、宫颈癌检查项目	对农村妇女开展宫颈癌、乳腺癌检查,提高农村妇女"两癌"早诊早治率,降低死亡率
	叶酸预防神经管缺陷项目	对全国农村妇女孕前和孕早期进行免费补服叶酸,降低我国神经管缺陷等发生率,提高出生人口素质
	"百万贫困白内障患者复明工程"	利用3年时间,对目前全国现有和当年新发的贫困白内障患者进行复明手术,力争使每例符合手术条件的贫困白内障患者都能得到及时的手术治疗
	消除燃煤型氟中毒危害项目	在贵州、云南等6省实施消除燃煤型氟中毒危害项目,扩大氟病区的改炉改灶覆盖范围
	农村改水改厕项目	为农户进行无害化厕所建设,改善农村环境卫生

深圳市作为国家改革开放的代表性城市,在公共卫生服务方面,不仅全面落实了国家规定的10大类41项基本公共卫生服务项目和4项重大公共卫生服务项目(为目标人群提供乙肝疫苗、宫颈癌和乳腺癌筛查、育龄妇女孕前和孕早期补服叶酸、白内障患者复明术),还根据实际情况增加了免费婚检及孕前优生健康检查,肺结核免费治疗,艾滋病、梅毒、病毒性肝炎母婴传播控制等项目,而且不断地扩大服务对象覆盖范围。

(2)公共卫生服务网络

健全的深圳市公共卫生服务体系是公共卫生工作取得成效的基本保证。深圳市的公共卫生服务体系由市、区公共卫生服务提供机构以及社区健康服务中心这三级机构构成,其中公共卫生机构又分为专业公共卫生服务机构和其他公共卫生服务机构两大类。专业公共卫生服务机构包括疾病预防控制机构、卫生监督机构、慢性病防治中心、职业病防治中心、健康教育所和精神卫生中心等。其他公共卫生服务机构则包括妇幼保健机构、康宁医院等,形成了包括各种功能的覆盖全民的三级公共卫生服务网络。在深圳市综合改革、先行先试政策的指引之下,这种多层次医疗机构的建立既满足了市民的基本就医需求,又能够充分实现引入社会资本进入医疗服务体系的基本目标。至2012

年末，深圳全市共有疾病预防控制机构 9 家，妇幼保健机构 7 家，慢性病防治机构 7 家，卫生监督机构 27 家，健康教育机构 3 家，专科防治所 7 家，采供血机构 3 家，急救中心 2 家；拥有疾病控制人员 952 人，慢性病防治人员 1313 人，妇幼保健人员 4145 人，卫生监督机构人员 1911 人[①]，逐步建立了市、区、街道三级卫生应急工作网络。共有 611 家社区健康服务中心，有效地为居民提供"六位一体"的基层卫生服务。全市每千人口病床数达到 2.65 张，每千人口卫生工作人员数 7.27 人，每千人口卫生技术人员数 5.87 人，每千人口医生数 2.27 人，各项指标数据相对 2011 年来说都有所增加（详见图 9 - 2）。

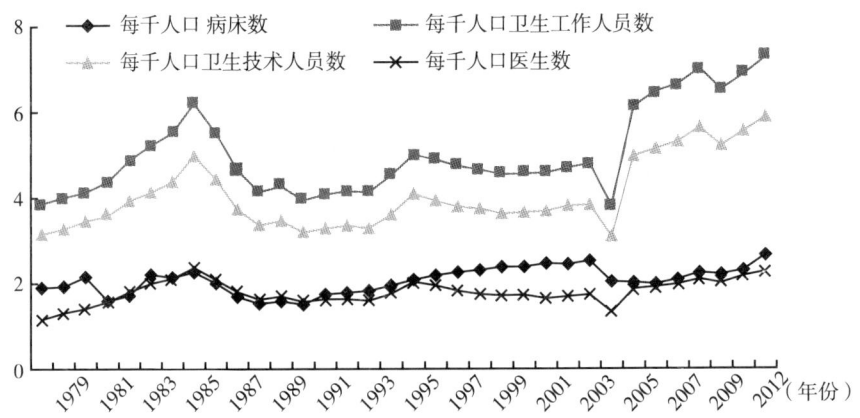

图 9 - 2 1979～2012 年深圳市每千人口病床、卫生人员发展情况

资料来源：《深圳市卫生统计年鉴（2012）》。

(3) 公共卫生服务筹资

政府对公共卫生工作的重视是公共卫生工作取得成效的前提条件。在政府投入水平上，深圳市、区两级政府每年按常住人口人均 40 元不等的标准核拨基本公共卫生补助经费，该标准远远超过了全国的平均水平。公共卫生服务机构和项目的财政拨款在深圳各区的分布有显著的差异（见表 9 - 4）。在政府投入方式上，建立分类保障机制，对于公共卫生机构政府基本上全额保障；对于社区卫生

---

① 所用数据来自于《深圳市卫生统计年鉴（2012）》。

机构定向补助与定额补助相结合;对于具有防与治双重职能的机构,如妇幼保健机构全额拨款,对其承担的公共卫生工作按照项目补助。总之,对于不同类型的公共卫生服务提供机构,根据具体情况采取不同的财政补助方式,目的是既满足开展公共卫生工作的需要,同时也注意调动提供者的积极性①。

表9-4 深圳市财政拨款统计表

单位:万元

项目	合计	市直属	罗湖区	福田区	南山区	盐田区	宝安区	龙岗区
1. 一般公共服务	6893	2500	0	1716	2676	1	0	0
2. 公共卫生	105630	32829	8551	14978	6680	2429	7727	24551
(1)疾病预防控制机构	41749	14027	2101	1916	3952	1374	1921	13003
(2)卫生监督机构	22820	3187	823	1266	1235	0	4746	7132
(3)妇幼保健机构	19365	5564	3641	4397	470	878	0	4416
(4)精神卫生机构	600	600	0	0	0	0	0	0
(5)应急救治机构	0	0	0	0	0	0	0	0
(6)采供血机构	2491	1431	0	0	0	0	1060	0
(7)其他专业公共卫生机构	1986	0	1986	0	0	0	0	0
(8)基本公共卫生服务	4331	1100	0	3231	0	0	0	0
(9)重大公共卫生专项	3652	3447	0	140	0	65	0	0
(10)突发公共卫生事件应急处理	700	350	0	0	350	0	0	0
(11)其他公共卫生支出	7937	3124	0	4027	672	112	0	0
合计	472616	149585	24031	43060	48831	17886	71351	67757

资料来源:《深圳市卫生统计年鉴(2012)》。

(4)疾病控制

2012年深圳市全年没有发生重大传染病疫情,卫生防病工作成绩较好。全年全市共发生甲、乙类传染病23175例,发病率为220.56/10万,比2011年下降了17.88个十万分点,其中死亡39例,死亡率为0.37/10万,比2011年增长了0.05个十万分点②,其他年份相关数据见表9-5及图9-3。此外疾

---

① 本部分制度政策相关内容参考《深圳人口与健康发展报告(2012)》。
② 数据来源:《深圳市卫生统计年鉴(2011)》,数据计算以常住人口计算。

病预防控制机构的疫苗接种工作进展顺利,全市儿童计划免疫建卡率达100%,新生儿乙肝疫苗接种率达99.03%。

表9-5 1980~2012年深圳市居民传染病发病、死亡情况

年份	发病数	发病率(1/10万)	死亡数	死亡率(1/10万)
1980	7021	2170.32	27	8.35
1984	10217	1528.80	10	1.50
1988	4099	305.23	14	1.04
1992	10924	437.45	2	0.08
1996	6420	182.49	1	0.03
2000	7181	171.37	5	0.12
2004	9087	157.35	12	0.21
2008	29991	345.05	37	0.43
2009	29715	336.13	27	0.31
2010	26194	271.86	19	0.20
2011	24697	238.44	33	0.32
2012	23175	220.56	39	0.37

资料来源:《深圳市卫生统计年鉴(2012)》。

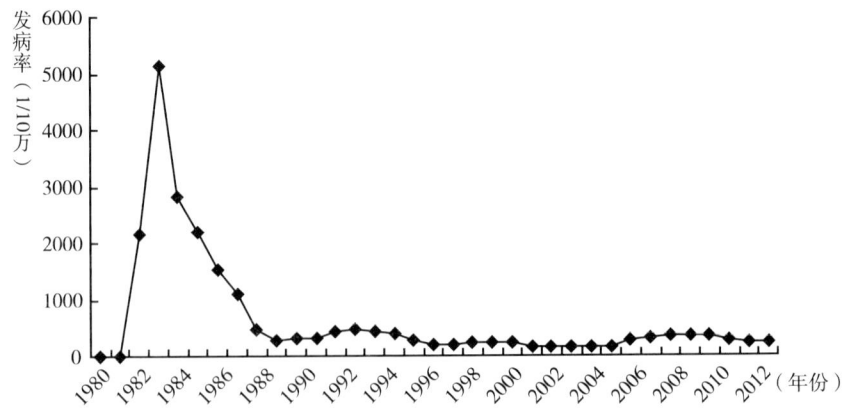

图9-3 1980~2012年深圳市居民传染病发病率情况

资料来源:《深圳市卫生统计年鉴(2012)》。

(5)妇幼保健

2012年全市孕产妇死亡率为7.29/10万,比上年下降了0.05个十万分

点；围产儿、婴儿、新生儿和 5 岁以下儿童死亡率分别为 5.88‰、2.15‰、1.74‰和 2.54‰。妇幼保健方面，2012 年全市有孕产妇 122279 人（常住人口），孕妇早孕建卡率为 86.63%，产前检查 8 次以上的占建卡人数的 91.21%，产后访视率为 97.19%。全年妇女病实查 306877 人，查出各种妇女病患者 139993 人，占 45.62%，发病顺位分别是宫颈糜烂、滴虫性阴道炎、尖锐湿疣、宫颈癌。全年完成宫内节育器 400457 例，取出宫内节育器 21256 例，输精管结扎 149 例，输卵管结扎 13640 例。全年完成婚前检查 42218 人，检出有疾病患者 8281 人，占 19.61%，接受婚育指导暂缓结婚 176 例。儿保方面，全市有 7 岁以下儿童 637218 人，其中 5 岁以下儿童 482636 人，3 岁以下儿童 296100 人。3 岁以下儿童系统管理率为 84.65%。

2. 深圳基本公共卫生服务均等化评价

基本公共卫生服务均等化强调结果均等、机会均等、权利均等，表现在不同区域之间、城乡之间、不同人群之间，在同一阶段，对于基本卫生服务享有均等的机会。本研究主要从地域之间享受的基本卫生服务是否均等来看，对均等化的评价主要集中在区域范围内。

（1）基本卫生服务均等化评价指标体系

本研究对基本卫生服务均等化评价指标体系的建立重点参考了深圳市卫生统计年鉴及相关公共卫生评价文献，最终建立了基于公共卫生服务筹资、公共卫生服务资源、公共卫生服务提供以及公共卫生服务产出的指标体系，其中选取了 24 个二级指标作为细化表征指标来衡量基本卫生服务的均等化程度，详见表 9-6。

表 9-6 基本卫生服务均等化评价指标体系

一级指标	二级指标
公共卫生服务筹资	卫生机构实际投资来源
	卫生设备购置
	公共卫生机构财政补贴
	疾病预防控制机构财政补贴
	卫生监督机构财政补贴
	妇幼保健机构财政补贴

续表

一级指标	二级指标
公共卫生服务资源	公共卫生机构数
	每千人床位数
	每千人卫生技术人员数
	每千人护士数
	每千人万元以上卫生设备数
公共卫生服务提供	诊疗人次
	入院人次
	健康检查人数
	妇女病实查人数
	婚前保健实检人数
	孕产妇系统管理
	7岁以下儿童保健管理
	儿童疫苗接种人数
公共卫生服务产出	传染病发病
	疾病死亡
	婴儿死亡
	新生死亡
	孕产妇死亡

(2)均等化评价方法——基尼系数、集中指数

①基尼系数法

基尼系数是意大利统计学家基尼在洛伦兹曲线基础上，提出定量反映社会收入分配不平等程度的重要指标。基尼系数为0，表示社会收入分配绝对公平；基尼系数为1，表示社会收入分配绝对不公平。

目前计算基尼系数的方法有指数计算法、几何法、拟合曲线法和协方差法。本研究采用的基尼系数计算公式为：

$$G = 1 - p_1 q_1 - \sum_{i=1}^{i-1}(q_i + q_{i+1})(p_{i+1} - p_i) \tag{1}$$

其中，p是"按卫生资源排序的人口累积百分比"，q是"卫生资源拥有量累积百分比"，i是"按卫生资源排序的序次"。

目前基尼系数广泛应用于各种医疗卫生评价研究中。按照国际惯例，基尼

系数在0.2以下,表示卫生资源分配"高度平均"或"绝对平均",基尼系数为0.2~0.3,则表示分配"相对平均",0.3~0.4为"比较合理",0.4~0.5为"差距偏大",基尼系数大于0.5,则表示"高度不平均"。通常将0.4作为评价卫生资源分配差距的"警戒线",基尼系数一旦超过0.4,则表示该地区卫生资源分配严重不合理,没有足够的均等化,应作出适当的调整,以达到卫生资源均等化分配。

②集中指数法

对于本研究而言,基尼系数能够反映深圳地区整体卫生资源分布是否均等,将卫生资源分布量化,便于横向比较。但是由于基尼系数着重研究整体卫生资源分配均等与否,而忽视了分层变量,即测算出整体地区的卫生资源公平与否不能客观反映地区经济差异所带来的卫生资源投入、使用及产出的差异化。因此,本研究结合集中指数来评价深圳市卫生服务的均等化程度。

集中指数用来反映与社会经济状况相联系的卫生资源分布均等与否,以往对集中指数的应用将样本人群按照生活水平由低到高排序(一般将生活水平从低到高进行分组,常表述为"从穷人到富人")。由于缺少深圳市各县市人口调查详细数据,因此本研究将按地区人均GDP由低到高排序,来看地区社会经济差异所带来的卫生资源投入差异。

根据欧盟公平性分析技术指导手册,集中指数的计算公式如下:

$$C = (P_1 L_2 - P_2 L_1) + (P_2 L_3 - P_3 L_2) + \ldots + (P_{T-1} L_T - P_T L_{T-1}) \tag{2}$$

其中,P是"按人均GDP排序的人口累积百分比",L是"卫生资源投入、利用等指标累积百分比",T是"社会经济排序的序次"。

集中指数用于量化与经济发展水平有关的卫生变量的公平程度,取值范围是(-1,+1)。当集中指数为负值时,卫生资源变量更多地集中在社会经济状况差的地区,绝对值越大,越倾向于经济状况差的地区;当集中指数等于0时,卫生资源分布绝对公平,说明经济状况不影响卫生资源分配;当集中指数为正值,卫生资源更多地集中在经济状况好的地区,值越大,向经济状况好的地区倾斜程度越大。将基尼系数与集中指数结合起来作为评价深圳市基本卫服务均等化程度的方法，不仅能将量化的卫生服务效果进行横向比较，而且两种方法的应用更能使评价结果具有说服性。

(3) 数据来源

本研究涉及的所有表征指标数据来源于《深圳市卫生统计年鉴（2012）》。

(4) 深圳市基本卫生服务均等化评价

结合基尼系数和集中指数的相关理论，本研究测得深圳市基本卫生服务情况各项指标的基尼系数与集中指数（详见表9-7），具体评价如下：

表9-7 基本卫生服务均等化评价结果

一级指标	二级指标	基尼系数	集中指数
公共卫生服务筹资	卫生机构实际投资来源	0.293622	0.018351
	卫生设备购置	0.10183	0.020937
	公共卫生机构财政补贴	0.274903	0.224339
	疾病预防控制机构财政补贴	0.401398	0.173503
	卫生监督机构财政补贴	0.210245	-0.00903
	妇幼保健机构财政补贴	0.514714	0.402388
公共卫生服务资源	公共卫生机构数	0.050612	0.12453
	每千人床位数	0.043966	0.02253
	每千人卫生技术人员数	0.060171	0.058157
	每千人护士数	0.050861	0.054455
公共卫生服务提供	诊疗人次	0.060893	-0.02622
	入院人次	0.066386	-0.02134
	妇女病实查人数	0.124993	0.249366
	婚前保健实检人数	0.494885	0.453862
	孕产妇系统管理	0.021937	0.124456
	7岁以下儿童保健管理	0.049826	0.009234
	儿童疫苗接种人数	0.103872	0.040591
公共卫生服务产出	传染病发病例数	0.420125	0.104365
	疾病死亡例数	0.051554	0.145175
	婴儿死亡例数	0.265514	0.164587
	新生儿死亡例数	0.111827	0.107974
	孕产妇死亡例数	0.494323	0.339592

①公共卫生服务筹资均等化评价

从深圳市公共卫生服务筹资均等化的评价结果可以看到，疾病预防控制机构财政补贴与妇幼保健机构财政补贴的基尼系数超过了"警戒线"，财政补贴在地区之间严重不平等；卫生机构实际投资来源、公共卫生机构财政补贴与卫生监督机构财政补贴的基尼系数为 0.2~0.3，表明分配相对平均；卫生设备购置的基尼系数为 0.10183，即深圳市用于卫生设备的购置款高度平均。结合各项补贴的集中指数可以看到，疾病预防控制机构财政补贴、妇幼保健机构财政补贴、卫生机构实际投资来源、公共卫生机构财政补贴与卫生设备购置五项补贴相对集中于经济状况较好的地区，尤其是妇幼保健机构财政补贴严重偏向于经济状况好的地区，造成严重的分配不均。只有卫生监督机构财政补贴集中指数小于 0，偏向于经济状况较差的地区。

②公共卫生服务资源均等化评价

深圳市公共卫生服务资源分布高度平均，公共卫生机构数、每千人床位数、每千人卫生技术人员数与每千人护士数的基尼系数均小于 0.2。相对而言，每千人卫生技术人员分布最不平均，更偏向于经济状况好的地区；每千人床位数分布最均等。但是整体来讲，各项公共卫生服务资源都不同程度地偏向于经济状况好的地区。

③公共卫生服务提供均等化评价

从深圳市公共卫生服务提供均等化程度来看，婚前保健实检、妇女病实查、儿童疫苗接种、入院人次、诊疗人次、7 岁以下儿童保健管理、孕产妇系统管理依次变强。可以看到，居民健康档案管理公平性最高，这完全受益于深圳市在综合改革过程中关于逐步建立居民健康档案的举措。具体来看，婚前保健实检人数的基尼系数为 0.495，超过了"警戒线"，同时结合集中指数可以看到，婚前保健严重偏向于经济状况好的地区；妇女病实查人数、孕产妇系统管理与儿童疫苗接种人数整体来讲，相对均等，较偏向于经济状况好的地区；7 岁以下儿童保健管理最为均等，结合基尼系数与集中指数可以近似地理解为分布均等，社会经济状况对地区 7 岁以下儿童保健管理情况没有影响；从绝对均等的角度看，诊疗人次与入院人次分布较偏向于经济状况差的地区。

④公共卫生服务产出均等化评价

深圳市公共卫生服务产出基尼系数绝对值：孕产妇死亡例数＞传染病发病例数＞婴儿死亡例数＞新生儿死亡例数＞疾病死亡例数，均等化程度逐渐增强。其中，孕产妇死亡例数与传染病发病例数的基尼系数均大于0.4，分布严重不均等，都偏向于经济状况好的地区，同时孕产妇死亡最容易受经济状况的影响；婴儿死亡例数分布相对公平，向经济状况较好的地区倾斜较为明显；而疾病死亡例数与新生儿死亡例数分布相对公平。

从上述对深圳市各项基本卫生服务均等化评价的分析结果来看，整体而言，深圳市卫生服务相对均等。同时，社会经济状况的差异对基本卫生资源分布的均等与否有直接的影响，各项资源不同程度地还是向经济状况好的地区倾斜，仅有卫生监督机构财政补贴、诊疗人次和入院人次分布倾向于经济状况差的地区。

(5) 不同人群服务需求分析

除了上述对深圳市基本卫生服务均等化的评价，本文还采用《深圳常住人口就医调查》专项数据对深圳市不同人群对服务需求的差异进行了分析。通过分析得知，当遇到健康问题时，具有不同人口特征的人群对医疗机构的选择会有所差异。首先从不同年龄段人群对医疗机构的需求来看，相比较二者而言，劳动年龄人口对公立医院、区级医院、私人医院及药店的选择要大于老年人，老年人对街道医院及社康中心的需求性更强。小病发生时，劳动年龄人口与老年人更多地会选择社康中心，分别为32.2%、38.0%，当大病、住院、急诊及特诊发生时，二者以公立医院就医为主。其次，从男女性别对医疗机构的选择来看，性别差异所带来的医疗机构选择差异并不明显，男女性遇到健康状况时，对不同医疗机构的需求大致相同。最后，从户籍差异所带来的医疗机构选择差异来看，存在较大差异的是，当小病发生时，深圳市本地居民对社康中心的选择最多，达到40.8%，而且明显高于其他地区对社康中心的需求，其他地区的居民更多地选择药店，广东省（除深圳市）选择药店的居民甚至超过半数（57.4%）。深圳市本地居民对公立医院的需求远远高于其他地区的居民。总体来讲，深圳市居民对医疗机构的选择大致集中在公立医院、区级医院、街道医院及社康中心，这与居民对医疗机构的信任度相关，从图9-4可以看到，居民对市级医院、区级医院及街道医院信任度极高。同时值得关注的是，厂里就诊选择性最小，甚至微乎其微，这是否意味着工作单位医疗服务的欠缺，值得深思。

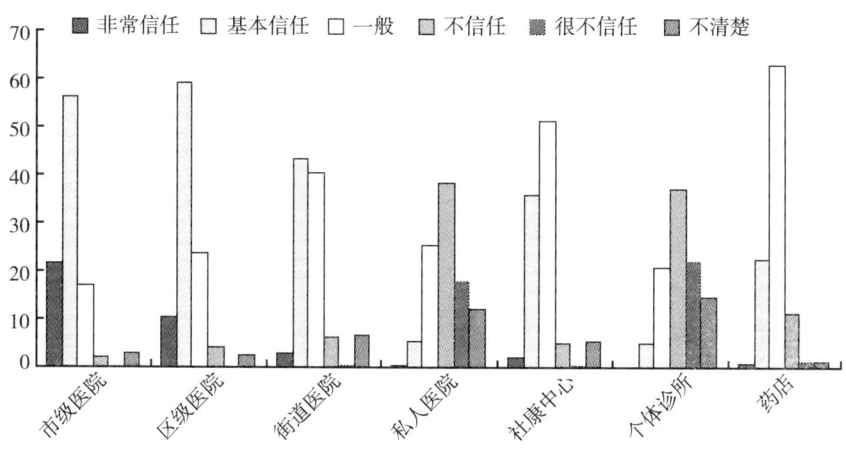

图9-4 居民对医疗机构信任度

（6）不同人群服务满意度分析

为了认知居民对基本公共服务的满意程度，本文同样采用《深圳常住人口就医调查》专项数据从不同角度对不同人群的满意程度作出分析。

首先，就居民对医疗机构的满意程度分析，从图9-4不难看出，无论从哪个角度来看，居民对各级医院的满意度持不清楚态度者都占有一定比例，这从侧面反映出了居民对医疗机构认知度低的事实。去除这部分不确定态度，从不同年龄段的满意度来看，劳动年龄人口与老年人口对各级医院的医生、设备的满意度大致持相同的看法，二者存在较大差异的是对各级医院费用的满意度，劳动年龄人口对各级医院费用的满意度普遍高于老年人口，而老年人对医疗费用的不满意度要明显高于劳动年龄人口，同时，老年人口对药店的满意度高于劳动年龄人口；从不同性别的满意度来看，男性对各级医院费用的不满意度高于女性，从总体上讲，较之于女性而言，男性对市级医院、街道医院及个人诊所满意度高于女性；从户籍差异所带来的满意度差异来看，深圳市本地人群对市级医院及其社康中心的医生、设备、费用及总体的满意度都高于其他地区，而外地户籍人口对区级医院、街道医院、私人医院及药店的满意度高于深

圳市本地人群，尤其是除广东省外的其他省份人群，对私人医院更加满意，更趋向于私人就医。

其次，就居民对就医费用报销比例的满意程度进行分析。整体来讲，市内住院费用能得到及时的报销，这也正是深圳市先行先试医疗制度改革的一大亮点。从不同年龄段的满意度来看，劳动年龄人口对住院及大病就医费用报销比例满意度高于老年人口，依据调查结果显示，老年人对急诊、特诊及小病就医费用报销比例达到完全满意，而对普通门诊的看法基本一致；从不同性别的满意度来看，男性对住院、特诊报销比例的满意度高于女性，而女性更满足于普通门诊、急诊、小病及大病的就医费用报销比例；从因户籍差异所引起的满意度认知不同来看，住院就医费用报销比例的满意度并不受户籍差异影响，深圳市本地居民对其他各类就医费用报销比例的满意度都要高于其他地区的居民，而广东省（深圳市除外）居民对普通门诊、急诊及特诊的就医费用报销比例的满意度明显低于深圳市及其他地区的人群。户籍所带来的就医费用报销比例的满意度差异恰恰说明了公共服务的不均等性，对非本地居民的医疗保障能否接近，甚至是趋同于本地居民的服务标准，打破户籍限制是实现地区公共服务均等化的关键所在。

四 基本公共卫生服务现状城市间比较分析

本报告前一部分已经对深圳市基本公共卫生服务现状进行了简单的描述与评价，但要衡量深圳市基本公共卫生服务均等化的水平，还需要通过与国内其他一线城市基本公共卫生服务现状进行横向比较，这样才能得出客观的结论。鉴于基本公共卫生服务在一定程度上受地区经济发展水平的影响，本文选取了北京、上海、广州三个一线城市的基本公共卫生服务现状作为参照来进行横向的比较。

1. 相关制度和政策层面

2009 年，党中央国务院颁布了进一步深化医药卫生体制改革的文件[①]，提出将基本医疗卫生制度作为公共产品向全民提供，并坚持以公益、公平和人人

---

① 中共中央、国务院 2009 年颁布了《关于深化医药卫生体制改革的意见》和《医药卫生体制改革近期重点实施方案（2009~2011 年）》。

享有基本医疗卫生服务为导向,正式着手从基本公共卫生服务方面逐步实现均等化目标①。随之,国家明确了以九类基本公共卫生服务项目为重点,包含重大公共卫生服务项目在内的基本公共卫生服务项目在全国各地全面展开。

深圳在公共卫生服务方面,不仅全面落实了国家规定的10大类41项基本公共卫生服务项目和4项重大公共卫生服务项目(为目标人群提供乙肝疫苗、宫颈癌和乳腺癌筛查、育龄妇女孕前和孕早期补服叶酸、白内障患者复明术),还根据实际情况增加了免费婚检及孕前优生健康检查,肺结核免费治疗,艾滋病、梅毒、病毒性肝炎母婴传播控制等项目,而且不断地扩大服务对象覆盖范围。同时,深圳医改以取消药品加成作为突破口,充分引入社会资本进入医疗服务体系,开展公立医院改革,增加民营医疗服务机构,通过创建多层次医疗服务机构来满足日益增长的医保需求。深圳综合改革制度贯彻"珠三角"改革发展纲要,分别从卫生行政管理、公共卫生机构、公立医疗机构、民营医疗机构进行相关的政策改革,在医改中先行先试。

北京开展基本公共卫生服务起步较早。主要包括两部分:一部分是基于社区的卫生服务项目;另一部分是针对重点人群的妇幼健康服务项目。北京市社区卫生服务机构在居民自愿的基础上,为本辖区居民建立了健康档案。截至2008年底,居民健康档案建档率已达85%。在政府主导下,搭建了社区慢性病管理平台,实施有效的社区慢性病干预。目前,已建立分片包干、上门服务的社区卫生服务团队2443个,覆盖人口1352万。健康教育已在社区广泛开展,"健康北京"活动从社会层面向居民提供了多种形式的健康教育②。"十一五"期间北京市已建立起以突发公共卫生应急机制、疾病预防控制体系、医疗救治体系、卫生执法监督体系和公共卫生信息系统等"一个机制、四个体系"为核心的较为完善的首都公共卫生体系,公共卫生突发事件处置、应急救治和大型活动保障能力显著提高。积极推进基本公共卫生服务逐步均等化,重点实施了为0~6岁户籍儿童免费进行健康检查、为60岁

---

① 《国务院深化医药卫生体制改革领导小组办公室编写组:深化医药卫生体制改革问答》,人民出版社,2009。
② 刘金伟:《北京城乡基本公共卫生服务均等化现状评价及其对策》,《中国卫生经济》2011年第2期。

以上老年人和在校中小学生免费注射流感疫苗、为适龄妇女免费开展宫颈癌和乳腺癌筛查等10类42项基本公共卫生服务项目和11项重大公共卫生项目。

上海市组织实施基本公共卫生服务项目和重大公共卫生服务项目坚持服务的公益性、公平性和可及性，坚持服务的规范性、合理性和有效性，坚持属地化管理和分级考核的管理原则，坚持预防保健专业机构和社区卫生服务中心"条抓块管、条块结合"的工作模式。在基本公共卫生服务项目方面，根据国家医改工作要求和"确保涵盖国家项目、继续实施原有项目、新增本市特色项目"的原则，自2011年起，组织实施包括疾病控制、预防接种、儿童保健、孕产妇保健、老年保健、健康教育等内容的12大类42项基本公共卫生服务项目。与上海市原社区预防保健经费覆盖项目相比，新增"0~6岁儿童系统保健服务""65岁以上老年人定期健康检查""产前健康检查""高危儿童保健和管理""全覆盖孕情监测""妊娠风险筛查和评估""学生健康状况及其影响因素监测指导""适龄儿童窝沟封闭"等服务内容。上海市基本公共卫生服务项目主要由社区卫生服务中心（站）、村卫生室等基层医疗卫生机构免费为全体居民提供。其中，孕产妇产前健康检查等服务性项目根据服务特点，由各区县结合辖区实际，指定预防保健专业机构和医疗卫生机构承担。在重大公共卫生服务项目方面，根据国家医改工作要求，上海市继续实施"农村孕产妇住院分娩""15岁以下人群补种乙肝疫苗""农村妇女孕前和孕早期增补叶酸预防神经管缺陷""农村妇女乳腺癌、宫颈癌检查"等国家重大公共卫生服务项目。按照"基于国家要求，高于国家要求"的原则，在确保国家重大公共卫生服务项目保质保量完成的基础上，自2011年起，针对儿童、老年人等脆弱人群，结合上海市经济社会发展水平，逐年增加"新生儿疾病筛查"、"社区居民大肠癌筛查"和"60岁以上老人接种肺炎疫苗"3项本市重大公共卫生服务项目。重大公共卫生服务项目主要由各级预防保健专业机构和指定的医疗卫生机构等按照要求组织实施。①

---

① 上海市人民政府办公厅转发市卫生局、市财政局《关于组织实施本市基本公共卫生服务项目和重大公共卫生服务项目意见的通知》，http://wsj.sh.gov.cn/website/b/66171.shtml。

广州市着力推进民生实事卫生项目，公共卫生服务得到了居民的普遍好评。在基本公共卫生服务方面，免费向全市城乡居民提供基本公共卫生服务，服务项目从2011年9大项28小项增加到2012年11大项37小项，全市居民可就近得到健康教育、预防接种、传染病防治、慢性病防治管理、儿童保健、妇女保健、老年人保健、重性精神病管理等基本公共卫生服务。全市基层医疗卫生服务机构为73.7万儿童实施管理，为67.4万名高血压患者、16.9万名糖尿病人和3.98万重性精神病人建立健康档案，免费为100万人次老年人以及高血压、糖尿病等慢性病病人提供年度健康检查，逐步做到早发现、早诊断、早治疗。儿童乙肝疫苗等免疫规划疫苗基础免疫接种率均达97%以上。在重大公共卫生服务开展方面，免费为1000名贫困白内障患者实施复明手术，为23万余例孕产妇提供艾滋病、梅毒、乙肝筛查和干预服务，为3.39万名妇女提供"两癌"检查，为4.2万名农村待孕和孕早期妇女补服叶酸预防神经管畸形，为13万名7~8岁在校儿童实施口腔检查，并为其中7.3万名适龄儿童的22.4万颗牙实施窝沟封闭预防龋齿。为3.26万名农村孕产妇提供住院分娩补助。

2. 公共卫生服务网络

深圳市的公共卫生服务体系由市、区公共卫生服务提供机构以及社区健康服务中心这三级机构构成，形成了功能全、覆盖率高的三级公共卫生服务网络。与其他城市不同的是，深圳市将市区级的专业公共卫生服务机构进一步细化，除了常规的CDC、卫生监督机构、健康教育机构和妇幼保健机构外，还独立出慢性病防治中心、职业病防治中心、精神卫生中心等机构。这种公共卫生服务体系更有利于资金投入、资源配置和队伍建设，对于强化慢性病、职业病和传染病防控工作的推进更具有针对性。

北京建立了以突发公共卫生应急机制、疾病预防控制体系、医疗救治体系、卫生执法监督体系和公共卫生信息系统等"一个机制、四个体系"为核心的较为完善的首都公共卫生体系。

上海坚持属地化管理和分级考核的管理原则，坚持预防保健专业机构和社区卫生服务中心"条抓块管、条块结合"的工作模式。基本公共卫生服务项目主要由社区卫生服务中心（站）、村卫生室等基层医疗卫生机构免费为全体居民提供。重大公共卫生服务项目主要由各级预防保健专业机构和指定的医疗卫生机构等按照要求组织实施。

3. 人口健康水平

期望寿命是用来综合评价居民健康状况的常用指标,反映了居民的生存状况,在这里这个指标也可以在一定程度上反映城市基本公共卫生服务的水平。如图9-5所示,从平均期望寿命来看,上海市最高,平均期望寿命达到了82.13岁;其次是北京市,为80.8岁;再者是广州市,为79.04岁;深圳市的这项指标最低,为78.01岁。但与全国同期平均期望寿命值73.5岁相比,四个城市都高于该数值。

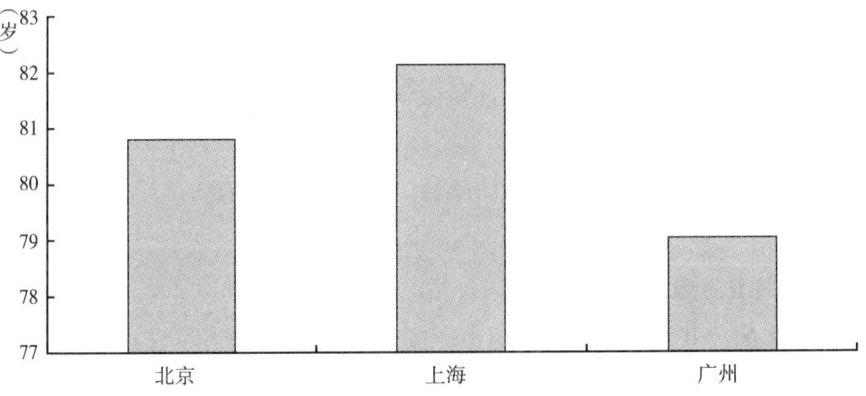

图9-5 2010年北京、上海、广州平均期望寿命

4. 公共卫生服务需求

(1)慢性病与传染病防治

根据北京、上海、广州和深圳的传染病发病和慢性病患病情况①(见表9-8),从"甲乙类传染病发病率"指标来看,除北京以外,其他三个城市的

---

① 数据来源:"传染病发病率"指标,北京、上海和全国的数据来源于《中国卫生统计年鉴(2011)》,深圳的数据来源于《深圳卫生统计年鉴(2010)》;"高血压、糖尿病患病率"指标中,北京市数据来源于《北京市2009年度卫生与人群健康状况报告》,上海市数据来源于上海市卫生局网站,深圳市数据来源于2009年开展的"深圳市慢性病及其危险流行病学"调查结果。

指标值均高于全国平均水平,四个城市中以广州市指标为最高,深圳市位居第二,然后是上海,最后是北京。

表9-8 北京、上海、广州和深圳市传染病发病和慢性病患病情况

地 区	甲乙类传染病发病率(1/10万)	高血压患病率(%)	糖尿病患病率(%)
北 京	185.62	23.60	8.60
上 海	268.99	30.30	15.60
广 州	276.9	—	—
深 圳	271.86	14.21	6.20
全 国	238.69	5.49	1.07

从"慢性病患病率"指标来看,北京、上海和深圳三个城市的高血压患病率和糖尿病患病率都远远超出了全国的平均水平,尤其北京市的指标值最高;相对其他两个城市而言,深圳市这两项指标在三个城市中处于较低的水平。结合这两项慢性病的发病年龄特点,在一定程度上与深圳的人口年龄构成有关。

(2)妇幼保健情况

通过对北京、上海、广州和深圳的妇幼保健情况的指标对比,可以直观地看出四个城市的"孕产妇死亡率"均低于全国同期平均值,但城市间的差别较大。"孕产妇死亡率"指标值从高到低依次为深圳、广州、北京、上海,其中深圳市该指标值是上海市该指标值的两倍多(见图9-6)。这种差异性也表明,在孕产妇健康保健方面,深圳市存在一定缺陷。

从"婴儿死亡率"情况来看,如图9-7所示,深圳市的该项指标值为四个城市中最低,上海市婴儿死亡率相对较高,但也远低于全国同期的平均水平(13.1‰)。

5. 公共卫生服务供给

(1)财政资源供给

从医疗卫生服务的财政资源供给情况来看,北京市的"每万人口财政投入医疗卫生经费"在三个城市中最多,高达952.26万元,其次是上海,达到695.16万元,深圳市的指标值最低,为324.86万元,要低于全国同期的平均

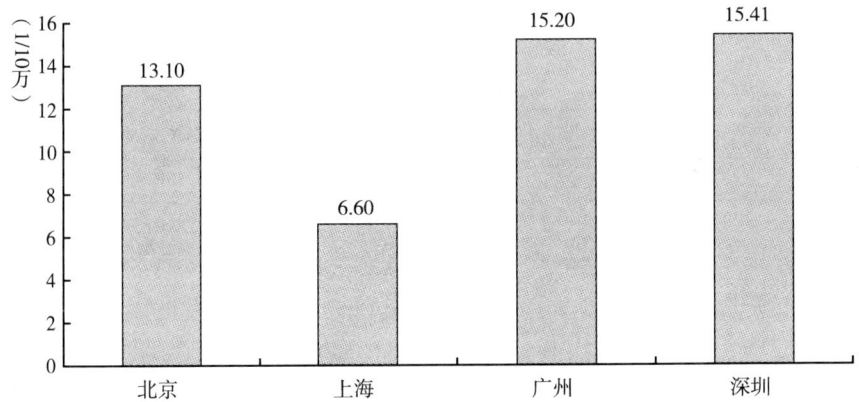

图9-6 2010年北京、上海、广州和深圳市孕产妇死亡率

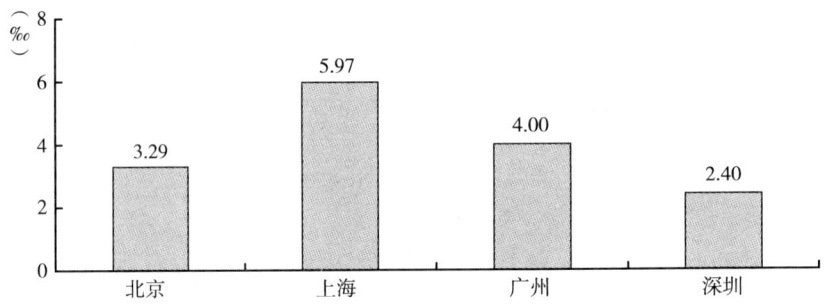

图9-7 2010年北京、上海、广州和深圳市婴儿死亡率

水平424.61万元（见图9-8）。而从经济角度来看，深圳市的人均GDP和人均财政收入均列全国大城市首位，该项指标与其他两个城市的差距就显得比较醒目了。

（2）卫生资源供给

从公共卫生服务供给的情况来看，以"每万人口卫生技术人员数"、"每万人口医疗卫生机构数"和"每万人口床位数"为指标来比较四个城市的卫生资源供给情况，详见表9-9。

从"每万人口卫生技术人员数"这项指标来看，广州市该项指标值最高，深圳市该项指标值最低。从"每万人口医疗卫生机构数"来看，北京市最高，

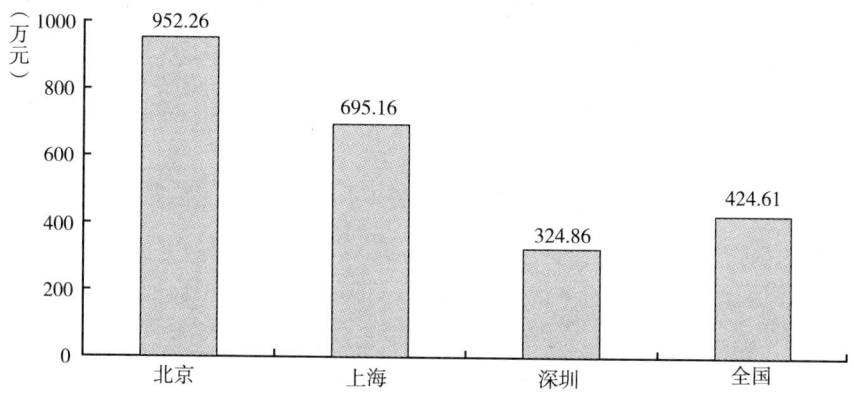

图9-8 2010年北京、上海和深圳市每万人口财政投入医疗卫生经费

深圳市位列第二。从"每万人口床位数"来看，广州市指标值最高，深圳市指标值最低。从三项指标综合来看，深圳市的人均卫生资源数量较少。

表9-9 2010年北京、上海、广州和深圳市卫生资源供给情况

指标	北京	上海	广州	深圳
每万人口卫生技术人员数	87.21	58.81	145.49	54.25
每万人口医疗卫生机构数	4.8	2.04	—	2.29
每万人口床位数	47.28	45.64	77.59	22.05

资料来源：各城市数据来源于各城市统计年鉴。

综合上述描述可以看出，在制度政策方面，四个城市都在国家公共卫生服务项目基础上结合自己城市实际情况做出了适当的项目增加，以上海市的项目为最多，规定最为详细。从公共服务制度政策改革来看，相较于其他城市而言，深圳多方位的改革范围涵盖了公共服务体系的方方面面，而且通过引入社会资本进入公共服务机构运营环节，这样更能通过市场调节来控制公共服务的投入与管理模式；通过借鉴其他城市的政策改革，深圳在逐步建立居民健康档案先行先试政策的指引下，尤其出于深圳孕产妇死亡率明显高于其他地区的事实考虑，深圳应适当突出对重点人群的关注，建立动态的档案管理系统对重点人群乃至全体居民进行跟踪，以期在保证时效性的前提下，调整政策导向。同

时，深圳较高的经济发展水平与较低的医疗财政支出严重不匹配，这种结构性失调不利于人力资本的流入，适当地增加公共财政支出及社会资本的流入，更能适应"以人为本"的改革理念。

五 深圳基本公共卫生服务均等化的成就和不足

纵观深圳市公共卫生服务的发展与改革历程，既体现了其自身的优越性又取得了可资借鉴的经验，发挥了积极作用，同时也要看到不足之处，具体情况如下。

1. 成就

（1）全市人口健康水平明显提高

基本公共卫生服务的提供是为了保障居民的健康，适宜的基本公共卫生服务制度必然会对人口健康水平产生积极作用。从深圳市历年人口健康指标来看，人口健康水平明显得到了提高。全市人口孕产妇死亡率由2005年的17.81/10万下降到2011年的9.89/10万；婴儿死亡率和5岁以下儿童死亡率也分别由2005年的4.30‰、5.46‰下降到2011年的2.29‰和2.98‰；居民平均期望寿命由2005年的76.75岁提高到2011年的78.25岁。

（2）公共卫生服务体系健全

深圳市先行先试改革中，对于公共卫生机构的改革措施形成了深圳市公共卫生服务体系由市、区公共卫生服务提供机构和社区健康服务中心构成的三级医疗机构，其中公共卫生机构又进一步细化为专业公共卫生服务机构和其他公共卫生服务机构两大类，共同构建形成具备多功能的覆盖全民的三级公共卫生服务网络。

（3）政府对公共卫生工作的重视保证各项工作有序展开

受益于深圳市综合改革制度的实施，通过取消药品加成以及将社会资本充分引入医疗服务体系，深圳市公共卫生投入有所提高，市、区两级政府按照常住人口人年均40元不等的标准划拨基本公共卫生补助经费，这一标准远远超过了全国的平均水平，更加凸显了深圳市"以人为本"的改革理念。在投入方式上，建立了分类保障机制，对不同类型的公共卫生服务提供机构，根据具体情况采取不同的财政补助方式，做到了既满足开展公共卫生工作的需要，同时又注意到了调动提供者的积极性。

（4）各级各类卫生机构功能明确

深圳市各级各类卫生机构功能明确，职责定位较为清楚，且做到了相互配合，既有分工又有合作，条块结合，既能保证向深圳市居民提供各类公共卫生服务，又不出现资源配置的重复或空白。除此之外还强调公共卫生的属地化管理，通过网络化分片包干形成属地化辖区负责制，用来保证公共卫生职责的落实。

（5）专业公共卫生机构的设立更有针对性

结合前文第二部分对深圳市人口特点的分析以及第三部分对影响深圳市人口健康因素的分析，可以看到深圳市具有职业病相对较严重的特点，也就是说，感染性疾病、慢性退行性疾病和职业病等的防控都是深圳公共卫生资源配置的重点。从深圳市依托于综合改革的举措来看，对公共卫生机构的改革，使深圳市从公共卫生服务资源配置情况出发，专门设立了慢性病防治中心、职业病防治院等专业公共卫生机构，这比仅设立 CDC 更有助于获得更多在慢性病和职业病防控方面的公共卫生资源，对于推进深圳市主要公共卫生问题相关的公共卫生工作更有针对性。

2. 不足之处

（1）不同人群医保结果存在一定差异

人群健康水平差异主要体现在常住人口和流动人口之间，如 2011 年流动人口的婴儿死亡率为 7.73‰，高于常住人口的 5.43‰，流动人口的 5 岁以下儿童死亡率为 4.62‰，也高于常住人口的 2.98‰。流动人口的新生儿破伤风发病率较高，为 0.14‰。这种人群差异结合深圳特殊的倒挂型人口特点来看，意味着深圳医疗卫生领域存在着规模巨大的社会分层现象，容易引发社会不稳定。就目前而言，医疗改革制度以最大化地实现常住人口利益为最基本的出发点，对于流动人口享受医疗权利的确认仍需进一步的改革。

（2）公共卫生服务供给不公平

医疗卫生服务供给不公平是我国医疗卫生领域普遍存在的一个共性问题，但深圳的公共卫生服务供给方面有其自身的特有问题，主要体现为资源总量不足和分布失衡的状况并存，资源主要集中在关内，而深圳的人流主要集中在关外,卫生资源分布与人口分布之间存在一定矛盾,即服务供给和人群需求存在空间分布的不协调。在公共卫生资源配置方面,政府对公共卫生财政投入的欠账较多,投入水平存在明显的区域差距(详见表9-4),相应的人力物力资源也存在一定的地域差别,然而从人群需求角度看,结合前文对深圳市人口特点的分析可以看到深圳市公共卫生服务需求量大的群体刚好集中于公共卫生资源相对匮乏的龙岗和宝安两个区。

(3)社区卫生机构公共卫生人力资源不足

至2011年,每万人口的社区卫生机构公共卫生医师不到2名,加上公共卫生护士人数,也与同期北京每2000服务人口配备1名预防保健人员相差较大。造成这种状况的原因主要是社区卫生机构公共卫生人力资源是按照常住人口进行配置的。一方面,深圳人口在六个区的分布具有很大差异,部分社区的流动人口比例很大,如果按照常住人口来配置公共卫生人力资源,那么从数量上就难以满足开展基本公共卫生服务的需要;另一方面,由于流动人口具有流动性大、防护意识差、利用公共卫生的主动性和依从性都较差的特点,导致了在流动人口中开展公共卫生服务工作的难度明显要高于常住人口,所以在流动人口数量较多的地区,对于社区公共卫生人员的数量和质量要求要更高。而且社区卫生机构直接面对服务对象,所以在流动人口中开展基本公共卫生工作主要依靠社区卫生机构,如果社区卫生机构公共卫生人力资源配置不足,不仅会成为流动人口公共卫生服务提供的瓶颈,还会制约深圳市公共卫生工作的开展,并最终影响公共卫生工作的整体效果。

六 基本公共卫生服务均等化水平的优化方案

通过深入分析深圳市基本公共卫生服务现状,并在对其均等化做出科学评价的基础上,我们按率先发展的标准,总结了深圳市基本公共卫生服务的成就和不足。针对这些不足,可以提出提高深圳市基本公共卫生服务的优化方案。

1. 基本公共卫生服务均等化实现途径

研究基本公共卫生服务均等化首先要明确一点,基本公共卫生服务均等化是一项中长期的任务,这里的"基本"不是一成不变的,是可以随着社会经济发展动态变化的。基本公共卫生服务均等化的实现途径主要可以从以下几方面考虑。

(1) 依靠制度保障和政策引导分阶段推进基本公共卫生服务均等化

现阶段的基本公共卫生服务必须制定相应的法律制度和政策,强化基本公共卫生服务的财政均等化能力和法制化进程①。以综合改革制度作为起点,根据变动的公共服务现状适时调整改革的趋向,从行为主体的角度出发,将制度改革细化到具体行为。同时,实现基本公共卫生服务均等化离不开政府的引导,落实医疗卫生事业的公益性质,明确基本公共卫生服务的供应方,政府是最终责任主体,强化政府在基本医疗卫生制度中的责任。实现基本公共卫生均等化必须强化政府的责任意识,包括筹资责任,以及政府在提供公共卫生和基本医疗服务中的主导地位的相关政策的制定与完善,使公共政策为实现基本公共卫生服务均等化提供保障。目前,深圳公共服务制度改革处于"萌芽期",部分制度的改革没有可借鉴的经验,包括充分引入社会资本、增加民营医疗机构及"四分开"等制度,这就需要深圳在改革进程中,一步步实现基本公共卫生服务均等化。结合公共服务发展现状,首先,从政府行为角度出发,应充分考虑公共服务环境,不断调整符合经济发展水平的服务体系及财政支出比例,初步建成符合深圳特殊人口特点的基本公共服务体系。其次,从公共服务机构角度出发,建立行业执行标准,按统一的指标衡量地区间基本公共服务差异,这样既可以规范运行模式,又便于管理。最后,从服务人群出发,建立涵盖仝人群的健康管理系统,使制度改革及建设能具体到服务对象。

(2) 加大财政投入,保证基本公共卫生服务覆盖全体居民

中国的卫生发展特点与发达国家"高卫生水平、高投入、高消费"的模式不同,一直坚持实施使用成本较低、社会收益较高、覆盖人口面较大的公共卫生计划,即"低水平、广覆盖、高效率"的方针。现阶段,我国公共卫生体系不健全是迫切需要解决的问题之一。地区间的经济水平差异和居民的健康状况密切相关,要改善基本公共卫生服务地区间的差异状况,就要相应加大财政投入。而目前,财政投入中基本公共卫生服务占比极低,难以与经济增长水

---

① 王伟、任苒:《基本公共卫生服务均等化的内涵与实施策略》,《医学与哲学》2010年第6期。

平及人口特征变动相匹配，基本公共服务供给不能有效应对急速增长的服务需求。因此，适度增加基本公共服务财政投入是必要的。实际上，对基本公共卫生服务的投入不仅可以节约大量的治疗开支，而且能够明显改善基层卫生设施和广大群众的健康状况。正如WHO所指出的那样：发展本身推动了卫生工作，卫生工作也同样推动着社会及经济发展。各级政府应加大对公共卫生的投入力度，完善政府对专业公共卫生、基层医疗卫生机构、基本公共卫生经费、重大疾病防控与国家免疫规划等的投入机制，使基本公共卫生服务能够覆盖全体居民。

(3) 改善基本公共卫生服务的财政支付能力，变革卫生支出的投放方向

根据国际经验，基本公共服务均等化的基础和基本实现手段是财政能力的均等化，即提倡从拥有较高人均收入和较低人均需求的地区向拥有相反特征的地区进行转移支付[①]。我们可以借鉴国际经验完善基本公共卫生服务的财政支付体系，变革卫生支出的投放方向，有效地分配卫生资源，增加基本公共卫生服务的可及性。将卫生支出的投放由城市和大医院转向农村和基层卫生组织，资源的投入转向为解决大多数人的基本卫生问题和增进健康、预防疾病的活动，做到根据医疗卫生服务需求和利用状况来确定资源需要量。

(4) 建立和强化管理及绩效考核机制，提高基本公共卫生服务质量和效率

目前，我国基本公共卫生服务基本上采取政府购买和筹资的方式。为了确保政府投入的有效性，切实保障基本公共卫生服务的数量、质量和可及性，必须建立和完善基本公共卫生服务管理监督机制。应通过建立基本公共卫生绩效考核和评价体系，根据服务内容制定岗位服务规范和考核内容；建立考核标准，规范考核程序和实施细则，并将人员收入与服务绩效挂钩。以此来鼓励基层卫生人员转变服务模式，改善并提高服务质量和效率。通过完善各种形式的监督和保障机制，使政府基本公共卫生投入真正地转化为群众切实受益和方便可及的公共卫生服务[②]。

---

① 王伟、任苒：《基本公共卫生服务均等化的内涵与实施策略》，《医学与哲学》2010年第6期。
② 王伟、任苒：《基本公共卫生服务均等化的内涵与实施策略》，《医学与哲学》2010年第6期。

(5) 加强政策宣传和舆论引导,形成全社会参与格局

由于很多人对于基本公共卫生服务认识不足,所以基本公共卫生服务均等化的实现还需要进一步加强政策宣传和舆论引导,由卫生、财政等相关行政部门采取多种方式,将基本公共卫生服务项目作为医改宣传的一个重点。根据基本公共卫生服务项目各个阶段的实施情况,利用新闻媒体报道,使广大居民了解免费享有的基本公共卫生服务内容,提高群众对均等化政策的知晓率,鼓励群众主动参与和进行监督,营造良好的舆论氛围。

2. 政策建议

到操作层面,深圳市优化公共卫生服务均等化水平,应采取多种手段,推进制度建设。并突出两个重点:重点抓薄弱地区,重点搞队伍建设。具体如下。

(1) 政府在政策制定和实施方案时应向"薄弱地区"倾斜

鉴于深圳市基本公共卫生服务的现状及评价结果,深圳的基本公共卫生服务存在区域差异及个体差异①,要缩小这些差距关键就在于政府。政府政策及实施方案导向要逐渐趋向于最大化地缩小这种差异,并且在政策、财力投入、工作重点和支持力度等方面上向基本公共卫生服务的"薄弱地区"倾斜。

(2) 推进基本公共卫生服务财政供给均等

目前,深圳市已经基本做到了制度均等和财政筹资均等,然而流动人口的基本公共卫生提供一直是深圳基本公共卫生工作中的难题,开展成本较高。所以在财政供给方面应当考虑到不同地区和社区人口结构的不同以及提供同样服务的成本差异,适当调整相关地区和社区的人均资金支付标准。对于服务地理范围大、服务对象多或服务对象中老年人、高危人口比例较高的地区,尤其是流动人口较多的地区或社区,应按照服务人口数支付资金,而不是按照常住人口数支付资金,同时也可以考虑在财政资金分配上有所倾斜。

(3) 推进基本公共卫生服务提供能力的均等

鉴于目前公共卫生服务提供以常住人口为参照项,人群享受基本公共卫生服务机会不均等的事实。在公共卫生服务人力资源配置方面,应按照服务人口

---

① 具体可参见《深圳人口与健康发展报告(2012)》的分报告四"深圳市医疗卫生服务的供给效率高吗——基于医疗卫生服务供需情况的 GAP 分析"和本书的分报告"深圳区域间经济与卫生计生服务协调性评价及成因分析",其中从不同的维度给出了"薄弱地区"所在。

数进行配置,而不是按照常住人口数进行配置。要快速解决部分区域或机构提供基本公共卫生服务的人力资源短缺的问题,可以采取在短时间内由不同政府卫生机构之间适当调配人力资源的方法,或者是对于人力资源短缺的区域和机构,由政府在人员编制上给予适当倾斜的方法。但是从长远角度来看,还应该制定合理的人力资源配置规划,并在培训、人才引进、保持卫生队伍稳定方面给予相关人力资源短缺或素质不高的区域和机构一定的倾斜和政策支持。

(4) 建立基本公共卫生提供者的有效激励机制

优化基本公共卫生服务均等化水平,队伍建设非常重要①,因此政策措施的重点是通过制度建设搞好队伍建设,以调动基层卫生机构的积极性,使他们主动地按照政府要求和规范提供相关服务,以保证政策的落实和较好的工作效果。所以需要建立完善的队伍激励机制,包括合理的考核指标体系,选择合理的支付方式,同时还要加大监管和考核力度,并严格按照绩效考核结果分配和支付资金。

(5) 建立有效的监督机制,加大对政策实施的指导和监管力度

为保证基本公共卫生服务制度的有效实施,应加强对政府及相关部门和服务提供者行为的监督,以便在各个环节减少和消除管理方面及服务提供方的不规范行为。具体要做到以下几点:①建立有效的监督机制,包括明确监管职责,提供监管经费,以使监管部门能有效地行使监管职能;②建立健全监管制度,使之做到有章可循;③加强对制度运行过程、相关政策执行和落实情况的监督,以便及时发现问题并解决问题;④加大奖惩力度,保证各项制度的有效落实。

总的来说,深圳市的公共卫生服务基本做到了全国率先,但百尺竿头需要更进一步,应在空间和手段上突出两个重点——重点抓薄弱地区,重点搞队伍建设,并体现到资金机制和人员激励机制上,这样才可能真正做到"综合改革、深圳率先"。

---

① 基本公共卫生服务的对象区别于医疗服务的患者,因为其在健康状况下通常不会主动利用服务,且部分人群的依从性也较差,这就导致了基本公共卫生服务的效果取决于提供者提供服务的主动性以及是否按照政府要求和规定来提供服务,所以对于提供者的有效激励和约束措施就变得十分重要。

参考文献

[1] 管仲军、黄恒学：《公共卫生服务均等化：问题与原因分析》，《中国行政管理》2010年第25（6）期。

[2] 国务院深化医药卫生体制改革领导小组办公室编写组：《深化医药卫生体制改革问答》，人民出版社，2009。

[3] 中共中央关于构建社会主义和谐社会若干重大问题的决定，新华网，http://news.xinhuanet.com/politics/2006-10/18/content_5218639.htm。

[4] 卫生部政策法规司：《深化医药卫生体制改革相关文件汇编》，2009年。

[5] 荆丽梅、徐海霞、胡善联等：《国内公共卫生服务均等化的理论探讨及研究现状》，《中国卫生政策研究》2009年第1（6）期。

[6] 王伟、任苒：《基本公共卫生服务均等化的内涵与实施策略》，《医学与哲学》2010年第31（6）期。

[7] 陈丽、姚岚、舒展：《中国基本公共卫生服务均等化现状、问题及对策》，《中国公共卫生》2012年第2期。

[8] 蒲川：《促进基本公共卫生服务均等化的实施策略研究——以重庆市为例》，《软科学》2010年第5期。

[9] 闫凤茹、梁玉、梁维萍、郑建中：《我国基本公共卫生服务均等化的提出背景与内涵分析》，《卫生软科学》2012年第1期。

[10] 王芳、刘利群、朱晓丽、周巍、胡同宇：《不同地区间基本公共卫生服务公平性分析》，《中国社会医学杂志》2011年第12（6）期。

[11] 余苏珍、王力、王素珍、王军永：《促进基本公共卫生服务均等化的现实困境及对策》，《中国卫生事业管理》2011年第6期。

[12] 项继权：《基本公共服务均等化：政策目标与制度保障》，《华中师范大学学报》2008年第1期。

[13] 刘延伟、王健、孟庆跃：《基本公共卫生服务均等化差异性分析及其实现路径研究综述》，《卫生软科学》2012年第6期。

[14] 万华军、张翔、张亮、刘运国：《基本公共卫生服务均等化的衡量标准探讨》，《医学与社会》2012年第10期。

[15] 朱晓丽、代涛、王芳、尤川梅：《基本公共卫生服务均等化实施过程中的主要问题分析》，《中国社会医学杂志》2011年第4（2）期。

[16] 邢海燕、李海玉、高向华、谈荣梅：《流动人口基本公共卫生服务均等化调查》，《中华医院管理杂志》2011年第3期。

[17] 郑建、管仲军：《我国公共卫生服务均等化研究现状》，《中国卫生政策研究》

2012年第8期。

[18] 刘宝、胡善联、徐海霞、高剑晖：《基本公共卫生服务均等化指标体系研究》，《中国卫生政策研究》2009年第6期。

[19] 吴建、张亮、赵要军、张萌、谢双保：《基本公共卫生服务均等化评估框架设计与构建》，《中国卫生经济》2011年第8期。

B.10
深圳市妇幼保健工作状况及制度层面的优化方案

杨翌 张瑛 张弛 莫淳琪

本章要点：

1. 在医疗卫生体制改革实践中，深圳市率先实行大部制，卫生与计生合并，构建了"卫计联手"开展妇幼保健工作的新模式，取得了自2011年起孕产妇死亡率和婴儿死亡率双指标位于国内先进队列、达到发达国家水平的骄人成绩。

2. 妇幼保健服务仍然存在**供需不平衡、流动人口妇幼保健水平较低、卫计公共服务资源融合不足**等问题。

3. 未来应探索卫计联动的长效工作机制，合理布局卫生资源，加强流动人口妇幼保健服务，强化人才队伍建设，实现妇幼保健服务的均等化和可及性，深圳才可能保持在这个领域的继续领先。

妇女儿童的生存和发展是国际社会关注的重要问题。2000年9月联合国首脑会议上，189个国家签署《联合国千年宣言》，正式承诺实现千年发展目标。在八项联合国千年发展目标中，目标4（降低5岁以下儿童死亡率）和目标5（改善孕产妇健康）直接涉及妇幼保健。国内深化医疗卫生体制改革，国家"十二五"规划以改善民生为核心，将妇女儿童主要健康指标列入经济和社会发展规划。《国务院妇女儿童发展纲要（2011~2020）》也将妇女儿童健康作为保障民生的重要内容。

深圳是中国大部制改革和公立医院改革的首批试点城市，率先成立了卫生和计划生育委员会，按照国家新医改"保基本，强基层、建机制"的基本原则，在妇幼卫生保健领域进行大胆、科学的探索，在服务性质定位上，明确妇幼保健服务公益性，其服务内涵纳入公共卫生服务范畴；在体制上，开拓性地将卫生机构与计划生育技术服务机构进行有机整合；在机制上，不断完善管理机制、筹资机制和服务网络，构建妇幼卫生服务"卫计联手"的新型服务体系，以公共卫生服务项目为抓手，推动妇幼卫生服务。深圳市妇幼保健工作的"1234模式"为将妇幼保健工作落在实处，为使深圳市的妇幼保健水平处于全国的先进行列奠定了深厚的基础。

一 深圳市妇幼保健服务体系及需求特点

1. 妇幼保健服务体系及内涵

（1）妇幼保健服务体系

妇幼保健是公共卫生的一项重要内容，妇幼保健机构是公共卫生服务体系的重要组成部分。卫生部《妇幼保健机构管理办法》明确规定，妇幼保健机构是由政府举办、不以营利为目的、具有公共卫生性质的公益性事业单位，是为妇女儿童提供公共卫生和基本医疗服务的专业机构。

深圳市的妇幼保健工作始于1988年，最初是以医院为依托开展孕产妇和儿童保健工作。经过30余年的发展，深圳市形成了以社区卫生服务机构为基础，市、区妇幼保健专业机构为核心，大中型综合医疗机构和相关科研教学机构为技术补充的妇幼保健服务网络（见图10-1），为全人群中的妇女和儿童提供保健服务。

全市现有1所市级妇幼保健院，9所区妇幼保健院，另有龙华新区的妇幼保健院正在转型升级之中。市、区二级妇幼保健机构作为辖区妇幼保健服务的组织者、管理者和提供者，在妇幼卫生工作中发挥着重要的骨干作用。607家规范化、标准化运作的社区健康服务中心构筑了妇幼保健服务网络的网底，承担了妇幼保健服务和基础信息收集等职责。妇产医院、儿童医院和综合医院等大中型医疗机构广泛开展妇女儿童疾病诊治等医疗保健服务；相关科研教学机构组织实施母婴保健技术培训，对基层医疗保健机构开展业务指导，并提供技术支持。

2007~2012年，深圳市妇幼保健机构床位数和人员配备呈上升趋势，其

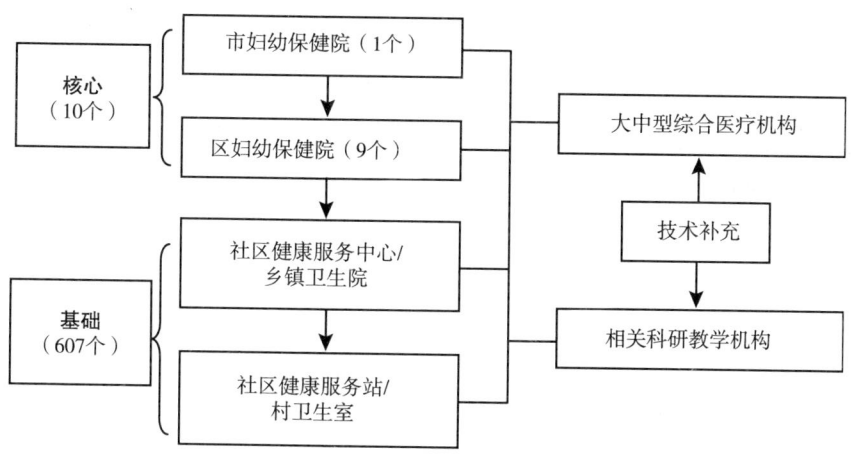

图 10-1　深圳市妇幼保健服务体系图示

增速均高于人口增长速度，尤以床位数和执业医师数增长较为突出，分别为 6.93% 和 7.05%（见表 10-1）。但医师与护士的比例在 1∶1.24 左右，未达到卫生和计划生育委员会 1∶2 的要求。

表 10-1　2007~2012 年妇幼保健院床位和人员数

年份	床位数（张/万人）	机构人员		卫生技术人员数（人）	执业医师		注册护士数（人）	医师与护士比
		人员数（人）	每五千人口配备人员数（人）		执业医师数（人）	每五千人口医师数（人）		
2007	1069	3164	1.73	2511	853	1.87	1115	1∶1.31
2008	1257	3386	1.77	2840	997	2.09	1229	1∶1.23
2009	1317	3749	1.75	3177	1178	2.37	1393	1∶1.18
2010	1404	3799	1.83	3172	1186	2.29	1446	1∶1.22
2011	1485	3987	1.90	3376	1230	2.35	1540	1∶1.25
2012	1598	4145	1.96	3519	1284	2.43	1590	1∶1.24
年均增速（%）	6.93	4.60		5.79	7.05		6.09	

注：每五千人口人员配备按常住人口计算。

（2）妇幼保健服务内涵

妇幼保健服务包括公共卫生服务和基本医疗服务，公共卫生服务是为妇女儿童提供健康教育、预防保健等，这是妇幼保健机构的主要职能；而基本医疗保健服务是与妇女儿童健康密切相关的，包括妇女儿童常见疾病诊治、计划生育技术服务、产前筛查、新生儿疾病筛查、助产技术服务等。妇幼保健服务以群体保健工作为基础，面向基层，预防为主，防治结合。

深圳市社区公共卫生服务包对社区妇女和儿童保健的服务内容、流程、管理监督、考核评估均有明确的规定。

深圳市社区妇女保健服务包有7个基本项目（见图10-2）：服务对象管理（建档）、五期（青春期、新婚期、孕期、产褥期及围产期）保健、妇女常见病防治及双向转诊、孕期和产后访视、计划生育咨询指导、妇女病普查普治。3个扩展项目：育龄妇女心理健康/孕前保健/生殖健康指导、查环查孕、36周前非高危孕妇产检。

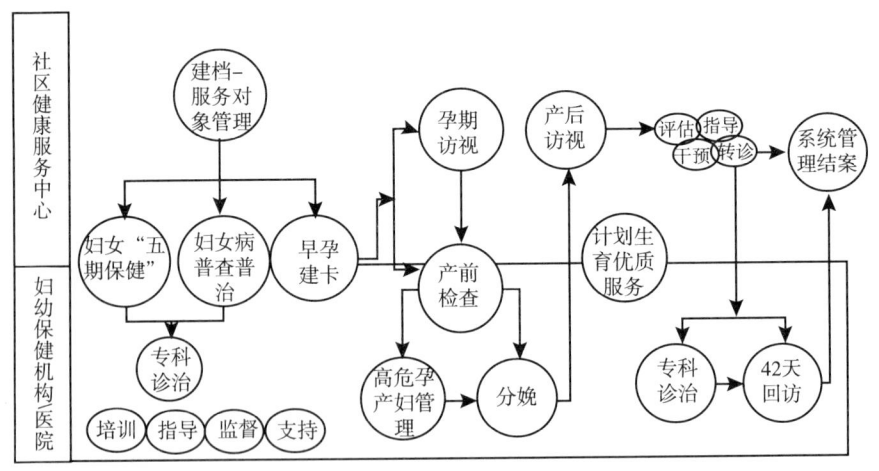

图10-2 深圳市社区妇女保健服务流程图

社区儿童保健服务包有8个基本项目（见图10-3）：服务对象管理（建档）、预防接种、儿童保健系统管理、新生儿家庭访视、健康检查和发育评价、保健指导、常见病/多发病诊治、双向转诊。

2. 与人口结构特征对应的深圳市妇幼保健服务需求特点

深圳的人口结构特征与全国多数大城市存在较大区别。分析深圳的人口结构特征，可以更准确地明晰其妇幼保健服务需求特点。

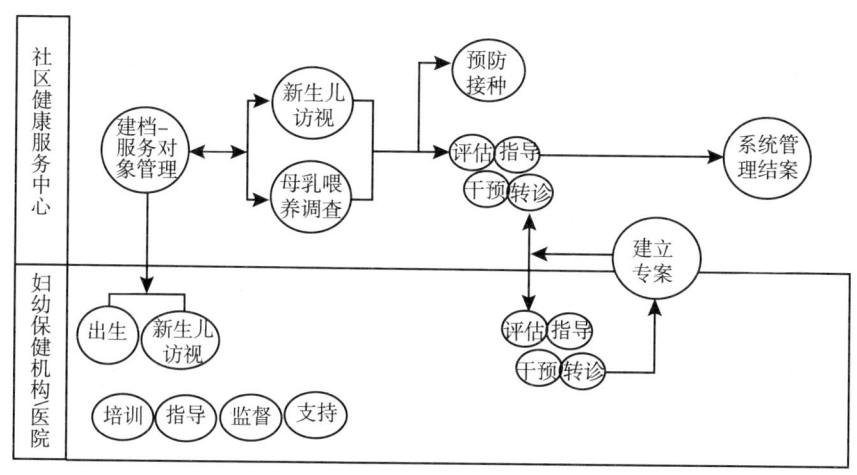

图10-3 深圳市社区儿童保健服务流程图

深圳市人口有如下五方面特征：

（1）人口增长速度快，流动人口比重大，倒挂现象严重。1979年深圳建市时仅30万人，目前深圳常住人口的规模达到1046.74万人（见图10-4）。深圳常住人口增长率为3.98%，快于全国（0.57%）和广东省（1.90%）平均水平。近两年深圳市常住人口仍继续增加，但主要是户籍人口增多，非户籍人口在2010年达到高峰（见表10-2）。

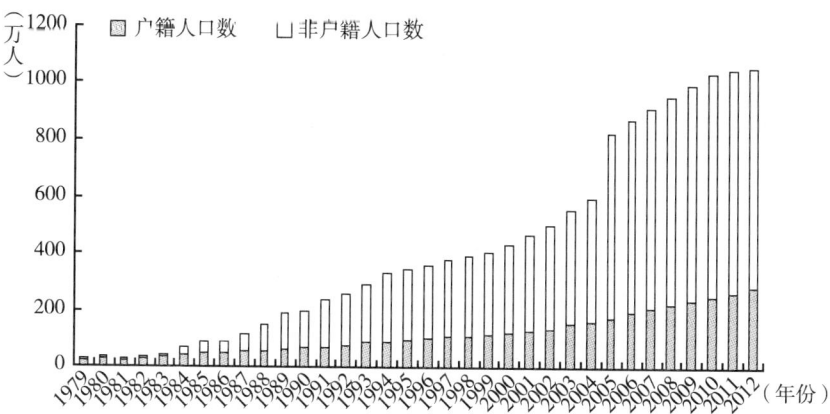

图10-4 1979~2012年深圳人口发展情况

表 10-2 2007～2012 年深圳市年末常住人口情况

单位：万人

年 份	总和	户籍人口	非户籍人口
2007	912.37	212.38	699.99
2008	954.28	228.07	726.21
2009	995.01	241.45	753.56
2010	1035.79	251.03	786.17
2011	1046.74	267.90	778.85
2012	1054.74	287.61	767.13

资料来源：《深圳统计年鉴（2011）》《深圳统计年鉴（2012）》。

2012 年中国流动人口数量为 2.36 亿人，平均年龄为 28 岁[①]。作为典型的移民城市，深圳市有 778.9 万流动人口，以青壮年为主，流动人口占总人口的比例为 74.4%，位居全国之首。深圳市的流动人口比例（流动人口/总人口×100%）达 74.4%，远高于北京（40.9%）和上海（39.9%）（见图 10-5），其随之而来的生育又加重了对儿童保健服务的需求。

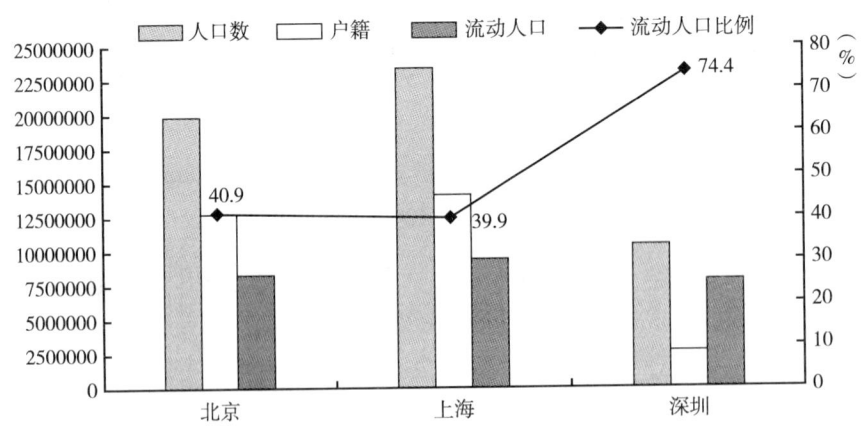

图 10-5 深圳与北京和上海流动人口情况比较

注：表格中北京、上海和深圳的数据来源于各地 2012 年统计年鉴和卫生统计年鉴。

---

① 数据来源于《中国流动人口发展报告 2013》，中国人口出版社。

(2) 年轻型人口。第六次全国人口普查发现，深圳市常住人口中65岁及以上人口占1.76%，较第五次人口普查（2000年）比例上升0.65%，但仍远未达4%的比例，仍属于年轻型的人口结构。

(3) 人口文化素质较高。深圳市具有大学（指大专以上）程度的人口占17.18%，明显高于全国（8.93%）和广东省（8.21%）的平均水平，略低于广州（19.23%）的水平，与北京（31.50%）和上海（21.95%）的水平有较大差距。

(4) 已婚育龄妇女规模持续增长，流动人口比重大。第六次全国人口普查发现，深圳市常住已婚育龄妇女308.83万人，其中户籍已婚育龄妇女68.89万人，流动已婚育龄妇女239.94万人。"十一五"期间，流动已婚育龄妇女数量增速高于户籍已婚育龄妇女。

(5) 深圳市户籍人口主要集中在"关内"（原深圳特区，包括福田、罗湖、南山和盐田四个区），"关外"则非户籍人口居多，其所占比例超过80%（见图10-6）。宝安和龙岗两个区的7岁以下儿童数和孕产妇总数位居全市前列。

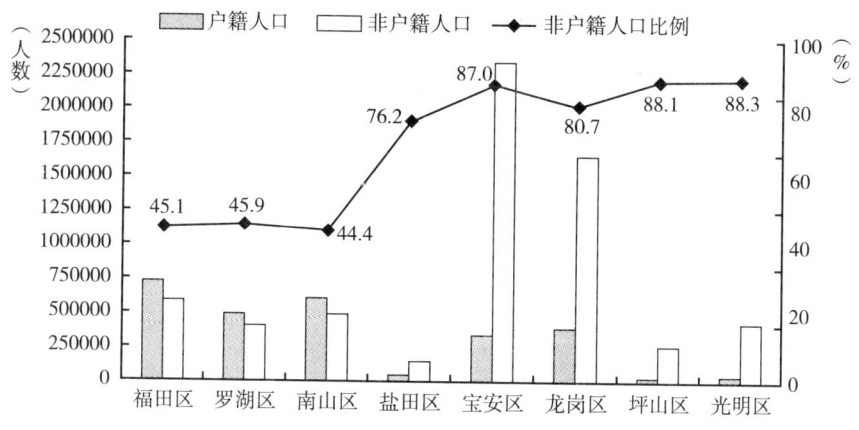

图10-6 深圳市八区人口分布情况

深圳市的人口特征，使其妇幼保健服务需求呈现下列三方面特点。其一，深圳市作为一个年轻型城市，育龄妇女和儿童人数众多，妇幼保健服务的需求量巨大。其二，流动人口是妇幼保健工作的重点和难点。流动人口以青壮年为主，生殖健康、孕产期保健、计划生育、儿童健康管理、预防接种等都是流动人口突出的公共卫生问题。流动人口多数文化程度较低，卫生知识欠缺，健康意识淡薄，接受妇幼保健服务的意愿不高，即使有免费的妇幼保健服务也不愿接受，加上这个人群流动性大，妇幼保健服务提供者难以准确掌握他们的信息，难以为其提供相关的妇幼保健服务。其三，人口分布呈现明显的地域性，关外人口多，尤其是非户籍人口多，宝安和龙岗两个区的7岁以下儿童数和孕产妇数基数庞大，关外妇幼保健服务的需求量超过关内，应该适当增加这些区域的妇幼保健资源投入，确保妇幼保健服务的公平性和可及性。

二 深圳市妇幼保健工作成效及其制度成因

1. 深圳市妇幼保健工作成效

妇幼卫生工作是卫生事业的重要组成部分。深圳市以"敢为人先"的精神，在经济发展领域进行大胆的改革和探索，同时在社会发展的公共卫生服务，尤其是妇幼保健服务方面不断求新求变。通过完善网络建设，建立妇幼与计生部门合并的新体制，构建"三层次五联动"管理模式，使深圳市妇幼保健工作得到质的飞跃，取得自2011年起孕产妇死亡率和婴儿死亡率双指标国内领先（达到发达国家平均水平）的骄人成绩。

（1）妇幼卫生主要健康指标

孕产妇死亡率和婴儿死亡率逐年下降，已达到发达国家水平。图10-7和图10-8显示，1991~2012年深圳孕产妇和婴儿死亡率呈下降趋势。由图可见，2002年孕产妇死亡率为17.38/10万，2011年降到了7.34/10万；同期婴儿死亡率由5.6‰降到了2.30‰。10年间，孕产妇死亡率和婴儿死亡率降幅都接近60%，2012年分别维持在7.29/10万和2.15‰的低水平状态，提前实现《"十二五"期间深化医药卫生体制改革规划暨实施方案》提出的2015年"婴儿死亡率降低到12‰以下，孕产妇死亡率降低到22/10万以下"全国目标。与国内北京、上海和14个副省级城市比较，以及与其他国家和地区比较，深圳市妇幼卫生保健水平已达我国最好水平，并达到发达国家的水平（见表10-4、表10-5、表10-6）。

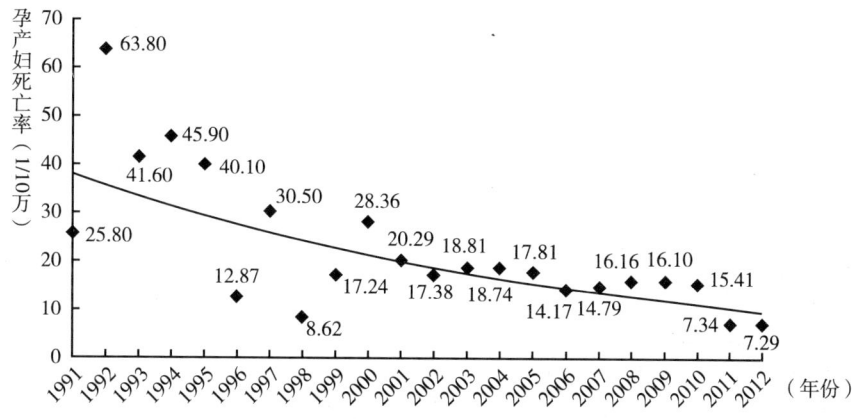

图 10-7　1991~2012 年孕产妇死亡率

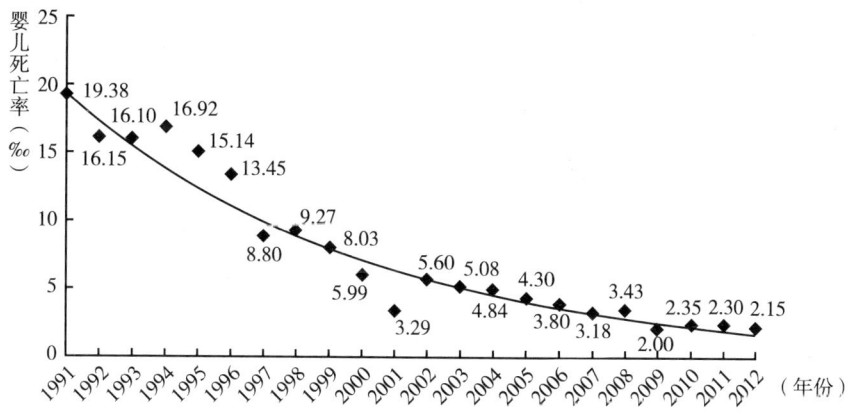

图 10-8　1991~2012 年婴儿死亡率

表 10-3　深圳市 2007~2012 年妇幼卫生主要健康指标

年份	孕产妇死亡率 （1/10 万）	婴儿死亡率 （‰）	新生儿死亡率 （‰）	5 岁以下儿童 死亡率（‰）	新生儿破伤 风率（‰）	围产儿死亡率 （‰）
2007	14.79	3.18	1.11	3.99	—	5.33
2008	16.16	3.43	1.90	4.40	0.16	4.75
2009	16.10	2.00	0.98	3.08	0.09	4.30
2010	15.41	2.35	1.30	3.50	0.08	5.36
2011	7.34	2.30	1.53	2.99	0.08	5.43
2012	7.29	2.15	1.74	2.54	0.04	5.88
规划*2015	≤15	≤5		≤8		
规划*2020	≤15	≤4		≤6		

*《深圳市 2011~2020 妇女儿童发展规划》中 2015 年和 2020 年的指标值。

表10-4 2011年深圳市妇幼保健主要指标与国内其他地区的比较

城 市	孕产妇住院分娩率(%)	孕产妇死亡率(1/10万)	新生儿死亡率(‰)	婴儿死亡率(‰)	5岁以下儿童死亡率(‰)
长春市	100.0	—	—	—	—
大连市	100.0	7.1	2.5	3.8	4.9
广州市	100.0	13.5	2.2	3.6	4.9
哈尔滨市	100.0	14.0	5.8	8.7	10.7
南京市	100.0	3.0	3.1	2.9	3.8
宁波市	100.0	2.4	1.9	3.3	4.6
青岛市	100.0	9.5	2.1	3.3	4.2
沈阳市	100.0	7.7	3.8	5.2	6.6
深圳市	99.8	7.3	1.5	2.2	3.0
武汉市	100.0	10.7	2.2	3.1	3.9
西安市	99.6	18.0	3.2	4.6	5.5
厦门市	100.0	4.4	2.6	4.0	5.2
成都市	100.0	12.6	3.7	5.7	8.4
杭州市	100.0	6.4	1.8	2.8	3.8
济南市	100.0	9.2	2.9	4.4	5.5
北京市	—	9.1	1.9	2.8	—
上海市	—	1.0	3.0	2.9	—

数据来源：《深圳卫生统计年鉴（2011）》和各地方卫生和计划生育委员会/局官网的卫生事业发展情况统计简报。深圳以常住人口计算，其他地区以户籍人口计算。有个别数据难以查到，只能用前后两年的数据插值。

表10-5 深圳市与其他国家/地区人均期望寿命、孕产妇死亡率和婴儿死亡率的比较

地 区	孕产妇亡率(1/10万)(2005年)	婴儿死亡率(‰)(2008年)	人均期望寿命(岁)	
			男	女
深圳(2012年)	7.29	2.2	78.3	78.3
香港(2010年)	—	1.5	80.0	85.9
澳门(2010年)	0	2.9	79.5	85.4
台湾(2009年)	—	—	75.9	82.5
泰国	110	14.0	66	74
澳大利亚	4	5.0	79	84
日本	6	3.0	79	86
意大利	3	4.0	79	84
英国	8	5.0	78	82
美国	11	7.0	76	81

数据来源：《深圳统计年鉴》等。

深圳市妇幼保健工作状况及制度层面的优化方案

（2）妇幼保健主要管理指标

①孕产妇保健管理指标

深圳市妇幼保健管理指标整体上处于较高水平，孕产妇保健覆盖面较广，除了2012年以常住人口计算的孕产妇早孕建卡率为86.86%外，早孕建卡率和产前检查率在2007~2011年均保持在97%以上。自2008年以来，孕产妇产前检查8次以上者占建卡人数的比例在86.74%以上，产后访视率在97.19%以上，已提前实现《深圳市妇女发展规划（2011~2020年）》中2015年孕产妇系统管理率的目标（孕产妇系统管理率≥85%）（见表10-6）。

表10-6 2007~2012年深圳市孕产妇保健管理的主要指标

年份	孕产妇数（人）	早孕建卡率（%）	产前检查率（%）	产前检查8次以上者占建卡人数的比例（%）	产后访视率	住院分娩率
2007	40318	100.00	98.73	76.64	99.01	
2008	49103	98.31	98.28	89.28	99.07	
2009	55383	98.26	98.67	92.91	98.66	
2010	70748	99.53	98.14	86.74	97.91	
2011	94553	99.47	98.49	90.01	97.97	
2012	122279	86.63	98.92	91.21	97.19	
规划*2015		孕产妇保健覆盖率≥97		孕产妇系统管理率≥85		≥98
规划*2020		孕产妇保健覆盖率≥98		孕产妇系统管理率≥95		≥99

注：2012年为常住人口，其他年份不含流动人口。
*《深圳市妇女发展规划（2011~2012年）》中2015年和2020年的指标值。
数据来源：《深圳市卫生统计年鉴》（2008~2012年）。

②儿童保健管理指标

2007~2012年深圳市儿童保健管理指标均取得喜人成绩，3岁以下儿童系统管理率均达84.65%以上，7岁以下儿童保健管理率均达95.33%以上，两个指标分别提前实现深圳市2015年（≥80%）和2020年（≥95%）的目标。7岁以下儿童保健管理率与北京（94.29%）和上海（户籍人口97.53%）接近（见表10-7）。

331

表10-7 2007~2012年深圳市儿童保健管理的主要指标

单位：%

年份	3岁以下儿童系统管理率	7岁以下儿童保健管理率	儿童营养不良发生率
2007	90.77	97.41	
2008	87.60	96.19	
2009	88.94	95.76	
2010	87.54	95.00	
2011	89.20	95.63	
2012	84.65	95.33	
规划*2015	≥80	≥90	—
规划*2020	≥90	≥95	—

注：2012年为常住人口，其他年份不含流动人口。
* 《深圳市妇女发展规划（2011~2020年）》中2015年和2020年的指标值。
数据来源：《深圳市卫生统计年鉴（2008~2012年）》。

2. 工作成效的制度基础

必须看到，作为医疗卫生领域的后发城市深圳，本是有许多欠账要补的。在妇幼保健工作方面取得了跨越式发展（尤其相对医疗卫生的其他领域），这不能不在相当程度上归功于也实现了跨越式发展的制度建设。

（1）以上位改革为契机，完善管理体制机制

深圳市制定了《深圳市妇女发展规划（2011~2020年）》和《深圳市儿童发展规划（2011~2020年）》，突出保障母婴安全和女性在整个生命周期享有卫生保健服务，防治出生缺陷，改善妇女儿童营养状况，加强儿童保健服务和儿童疾病防治和预防伤害，深化妇女儿童精神卫生服务，促进生殖健康和防治妇女常见病，重点关注流动人口中的妇女儿童身心健康，注重推动妇幼卫生服务的公平性、可及性和普惠性。

《深圳市卫生和人口计划生育事业发展"十二五"规划》提出了"统筹、均衡、全面、创新、和谐"的发展思路，对深圳市妇幼卫生事业来说无疑是又一次重大机遇。深圳市利用卫生与人口计生机构整合的体制优势，统筹卫生和人口计生资源配置，融合卫生和计生服务，提升整体服务能力和效率，实现妇幼保健基本公共卫生服务均等化。

①加强和完善制度建设

为规范深圳市妇幼卫生服务工作，提高服务质量，深圳市卫人委将国家、省、市妇幼卫生管理相关法律、法规、规章和规范性文件整理成册，汇编了《深圳市妇幼卫生工作规范》。完善母婴保健技术服务质量控制体系和监督管理体系，依法对申请开展母婴保健技术服务的机构进行考核验收，对符合条件的机构颁发许可证；出台《深圳市母婴保健技术服务许可回访监督制度》，对回访发现未达到许可条件和要求的机构进行停业整顿，确保医疗保健机构开展母婴技术服务的质量。制定了《深圳市助产士岗位培训五年规划（2009～2013年）》，对初级助产士、护师级助产士、主管级助产士规划培训内容，包括产前诊断服务、高危孕产妇管理、孕产妇及围产儿死亡评审制度、妇幼保健信息管理、产科质量检查、新生儿疾病筛查服务等技术规范和质控标准，推动建立高素质的助产技术队伍，全面推进产房质量管理工作，保证产科服务质量。强化对妇幼保健机构和服务项目的绩效考核，建立工作日常督导和年度评估相结合的绩效评估制度，提高公共卫生资源的服务效率。深圳市卫人委每年组织1~2次妇幼卫生工作年度评估暨区级妇幼卫生工作绩效考核，按照明确的综合绩效评估体系和标准，认真总结妇幼卫生工作的经验、成效及存在问题，及时调整工作方法与策略，这对掌握深圳市妇幼卫生工作现状，推动深圳市妇幼卫生事业的发展具有重要意义。

②健全妇幼卫生服务体系

借深圳经济特区范围扩大到全市（原来只包括福田、罗湖、南山和盐田四个区）的契机，2010年7月，深圳市启动"特区一体化"进程，实行法规政策、规划布局、基础设施、城市管理、环境保护、基本公共服务六个一体化，统筹规划深圳市医药卫生事业发展。深圳市卫人委实施机构设置优化工程，优先投资原特区外资源薄弱区域，完善三级医院、专科医院的合理布局，新建了光明、坪山、大鹏新区妇幼保健院，实现了各区均有1所政府举办、标准化建设的妇幼保健院，加强了妇幼卫生服务体系的核心力量。

"十一五"期间，深圳市实施"一大一小"和"提质增效"战略，推进以二、三级医院为主体的区域医疗中心和以社康中心、一级医院为主体的基层医疗服务网络建设。深圳市专项管理公共卫生经费，完善市区二级妇幼保健机构的网络建设,提高其妇女儿童保健综合管理和服务能力;加大基层医疗卫生服务体系(包括农村乡镇卫生院、村卫生室和城市社区健康服务机构)建设,社区健康服务中心和乡镇卫生院配备专职妇幼保健人员,夯实妇幼保健服务网络的网底。在完成"铺摊子"任务之后,推动大医院和社康中心内涵建设,全面提升服务质量和效益。实现了以大中型医院为技术支撑、社康中心为妇幼卫生服务网底的"15分钟社区医疗保健服务圈"的目标,为全面提升不同层级卫生机构的妇幼保健水平奠定了良好的基础,对实现妇幼保健服务公平性和可及性起到了至关重要的作用。

③建立妇幼保健服务经费保障机制

《中共中央、国务院关于深化医药卫生体制改革的意见》(2009年)明确指出要建立政府主导的多元卫生投入机制,政府要在提供公共卫生和基本医疗服务中起主导作用;公共卫生服务主要通过政府筹资,向城乡居民均等化提供。建立妇幼卫生服务经费保障机制,切实保障妇幼卫生服务经费。

妇幼保健机构属于专业公共卫生服务机构,是为妇女儿童提供公共卫生和基本医疗服务的公益性事业单位。各级妇幼保健机构作为防治合一的机构,政府采取双向财政补偿供养方式,即保健工作部分按全额预算、诊治部分按差额预算,促进妇幼保健工作按保健与临床相结合的方向健康协调发展。深圳市社区健康服务中心是非营利性事业机构,具有公共卫生服务的职能,承担妇女保健工作。

深圳市妇幼保健领域的筹资来源包括政府财政补助、社会医疗保险(以城市基本医疗保险、城镇职工生育保险和新农合为主)、商业健康保险和居民自费等多种渠道。深圳市确立了政府在提供公共卫生和基本医疗服务中的主导地位,公共卫生服务主要通过政府筹资,向城乡居民均等化提供。基本医疗服务由政府、社会和个人三方合理分担费用。特需医疗服务由个人直接付费或通过商业健康保险支付。

政府卫生投入实行市、区二级财政投入。政府卫生投入增长幅度要高于经常性财政支出的增长幅度,占经常性财政支出的比重逐步提高,占卫生总费用的比重逐步提高,并随着经济社会发展适当提高投入比例。

妇幼保健服务的投入机制采取常规工作与项目相结合,通过常规工作开展全人群妇幼保健；以项目资助形式强化解决妇幼卫生重点人群（如孕产妇、婴儿、贫困育龄妇女等）的健康问题（如出生缺陷、死亡率、癌症等）。近年来，深圳市基本公共卫生服务经费不断提高，2011 年，深圳市人均公共卫生经费达到 50 元。

社区健康服务中心建立绩效工资分配机制，逐步改善社区健康服务中心工作人员的福利待遇和工作环境，制定《深圳市社区健康服务中心工作人员绩效考核指导意见》，探索实行以岗定薪的工资核算办法，绩效工资与机构的服务收入不直接挂钩，由服务完成的质量与数量、服务对象满意度等因素确定，有效保障社区健康服务的公益性。按照每个社康中心 6~8 个编制的标准落实人员配置，稳定社区人才队伍。

（2）以机构合并为动力，卫计联手提高服务效能

①卫计联手的背景

2009 年，深圳市实施先行先试政策，将卫生和人口计生两个与人口及健康紧密相关的部门合并成深圳市卫生和人口计划生育委员会。如何利用卫生与计生合一的体制改革的机遇，发挥整合资源优势，加强妇幼保健服务网络建设，提高妇幼保健服务的覆盖面和服务效能？两个部门合并之后，深圳市对卫生和人口计生机构的公共资源进行了调研，提出了整合资源，融合服务项目，全面提升服务能力的基本思路。

深圳市在行政体制改革的推动下，以卫生和人口计生行政机构、职能整合为突破口，推动卫生与人口计生技术服务机构的契合、服务内容的融合以及基层公共服务资源的整合。尽管妇幼卫生和计划生育服务提供机构有延续多年各自的网络和资源，但由于隶属同一行政管理部门，可以将妇幼保健服务和计划生育服务网络的资源有效整合和优化配置，目标人群可以获得连续、全面、方便的妇幼保健服务，有利于妇幼卫生事业的长期可持续发展。

②卫计联手的实践

妇幼保健和计生技术服务机构都承担了提供妇幼保健服务的职能，妇幼保健机构的服务对象是妇女和儿童，而人口计生服务机构的重点在育龄妇女。深圳市社区健康服务中心和社区生育文化中心网点已经覆盖每个社区，基层医疗、公共卫生两个服务体系的建设处于全国一流水平。2009 年以来，深圳市

对"卫计联手"的新型服务体系进行了探索和实践,初步形成了妇幼保健和计生技术服务机构信息互通、优势互补、服务互动的工作格局,实现了服务目标人群覆盖面扩大,疾病防控重心下移,关口前移的目标;同时,通过整合机构人员、社区服务、宣传教育、技术和信息等资源,提高了医疗卫生资源及财政资金的使用效率,实现了政府、妇幼保健机构、计生服务机构、服务人群多方共赢的局面。

体系融合,资源互补。深圳市卫生和人口计划生育委员会成立之后,积极推进卫生、人口计生两个体系、两支队伍公共资源的整合,推进服务理念、服务内容的融合,实现资源共享、信息互通、队伍合力、技术提升,构建"卫计联手"的新型服务体系,以卫生的技术优势提升人口计生技术服务水平,利用人口计生基层工作网络开展妇幼保健服务。

"卫计联手"开展健康教育活动成效显著。2010年"中国预防出生缺陷日",深圳市首次在医疗保健机构和计生技术服务机构同时开展"提倡婚前孕前检查,孕育健康宝宝"为主题的预防出生缺陷周活动,编印了预防出生缺陷宣传册、海报、VCD宣传资料。卫生与计生机构以各自的优势,用多种形式向广大市民宣传预防出生缺陷知识,声势浩大,引起了全社会关注。增强了基层网底开展健康教育与健康促进的力度。2012年,全市产科医院的孕妇学校、社康中心和计生技术服务机构,向市民普及叶酸预防神经管缺陷的相关知识,编印了预防出生缺陷宣传册100多万份、光盘10余款,发放增补叶酸知识宣传挂图1272张、宣传单页27667张、免费增补叶酸54608人。

免费婚前及孕前优生健康检查。深圳市积极推进计生服务机构申请医疗机构执业许可工作,鼓励计生技术服务机构融入医疗服务网络,依法开展基本医疗卫生服务。目前,罗湖、南山、盐田、宝安、龙岗等5个区级计生中心全部取得了医疗机构执业许可。全市免费婚前及孕前优生健康检查机构分布在10个区的区妇幼保健院、区计生中心、街道计生服务机构、区医院,50家计生服务机构和10余家医疗保健机构可开展免费婚前及孕前健康检查、生殖健康筛查、不孕症诊治等服务,体现了卫计联手的成效。

职能融合,资源共享。促进街道计生技术服务机构向社康中心转型,向医疗机构开放计生技术服务项目,整合社康中心和社区生育文化中心,扩大卫生计生宣传教育、公共服务资源，提高综合服务能力。

全市625家社区生育文化中心除了进行计生宣传服务工作外，均开展了公共卫生健康教育，社康中心和各级专业公共卫生机构对社区生育文化中心提供业务指导、技术培训、宣传资料配备等支持。与此同时，社康中心开展了计划生育技术服务、药具发放等工作，607家社康中心也成为计生药具免费发放常规供应点。深圳市福田区在社区健康服务中心与社区生育文化中心资源共享方面进行了大胆尝试，在社区健康服务中心设立计生服务站，妇幼保健工作人员兼职计划生育工作，以政府购买服务的方式，承担计生技术服务，这既完善了社康中心的功能，避免了政府重复建设造成的资源浪费，也使社区居民得到妇幼卫生和计划生育一体化服务。

2009年，深圳市建立了孕产妇、出生和免疫规划信息通报制度，全市医疗机构出生人口信息实现与各级计生服务管理部门共享，有效解决了过去因市内跨区居住、生产带来的信息丢失问题，提高了人口信息的准确性，加强了出生人口性别比动态监测。2005年，深圳市《区域卫生信息化建设规划》提出了建设"一个数据中心，三大平台，九大应用系统"的"139工程"。目前，"139工程"已经基本建成，建立了覆盖全市各级各类医疗卫生机构的信息网。通过数据共享和交换平台，实现了妇幼保健信息系统、医院信息系统、基层卫生业务信息系统和计生人口信息系统的资源共享，为各级医疗卫生机构之间的信息共享和业务协同提供了保障，进一步提高了就医效率和科学化管理水平。

（3）以项目带动工作，提高妇幼保健服务广度和深度

国家基本公共卫生服务项目，是促进基本公共卫生服务逐步均等化的重要内容，是深化医药卫生体制改革的重要工作。为进一步规范国家基本公共卫生服务项目管理，卫生部颁布了《国家基本公共卫生服务规范（2011年版）》，其中包括11项内容，即：城乡居民健康档案管理、健康教育、预防接种、0~6岁儿童健康管理、孕产妇健康管理、老年人健康管理、高血压患者健康管理、2型糖尿病患者健康管理、重性精神疾病患者管理、传染病及突发公共卫生事件报告和处理以及卫生监督协管服务规范。针对严重威胁妇女、儿童、老年人等脆弱人群和某些地区居民的传染病、地方病等重大疾病和主要健康危险因素，国家设立和实施了重大公共卫生项目，主要有六项：增补叶酸预防神经

管缺陷项目,农村孕产妇住院分娩补助项目,"两癌"检查项目,预防艾滋病、梅毒、乙肝母婴传播项目,百万白内障患者复明工程,农村改厕项目。

深圳市在全面实施国家基本和重大公共卫生服务项目的基础上,根据自身经济发展水平和当地突出的妇女儿童公共卫生问题,增加和调整公共卫生服务项目。基本公共卫生服务有9项,包括建立居民健康档案、健康教育、预防接种、传染病防治、儿童保健、孕产妇保健、老年人保健、慢性病管理、重性精神疾病管理。重大公共卫生服务有5项,包括"降消"项目、妇女两癌检查项目、增补叶酸预防神经管缺陷项目、预防艾滋病梅毒乙肝母婴传播项目、婚前检查和孕前检查项目。基本公共卫生服务项目全部免费向城乡居民提供,重大公共卫生服务项目则向目标人群提供。

实施妇幼卫生公共服务项目,着力提高妇幼卫生服务的公平性和可及性,提高妇女儿童健康水平。目前,深圳市正在不断扩大基本公共卫生服务和重大公共卫生服务的覆盖面,逐步惠及流动人口,实现公共卫生服务的均等化。同时,深圳市在公共卫生服务方面也取得了明显成效。2003年,深圳市作为卫生部试点单位开展预防艾滋病母婴传播项目,到2012年,预防艾滋病母婴传播的工作日臻完善,全市持续保持全人群孕产妇艾滋病筛查率96%以上,并且对发现感染艾滋病病毒的孕产妇提供免费检测、治疗和定期随访。

实施妇幼安康工程,提高妇女儿童健康水平,实现人人享有基本医疗卫生服务。为稳定和控制深圳市孕产妇死亡率、婴儿死亡率、出生缺陷发生率,消除新生儿破伤风,实现妇幼保健服务均等化,控制危害妇女儿童健康的高危疾病,解决危害妇女儿童健康的重点、难点问题,深圳市在2009年制定了《深圳市推进妇幼安康工程实施方案》,确立了到2015年、2020年预期实现的目标,力争在2020年全市居民妇女儿童主要健康指标接近发达国家水平。深圳市结合自身的实际情况,在全市范围内首批实施6个妇幼安康工程项目:乳腺癌防治、宫颈癌防治、产前筛查及产前诊断网络建设、生殖道感染规范化防治、儿童心理行为问题筛查与干预、地中海贫血干预项目,并且拟开展产后抑郁症的筛查项目。各个项目实施单位每年确定1~2个示范点,开展社区人群相关防治示范工作。妇女和儿童的健康指标是衡量人民健康水平和经济社会发展的重要指标,通过全面推进妇幼安康工程各项目工作,对促进妇女儿童健康事业，推动公共卫生服务均等化具有深远的意义。

以妇幼卫生公共服务项目作为推手，促进了全市妇幼保健服务能力和服务质量的进一步提升。妇幼卫生主要指标持续向好，2012年孕产妇死亡率为7.99/10万、婴儿死亡率为2.79‰，双双控制在较低水平，达到国内先进水平。

3. 深圳市妇幼保健工作模式

深圳市经过35年的不懈探索和实践，构建了妇幼保健的"1234模式"，即一个方针、两大系统、三道防线、四大建设，为深圳市妇幼保健水平处于全国先进水平奠定了坚实的基础。

（1）一个方针：妇幼卫生工作方针

坚持我国的妇幼卫生工作方针，即"以保健为中心，以保障生殖健康为目的，保健与临床相结合，面向群体、面向基层和预防为主"。坚持国家"一法两纲"和深圳妇幼卫生政策、制度。这一工作方针明确了妇幼卫生的属性是公共卫生，既要以保健为中心，又要紧紧依靠临床技术服务；强调妇幼卫生工作要面向妇女儿童群体，扎根基层，深入社区和家庭。

（2）两大系统：妇保系统，儿保系统

围绕我国妇幼保健工作方针，深圳市广泛开展以保障生殖健康为目的，孕产期保健为核心，并包含青春期保健、婚前保健、更年期保健和妇女病普查普治等一系列涉及妇女儿童生命周期各阶段的保健服务。

①妇女生殖保健服务。积极推广婚前和孕前保健，普及优生优育、生殖健康科学知识，深入开展孕产期保健，形成包括产前检查、产前筛查与诊断、高危孕产妇筛查与管理、住院分娩、新生儿保健和产后访视在内的一整套孕产期保健服务。2011年全国孕产妇产前检查率、产后访视率和系统管理率分别为93.7%、91.0%和85.2%，比2000年分别提高了4.81%、5.57%和10.36%，高危孕产妇管理率达到了99.6%。深圳市产前检查率和产后访视率分别为98.5%、98.0%，与2010年相比，产后访视率基本持平，产前检查率提升了0.4%。开展"降低孕产妇死亡率、消除新生儿破伤风"项目，消除了孕产妇及新生儿破伤风。2011年，全国孕产妇死亡率为26.1/10万，比1990年和2000年下降了72.4%和50.8%，深圳市孕产妇死亡率为9.89/10万，比2010年下降了5.06/10万。开展妇女病普查普治、青春期保健和更年期保健等，为

广大妇女提供全生命周期服务。

②儿童保健服务。加强新生儿保健，规范新生儿访视服务。开展婴幼儿及学龄前儿童保健，实施7岁以下儿童保健管理和3岁以下儿童系统管理。2011年全国3岁以下儿童系统管理率和7岁以下儿童保健管理率分别达到84.6%和85.8%，深圳市2011年3岁以下儿童系统管理率为89.2%，7岁以下儿童保健管理率为95.6%。儿童生长发育水平不断提高，儿童营养不良状况持续减少。努力控制出生缺陷，提高出生人口素质，开展新生儿疾病筛查、0~3岁儿童早期综合发展、发育偏离儿童的康复训练、高危儿早期干预、食物过敏的早期干预、睡眠问题干预、环境污染对儿童健康损害的早期干预以及青春期保健等。关注和重视留守儿童、流动儿童、伤残儿童等特殊儿童群体的身心健康。

(3) 三道防线：（针对出生缺陷）婚前/孕前、产前、产后

出生缺陷是指婴儿出生前发生的身体结构、功能和代谢异常，通常包括先天畸形、染色体异常、遗传代谢性疾病、功能异常（如盲、聋和智力障碍等）。我国是出生缺陷高发国家，据世界卫生组织估计，我国出生缺陷发生率与世界中等收入国家的平均水平接近，约为5.6%，每年新增出生缺陷数约90万例。但由于人口基数大，每年新增出生缺陷病例总数庞大。出生缺陷问题已经成为影响儿童健康和出生人口素质的重大公共卫生问题，也给家庭带来沉重的精神和经济负担。

2003年10月1日实施新的《婚姻登记条例》之后，婚前医学检查由必须改为自愿，深圳市的婚检率与全国各地一样大幅下滑，2004年婚检率由之前的99%骤降至4.75%（广东省2004年婚检率为2.93%，2005年为2.51%）。深圳市率先推行免费婚检，由地方财政拨款。2006年6月~2007年3月，深圳市福田、盐田、宝安、龙岗、罗湖和南山六区政府相继拨付专项经费实施"免费婚检"。该项举措对提高婚检率颇有成效，深圳市2011、2012年的婚检率分别为42.16%和42.02%。

深圳市建立了包括妇幼保健机构、综合医院、妇女儿童专科医院、基层医疗卫生机构、基层计生机构、相关科研院所等在内的出生缺陷综合防治体系，广泛开展出生缺陷防治社会宣传、生殖健康教育与咨询、婚前及孕前优生健康

检查、孕产妇保健和新生儿疾病筛查、诊断、治疗等一系列综合防治服务。深圳市妇幼保健院和深圳市人民医院有"广东省新生儿遗传代谢病实验室",深圳市人民医院有"广东省新生儿听力障碍诊治机构",深圳市妇幼保健院拥有"新生儿遗传性疾病筛查中心""孕产妇危重症诊治中心""产前诊断",深圳市人口计生科研所有"广东省出生缺陷监测和干预重点实验室"。全市有6家妇幼保健机构开展婚前/孕前保健工作,有3个机构开展产前诊断和产前筛查服务,有1家医院开展新生儿听力筛查服务。同时,对出生缺陷防治专业人员进行技术培训、资格认证、质量评估等工作,推广适宜技术,开展多项出生缺陷干预项目,落实出生缺陷三级预防措施。

表10-8 出生缺陷干预项目名称和经费来源一览表

预防	项目内容	经费来源
一级预防	增补叶酸预防神经管缺陷项目	中央/省/市县:10%/45%/45%
	婚前医学检查(孕前医学检查)	市、区妇幼经费
二级预防	广东省地中海贫血预防控制项目	市、区妇幼经费
	预防艾滋病、梅毒、乙肝母婴传播项目	中央/省/市财政分担
	产前诊断与产前筛查技术服务网络建设	市妇幼经费
三级预防	新生儿疾病筛查技术服务网络建设	市妇幼经费

卫生部《中国出生缺陷防治报告》显示,2012年,我国围产期发现有出生缺陷的新生儿已达到5.6%左右,而2010年广东省的出生缺陷率则为2.76%。近年来,深圳市出生缺陷发生率维持在1.6%左右,远低于全国和广东省的平均水平。这必须归功于三道防线建设:①一道防线:推行一级预防措施,预防出生缺陷的发生;②二道防线:落实二级预防措施,减少严重出生缺陷患儿的出生;③三道防线:出生缺陷患儿出生后采取及时有效的诊断、治疗和康复,提高患儿的生活质量,防治病残。

(4)四大建设:网络建设、人才队伍建设、信息化建设和项目建设

深圳市妇幼保健服务网络和项目建设已经在本部分的相应部分进行阐述,此处不再赘述。

①人才队伍建设

2010年,《深圳市公共卫生服务改革实施方案》提出了完善公共卫生人才

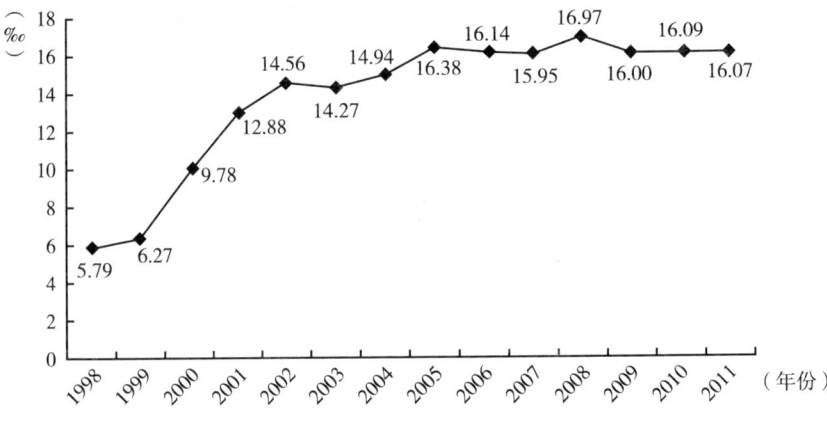

图10－9 1998～2011年深圳市围产儿出生缺陷发生率

队伍保障机制。为高层次人才培养和引进提供良好的综合配套环境。通过国内外一流专业机构培训及国内公开招聘等措施，培养和引进疾病预防控制、职业病防治、精神卫生保健、妇女儿童保健等重点公共卫生领域的领军人物，除落实市政府规定的优惠政策外，所在单位要为其筹集专科建设经费、装备相关设施设备和组建学科团队提供便利。

深圳市鼓励专业公共卫生机构（包括妇幼卫生机构）通过学术交流、技术合作、兼职等方式引导国内外公共卫生人才到深圳短期工作，带动相关领域的公共卫生学科建设。实施优秀公共卫生人才培养计划。与香港和内地著名大学合作，建立跨学科、多学科联合培养机制，促进人才在公共卫生学科之间、公共卫生与临床医学等其他相关学科之间相互磨合，培养造就一批复合型公共卫生人才队伍，进一步优化专业公共卫生机构人才结构。

妇幼卫生机构作为公共卫生机构之一，推进人事制度（如岗位设置和绩效工资制度）改革，严格按需设岗、按岗聘用、合同管理、按岗定薪，提高人才资源效益。与此同时，在全市人口计生行业树立"博学行医、业务精湛、情操高雅、与人为善、博爱救人、敬业爱岗"的核心价值观，将行业核心价值观升华为医院管理规范、医务人员的行为指南，提升医疗卫生服务水平，弘扬医疗卫生职业精神。

近几年，深圳市区级妇幼保健机构加强人才引进，充实妇幼卫生人员队伍。每年分类举办妇幼保健管理和专业人员的培训班，重点加强社区妇幼卫生专业人员的培训，坚持开展助产士岗位规范化培训，妇幼保健专业人员的知识、技能和水平不断提高。

②信息化建设

2003年，深圳市在全国率先开展区域信息化规划，制定了深圳市区域卫生信息化建设规划，2005年，市政府投资建设深圳市区域化卫生信息化网络工程——"139工程"，即"一个数据中心，三大平台（卫生信息发布和服务平台、数据共享和交换平台、卫生决策信息支持平台），九大应用系统（医院业务体系网络信息系统、突发公共卫生事件处理系统、疾病控制体系网络信息系统、卫生监督执法体系信息系统、妇幼保健业务体系信息系统、医疗急救业务体系信息系统、基层卫生业务体系信息系统、健康教育业务体系信息系统、其他业务体系信息系统）"。妇幼保健业务体系信息系统涵盖了全市所有医疗机构的妇幼保健、儿童保健、新生儿筛查、出生医学证明打印、报表直报等业务活动，充分满足了妇幼保健领域服务和信息采集业务工作需要。基层卫生业务体系信息系统实现了全市600多家社区健康服务中心业务活动、管理手段统一高效的目标。通过数据交换和共享平台，政府办医疗卫生机构的就诊信息同步传送，实现了卫生信息资源的共享，提高了医疗服务效率，降低了成本。

三 深圳市妇幼保健服务存在的问题

在看到成绩的同时，也必须看到，从全国率先的标准来看，深圳的妇幼保健工作仍有许多不足。

1. 妇幼保健服务供需不平衡

由于历史原因，深圳特区原来只包括福田、罗湖、南山和盐田四区（关内），宝安和龙岗属于关外，关外妇幼保健资源相对于大量人口，尤其是非户籍人口而言明显低于关内。虽然各区均有一个妇幼保健院，但人均服务人口数、服务半径相差甚远，加上大医院相对集中在关内，使得关外"看病难"的问题更加突出。此外，关外流动人口多，妇幼保健工作的难度更大。

深圳市整体卫生事业投入相对不足，人均卫生事业经费（372.13元）

远低于北京（925.52元）和上海（1667.71元），且大部分经费用于公立医院，公共卫生事业的投入捉襟见肘。此外，深圳各区的公共卫生经费投入和卫生资源配置亦有明显差异（见图1-10、图1-11），关内卫生状况明显好于关外。

2. 流动人口的妇幼保健相关服务水平较低

由于流动性大、受教育水平低下、健康意识薄弱等原因，流动人口的管理和服务困难重重。采用什么措施提高流动人口接受妇幼保健服务的意愿？通过什么途径准确掌握流动人口的相关信息？运用什么机制实现多部门联动落实流动人口的妇幼保健服务？运用什么模式为流动人口提供连续高效的妇幼健康服务，并追踪流动人口的健康？这是实现基本公共卫生服务均等化和可及性必须思考的重要问题。

深圳市的流动人口位居全国前列，以青壮年为主，该人群对生殖健康、孕产期保健、计划生育、儿童健康管理等公共卫生服务的需求量巨大。但是，现有妇幼保健的机构、经费投入和人员设置主要是按照常住人口的情况配备的，有限的妇幼保健资源恐难以满足流动人口中妇女和儿童的健康的需求，供需矛盾突显。

3. 卫计公共服务资源融合不足

深圳市先行先试开展大部制改革，将与健康密切相关的卫生和计划生育两个系统合并，旨在利用卫生系统的专业优势和计生系统的网络优势，资源整合，职能融合，提高公共卫生服务能力，促进公众健康。

尽管市级层面卫生与计生已经合二为一，但由于体制等原因，区级和社区的机构没有完全合并，因此，卫计联手的新格局展现雏形，在健康教育和婚前检查方面开展了初步的尝试，但还缺乏更全面、更深入的合作。妇幼保健机构属于差额拨款的事业单位，计生机构属于全额拨款的行政单位，这两个资金机制不同的单位以什么方式合并？人员待遇如何并轨？这些问题迄今没有明确的政策规定，目前两个系统仍然基本按照原来的网络和职能运作，迫切需要完善卫计融合各方面的工作机制，使卫计真正联手。

四 深圳市妇幼保健制度改革建议

加强妇幼保健工作是深化医改、促进基本公共卫生服务均等化的重要内容,也是各级政府加强社会事业建设的重要任务。尽管深圳市在妇幼卫生工作方面取得了明显的成效,妇幼卫生主要健康和管理指标处于国内先进行列,达到或接近发达国家水平,然而,随着深圳市社会经济发展,城市地域扩大,流动人口数量增多,公众对妇幼保健工作期望增大,深圳妇幼卫生工作将面临如何解决妇幼卫生资源配置不足和分布不均、运行机制尚未完善、人才队伍结构欠合理及如何搞好流动人口生殖健康服务等问题。根据深圳市妇幼保健的现状,本报告提出如下建议。

1. 优化卫计联动机制,提高服务效率

深圳市卫生和人口计划生育委员会的成立,标志着医药卫生体制改革试点的成效。经过对卫生和人口计生公共资源的充分调研,深圳市提出了整合卫生和人口计生两个系统的资源、融合服务项目的基本思路,并构建了"卫计联手"的新型服务模式,初步探索实践取得了一些成效。然而,由于历史上这两个系统分别隶属于不同部门管理,合并后仍保留各自的机构和网络、人员配备,相互之间的协调机制有待完善。如何实现政策衔接、资源整合、信息共享和管理联动,统筹考虑人力资源和技术的使用,最大限度地通过整合出效率,为全人口中的妇女和儿童提供连续、及时、有效的妇幼保健服务,提高妇女儿童的健康水平是值得深思的问题。

(1) 优势互补,完善卫计联动机制

妇幼保健机构长期从事妇幼保健工作,拥有妇幼保健专业技术上的整体优势;人口计生机构在计划生育和优生优育方面实力突出,服务网络健全,组织和协调社区居民能力强。卫计联手开展健康教育活动已经在前期的尝试中显露效果,还有很大潜力有待开发。深圳市鼓励计生技术服务机构申请医疗机构执业许可,获得医疗机构许可的计生技术服务中心可以进行免费婚前及孕前优生健康检查,这为扩大妇幼保健服务的覆盖面,使目标人群享受更加方便、及时的服务奠定了基础。

根据《深圳市优生健康惠民工程实施方案》,深圳市"十大优生惠民健康工程"由卫生计生两个部门合作,依托全市的医疗卫生和人口计生技术服务网络来实现。卫计联手可以在基本公共卫生服务和重大公共卫生服务项目实施、流动人口妇幼保健服务等方面进行深度合作和摸索,实现政府、妇幼保健机构、计生服务机构、服务人群的共赢。

现阶段的卫计联动尚处于初级阶段，有些深层次的运作问题有待梳理，亟待建立卫计联动的长效工作机制。例如，妇幼保健院和计划生育站分属于事业单位和行政单位，两个单位性质不同，其业务收费标准也不同。居民到计划生育站接受基本服务全部免费，其费用由政府支付；但若居民到妇幼保健院接受与计划生育站相同的服务，则按物价局核定收费标准收费。因此，政府宜尽快从财政管理手段上理顺两个单位的收费关系，妇幼保健院充分发挥技术优势，负责育龄妇女的临床工作；计生服务站发挥组织和协调优势，负责组织、健康教育和随访等工作，两者配合，提高妇幼保健工作效率。

（2）加强信息共享，深化卫计合作

深圳市深刻认识到信息化在卫生行政、医疗和公共卫生服务方面的重要性，投入充足的资金建设区域化卫生信息化网络工程（139工程），打造"一个数据中心、三大平台和九大应用系统"，为提升妇幼保健服务质量提供了良好的物质基础。尽管目前该工程尚未全面完工，但妇幼保健业务体系信息系统、基层卫生业务体系已经在本系统内运行。关键问题是今后各个信息系统（包括计生服务信息系统）如何进行数据交换，信息如何同步传递，建立信息共享的运行机制，实现卫生信息资源共享，强化卫生和计生的联手互动。

2. 多渠道筹资，合理布局，适应特区扩展新要求

依托高速发展的深圳市经济建设成果，深圳市2007～2012年卫生事业费逐年增加，人均卫生事业费从2007年的263.35元增加到416.05元，人均卫生事业费平均年增7.92%。但是，卫生事业费占地方财政支出比例从2007年的3.07%降为2012年的2.82%，卫生事业费占GDP的比例远未达到世界卫生组织5%的要求。

自2010年7月起，深圳经济特区范围从原来"关内"的福田、罗湖、南山、盐田四区延伸到全市，即"关外"的龙岗、宝安、光明新区和坪山新区也纳入特区范围。特区面积从327.5平方公里扩大至1952.8平方公里，深圳发展迈进了"大特区"时代。但妇幼卫生资源仍高度集中在仅占深圳常住人口三分之一的"关内"，占常住人口三分之二的"关外"四区虽刚建有或正在建设区妇幼保健院，但仍缺乏大型三甲医院，且妇幼卫生技术人员数、每五千人口执业医师和医生护士比例等指标明显低于"关内"。适度和充足的卫生资源是妇幼卫生工作顺利开展的重要保障,在市区两级政府加大卫生投入的同时,卫生部门对新六区(龙岗区、宝安区、光明新区、坪山新区、大鹏新区和龙华新区)要做好整体卫生规划,广纳社会资源共同举办卫生机构,以便向民众提供妇幼保健服务,同时卫生与计生行政部门在总量控制的前提下,要制定科学、合理的卫生机构准入、监管和退出机制,保证准入机构医疗卫生活动有序进行,并引入先进的管理理念,通过绩效考核手段,切实提高投入的质量和效率,最大限度满足民众需求,适应特区一体化发展的要求。

加强基层公共卫生机构的投入和建设,社区健康中心和计划生育文化站是妇幼保健和计划生育等公共卫生服务的网底和直接提供者,担负着预防和基本医疗服务的职能。为了推行"社区首诊、双向转诊"制度,实现"小病在社区,大病到医院,康复回社区",需将卫生资源的配置重心向基层逐步下移,不断加大对基层机构的硬件和软件建设力度,改善卫生资源配置,提高妇幼保健服务水平,提高公众对妇幼保健工作的满意度,实现"人民群众得实惠,医务人员受鼓舞,医疗机构增活力"。

3. 以流动人口为重点,推动妇幼卫生服务均等化

深圳市是全国流动人口最多的城市,2012年深圳市非户籍人口达到了767.13万人,而且以青壮年为主。深圳市与全国其他地区一样,现行卫生政策的服务对象多数为户籍人口或者常住人口,由于医疗保健机构人员配置和计生经费不足等因素制约了流动人口妇幼保健服务,流动人口的医疗保障水平相对滞后,成为妇幼保健工作的薄弱环节。如何为流动人口提供系统化的妇幼保健服务,让流动人口逐步享有与本地居民平等的基本卫生服务权利是深圳市面临的重大挑战。

除了属地卫生资源有限之外,流动人口整体文化程度较低、收入较少、流动性大、自我保健意识薄弱的特性也是影响流动人口接受妇幼保健服务的因素。可以考虑建立以社区为依托,多部门合作的流动人口妇幼保健服务模式。2007年,深圳市成立了流动人口和出租屋综合管理办公室,实行"房户合一,以房管人"的管理服务模式,并在全国率先建立了房屋编码制度,让深圳的房屋拥有了自己的"身份证"。到2010年,全市共设定合格房屋编码887万个。同时,为实现流动人口和出租屋管理的科技化和信息化,管理部门建立了全市统一的流动人口和出租屋信息管理系统,对流动人口和出租屋信息进行网络化动态管理,通过全市政务信息平台,实现与相关职能部门的信息资源共享。深圳市设立了两地/多地流动人口管理机制,各区与外来人口的所在户籍省份建立计生管理协作机制,推进两地或多地的区域协作。由此可见,深圳市实行多部门合作的流动人口妇幼保健服务模式已经具备初步条件,卫生和计生服务机构联手,对流动人口中孕产妇和儿童实行"属地化管理、市民化服务",逐步实现流动人口与户籍人口计生服务均等化。

深圳市在2008年颁布了《深圳市社会医疗保险办法》,鼓励用人单位为其非本市户籍员工参加综合医疗保险,参加综合医疗保险的非深户籍在职人员可以与深圳户籍在职人员一样参加生育医疗保险,并享受同等的生育医疗保险待遇。生育保险是指女性劳动者因怀孕、分娩导致不能工作,收入暂时中断,国家和社会给予必要物质帮助的社会保险制度。生育保险待遇一般包括生育津贴、医疗费用、生育补助和生育休假。2008~2012年,深圳市参加生育保险人数逐年增加,参保人数分别为151.32万人、334.8万人、414.30万人、458.69万人和506.61万人。虽然《生育保险条例》从立法层面做出了生育保险不与户籍挂钩的硬性规定,使流动妇女从法律上享有了参加社会保险、享受社会保险待遇的权利,但是生育保险的受惠人群就是用人单位的职工,而其他人员包括大量的农村妇女、城镇失业妇女、个体户妇女、无业妇女都被排除在外。在监督和鼓励用人单位为非本市户籍员工申请参加综合医疗保险的同时,要考虑再逐步将生育保险扩大范围,保障流动妇女享有与户籍妇女均等的服务。

4. 强化人才队伍建设,创建妇幼卫生保健优势领域的学术地位

优质的人才队伍是卫生事业可持续发展的重要条件。深圳市妇幼卫生保健水平已处于我国最好水平,这得益于深圳妇幼保健系统长期以来重视基层人员实际操作能力的培训。但也应看到,深圳妇幼保健高素质领军人才奇缺,妇幼专业尚未在国内或省内有领先学术地位的优势领域,基层计生干部和社区健康中心工作人员也常因工作量大但待遇不高而不安心工作。卫生行政部门可通过鼓励妇幼保健机构与国内外高校、研究所或知名医院合作,或与国内外科研机构进行合作,力求通过5~10年的努力,初步建成具有省内(或国内)先进水平的特色学科,有效地提高专业人员科研能力。此外,要建立人才激励机制,培养与引进人才相结合,通过制度留人、待遇留人、感情留人,稳定和扩大妇幼保健人才队伍。

权威报告　热点资讯　海量资源

当代中国与世界发展的高端智库平台

皮书数据库 www.pishu.com.cn

皮书数据库是专业的人文社会科学综合学术资源总库，以大型连续性图书——皮书系列为基础，整合国内外相关资讯构建而成。包含七大子库，涵盖两百多个主题，囊括了近十几年间中国与世界经济社会发展报告，覆盖经济、社会、政治、文化、教育、国际问题等多个领域。

皮书数据库以篇章为基本单位，方便用户对皮书内容的阅读需求。用户可进行全文检索，也可对文献题目、内容提要、作者名称、作者单位、关键字等基本信息进行检索，还可对检索到的篇章再作二次筛选，进行在线阅读或下载阅读。智能多维度导航，可使用户根据自己熟知的分类标准进行分类导航筛选，使查找和检索更高效、便捷。

权威的研究报告，独特的调研数据，前沿的热点资讯，皮书数据库已发展成为国内最具影响力的关于中国与世界现实问题研究的成果库和资讯库。

皮书俱乐部会员服务指南

1. 谁能成为皮书俱乐部会员？
- 皮书作者自动成为皮书俱乐部会员；
- 购买皮书产品（纸质图书、电子书、皮书数据库充值卡）的个人用户。

2. 会员可享受的增值服务：
- 免费获赠该纸质图书的电子书；
- 免费获赠皮书数据库100元充值卡；
- 免费定期获赠皮书电子期刊；
- 优先参与各类皮书学术活动；
- 优先享受皮书产品的最新优惠。

卡号：5368381521076336

（本卡为图书内容的一部分，不购书刮卡，视为盗书）

3. 如何享受皮书俱乐部会员服务？

（1）如何免费获得整本电子书？

购买纸质图书后，将购书信息特别是书后附赠的卡号和密码通过邮件形式发送到pishu@188.com，我们将验证您的信息，通过验证并成功注册后即可获得该本书的电子书。

（2）如何获赠皮书数据库100元充值卡？

第1步：刮开附赠卡的密码涂层（左下）；

第2步：登录皮书数据库网站（www.pishu.com.cn），注册成为皮书数据库用户，注册时请提供您的真实信息，以便您获得皮书俱乐部会员服务；

第3步：注册成功后登录，点击进入"会员中心"；

第4步：点击"在线充值"，输入正确的卡号和密码即可使用。

皮书俱乐部会员可享受社会科学文献出版社其他相关免费增值服务
您有任何疑问，均可拨打服务电话：010-59367227　QQ:1924151860
欢迎登录社会科学文献出版社官网（www.ssap.com.cn）和中国皮书网（www.pishu.cn）了解更多信息

法律声明

"皮书系列"(含蓝皮书、绿皮书、黄皮书)由社会科学文献出版社最早使用并对外推广,现已成为中国图书市场上流行的品牌,是社会科学文献出版社的品牌图书。社会科学文献出版社拥有该系列图书的专有出版权和网络传播权,其LOGO( )与"经济蓝皮书"、"社会蓝皮书"等皮书名称已在中华人民共和国工商行政管理总局商标局登记注册,社会科学文献出版社合法拥有其商标专用权。

未经社会科学文献出版社的授权和许可,任何复制、模仿或以其他方式侵害"皮书系列"和LOGO( )、"经济蓝皮书"、"社会蓝皮书"等皮书名称商标专用权的行为均属于侵权行为,社会科学文献出版社将采取法律手段追究其法律责任,维护合法权益。

欢迎社会各界人士对侵犯社会科学文献出版社上述权利的违法行为进行举报。电话:010-59367121,电子邮箱:fawubu@ssap.cn。

社会科学文献出版社